现代企业管理学

（第4版）

Modern Enterprise Management

徐盛华 刘佳禄 王 宁◎编著

21世纪经济管理类创新教材

清华大学出版社
北京

内 容 简 介

本书坚持理论与实际相结合，在体系结构和内容上有所创新和突破，以求为现代企业管理理论做出一份贡献。

本书分四篇共二十一章，第一篇为企业战略管理篇，主要阐述如何制定企业发展战略（概论、外部环境分析、内部环境分析、竞争战略、营销战略）；第二篇为企业高级管理篇，主要阐述管理相关内容（决策、计划、控制、组织设置与优化、企业管理者、创新等），对高级管理层如何落实企业战略目标做了阐述；第三篇为企业专业管理篇，阐述企业各职能部门的管理工作（销售、生产、财务、人力资源、技术开发），按职能部门具体落实企业战略目标的管理工作加以阐述；第四篇为企业现场管理篇，阐述生产现场的管理工作（作业、物流、环境、质量与成本、班组建设），从而提高生产效率和企业效益。本书从四个层面全方位地对企业管理理论、内容进行编写，推进企业管理工作再上新台阶。

本书既可用作管理类专业本科生、在职管理类研究生的教材，也可用作企业管理人员的学习参考书。

本书封面贴有清华大学出版社防伪标签，无标签者不得销售。
版权所有，侵权必究。举报：010-62782989，beiqinquan@tup.tsinghua.edu.cn。

图书在版编目（CIP）数据

现代企业管理学 / 徐盛华，刘佳禄，王宁编著. —4版. —北京：清华大学出版社，2021.11（2024.11重印）
21世纪经济管理类创新教材
ISBN 978-7-302-59519-9

Ⅰ. ①现… Ⅱ. ①徐… ②刘… ③王… Ⅲ. ①企业管理—高等学校—教材 Ⅳ. ①F272

中国版本图书馆CIP数据核字（2021）第223169号

责任编辑：邓　婷
封面设计：刘　超
版式设计：文森时代
责任校对：马军令
责任印制：杨　艳

出版发行：清华大学出版社
网　　址：https://www.tup.com.cn, https://www.wqxuetang.com
地　　址：北京清华大学学研大厦A座　　邮　编：100084
社 总 机：010-83470000　　　　　　　　邮　购：010-62786544
投稿与读者服务：010-62776969，c-service@tup.tsinghua.edu.cn
质量反馈：010-62772015，zhiliang@tup.tsinghua.edu.cn
印 装 者：三河市龙大印装有限公司
经　　销：全国新华书店
开　　本：185mm×260mm　　印　张：22　　字　数：544千字
版　　次：2015年8月第1版　2021年11月第4版　印　次：2024年11月第3次印刷
定　　价：59.80元

产品编号：093355-01

前 言

企业管理问题是我国企业目前普遍面临的重大问题。企业战略包含各种重要因素，企业决策者必须从中判断出哪些因素才是决定企业生死存亡的关键因素。因此，必须综合考虑企业中存在的各种人事的、技术的、资源的、产品与市场的以及社会方面的制约因素，考虑在制定企业战略和方针时如何才能实现企业短期目标和长期目标的平衡。企业决策者不但要懂得利用各种分析方法来确定企业的目标、制定企业完成目标的重大方针政策，而且必须懂得如何更准确地判断竞争对手的状况。

本书从我国社会主义市场经济发展的需求出发，力求在现有企业管理理论体系的基础上，结合国内外理论研究的最新成果和我国企业管理实践，形成简明、实用的企业管理理论。坚持理论与实际相结合，在体系结构和内容上有所创新和突破，以求为现代企业管理理论做出一份贡献。本书在编排上按现代企业的管理人员等级从高到低进行编写，即：企业决策层侧重抓好企业战略管理；高级管理人员（如总经理、副总经理）侧重抓好高级管理；各职能部门管理人员侧重抓好各自的专业管理；基层管理人员侧重抓好现场管理。本书能帮助读者利用最少的时间与精力，最大限度地和较全面地掌握现代企业管理理论。

因时代发展和学术进步，特别是在国家提出高质量发展的背景下，我们在本次改版过程中，既考虑到现代企业管理理论的系统性，又突出重点。本版做了如下改动：将原第七章改写为第七章"企业计划"、第八章"企业控制"，增加了第十一章"企业创新"，每章都增加了学习目标、导读内容和思考题，在每篇之后增加了综合案例，并对全书文字表述的准确性做了认真推敲，在第3版的基础上进行了修正和丰富，力求精益求精。

本书分四篇共二十一章，第一篇为企业战略管理篇，主要阐述如何制定企业发展战略（概论、外部环境分析、内部环境分析、竞争战略、营销战略）；第二篇为企业高级管理篇，主要阐述管理相关内容（决策、计划、控制、组织设置与优化、企业管理者、创新等），对高级管理层如何落实企业战略目标做了阐述；第三篇为企业专业管理篇，阐述企业各职能部门的管理工作（销售、生产、财务、人力资源、技术开发），根据职能部门具体落实企业战略目标的管理工作加以阐述；第四篇为企业现场管理篇，阐述生产现场的管理工作（作业、物流、环境、质量与成本、班组建设），从而提高生产效率和企业效益。本书从四个层面全方位地对企业管理理论、内容进行编写，推进企业管理工作再上新台阶。

本书由徐盛华（江西理工大学）、刘佳禄（国药医工（吉林）医学工程技术有限公司销售总监）和王宁（西安工程大学）编著。本书前三版在使用过程中收到了许多老师和同学提出的宝贵意见，在这次改版过程中，我们认真地吸收了这些有见地的建议，在此对这些老师和同学表示衷心的感谢。

本书适合作为高等学校管理类专业本科生、在职研究生"企业管理"课程的教材，也可作为广大企业管理者的参考用书。

由于作者水平有限，书中难免有疏漏之处，敬请读者指正。

作 者

2021 年 10 月

目　录

第一篇　企业战略管理篇

第一章　企业战略管理概论 ……………………………………………………… 3
第一节　企业战略管理的概念及特征 ……………………………………… 3
第二节　企业战略管理的基本内容 ………………………………………… 7
第三节　企业战略目标的确定 ……………………………………………… 14
第四节　企业战略管理的意义 ……………………………………………… 15
思考题 …………………………………………………………………………… 16

第二章　企业外部环境分析 ……………………………………………………… 17
第一节　企业所处的一般社会环境要素分析 ……………………………… 17
第二节　企业所处的行业结构分析 ………………………………………… 22
第三节　企业竞争态势分析 ………………………………………………… 24
第四节　企业外部环境分析方法 …………………………………………… 26
思考题 …………………………………………………………………………… 28

第三章　企业内部环境分析 ……………………………………………………… 29
第一节　企业内部关键战略要素构成 ……………………………………… 29
第二节　企业内部资源条件分析 …………………………………………… 30
第三节　企业内部文化分析 ………………………………………………… 33
第四节　企业内部环境分析方法 …………………………………………… 35
思考题 …………………………………………………………………………… 37

第四章　竞争战略的选择与企业的竞争地位 …………………………………… 38
第一节　企业竞争战略的概念及内容 ……………………………………… 38
第二节　企业竞争优势与劣势分析 ………………………………………… 42
第三节　企业的竞争地位的确立 …………………………………………… 49
第四节　企业竞争战略的选择 ……………………………………………… 50
思考题 …………………………………………………………………………… 52

第五章　企业目标市场与营销战略 53

第一节　市场的概念及其构成 53
第二节　市场细分化的概念及内容 58
第三节　企业目标市场的战略 59
第四节　企业营销战略 61
思考题 69

〖综合案例一〗　WM公司企业战略管理案例分析 70

第二篇　企业高级管理篇

第六章　企业决策 77

第一节　企业决策概论 77
第二节　企业决策的过程 80
第三节　企业群体决策 82
第四节　企业决策技术 85
思考题 91

第七章　企业计划 92

第一节　企业计划概论 92
第二节　企业目标管理 98
第三节　企业的滚动计划法 101
第四节　计划评审技术 102
思考题 107

第八章　企业控制 108

第一节　企业控制概述 108
第二节　企业的有效控制 112
第三节　企业全面质量管理 115
第四节　企业六西格玛管理 117
思考题 119

第九章　企业组织设置与优化 120

第一节　企业组织结构存在的基础 120
第二节　企业组织结构类型 127
第三节　企业组织结构设计的权变因素 131
第四节　企业改革 135
思考题 138

第十章　企业管理者 ………………………………………………………………… 139

第一节　企业管理者简介 …………………………………………………… 139
第二节　企业管理者的有效领导理论 ……………………………………… 144
第三节　企业管理者的激励功能 …………………………………………… 149
第四节　企业管理者的沟通职能 …………………………………………… 155
思考题 …………………………………………………………………………… 160

第十一章　企业创新 …………………………………………………………………… 161

第一节　企业创新及其作用 ………………………………………………… 161
第二节　企业创新的基本内容 ……………………………………………… 165
第三节　企业创新的过程 …………………………………………………… 174
思考题 …………………………………………………………………………… 176

【综合案例二】　联想集团创新转型案例分析 …………………………………… 177

第三篇　企业专业管理篇

第十二章　企业销售管理 ……………………………………………………………… 183

第一节　市场调查与分析 …………………………………………………… 183
第二节　市场预测 …………………………………………………………… 186
第三节　营销策略 …………………………………………………………… 190
第四节　售后服务 …………………………………………………………… 196
思考题 …………………………………………………………………………… 197

第十三章　企业生产管理 ……………………………………………………………… 198

第一节　企业生产管理的基本问题、任务和要求 ………………………… 199
第二节　企业生产能力的核定 ……………………………………………… 200
第三节　企业生产过程的组织 ……………………………………………… 204
第四节　企业生产计划与作业控制 ………………………………………… 209
思考题 …………………………………………………………………………… 215

第十四章　企业财务管理 ……………………………………………………………… 216

第一节　企业财务管理简介 ………………………………………………… 216
第二节　企业筹资管理 ……………………………………………………… 217
第三节　企业成本、费用和利润管理 ……………………………………… 223
第四节　企业投资管理 ……………………………………………………… 227
思考题 …………………………………………………………………………… 229

第十五章　企业人力资源管理 …………………………………………………… 230

　　第一节　企业人力资源的组织 ……………………………………………… 230
　　第二节　企业人力资源的开发 ……………………………………………… 233
　　第三节　企业的"四定"管理 ……………………………………………… 234
　　第四节　绩效考核 …………………………………………………………… 238
　　第五节　劳动收入的管理 …………………………………………………… 245
　　思考题 ………………………………………………………………………… 248

第十六章　企业技术开发管理 …………………………………………………… 249

　　第一节　信息资源管理 ……………………………………………………… 249
　　第二节　技术研究管理 ……………………………………………………… 252
　　第三节　产品开发管理 ……………………………………………………… 253
　　第四节　技术转移与保护 …………………………………………………… 254
　　思考题 ………………………………………………………………………… 255

〖综合案例三〗　制造型企业成本控制案例分析 ………………………………… 256

第四篇　企业现场管理篇

第十七章　生产现场的作业管理 ………………………………………………… 263

　　第一节　作业研究 …………………………………………………………… 263
　　第二节　动作分析 …………………………………………………………… 266
　　第三节　时间分析 …………………………………………………………… 269
　　第四节　模特法 ……………………………………………………………… 273
　　思考题 ………………………………………………………………………… 275

第十八章　物流管理 ……………………………………………………………… 276

　　第一节　物流管理的概念及内容 …………………………………………… 277
　　第二节　在制品管理 ………………………………………………………… 278
　　第三节　搬运管理 …………………………………………………………… 280
　　第四节　库存管理 …………………………………………………………… 284
　　思考题 ………………………………………………………………………… 288

第十九章　现场环境管理 ………………………………………………………… 289

　　第一节　"5S"活动 ………………………………………………………… 289
　　第二节　现场设备管理 ……………………………………………………… 291
　　第三节　现场目视管理 ……………………………………………………… 296

  第四节 工作场地文明建设 …………………………………………………… 299
  思考题 …………………………………………………………………………… 301

第二十章 生产现场质量与成本控制 …………………………………………… 302
  第一节 现场质量控制方法 …………………………………………………… 302
  第二节 现场质量保证体系建设 ……………………………………………… 304
  第三节 现场成本控制方法 …………………………………………………… 307
  第四节 现场成本控制的系统建设 …………………………………………… 312
  思考题 …………………………………………………………………………… 317

第二十一章 班组建设 …………………………………………………………… 318
  第一节 优化劳动组织结构 …………………………………………………… 318
  第二节 班组建设的内容 ……………………………………………………… 321
  第三节 班组建设的形式 ……………………………………………………… 323
  第四节 班组岗位责任制的建设 ……………………………………………… 326
  思考题 …………………………………………………………………………… 329

〖综合案例四〗 企业现场管理改善的实施原则及步骤 ………………………… 330

〖综合案例五〗 山东博山水泥厂规范化工作法 ………………………………… 335

参考文献 ……………………………………………………………………………… 338

企业战略管理篇

  企业战略管理是企业产权所有者所关注的重点内容。因为企业产权所有者最关心的问题就是企业获得利润的情况,包括以下各项。

企业利润=销售量×价格-生产成本-上交利税

其中,生产成本由会计成本项目核算或预算而来。

上交税金=销售收入×税率
上交利润=税前利润×上交利润率
上交利税=上交利润+上交税金

  从上述各项中可以看出,利润与产量(企业规模)、价格(市场)、成本(企业内部管理)、税率(国家政策)直接相关,如何确定企业的合理规模,搞好市场营销工作和企业内部管理工作,充分合理地运用国家政策,正是企业战略管理要解决的企业重大问题。

  企业战略管理首先对企业战略目标进行介绍,通过对企业内部条件的分析和企业外部环境的分析,特别是对企业营销战略的分析,形成企业的战略目标,从而确立企业生存与发展的总体战略。

第一章　企业战略管理概论

学习目标

你学完本章，应该：
1. 掌握企业战略的内涵、类型及其特征；
2. 掌握企业战略管理的规划与实施两个阶段的内容；
3. 理解企业使命与企业方针的内涵；
4. 掌握企业战略目标的内涵及其内容；
5. 掌握企业战略方案建立的一般过程；
6. 掌握企业战略方案评价标准。

企业战略问题是企业面临的关于发展方向的重大问题。企业战略包含各种重要因素，企业决策者必须从中判断出哪些因素才是决定企业生死存亡的现实的关键因素。因此，决策人必须综合考虑企业中存在的各种人事的、技术的、资源的、产品与市场的以及社会方面的制约因素，考虑在制定企业战略和方针时如何才能实现企业短期目标和长期目标的平衡，不仅要懂得利用各种分析方法来确定企业的目标、制定企业完成目标的重大方针政策，还必须懂得如何更准确地判断竞争对手的状况。本章先介绍企业战略管理的概念及特征、企业战略管理的基本内容、企业战略目标的确定，再讨论企业战略管理的意义。

第一节　企业战略管理的概念及特征

一、战略的定义

战略一词来源于希腊语"strategos"，其含义是"将军"。

它的本义是指基于对战争全局的分析而做出的总体谋划。战略对于战争的意义在于它可以帮助决策者掌握战争全局的动态，运筹于帷幄之中，决胜于千里之外，能使自己在战争中处于主动地位，充分利用天时、地利、人和的有利条件，赢得战争的胜利。中外军事战争史已经证明了战争的胜负首先取决于战略制定得正确与否。

二、企业战略的概念

"战略"一词运用于企业经营管理，是指一个企业为了实现它的长远目标和重要使命而做出的长期计划。企业要在复杂多变的环境中求得生存和发展,必须对自己的经营管理行为进行长期的、通盘的谋划。

在西方国家,从20世纪50年代起,企业战略研究就成为管理课程中的一个有机部分。20世纪60年代,美国的安索夫的《企业战略论》一书出版后,企业战略才作为一个科学性的概念开始在企业管理学中使用。

西方学者对战略管理的描述主要以安索夫、安得鲁斯和明茨伯格为代表。

1. 安索夫的观点

安索夫指出,企业在制定战略时,有必要首先确定自己的经营性质。不论是以产品系列的性质还是按照构成产品系列的技术来确定企业的经营性质,企业目前的产品和市场与企业未来的产品和市场之间一定存在一种内在的联系,安索夫将这种内在的联系称为"共同的经营主线",通过分析这种共同的经营主线可以把握企业运行的方向,寻找企业发展的新天地。

他认为,使命是现有产品的一种需求,而用户是产品的实际购买者。因此,企业的使命与用户之间是有区别的,一个用户往往会有一系列不相关的需求,在制定战略的过程中,企业应该在用户需求既定的情况下寻找出存在于用户使命中的产品特征、技术或者需求相似性,作为企业的共同经营主线。企业如果将其经营性质定义得过宽,则会失去共同的经营主线,也就无法制定企业战略;反之,企业如果将其经营性质定义得过窄,则会由于应变能力不足,而在复杂多变的环境中难以生存。总之,经济发展的现实对企业家和管理学家提出了客观要求,即企业的战略必须一方面能够指导企业的生产经营活动,另一方面能够为企业的发展提供足够的空间。

2. 安得鲁斯的观点

安得鲁斯是美国哈佛大学商学院的教授。他认为企业总体战略是一个决策模式,决定和揭示企业的目的和目标,提出实现目的的重大方针与计划,确定企业应该从事的经营业务,明确企业的经济类型与人文企业类型,决定企业应当对员工、顾客和社会做出的经济与非经济的贡献。

安得鲁斯的观点指出了企业总体战略要解决的主要问题——企业长远发展的使命与实现使命的有机结合,使企业能够形成自己的特殊战略属性和竞争优势,将不确定的环境因素与企业的经营活动很好地结合起来,以便能够集中企业的各种资源形成企业产品和市场的"生长圈",并且能够在较长的时期内相对稳定地执行企业的战略。

3. 明茨伯格的观点

明茨伯格是加拿大麦吉尔大学的管理学教授,他认为,在企业经营活动中经营者可以在不同的场合下以不同的方式给企业总体战略赋予不同的定义。他借鉴市场营销学中四要素(4P's)的提法,即产品(product)、价格(price)、分销渠道(place)和促销(promotion),提出了战略是由五种规范的定义阐明的,即计划(plan)、计策(policy)、模式(pattern)、定位(position)和观念(perspective),即5P's。

(1) 战略是一种计划。作为计划的战略有两种含义:一方面,战略是有意识地开发出来的,是设计出来的、明确的,一般情况下,还应该是公开的;另一方面,战略是行动前制定的,供决策者在行动中使用。正如冯·纽曼在博弈论中指出的那样:战略是一种全面的计划,是一种说明计划人员在每一种可能的情况下做出选择的计划。这种计划越周详、越全面，将未来可能发生的情况考虑得越详细，计划实现的可能性就越大，把握计划目标的结果也越准确。在企业的运作实际中，作为计划的战略表现为企业面向未来，设定目标，制订战略方案，然后执行战略方案。

（2）战略是一种计策。作为计策的战略是指在特定的环境下，企业把战略作为威胁和战胜竞争对手的一种手段、一种战略优势。在土地革命时期，毛泽东同志曾经提出的"敌进我退，敌驻我扰，敌疲我打，敌退我追"的十六字方针，其实就是针对战略的一种计策。在企业的运作实际中，与竞争对手针锋相对地进行竞争，任何一个竞争对手的重大战略行动，如技术创新、产品换代、管理改革、降低价格等，都会产生一连串的连动效应，进而改变市场的或行业的竞争格局。作为计策的战略就是要在行动前充分考虑对手可能的改革，在行动中采取先发制人的战略行动。

（3）作为一种计策，战略表现是一种模式。作为模式的战略是指战略不仅可以是行动前制定的，即是由人们有意识地设计出来的，而且可以是人们行为的结果。明茨伯格提出战略是一种模式的定义用于说明战略执行结果的行为，战略体现为从战略的提出直到战略完成为止的一系列行为。根据这一观点，战略可以看作一种行为流，作为计划的战略是行动前的战略，而作为模式的战略是已实现的战略，两者之间是战略的实施过程，在战略的实施过程中还会有事前没有设计的自发产生的战略被执行，也还会有事前计划过而没有被执行或虽然被执行却没有结果的战略，因而战略是一种动态的过程。

在企业的实际运作中，企业战略模式表现为企业面对历史，总结经验，去粗取精，扬长避短，提出企业发展与运作模式。

（4）战略是一种定位。作为定位的战略是指战略应当确定企业在环境中的位置，由此确定企业在产品与市场、社会责任与自身利益、内部条件与外部环境方面的一系列经营活动和行为，通过正确配置企业资源，形成企业特殊的竞争优势。

这种定位从战略意义上讲有两种含义：一是企业经营的行为选择，应该定位在一个具有发展潜力的朝阳行业之中，而避免栖身于一个前景暗淡的夕阳行业；二是在行业中竞争地位的选择，依靠有意识地开发出来的竞争优势，创造出有利的竞争地位。

（5）战略是一种观念。作为观念的战略是指战略应当体现企业中人们对客观世界固有的认识方式，是人们思维的产物。战略之所以能够帮助企业胜出，就是因为战略体现了决策者对企业的改革，而这种改革的集中体现就是一种与众不同的观念，有了这种能够使企业员工共享的观念，战略才可能得到准确的执行，企业才能获得成功。

结合理论与实际，可以把企业战略定义为：企业面对变化激烈、挑战严峻的企业内外环境，为求得生存和不断发展而进行的总体性谋划。

我国企业过去一直用长期计划、远景发展规划、企业方针等术语表示企业战略的内容，起到了筹划和指导企业发展的作用。现在，在理论和实践中逐渐引入了企业战略管理的观念。

三、企业战略的分类

企业战略可以分为三种基本类型：企业总体战略、企业竞争战略和企业职能战略。

1. 企业总体战略

正如安得鲁斯教授所指出的那样，企业总体战略决定和揭示企业的目的和目标，以确定企业重大的方针与计划、企业经营业务类型和人文企业类型，以及企业对员工、顾客和社会做出的贡献。

2. 企业竞争战略

企业竞争战略能够解决企业如何选择所经营的行业和如何选择企业在一个行业中的竞争地位等问题，包括行业吸引力和企业的竞争地位。行业吸引力是指行业中企业的长期平均盈利能力和决定企业长期平均盈利能力的各种因素所决定的各个行业对企业的吸引能力，一个企业所处行业内的平均盈利能力是决定这个企业盈利能力的一个重要因素。同时，在一个行业中，不管长期平均盈利能力怎样，总会有一些企业因其有利的竞争地位而获得比行业平均利润更高的利润。

行业吸引力和企业的竞争地位都可以因企业进入或退出行业而改变。行业吸引力部分地反映了一个企业几乎无法施加影响的那些外部因素，而通过竞争战略的选择，企业可以在相当程度上增强或削弱一个行业的吸引力；同时，一个企业也可以通过对其竞争战略的选择显著地改善或减弱自己在行业内的地位。因此，竞争战略不仅是企业对环境做出的反应，还是企业从对自己有利的角度去改变环境的行为。

3. 企业职能战略

企业职能战略是为实现企业总体战略而对企业内部的各项关键的职能活动做出统筹安排。企业的总体战略和竞争战略分层次地表明了企业的产品、市场、竞争优势和基本目标，规定了企业的核心任务和总的方向。而企业要实现这样的战略设想，必须通过有效的职能活动来运用资源，使企业的人力、物力和财力与其生产经营活动的各个环节密切结合，与企业的总体战略和竞争战略协调一致，只有这样才有可能成功。企业的职能战略包括财务战略、人力资源战略、研究与开发战略、生产战略等。在职能战略的指导下，在职能部门中表现出的专业管理包括企业财务管理、企业人力资源管理、企业技术开发管理、企业生产管理、企业销售管理（详见本书第三篇）。

四、企业战略的特征

1. 全局性

企业战略是以企业全局为研究对象，根据企业的总体发展需要而制定的，它规定了企业的总体目标与行为。从全局实现对局部的指导，使局部达到最优的结果，使全局目标得以实现。

2. 长远性

企业的战略立足于未来，对较长时期内企业的生存和发展问题进行通盘谋划，从而决定企业当前的行动。凡是为适应环境的变化所确定的、长期基本不变的目标和实现目标的行动方案，都是企业战略，而那种针对当前形式灵活、适应短期变化、解决基本问题的方法都是企业战术，因而企业战略要实现战略与战术的有机统一。

3. 整体最优性

企业战略研究立足于企业整体功能，按照企业各个部分之间的有机联系，把总体作为研究的对象，从企业总体与局部之间的相互依存、相互结合和相互制约的关系中，揭示企业的总体特征与运动规律，发挥企业战略的整体优化效应，达到预期的战略目标。

4. 风险性

战略风险性是与企业的改革并存的，改革的正确与否关系企业的生死存亡，而改革的成功与否往往难以把握，也存在风险。如果具有很高的风险性，那么在制定企业战略时就必须采取防范风险的措施。同时，企业战略既是关于企业在激烈的竞争中如何与竞争对手进行竞争的行动方案，也是针对来自企业外部各个方面的压力、应对各种变化的方案，具有明显的抗击风险特征。

5. 社会性

企业战略不能仅仅立足于企业的盈利目标，还要兼顾国家和民族的利益，兼顾社会的利益，兼顾社会文化、环境保护等各个方面的利益。企业战略还要特别注意自己所应承担的社会和法律责任，注意树立良好的社会形象，维护企业的品牌。

第二节　企业战略管理的基本内容

企业战略的实现不但取决于企业战略选择的正确性，而且取决于企业战略方案是否得到了有效的贯彻和执行。因此，不论是企业使命的描述、方案标准的选择、方案的建立，还是风险的评估，都要考虑是否有利于企业战略方案的执行。

一、企业战略管理框架

企业战略管理是指企业对自己未来要走什么路进行方向性的谋划，制定总体战略并实施这些战略的管理过程，企业战略管理过程可以大致分为两个阶段：企业战略规划阶段和企业战略实施阶段。

企业战略规划有以下几个阶段。

（1）规定企业使命。

（2）制订企业方针。

（3）建立企业目标。

（4）决定用于实现企业目标的战略。

企业战略实施有以下几个阶段。

（1）企业组织变革。使企业组织结构与企业战略相适应。

（2）战略方案执行。战略方案的具体制订、实施、控制。

（3）战略方案调查。战略方案实施一段时期后，应根据企业内外环境变化，适时对战略方案进行评价与调整，以适应新的形势。

1. 企业使命的定义

企业使命，通俗地讲，就是企业要干的事情；严格地讲，企业使命是指企业存在的目的或理由。企业使命是通过企业业务经营来完成的，定义企业使命就是要描述企业存在的根本目的和理由，从而将企业赖以生存的经营业务与其他类企业的业务区分开来。

美国管理学家彼得·德鲁克认为：提出"企业的业务是什么"这一问题，也就等于提出了"企业的使命是什么"。企业的使命的描述要求企业战略决策者慎重考虑企业当前的经营活动的性质与市场需求的长期潜力，结合企业发展历史和各种可利用的资源条件，为企业未来的发展描述出美好的前景。

2. 企业使命的内容

企业使命包括两方面的内容：企业哲学和企业宗旨。

(1) 企业哲学。通俗地讲，企业哲学就是企业经营哲学理念，如通常讲的"以人为本、顾客至上、追求卓越、创造效益"的理念。严格地讲，企业哲学是指企业为其经营活动方式确立的价值观、理念和行为准则。

企业哲学对于各个企业而言是至关重要的。它影响着企业的全部经营活动和企业员工的行为，影响着企业经营的成功与失败。它的重要性还体现在不论企业管理者是否认识到了这一点，也不论企业管理者是否采用了准确的文字来对其加以描述，它都是客观存在的，它决定着企业的活力与生命力，左右着企业的前途与命运。

国际商用机器公司（IBM）创始人 T. J. 沃森（Thomas. J. Watson）论述了企业哲学的重要性，他说："我的论点是，首先，我坚信任何企业为了生存并获得成功，必须树立一套正确的理念，作为它们一切方针和行动的前提。其次，我认为如果一个企业在不断变化的社会中遇到挑战，那么它必须在整个企业寿命期内随时准备改革它的一切，唯有理念永远不变。

"① 以人为本，尊重个人。这虽然是一个简单的概念，但在企业中却占用了管理者大部分时间。人们在这方面所做的努力超过了其他任何方面。

"② 顾客至上。我们希望世界上所有的企业都能给予顾客最好的服务。

"③ 卓越工作。企业应该树立一个信念，即所有工作任务都应该卓越地完成。"

在沃森阐述了这些基本信念几十年后，该企业董事长 F. 卡里说："我们的工艺、组织、市场营销和制造技术已经发生了若干次变化，并且还会继续变化，但是在所有这些变化中这三条基本信念依然如故，它们是我们顺利航行的指路明灯。"

(2) 企业宗旨。通俗地讲，企业宗旨就是"为顾客服务"和"创造顾客"。严格地讲，企业宗旨是指规定企业去执行或打算执行的活动，以及现在的或期望的企业类型。彼得·德鲁克认为：要了解一个企业，必须首先知道它的宗旨，而宗旨是存在于企业自身之外的。事实上，因为工商企业是社会的细胞，其宗旨必然存在于社会之中。彼得·德鲁克认为：企业宗旨的唯一定义是"创造顾客"。

明确企业的宗旨是十分重要的，没有具体的宗旨，要制订清晰的目标和战略是不可能的。一个企业的宗旨不但要在企业创立之初加以明确，而且要在企业遇到困难时和企业持续繁荣昌盛时经常加以确认，以便企业能够保持明确的目标和方向，保持旺盛的生命活力。

以下是几个有关企业使命的描述。

① 摩托罗拉公司的企业使命是：

"我们的基本目标：顾客完全满意（Total customer satisfaction，TCS）。"

"我们的基本信念：对人保持不变的尊重，坚持高尚操守。"

② 西安杨森制药有限公司的企业使命是：

"企业最高宗旨：忠于科学，献身于健康（Dedicated to science, devoted to health）。"

"我们的行动准则：止于至善（Let's move it）。"

3. 定义企业使命时应当考虑的问题

定义企业使命时需要考虑的首要问题是确定企业现有的顾客和潜在的顾客，应明确回答以下问题。

（1）谁是顾客？
（2）顾客购买什么？
（3）顾客期望得到什么？
（4）顾客的价值观是什么？
（5）现有产品和服务还有哪些方面不能满足顾客的需求？
（6）市场可能发生的变化是什么？
（7）消费时尚可能发生的变化是什么？
（8）竞争对手可能采取的战略是什么？
（9）市场的潜力何在？
（10）产品与制造工艺可能发生的技术改革是什么？
（11）随着产品的革新，顾客的消费习惯会发生什么变化？
（12）如何革新产品才会起到引导消费的作用？
（13）企业的经营方针是否正确？
（14）是否需要改革企业的经营方针？

企业不断地提出以上问题，并做出明确的回答，就能准确地定义出企业使命，并确认或修改企业使命，不断完善企业使命。

二、确定企业的方针政策

1. 企业方针的定义

企业方针是指导企业行为的总则，它决定着企业建立战略目标、选择战略方案和实施战略方案的框架结构。企业方针应该和企业哲学一致，反映企业宗旨；企业方针是企业一切行动的准则，也是协调企业中各单位各部门之间的关系和信息沟通的主要依据。例如，摩托罗拉公司的"肯定个人尊严和坚持原则"的基本方针被作为摩托罗拉公司高层管理人员和全体员工一切行动的依据，也是衡量和考核员工工作业绩的主要依据。

2. 制订企业方针时应当考虑的问题

制订企业方针时，不仅应当考虑企业内部的情况，而且应当考虑企业外部的各种因素，特别是政府的政策和法规、行业的发展方向以及竞争对手的基本方针，应着重关注以下各个方面。

（1）中央政府和地方政府颁布的有关竞争和反垄断的各项法令法规。
（2）中央政府和地方政府以及行业管理部门规定的各项产品标准，包括对产品安全性以及产品质量方面的各项要求，特别是一些强制执行的规定。
（3）中央政府和地方政府以及行业管理部门规定的关于企业用工的各项基本要求，以及与此相关的保险和公民基本权利的各项规定。

（4）中央政府和地方政府以及行业管理部门规定的关于职业安全和健康管理的各项规定。

（5）中央政府和地方政府以及行业管理部门发布的有关产业发展的各项产业政策及各项规定。

（6）中央政府和地方政府以及行业管理部门发布的有关金融、投资、税收以及财务的各项规定和基本政策。

（7）竞争对手对（1）～（6）的方针政策。

一般来说，企业的方针应该保持相对稳定，但是在快速变化、竞争激烈的市场环境中，企业需要根据环境的变化和企业战略目标的改变，定期重新评价自己的方针政策，适当地调整自己的方针政策，使企业的方针政策不断地为本企业的可持续发展服务。

三、企业战略方案的建立与选择

企业战略方案的建立与选择过程是一个重大决策过程。企业战略方案的建立一般包括以下过程：提出企业战略目标；确定方案评价标准；建立、比较和选择备选战略方案；进行风险评估。

1. 提出企业战略目标

在这一阶段决策者应该明确回答以下三个问题。

（1）我打算做出什么样的选择？

（2）为什么这个方案是必要的？

（3）最后采用的应是什么样的方案？

2. 确定方案评价标准

方案评价标准是指判断方案可能产生的效果的标准，事前确定这些标准有助于在决策时理智地进行分析和选择。

方案评价标准的确定可以从影响方案可能产生的效果的各种因素出发，通过一一列举影响方案可能产生的各种因素，包括政府的政策、资源、商业、交通、投资风险等各个方面，规定出方案标准。

（1）方案标准的分类。方案标准可以分为限定性标准和合格标准。

① 限定性标准。限定性标准是指一个方案能够成为可行方案的最低标准。可使用限定性标准来确定可行方案。例如，要投资建立一个大型超市，限定性标准就是要有一个良好的商业氛围。其他条件再好，如果不具备良好的商业氛围，那么该方案就不能成为可行方案。

② 合格标准。合格标准是指判定一个方案最后是否能够作为最终方案的合格判定标准，通常使用合格标准来确定满意方案。例如，一个列出了几项限定性标准的方案，把其中几项标准都达到限定性标准的一组标准称为这一决策的合格标准。

（2）选择标准时应该回答的问题。在这一阶段，决策者应该明确回答以下问题。

① 什么样的方案可以达到这些标准？什么样的方案可以达到预期目标？

② 发生什么样的情况这个方案就会失败？

③ 发生什么样的情况会使这个方案产生负效应？对企业会产生什么负效应？对社会会产生什么样的负效应？

方案标准不仅是判断方案可能产生的效果的标准，而且是判断一个方案是否可行或满意的标准，假如一个方案不能对上述问题做出肯定的回答，那么该方案就不能列为可行方案。

（3）标准的重要性排序。在方案的限定性标准和合格标准确定之后，还需要按其重要性对这些标准进行取舍。因为在进行管理决策时，往往会碰到这个方案的这个指标好一些而那个方案的另一个指标好一些的情况，决策者不得不在这些方案之间进行选择，而方案标准的重要性排序可以给决策者提供帮助，避免决策失误。

3. 建立、比较和选择备选战略方案

确定备选战略方案的限定性标准之后，就可以根据限定性标准的规定建立备选方案。这一阶段决策者需要详细地调查、了解各种可以选择的战略方案，并且将它们一一列举出来，然后通过与限定性标准的比较从中找出可行性方案，再通过对多个可行性方案的互相比较，给每一个方案的各项限定性标准评分，以供决策之用。

下面给出一个例子。

假如一个企业决定投资建设一个超级市场，提出了五项标准：基本投资、交通条件、商业氛围、营业面积以及经营成本。根据企业自身的各种资源条件以及外部环境的基本要求，进一步确定出限定性标准如下。

（1）基本投资不大于 50 万元。
（2）位于繁华街道或居民稠密区。
（3）旁边应有交通主干道和停车场。
（4）改建后营业面积不少于 500 平方米。
（5）年经营成本不大于 100 万元。

进一步通过评分得出五项指标的重要性排序，如表 1-1 所示。

表 1-1 重要性排序表

指标	重要性得分	重要性排序
商业氛围	10	1
交通条件	9	2
营业面积	8	3
经营成本	7	4
基本投资	6	5

注：重要性排序从 1 至 5 代表从高到低。

通过调查得出了两个方案：方案 A 和方案 B。

方案得分的计算公式为

$$F_j = \sum W_i \times X_{ij}$$

式中：F_j 表示 j 方案的得分，$j=1,2,3,\cdots,m$，表示方案数；

W_i 表示 i 指标的重要性得分，$i=1,2,3,\cdots,n$，表示指标数；

X_{ij} 表示 j 方案 i 项指标的评分。

方案 A 得分 $=10\times10+9\times9+8\times10+7\times6+6\times6=339$

方案 B 得分 $=10\times10+9\times9+8\times10+7\times9+6\times6=360$

评价结果如表 1-2 和表 1-3 所示。

表 1-2　方案 A 评价表

指　标	限定性标准	评 价 分 数	合 格 判 定
商业氛围	位于主要商业区，附近有若干商店和大型金融单位	10	合格
交通条件	十分便利，有数条公交线路通过；附近还有出租车停车站；门前可停车	9	合格
营业面积	预计建成后营业面积可达 600 平方米	10	合格
经营成本	由于位于繁华街道一侧，所以房租较高，年经营成本预计达 100 万元	6	合格
基本投资	主要用于装修和改造，预计可达 50 万元	6	合格
方案得分	339		

表 1-3　方案 B 评价表

指　标	限定性标准	评 价 分 数	合 格 判 定
商业氛围	位于主要居民区，附近有若干个工厂和大学	10	合格
交通条件	十分便利，有数条公交线路通过；附近还有出租车停车站	9	合格
营业面积	预计建成后营业面积可达 500 平方米	10	合格
经营成本	由于位于繁华街道一侧，房租较高，年经营成本预计达 90 万元	9	合格
基本投资	主要用于装修和改造，预计可达 50 万元	6	合格
方案得分	360		

综合以上分析可知：方案 B 得分高于方案 A 得分，故应该选择方案 B。

当然，这仅仅是一个简要的说明，实际的决策过程要复杂得多。一般而言，当所有方案都达到规定的合格标准时，应选得分较高的方案。当一个方案虽然得分较高却有某项指标达不到规定的要求时，不应做出简单的放弃决定，而应当对方案这一不符合规定的指标再进行一次分析，确定是否能够通过努力使这一指标得到改善，或者重新分析限定性标准，看规定得是否合理，然后再做出决定。

四、企业战略方案的风险评估

1. 评估风险时应该考虑的问题

评估风险的主要目的是要在决策时将方案可能产生的负作用都考虑到，在这一阶段决策者要回答以下几个问题。

（1）如果我选择了该方案会出现什么情况？

（2）如果工期不能按时完成会产生什么结果？

（3）方案实施以后，如果原材料涨价或地产涨价会产生什么结果？

（4）方案实施以后，如果政府的相关政策发生变化会产生什么结果？

（5）方案实施以后，如果银行汇率或利率变动，则基本投资和经营成本要增减多少？

（6）方案实施以后，什么情况发生对方案的影响最大，一旦发生这一情况有什么补救办法？是否准备好补救方案？

（7）方案实施以后，对社会会产生什么影响？

（8）如果方案失败，对社会会产生什么影响？

（9）如果方案失败，对企业形象会产生什么影响？

（10）方案实施以后，除了上述因素，还有哪些因素会导致方案失败？

如在上例中 B 方案在大学放假时，可能产生营业额下降的情况。针对这一情况，决策者就必须评估大学放假时顾客量减少的幅度，以判定这一情况是否会影响方案的最终效益。

而方案 A 的最大威胁则来自于所选择方案的地产价格是否上涨以及上涨的幅度有多大。

2. 评估风险时建议采用的方法

评估风险可以采用各种方法，但是无论采用什么方法，关键问题都是评估各种风险发生的可能性和严重性。

首先，要根据可能性因素判定哪些因素可能会发生，然后根据这些因素发生后所产生后果的严重性，判定各种情况对方案实施结果的影响程度。

假设用 1～10 表示风险发生的可能性和严重性的程度，则有表 1-4 所示的结果。

表 1-4　风险发生的可能性与严重性程度表示

可 能 性	严 重 性
10——事件肯定发生	10——事件导致决策失败
1——事件发生的可能性很小	1——事件几乎不会产生任何影响

运用上述方法可以评估方案 B 的风险，如表 1-5 所示。

表 1-5　方案 B 的风险评估表

方　案　B	可　能　性	严　重　性
如果假期销售量下降（可能性） 那么收入就会相应减少（严重性）	8	9
如果不能按时完工（可能性） 那么超市就不得不延期开张（严重性）	6	9
如果短期内有另一家超市开张（可能性） 那么超市就有可能减少收入（严重性）	4	8
可能性与严重性得分合计	18	26
风险得分合计	44	

同样，也可以对方案 A 的风险进行评估，结果如表 1-6 所示。

表 1-6　方案 A 的风险评估表

方　案　A	可　能　性	严　重　性
如果地产价格上涨（可能性） 那么基本投资就会相应增加（严重性）	9	9
如果不能按时完工（可能性） 那么超市就不得不延期开张（严重性）	7	7
如果短期内有另一家超市开张（可能性） 那么超市就有可能减少收入（严重性）	9	8
可能性与严重性得分合计	25	24
风险得分合计	49	

综合评价结果，方案 B 较方案 A 风险要小，故仍选择方案 B。

以上仅仅是一个简单的例子，用以说明企业战略方案的建立、评价和选择的过程。在实际运作过程中，无论是企业战略目标的建立，评价标准的确立，企业战略方案的建立、评价、选择，还是风险预测，都要复杂得多，企业决策者决不能掉以轻心。企业战略决策的关键正在于此。

第三节　企业战略目标的确定

企业战略目标的确定在企业战略的制定中有着特殊的作用，它将企业的使命与企业的日常经营联结在一起，使企业使命具体化。

一、企业战略目标的定义

企业战略目标规定着企业执行其使命时所预期的成果，企业的战略目标通常超出一个财务年度。企业战略目标需要准确地描述，要尽可能量化与指标化，成为事后可评价、可考核业绩的标准。

二、企业战略目标的内容

企业战略目标一般包括以下内容。

（1）企业盈利能力。这项指标可以用利润、投资收益率、销售利润率、每股平均收益等指标表述。例如，在5年内实现投资收益率平均每年增长3%；在"十四五"规划末年利润达到1亿元人民币。

（2）市场与企业销售。这项指标可以用市场占有率、市场相对占有率、销售量、销售额等指标表述。例如，在5年内，彩电的销售量达到5000万台；在5年内使本企业彩电在农村市场的占有率达到30%。

（3）企业生产率。这项指标可以用投入产出率或单位产品成本来表述。例如，在2021年内实现人均产值200万元，2021年年底实现单位产品成本比2016年年底降低12%。

（4）企业产品。这项指标可以用产品线或产品的销售量、盈利能力、开发新产品的期限来表述。例如，在5年内实现新产品的销售量占到总销售量的70%，新产品品种达到40种；2021年年底完成新产品的研究开发，并全面投入批量生产。

（5）企业财务。这项指标可以用资本构成、资产占用或现金流量等指标表述。例如，5年内使资产负债率低于本行业平均水平；3年内使长期负债减少到980万元。

（6）企业研究与开发。这项指标可以用企业在研究与开发活动中消耗的费用和应当取得的成果来表述。例如，在未来两年内完成A产品的开发工作，用50万元的费用在年内完成B产品的工艺开发。

（7）企业人力资源的开发。这项指标可以用培训人数和培训费用来表述。例如，预计在5年内以每人每年平均800元的成本对所有中层管理人员轮训一遍。

（8）顾客服务。这项指标可以用交货期或顾客投诉来表述。例如，在两年内使顾客投诉率减少 70%。

（9）社会责任。这项指标可以用企业准备参与的活动或准备付出的费用来表述。例如，在 3 年内帮助政府建设 3 所希望小学，为残疾人协会赞助 50 万元，为贫困大学生资助 10 万元。

为了能使长期目标得到贯彻执行，企业还应当规定与之对应的短期目标。短期目标产生于对长期目标的深入细化，根据长期目标的基本要求和轻重缓急决定长期目标执行的先后顺序，确定短期目标。短期目标是长期目标的执行目标，一般期限在一年以内，短期目标应当与长期目标协调一致，形成一个目标体系。可以用滚动计划的办法来衔接企业的长期、中期、短期计划。

第四节　企业战略管理的意义

战略管理是对企业的生产经营活动实行的总体性管理，是企业制定和实施战略的一系列管理决策与行动，其核心问题是使企业自身条件与环境相适应，求得企业的生存与发展。在社会主义市场经济条件下，企业所面临的市场竞争和环境变动更加激烈，因此，实行战略管理也更加必要。具体来看，现代企业应当在战略管理方面树立以下观念。

一、企业必须树立适应环境变化的观念

在市场经济条件下，企业的外部环境不是一成不变的，而是永远处于变动的状态。尤其是近年来，随着信息技术的发展，经济全球化的浪潮越来越猛烈，每一个企业都不可避免地卷入其中。企业面对的环境越来越复杂，范围也越来越广泛。因此，企业急需树立适应环境的思想，通过实行战略管理，实现内部资源条件建设和环境需求变动之间的平衡，实现长期的发展目标。

二、企业必须树立获取竞争优势的观念

在市场经济日益激烈的竞争中，企业只有树立获取竞争优势的思想，不满足于步人后尘，才能成为竞争中的胜者。为此，企业可以通过实行战略管理，根据现有的资源条件，合理地拓展经济领域的范围，选择经营方向，强化在市场上的竞争能力，提高获利能力和经济效益，形成企业自身特有的竞争优势。

三、企业必须重视组织结构的重组

企业的组织结构是企业战略实施的必要手段，应当根据战略的需要进行调整和完善。但是，我国企业的内部结构大多是在计划经济或有计划的市场经济下长期形成的，对于市

场经济下的需求和环境变动反应迟钝。尤其是企业在相当长的一段时期内没有投资权，不善于资本投资与资本运营，企业的组织结构与战略不能灵活地进行调整，这些都与社会主义市场经济不相适应。企业战略管理要求企业必须重视根据自身的战略需要实施组织结构的重组，实现组织结构与战略的统一，只有这样才能保证充分发挥战略的作用。因此，战略管理观念的树立可以帮助我国企业摆脱死板的组织架构，从而更加符合市场经济的要求。

思 考 题

1. 如何理解企业战略的定义及其特征？
2. 企业战略可分为哪三种基本类型？有何内在联系？
3. 如何做好企业战略管理的两个阶段的工作？
4. 如何理解企业使命和企业方针？
5. 如何理解企业战略目标及其内容？
6. 简述企业战略方案建立的一般过程。
7. 如何理解战略方案选择的限定性标准和合格标准？

第二章 企业外部环境分析

> 学习目标

你学完本章，应该：
1. 掌握企业的外部环境的含义及其内容；
2. 掌握行业性质的分析方法；
3. 理解影响行业发展的推动力的因素；
4. 掌握企业外部环境分析的方法及其基本步骤。

制定企业战略的基础是企业内外部环境分析。本章讨论企业外部环境，第三章将讨论企业内部环境(条件)。识别企业外部环境商业机会，正确认识企业外部环境所产生的威胁；明确企业的竞争优势与长处，认清企业的弱点与不足，从而在正确提出问题的基础上，寻找影响企业经营管理的关键因素，使企业战略的制定能够方向明确，针对性强，行之有效。

企业战略要受到企业外部环境的影响。企业的外部环境因素通常存在于企业外部，是影响企业经营管理活动及其发展的各种客观因素与力量的总和，由短期内不为企业所支配的变量组成，是企业不可控制的因素。企业通过搜集信息来认识外部环境，深入了解企业受到哪些方面的挑战和威胁，又会面临怎样的发展机遇。企业的外部环境可分为企业所处的一般社会环境、行业环境和任务环境三个部分。进行企业外部环境的分析，就是要通过建立适当的信息来源渠道，对处于这两部分环境之中的关键战略要素进行较为全面的分析。本章先介绍企业所处的一般社会环境要素分析、企业所处的行业结构分析、企业竞争态势分析，再简要介绍企业外部环境分析方法。

第一节 企业所处的一般社会环境要素分析

一、社会环境

一般社会环境是指那些对企业经营管理活动没有直接作用而又能够经常对企业经营管理决策产生潜在影响的一般环境因素，主要包括与企业环境相联系的经济、科学技术、社会文化、政治以及自然环境五个方面。这些因素之间存在相互作用的关系，从短期来看，社会文化因素通过它对企业任务环境中相关因素所起的作用影响着企业的行为与决策；而从长期来看，企业也能通过自身的活动对任务环境中的相关因素产生重要的影响。

1. 经济环境

所谓经济环境是指企业经营过程中所面临的各种经济条件、经济特征、经济联系等客观因素。一个企业经营得成功与否,在很大程度上取决于在整个经济运行中对于经济环境的分析,关键是考察以下几点。

(1) 宏观经济周期。目前国家经济处于何种阶段,宏观经济呈现出怎样的一种规律周期性地运行。在衡量经济形势的诸多指标中,国民生产总值(GNP)是最常用的一种,它是衡量一个国家或地区经济实力的重要参考指标,它的总量及其增长率与工业品市场购买力及其增长率有着较高的正相关关系。

(2) 人均收入。人均收入是一个重要的经济指标,它与消费品市场的购买力有着很大的正相关关系。

(3) 人口因素。人口是一个重要的参考指标,一个国家的人口总量往往决定着该国许多行业的市场潜力,特别是在生活必需品和非耐用消费品方面更是如此。因此,市场潜力与人口因素呈正相关关系。

(4) 价格因素。价格是经济环境中的一个敏感因素,价格的升降和货币的升贬呈负相关关系。

此外,国家的经济性质、经济体制等因素与企业经营管理有着密切的关系,但此类经济因素与一个国家的政治因素相关,因此在进行经济分析时,应结合政治因素来考虑。另外,还需要考虑财政政策、货币政策、国家经济规划产业政策,如利率水平的高低、货币供给的松紧、通货膨胀率的大小及其变动趋势、失业率的水平、工资和物价的控制状况、汇率的升降情况、能源供给与成本、市场机制的完善程度等,都应该根据实际情况进行分析。

2. 科学技术环境

科学技术环境是指一个国家和地区的科学技术水平、技术政策、新产品研制与开发能力以及新技术发展的新动向。科学技术对企业经营管理的影响是多方面的,企业的技术进步将使社会对企业的产品或服务的需求发生变化,从而给企业提供有利的发展机会。对于企业战略设计这一重要问题,应该注意的是:一项新科学技术的发明或应用,可能同时意味着"破旧立新"。因为一种新科学技术的发明和应用会带动一批新兴行业的兴起,以致损害甚至破坏另外一些行业,如静电印刷的发展使复印行业得到发展,同时使复写纸行业衰落;半导体的发明和普及急剧地改变了视听业的竞争格局。越是技术进步快的行业,新技术发明与应用就越应该作为环境分析的重要因素。

当前,一个国家或地区的经济增长速度在很大程度上与重大技术的发明数量和应用的程度相关。所有企业,特别是本身属于技术密集型的企业或处于技术更新较快的行业中的企业,必须高度重视当今的科技进步和这种进步将对企业经营管理带来的影响,以便及时采取相应的战略,不断促进技术创新,保持竞争优势。

社会环境中的技术力量可以为企业提供解决问题的各种途径,包括专利的获取、中间试验以及各个方面的发明创造。

在衡量技术环境的诸多指标中,整个国家的研究开发经费总额、企业所在行业的研究开发支出、技术开发力量集中的程度、知识产权与专利保护、新产品开发状况、实验室技术向市场转移的最新发展趋势、信息与自动化技术发展、可能带来的生产率的提高等,都可以作为关键战略要素进行分析。

3. 社会文化环境

社会文化环境是指一个国家和地区的民族特征、文化传统、价值观、宗教信仰、教育水平、社会结构、风俗习惯等情况。这些社会因素的内容构成因国家和地区的不同而具有很大的差异。不同的民族和国家因其特点的不同而具有明显的差异。

每一个社会都有一些核心的价值观，这些价值观和文化传统是通过家庭的繁衍和社会的教育形成的历史沉淀，因此它们通常具有高度的持续性，较为稳定，不易改变。而且社会成员中的价值观念等社会因素是在长期的社会发展过程中形成的，因而又具有一定的地域性和传承性。此外，每种文化都是由许多亚文化组成的，这些亚文化群体内部有共同的价值观念体系、共同生活经验和生活环境，有着共同的社会态度、心理偏好和行为，从而表现出与亚区域相同的市场需求和类似的消费行为。

经济结构的变化导致社会文化的变迁，同时也带来社会组织结构的变动，如由于人民生活质量的提高、寿命的延长而逐渐兴起的"银色市场"（老人市场）；因长假的实施而形成的"节假日经济"。另外，社会组织结构的变动还表现在共同利益群体成为社会经济生活的重要影响力量，如党政团体、工会、行业协会、消费者协会等。社会环境中的文化力量决定了人们的价值观、风俗习惯，其中关键的战略要素有生活方式的演变、人们期望的工资水平、消费者的活跃程度、家庭数量及其增长速度、人口年龄的分布状况及其变动趋势、人口区域的迁移情况、平均寿命的增长情况、出生率等。研究社会文化环境，对企业深入研究市场需求、形成企业战略有极大帮助。

4. 政治环境

政治环境是指一个国家或地区的政治制度、体制、路线方针政策、法律法规等。

一个国家经济体制的选择是由政治力量决定的，其背后由经济力量所支配。在我国经济体制的转轨过程中，尽管市场竞争法则已迅速地被引入众多的行业，但对于某些关系国家安危、国计民生、意识形态的领域，政府仍然发挥主导性作用。

政府的政策广泛地影响着企业的经营行为，即使在市场经济较为发达的国家，政府对市场和企业的干预似乎也有增无减，如反托拉斯、最低工资限制、劳动保护、社会福利等方面。当然，政府的很多干预往往是间接的，常以税率、利率、汇率、银行存款储备金率为杠杆，运用财政政策和货币政策来实现对宏观经济的调控，以及通过干预外汇汇率来确保国际金融与贸易秩序。因此，在制定企业战略时，对政府政策的长期性和短期性的判断与预测十分重要，企业战略应对政府发挥长期作用的政策有必要准备；而对短期性的政策则可视其有效时间或有效周期而做出不同的反应。

市场的运作需要一整套能够保证市场秩序的"游戏"规则和奖惩制度，这就形成了市场的法律系统。作为国家意志的强制表现，法律法规可直接规范市场和企业行为。立法在经济上的作用主要表现在维护公平竞争、维护消费者利益、维护社会最大利益三个方面，因此企业在制定战略时，要充分了解既有的法律的规定，特别是要关注那些正在酝酿之中的法律，这是企业在市场中生存、参与竞争的重要前提。

另外，社会环境中的政治力量帮助进行权力分配、制定行为准则、维护法律法规。其中的关键战略要素有反不正当竞争法、环境保护法、税法、外贸法规、对外来企业政策、人员招聘与职务晋升相关法规、政府政策稳定性与持续性、其他行政干预措施等。

5. 自然环境

企业的自然环境主要指企业所在地域的由全部自然资源所组成的环境,包括钨矿、铁矿、煤矿、石油等矿藏资源以及地理与气候等自然条件,如空气、水、自然地界地貌、各种自然灾害等。

为了满足市场不断增长的消费需求,企业生产出越来越多的产品,这使得许多自然资源变得日益稀缺,企业的经营活动就必然要受到自然资源、环境因素的限制。同样,地理、气候等自然条件,如沿海、沿边、内陆、岛屿和春夏秋冬等因素,对企业的经营活动也有极大的影响。

二、任务环境

企业任务环境是指直接影响企业服务其顾客的能力的各种力量,包括企业内部环境、营销渠道企业、顾客、竞争者和公众,这些都会影响企业为其目标市场服务的能力。

企业任务环境由下列因素构成,如图2-1所示。

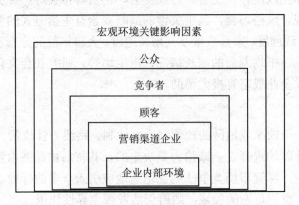

图2-1 企业任务环境因素

1. 企业内部环境

企业为实现其营销目标,必须进行制造、采购、研究与开发、财务、营销等业务活动。企业在制订营销决策方案时,不仅要考虑企业外部环境力量,还要考虑企业内部环境力量。首先,要考虑各业务部门(如制造部门、采购部门、研究与开发部门、财务部门、营销部门等)的情况,使之密切协作,共同研究制订年度和长期营销计划。其次,各职能部门要考虑最高管理层的意图,以最高管理层制定的企业任务、目标、战略和政策等为依据,制订各部门的计划,并报最高管理当局批准后执行。

企业为开展营销活动,必须设立某种形式的营销部门,而且营销部门不是孤立存在的,它还面对着其他职能部门以及更高层次的管理部门,如图2-2所示。这些部门的业务状况如何,它们与管理部门的合作以及它们之间是否协调发展,对营销决策的制定与实施影响极大。

2. 营销渠道企业

(1)供应商。供应商是指提供企业生产所需资源的企业或个人,包括提供原材料、零配件、设备、能源、劳务及其他用品等。供应商对企业营销业务有实质性的影响,其所供应的原材料数量和质量将直接影响产成品的数量和质量；其所提供的资源价格会直接影响产品成本、价格和利润。为保持与供应商的良好合作关系，企业必须和供应商保持密切联系。

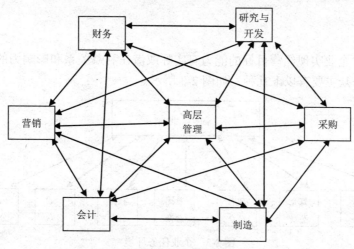

图 2-2　企业内部环境

（2）中间商。中间商主要是指协助企业促销、销售并经销其产品的机构，包括商人中间商和代理中间商、物流公司、营销服务机构和财务中介机构。

① 商人中间商和代理中间商。商人中间商，是指从事商品购销活动，并对所经销的商品拥有所有权的批发商、零售商等。代理中间商，是指专门介绍客户或协助商订合同但不取得商品所有权的中间商。代理中间商包括专门代理购销并收取佣金的商品经纪人。

② 物流公司。物流公司是指协助厂商储存并把货物运送至目的地的仓储公司。

③ 营销服务机构。营销服务机构是指协助厂商推出并销售其产品到恰当市场的机构，如营销研究公司、商业广告公司、传播公司等。

④ 财务中介机构。财务中介机构是指协助厂商融资或分担货物购销储运风险的机构，如银行、保险公司等。

3. 顾客

（1）消费者市场。消费者市场是指购买商品和服务供自己消费的个人和家庭。

（2）生产者市场。生产者市场是指购买商品及劳务投入生产市场营销活动过程以赚取利润的组织。

（3）中间商市场。中间商市场是指为转售谋利而购买商品和劳务的组织。

（4）非营利组织市场。非营利组织市场是指为提供公共服务或转赠而购买商品和服务的政府机构和非营利组织。

（5）国际市场。国际市场是指国外购买者（包括消费者、生产者、中间商和非营利组织）所构成的市场。

4. 竞争者

企业在市场上所面对的竞争者，大体上可分为以下四种类型。

（1）愿望竞争者。愿望竞争者是指提供不同产品以满足不同需求的竞争者。

（2）属类竞争者。属类竞争者是指提供不同产品以满足同一种需求的竞争者。

（3）产品形式竞争者。产品形式竞争者是指满足同一需要的各种形式的产品之间的竞争者。

（4）品牌竞争者。品牌竞争者是指满足同一需要的同种形式、不同品牌的产品之间的竞争者。

5. 公众

公众是指对企业实现经营目标的能力有实际或潜在利益关系和影响力的团体或个人。企业所面对的公众主要有以下几种，如图 2-3 所示。

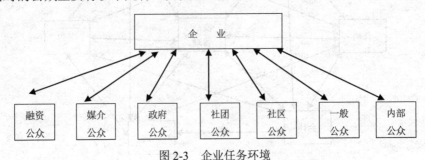

图 2-3　企业任务环境

（1）融资公众。融资公众是指影响企业融资能力的金融机构和个人。
（2）媒介公众。媒介公众主要是指报纸、杂志、广播电台和电视台等大众传播媒体。
（3）政府公众。政府公众是指负责监管企业经营活动的有关政府机构。
（4）社团公众。社团公众包括保护消费者权益组织、环境组织以及其他群众团体等。
（5）社区公众。社区公众是指企业所在地邻近的居民和社区组织。
（6）一般公众。一般公众是指上述各种公众关系之外的社会公众。
（7）内部公众。内部公众包括企业的高层管理人员和企业的一般职工。

第二节　企业所处的行业结构分析

每一个企业都存在于一定的社会环境之中，同时它还从属于某个行业，这就是企业生存发展的宏观环境，也是影响企业经营管理活动的关键环境。一个企业是否有长期发展的前景，除了与企业自身经营有关，更与企业所处行业本身的性质有关。各行业的发展都有其具体的特点和特别的约束条件，因此对于企业来说，行业的分析至关重要。行业分析的首要任务是探索行业长期获利的潜力，发现影响行业吸引力的因素，其内容包括行业的性质和行业发展动力分析。

一、行业的性质

行业泛指由于产品类似而相互竞争，以满足同类买主需要的一组企业。一个企业是否具有长期发展潜力，首先与它所处的行业本身的性质有关。因此，对于企业来说，应特别注重对其所在行业的性质进行分析。一般而言，分析行业性质的一个常用办法是认识其处于行业生命周期的哪一阶段，它是行业发展所处的总体环境，主要是需求状况及其自身发展内在轨迹的综合反映。行业的生命周期分为四个阶段：引入期、成长期、成熟期、衰退期，如图 2-4 所示。

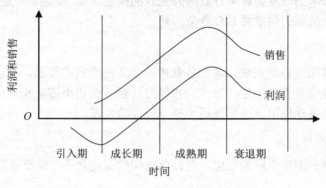

图 2-4　行业生命周期图

1. 引入期

在引入期，销售增长缓慢，产品设计尚未定型，竞争较少，风险很大，利润很低甚至亏损。

2. 成长期

在成长期，顾客对产品的认知能力迅速提高，购买踊跃，销量大增，产品形成差别化趋势以满足顾客的需求差异。生产能力呈现不足，市场竞争逐渐形成。但企业应付风险的能力较强，利润加速增长。

3. 成熟期

在成熟期，重复购买成为顾客行为的重要特征，销售趋向饱和，产品设计单调，生产能力开始过剩，竞争加剧，利润不再增长，甚至开始回落。

4. 衰退期

在衰退期，销售明显下降，企业生产能力过剩，竞争的激烈程度由于某些企业的退出而变得缓和，利润大幅度下降。

一个行业并不一定会随着时间的推移而自然老化，它不完全是时间的函数，许多衰退的行业会通过创新恢复活力。其中，社会文化环境和技术环境是影响行业生命周期的两个重要因素，而经济、政治和法律环境则会促进、抑制和延长行业生命周期的某一阶段。

只有了解企业目前所处行业的性质，企业才能决定在某一行业中采取什么样的竞争战略。对于一项投资决策来说，如何选择一个朝阳行业，避免进入夕阳行业，是一个极为重要的战略问题。

二、行业发展动力分析

行业性质的分析结果只提供了行业的部分信息，但每一行业都处在不断的发展变化当中。因此，有必要了解哪些因素构成了行业发展变化的积极因素或压力因素，形成了行业发展变化的决定力量，即行业发展的推动力。一般而言，对于行业结构与环境变化影响最大的促进因素主要有以下几种。

1. 行业长期增长率

行业长期增长率的改变会影响行业内外企业的投资决策，引起企业进入或退出该行业，从而改变整个行业的相对供求关系和竞争态势。

2. 产品创新

产品创新能够拓宽市场需求，增加各竞争主体之间产品的差别，吸引其他企业进入该行业，从而对行业中各企业的生产方式、规模经济性、营销渠道、相对成本地位等行业结构因素的变化起着推动作用，进而推动了整个行业的发展。

3. 政府政策法规

政府政策法规和调控手段的变化，对行业结构的变化会产生重要的影响。

4. 消费偏好

产品的消费者及其消费偏好的变化可能会带来新的市场需求，从而要求企业制定出新的企业经营管理战略与之相适应。

第三节 企业竞争态势分析

企业竞争态势分析是在行业分析的基础上，进一步分析企业中竞争压力的来源和强度，从而做好对竞争对手的防范。在对企业竞争进行分析时，通常所采用的方法是波特竞争模型。

波特竞争模型是由美国哈佛商学院波特教授首先提出的，他认为：企业的获利能力很大程度上取决于企业所在行业的竞争强度，而竞争强度取决于市场上所存在的五种基本的竞争力量，如图 2-5 所示。正是这些力量的联合强度影响和决定了企业在行业中的最终获利潜力，为此，企业要在市场上取得竞争优势，首先必须对这五种基本的竞争力量进行分析。

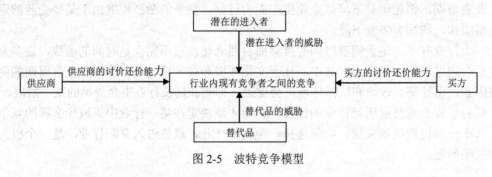

图 2-5 波特竞争模型

一、潜在进入者的威胁

潜在进入者的威胁有两种形式：行业中增加新的企业和行业中已有企业扩大生产规模增加新的生产能力。新的入侵者会带来新的生产能力，进而促使想获得相应的市场占有率的同类产品卖家可能降价销售。这样可能造成价格暴跌，由此减少了利润，更严重的甚至还会危及企业的生存。潜在进入者威胁的严重程度取决于进入者的市场反应情况、采取报复性行动的可能性大小，取决于行业中厂商的财力情况、报复记录、固定资产规模以及行业增长速度等。

二、行业内现有竞争者之间的竞争

现有竞争者之间的竞争之所以会发生，是因为一个或更多的竞争者感到压力或看到有发展其市场地位的机会。在大多数的行业内，某家厂商所采取的竞争性行动会对其竞争对手产生消极的影响，从而触使其竞争对手报复或抵制该项行动。如果行动报复、抵制逐步升级，那么行业内所有的企业都会蒙受损失，各竞争厂家将"重新洗牌"。

一般来说，出现下述情况将意味着行业中所有企业之间的竞争加剧。

1. 行业进入门槛低

行业进入壁垒较少，势均力敌的竞争者较多，竞争参与者广泛。

2. 市场趋于饱和

市场趋于成熟，产品需求增长缓慢。

3. 产品差异性小

竞争者产品的差异性很小，用户的转换成本很低，而且竞争者采取的主要营销策略是价格促销策略。

4. 企业退出成本高

企业的退出障碍较多，如机器设备专用性强、退出的固定费用高、政府进行产业政策限制等。

三、替代品的威胁

从广义上来说，某个行业内的所有企业都在与生产替代品的其他行业的企业进行竞争。替代品决定某个行业内的企业可能获利的最高限价，以此限制该行业的潜在收益，具体包括以下三点。

1. 替代品的售价

现有企业产品售价以及获利潜力的提高，将由于可能存在消费者方便接受的替代品而受到限制。

2. 替代品的进入

替代品生产者的进入，使得现有企业必须提高产品质量，并通过降低成本来降低产品的售价，使其产品更具有特色，否则其销售量与利润增长的目标就有可能受挫。

3. 替代品的竞争强度

源自替代品生产者的竞争强度，受生产者转换成本高低的影响。

四、供应商的讨价还价能力

供应商是指向特定企业及其竞争对手提供产品或者服务的企业。供应商的讨价还价能力是指供应商通过提高价格或者降低所售产品或服务的质量等手段对行业内的企业所产生的威胁的大小。供应商对企业的经营具有很大的影响力，特别是在企业所需的资源供应来源十分稀缺时。供应商可以通过提价、限制供应、降低供货质量等方式向采购企业施加压力，所以企业既要保证与一些主要的供应商建立长期稳定的供货关系，以获得稳定的供应渠道及某些优惠条件，同时又要避免单边垄断。

五、买方的讨价还价能力

买方主要通过压低价格和提高对产品质量和服务质量的要求来影响行业中现有企业的盈利。一般来说，在下列情况下，买方的讨价还价能力将会得到强化。

1. 买方进货量

相对于卖方的销售量来说，如果买方的市场集中度更大或者进货批量较大，那么买方的讨价还价能力较强。

2. 买方进货选择

卖方行业是分散性行业，买方进货的选择性越强，则讨价还价能力越强。

3. 产品差异性

当买方从行业中购买的产品是标准化的或差异性较小时，买方进货的选择余地会较大，讨价还价能力较强。

4. 后向一体化

后向一体化即从此以后不出现特殊情况，买方相对固定地从卖方进货，买方形成了可信的后向一体化威胁，则买方的讨价还价能力较强。

5. 市场信息不对称

买方拥有更多、更全面的信息，可以货比多家，选择物美价廉的产品。

第四节　企业外部环境分析方法

一、竞争轮廓矩阵模型

波特的竞争力模型以其简洁实用的优点，在实践中备受企业的推崇，因而在所有描述企业战略地位的模型中通常被认为是最具影响力的。竞争轮廓矩阵提供了一种用来识别企业主要竞争对手及其优劣的有效手段。建立竞争轮廓矩阵可以通过四步来完成，如表2-1所示。

表2-1　建立竞争轮廓矩阵的步骤

步　骤	具体内容
关键战略要素的确定	通过对特定行业环境的研究，在企业决策者之间就与企业成功密切相关的要素达成共识。该矩阵大致应包括5~15个关键战略要素
确定权值	通过考察行业中成功的竞争者和不成功的竞争者，确定每一个关键战略要素的权重。其值限定为0（最不重要）~1（最重要），各要素权值之和为1

续表

步 骤	具 体 内 容
战略要素评价	对行业中各竞争者在每个战略要素上所表现的相对强弱进行评价,评价分值通常取 1, 2, 3, 4。其中,1 表示最弱,2 表示较弱,3 表示较强,4 表示最强
综合加权评价值的计算	将各战略要素的评价值与其相应的权重值相乘,得出加权评价值。对每个竞争者在每一要素上所得的加权评价值进行加总,从而得到综合加权评价值

在分析中,对关键战略要素(如前面波特竞争力模型所述,供应商与销售商通常发生关键战略要素)进行确定。另外,在分析中常用的其他战略要素还有市场份额产品组合(产品线数目的多少)、规模经济性、设备新度与布局、价格优势、广告与促销效益、经验曲线位置、生产能力与生产率、研究开发地位与优势、财务地位、产品质量、企业总体形象。

同时,需要指出的是,通过竞争轮廓矩阵模型所得的各项分值的相对大小,仅能大致上概括出各竞争者之间相对竞争力的强弱,而不是如数字所显示的那样,能够精确地指明它们竞争力的位置坐标。

二、外部要素评价矩阵(EFE)模型

由竞争轮廓矩阵所得出的分析结论可以作为进行企业外部要素评价矩阵分析的数据输入。借助外部要素评价矩阵,企业战略决策者可以更为全面、综合地认识所掌握的各种环境信息。具体地说,开发企业外部要素评价矩阵主要包括五个步骤,如图 2-6 所示。

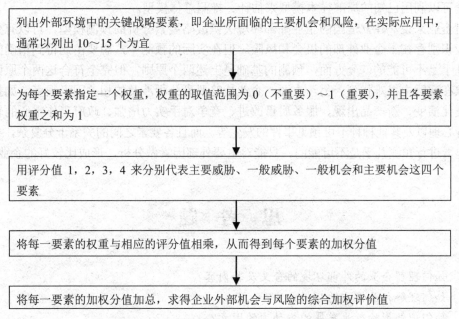

图 2-6 开发企业外部要素评价矩阵的步骤

显然,根据上述算法可知,对于任何一个企业来说,其综合加权评价值的取值范围为 1~4,综合加权评价值为 2.5。综合加权评价值为 4 表示企业处于一个非常有吸引力的行业之中,面临丰富的市场机会;反之,综合加权评价值为 1 则表示该企业可能处于一个夕阳行业中,或者行业的前景十分不妙。

三、外部环境关键战略要素预测

外部环境关键战略要素的分析,需要大量关于未来事件与发展趋势的基础资料和信息。从企业战略管理过程的角度来看,仅仅识别出关键战略要素是不充分的,还必须借助预测的方法和手段对这些要素的未来状况做出适当的判断。只有这样,才有可能为企业战略方案的制订提供较为客观的、科学的依据。预测的方法大致可以分为定性预测和定量预测两类。定性预测方法包括销售人员法、执行主管判断法、市场调查法、情境分析法、德尔菲法、头脑风暴法等;定量预测方法主要包括经济计量模型法、回归分析法和趋势外推法等。

预测时所需遵循的基本步骤有以下几项。

(1) 确定预测目标。

(2) 搜索与分析历史资料。

(3) 建立预测模型。

(4) 分析评价。

(5) 修正预测值。

为保证预测值的科学性和客观性,整个预测过程必须依据两个基本原则,即连续性原则与类推性原则。连续性原则认为,一事物过去与现在的客观发展规律具有一定的连续性和持续性,只要能够了解历史的规律就可以估计未来的发展趋势,就可以按此规律外推而得到未来的发展趋势;类推性原则认为,相似体系的结构及其变化规律具有相似的模式,这样就可以利用已知的局部样本模型来估计、推测总体模型。

对企业来说,建立适当的企业外部环境关键战略要素分析的预测模型,可以有效地帮助企业识别存在于企业外部的机会和风险。但在实际的预测中,想要由此得到精确的预测结论几乎是不可能的。一方面,预测的基础是上述两个原则,但完全符合这两个原则的预测对象在实际中很难找到;另一方面,企业战略要素分析涉及的相关因素很多,如技术创新、文化演变、新产品出现、服务质量改进、竞争对手实力增强、政府工作重心的转移、消费者心理以及其他种种不可预见事件的发生等。而且各要素之间的关系十分复杂,要对这诸多要素进行预测几乎是不可能的。只能对主要外部因素做分析,形成比较好的企业战略。

思 考 题

1. 如何理解企业的外部环境的含义及其内容?
2. 如何理解行业性质的分析方法?
3. 如何理解影响行业发展的推动力的因素?
4. 如何应用企业外部环境分析的方法?

第三章 企业内部环境分析

学习目标

你学完本章，应该：
1. 掌握企业的内部环境的含义及其关键战略要素；
2. 掌握企业内部资源（市场营销、理财要素、研制开发、生产要素、人力资源）条件分析的内容；
3. 理解企业文化的含义及其形成过程；
4. 掌握企业内部环境分析的方法。

企业内部环境是相对于外部环境而言的，是由存在于企业内部，通常短期内可为企业所控制的变量构成，具体包括企业管理者、企业组织结构、企业内部资源条件和企业内部文化四部分，涉及整个企业管理、营销、生产、理财、研究开发等职能领域的各个要素。企业内部环境分析的主要任务和内容就是对这些要素进行分析，从中总结出若干能够影响企业未来发展的关键战略要素，即企业自身的优势与劣势。本章先介绍企业内部关键战略要素构成、企业内部资源条件分析、企业内部文化分析，再讨论企业内部环境分析方法。

第一节 企业内部关键战略要素构成

企业内部关键战略要素构成包括企业管理者、企业组织结构、企业内部资源条件和企业内部文化四部分。

1. 企业管理者（见第十章）

（1）组织功能。
（2）激励功能。
（3）沟通功能。

2. 企业组织结构（见第九章第一节）

（1）管理幅度与管理层次。
（2）直线与参谋。
（3）集权与分权。
（4）授权。

（5）部门化。
　3. 企业内部资源条件（见本章第二节）
　　（1）营销要素。
　　（2）理财要素。
　　（3）产品研制开发要素。
　　（4）生产要素。
　　（5）人力资源要素。
　4. 企业内部文化（见本章第三节）
　　（1）企业历史。
　　（2）企业环境。
　　（3）企业用人。
　　（4）企业培训。
　　（5）企业奖惩。

第二节　企业内部资源条件分析

　　企业目前的状况是企业过去经营管理的结果，对企业内部资源条件进行评价是为了认识企业自身所拥有的资源。对于企业来说，所谓资源是指企业从事生产活动或提供服务所需的人、财、物、技术与经营管理等方面的能力与条件。企业的各种资源条件同样制约着企业内各项职能活动。因此，制定企业经营管理战略必须建立在对企业资源条件的全面认识的基础之上。

一、市场营销

　　一个企业如果不能以其优势产品吸引足够数量的顾客，占有一定的市场份额，那么企业将难以在市场中生存和发展。而企业与市场的联系正是通过营销这一功能来实现的。企业的营销职能对于确定企业的经营范围、服务宗旨乃至战略目标和途径都具有重要的作用。可以说，满足顾客的需求是制定企业经营战略的前提，而营销职能在这里起到了核心作用。

　1. 营销活动的内容
　　通过市场研究功能，企业可以确认应该生产什么样的产品来满足社会和市场的需求；通过市场细分和定位功能，企业可以明确怎样开拓市场，为哪些目标市场服务；通过售后服务功能，企业能够保持和广大消费者之间的联系，进而了解如何改进产品与服务，持续满足社会和市场的需要。

　2. 营销要素
　　市场营销职能是企业同外部环境最重要的纽带，一项市场营销战略的出台，需从市场细分、定位、营销组合的运用等各方面深入考虑，除此之外，还需认真考虑以下五点。

（1）当前本企业产品是否符合市场的需要。
（2）本企业促销的费用及其运用效果如何。
（3）本企业分销渠道的效率及结构是否需要变动。
（4）本企业产品价格结构与市场同类产品价格水准进行比较。
（5）本企业对市场的研究是否充分彻底。

通过对以上营销要素的考察，可以对企业的营销策略做出正确评估，帮助企业识别在营销方面存在的优势和劣势。

二、理财要素

企业财务状况经常被用来作为衡量企业竞争地位和对投资者吸引力的最佳指标，这使得确定企业在财务方面的优势与劣势成为企业经营战略形成的一项基本工作。财务作为一种职能，以实现企业经营战略为目标，同时也使企业战略由抽象变得具体。

1. 理财活动的内容

企业理财活动主要包括三个方面，即投资活动、融资活动和股息活动。

（1）投资活动又称为资本预算，就是对企业的资金和资源按项目、产品投资类别、部门等进行优化配置。

（2）融资活动是企业在对各种筹资方案进行对比分析后，选择最满意的方案，为企业寻找最佳的筹资组合与资本结构提供服务。

（3）股息活动的主要内容是对企业要将多大比例的利润留存在企业内，以及将多大比例的利润付给股东做出选择，所涉及的主要问题包括付息比率、股息稳定性、股票的再购与发行等。

2. 理财要素

企业过去的经营决策和执行效果最终可以在真实的财务报告中得到综合全面的反映，所以会计与财务职能为企业提供了考察企业经营管理状况的一个非常必要和有效的手段，其提供的信息在企业执行计划以及各职能部门间的沟通和协调方面扮演着不可替代的角色。企业的理财要素主要涉及以下六个领域。

（1）财务预算同企业经营管理战略与部门计划的联系。
（2）各部门预算与企业整体预算的一致性。
（3）预算制定的过程所涉及的企业各专业职能协同。
（4）对盈利或亏损、资产与负债、现金流量等状况的预测。
（5）财务信息对管理工作提供信息支持。
（6）通过对比财务结果与预算的差异，找出原因并对企业经营管理战略与计划实施做出评价。

三、产品研制开发要素

研制开发这一概念包罗得比较广泛，既可以指实验室中的基础研究，也可以指有关产品和产品包装改进方面的开发研究。要确保企业的生存与发展，必须在现有产品和工艺取得的收益率与将来新产品、新工艺取得的收益率之间建立起适当的均衡关系。前者能提供维持企业中、短期生存的基础，后者能提供实现企业长期发展的事业基础，这一基础的获得主要是通过企业产品的研究和开发来实现的。因此，产品研究开发职能在企业经营管理战略中占有重要地位，确定企业在研制开发领域的优势与劣势是企业内部环境分析中的重要内容。

企业的基础研究，可以是产品和产品包装改进方面的开发，还可以是质量控制、生产规范、制造工艺等方面的工程应用。对于该项工作，企业既可以考虑将自己的研制与开发领域作为高额投资，也可以考虑从外界科研机构中寻求支持，甚至可以直接购买科研成果。由研制开发方面带来的优势将有力地促进企业竞争实力的增强。对此，企业还必须认真考虑以下几个方面。

（1）企业产品研制开发方面的费用支出与整个行业水平的比较。
（2）企业产品研制开发方面的收益。
（3）企业用于研制开发方面的资源条件。
（4）企业对产品、技术、工艺等方面研制开发的把握以及目前状况。
（5）本企业与企业外部研制开发机构的联系情况。

四、生产要素

1. 生产职能

企业的生产运行活动可以严格地分为生产活动和运营活动两类，其中生产活动是指在制造性企业中所进行的产品创造活动；运营活动则是指在服务性企业中所进行的提供无形产品的活动。

生产的功能在于将原材料、劳动力与信息等投入转化为产品或劳务的产出，包括原材料和外购件的获得、产品的生产、在制品的适量存储与控制、质量与生产率的提高、生产能力的调整等方面。可见，企业对生产活动的管理主要涉及五个方面的问题，即工艺、能力、存货、人力、质量等。

2. 生产要素

不同的行业需要不同的生产要素，但是取得生产能力上的优势，以提高企业的竞争力，这是企业所普遍期望的。在企业的生产过程中，对生产要素的考察分析可着重从以下几点入手。

（1）以销定产。
（2）全面提高质量管理水平，以利于销、供、产平衡衔接。
（3）同潜在市场需求相比，目前的生产能力状况及规模经济水平。
（4）生产成本的结构控制以及企业经验曲线效果的记录。
（5）与同行业相比，企业的设备价值、生产能力、使用时间以及维修状况。
（6）生产工艺设备与当今技术发展水平的适应性，以及同其竞争者工艺设备相比的情况。

五、人力资源要素

人力资源存在于企业的各个方面,但企业的员工能否构成企业的有效资源、能否对企业未来的发展提供有力的支持,必须通过考察和评价才能做出判断。对企业人力资源要素的评估首先应从其高层管理人员入手,对于他们的考察应更加全面,除了一些常用指标,如企业的销售额、利润等财务状况的评价,还必须包括产品研制开发、质量控制、社会责任与道德等方面的考察,这样才能得出全面客观的结论。另外,对企业人力资源的考察还必须认真考虑以下几个方面。

(1)企业员工个人与企业的关系。
(2)企业哲学与文化的有机结合。
(3)非正式企业的存在及其对正式企业的支持与威胁。
(4)企业在员工雇佣、培训、调动、辞退等方面的政策。
(5)企业在工资、奖金、福利等方面的待遇与同行业竞争者的比较。

对企业内部资源条件的考察与评估,是为了帮助企业识别自身的优势与不足,可得出企业与其参照对象的比较。第一,纵向对比,即企业要将其内部资源状况同目前环境状况和近年的变化趋势相比;第二,横向对比,即要与同行业的企业进行对比;第三,关联对比,本企业将同其他企业的战略方向和战略目标进行对比。

第三节　企业内部文化分析

企业各项职能的展开总是在一定的企业文化背景下进行的,通常企业决策者在短期内并不能够改变企业文化,所以有必要对企业内部文化进行分析评价。认真经营企业文化也是企业战略管理的关键要素之一。

企业文化属于亚文化范畴,具有文化概念的一切特征。具体而言,它是指为企业全体成员所共同接受的价值体系,包括思维方式、行为习惯、心理预期与信念体系,它渗透于企业的各个职能活动中,是企业全体人员所接受的行为规范,它使一个企业具有一系列区别于其他企业的企业特征。企业文化作为规范企业员工行为的价值观系统,包括许多方面,诸如不成文的规则、企业内处理上下级员工关系的准则,甚至事实上存在的某种偏见,等等。它是在企业的长期发展过程中,企业员工逐渐达成共识的行为规范,并通过一系列的惯例、传统、规矩、典型事例和行为表现出来并延续下去,深深地沉淀在企业的价值体系当中,它一经形成就难以改变,并且会对企业成员具有潜移默化的影响和作用。

一、企业文化与企业战略的实施

企业文化的这些特点要求企业战略的改革必须符合企业的文化背景,否则可能会阻碍企业战略管理过程的顺利进行,甚至使其中途夭折。所以,在企业经营管理过程中,应特别注重企业文化的建设，并有目的地借助企业文化的力量来推动企业战略的实现。

在对企业内部文化环境进行分析时，首先要认清企业文化的现状以及企业文化的形成机制，以便从中找出企业文化方面的优势和劣势，并在此基础上制定出与企业文化相容的企业战略。显然，企业使命、战略、目标、政策等方面的变化，如果不考虑企业文化方面的影响，与自身企业员工所普遍接受的文化相悖，就很难使企业战略实施获得成功。另外，如果企业战略仅为了服从现今的企业文化背景，则企业的发展将受到制约。

因此，从战略实施的角度来看，存在着企业文化既要为实施企业战略服务，又制约着企业战略的问题，即到底是"企业文化追随战略"，还是"战略追随企业文化"。在这一问题上，一种看法认为企业为实施战略而改变企业文化要付出巨大的代价，能否奏效尚难以预料，风险很大；另一种意见则认为企业（特别是发展迅速的企业）必须而且可能改变企业文化，使之适应企业战略实施的需要。

在这里，关键的问题是企业文化改变的难易与涉及的风险。关于改变企业文化的难度，可以从企业的规模和复杂性以及企业文化的齐均性角度进行分析。所谓企业文化的齐均性是指企业内员工认同这类价值观和信念的广泛程度和一致程度。一般地，企业规模越大、越复杂，就越难迅速改变其企业文化。文化齐均性高的企业要改变其企业文化比起具有异质文化的企业就更困难。但不管改变企业文化的难易程度如何，如果企业战略的实施与现有企业文化不匹配，就应当考虑其中所包含的风险成分。其中，值得注意的是企业文化是观念上的存在，因而也不能仅仅靠物质的手段来实现企业文化上的新陈代谢，要切记：采取人为强制的做法是难以取得成效的，必须"以人为本，多些人文关怀"。

二、企业文化的形成机制

企业内部环境分析的一项重要工作就是要弄清企业文化的形成机制，明确主导企业文化变化的原因，做到因势利导，从而使企业文化发挥积极的培育、引导作用。一般来说，企业文化的形成是一个过程，主要包括以下几个方面。

1. 企业历史

在一些企业中，强有力的创办人建立起来的价值观会持续地被强化，进而形成一种稳定的不易改变的行为规范，并进一步升华为企业员工所共同认可的文化范畴。"以前我们是如何行事的"带有连续性和继承性。

2. 企业环境

由于企业与其所处的环境互相影响，所以企业环境对企业文化的形成起着重要的作用。如计划经济环境下的国有企业的企业文化通常是保守、不思进取的，而在市场经济条件下，企业为了生存和发展，其文化就必须相应地改变，企业应当及时地完成这一转变，以保证企业的生存和继续发展。

3. 企业用人

企业在聘用、续聘、晋升员工中所持的标准，往往倾向于选择与企业现存价值观相适合的人员，这种选用标准是企业文化得以形成和强化的有力保证。

4. 企业培训

一般企业在对新来人员进行培训时，都要对他们进行企业文化的灌输。企业文化所涉及的价值观、规范、信念等很少是成文的，新来人员并不熟悉，因此企业需要帮助他们接受和适应企业文化。培训不仅减少了新来人员可能带来的麻烦，也给他们指明了企业期望于他们的行为。这种培训越是正规和严密，企业文化就越被强化，且不易改变。

5. 企业奖惩

奖惩制度是引导企业人员行为趋于一致的重要管理手段。它一方面是企业文化的体现，另一方面又对企业文化的形成起到了一定的强化和促进作用。

第四节 企业内部环境分析方法

在对企业内部环境的各影响要素进行分析之后，要比较全面和客观地评价企业各要素之间的相互匹配和制约关系，还必须综合考虑多种因素的影响和作用，如当前企业战略对行业竞争力量以及所面临的关键战略要素是否敏感，企业各职能管理支持企业战略是否有力，企业战略对于企业发展是否有效。

下面具体介绍几种企业内部环境分析方法。

一、机会优势（SWOT）分析法

机会优势分析法又称 SWOT 方法。S（strengths）表示企业内部优势；W（weaknesses）表示企业内部劣势；O（opportunities）表示企业外部机会；T（threats）表示企业外部威胁。企业从事着各种经营管理活动，并在各项经营管理活动中具有自身的优势和劣势，同时又面临着企业内部环境的各种机会和威胁。对企业内部条件具有的优势和劣势以及外部环境提供的各种机会与企业受到的威胁进行综合分析，努力使企业优势与环境相匹配组合，以找到一个或几个较为满意的战略方案。SWOT 分析是用来识别企业内部优势与劣势和企业外部机会与威胁的一种有效方法，它通过对企业的综合情况进行客观公正的评价来识别各种优势、劣势、机会、威胁。其具体应用可用列表的方法把影响 SWOT 的各要素显示出来，如表 3-1 所示，并且可以根据企业实际需要，在此基础上进一步说明各要素的相对重要程度。

表 3-1 SWOT 分析表

	A 企业具有的机会因素	权 重	A 企业受到的威胁因素	权 重
外部环境	市场增长迅速	a1	面对的竞争压力较大	b1
	能够开发潜在顾客	a2	不利的产业政策出台	b2
	进入新的市场或市场面	a3	用户讨价能力增强	b3
	企业自身竞争实力增强	a4	行业中有新的竞争者进入	b4
	多角化进入相关产品领域	a5	用户需求发生变化或转移	b5
	具有适合本企业收购的企业	a6	易受商业循环周期影响	b6

续表

	A企业具有的优势因素	权重	A企业具有的劣势因素	权重
内部环境	产权明确	c1	技术工人太少	d1
	有成本优势	c2	设备老化	d2
	有竞争优势	c3	战略方向模糊	d3
	企业文化独特	c4	竞争地位恶化	d4
	产品创新能力强	c5	产品线范围太窄	d5
	有经验曲线优势	c6	易受竞争压力影响	d6
	具有规模经济性	c7	研究开发工作落后	d7
	有适当的财务资源	c8	缺少经营上的核心能力	d8
	竞争技能良好	c9	缺乏有经验的管理人员	d9
	有可能回避竞争压力	c10	不明原因导致利润下降	d10
	有经验丰富的管理人员	c11	缺乏改变战略方向的资金	d11

二、竞争地位评估

对于企业战略的制定，除分析企业的总体优势和劣势之外，还必须对企业的相对竞争地位做出进一步的评价。评价涉及五个方面的问题：企业目前的竞争地位是否稳固；未来企业地位的预期状况；相对于竞争对手而言，企业在各主要竞争变量和关键战略要素方面的地位如何；企业的竞争优势有哪些；企业抵御竞争压力的能力如何。可见，竞争地位评估的焦点在于根据有关各方战略要素相对重要性与战略含义的不同，对本企业与其竞争对手之间竞争力量的强弱做出尽可能科学客观的评价。在实际操作中，评估结论的获得可以分以下三步来进行。

第一步，根据行业分析、竞争对手分析、SWOT分析所得出的结论，列出关键战略要素与企业的主要竞争对手。

第二步，根据在每个关键战略要素上竞争力量的强弱，对企业自身和其主要竞争对手进行评分。评分方法可采取10分制，分值越低，相应的竞争力就越弱，反之越强。

第三步，分别将企业及其主要竞争对手在关键战略要素上的得分加总，并通过比较总值的相对大小，判断企业自身及其竞争对手总体竞争力量的强弱对比状况。

三、内部要素评价（IFE）矩阵

内部要素评价（IFE）矩阵如图3-1所示。对于任一企业来说，其可能的最高与最低综合加权评价值分别为4和1，其平均综合加权评价值为2.5，如果企业综合加权评价值为4，表示企业具有很强的内部竞争优势，反之则面临很大的劣势。

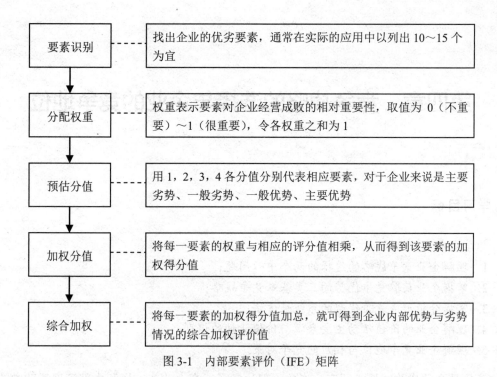

图 3-1 内部要素评价（IFE）矩阵

思 考 题

1. 如何理解企业的内部环境的含义及其关键战略要素？
2. 如何理解企业内部资源（市场营销、理财要素、产品研制开发要素、生产要素、人力资源要素）条件分析的内容？
3. 如何理解企业文化的含义及其形成过程？
4. 如何应用企业内部环境的分析方法？

第四章 竞争战略的选择与企业的竞争地位

学习目标

你学完本章，应该：
1. 理解企业竞争战略的选择的两个中心问题；
2. 掌握企业获取竞争优势的三类基本竞争战略；
3. 掌握分析形成竞争优势的系统性方法；
4. 理解企业的价值活动主要来源与价值活动的识别；
5. 理解企业竞争地位与相应的竞争对策。

竞争是企业成败的核心所在。竞争不但决定了一个企业在市场和内部管理活动中的行为，而且决定了企业经营的效益。竞争战略的选择决定了企业如何在一个行业里寻求有利的竞争地位。竞争优势则是企业为获得竞争战略的成功所必须寻求建立的特殊的资源条件和管理基础。本章先介绍企业竞争战略的概念及内容、企业竞争优势与劣势分析、企业的竞争地位的确立，再讨论企业竞争战略的选择。

第一节 企业竞争战略的概念及内容

一、企业竞争战略的提出

1. 企业经营面临的两个问题

企业在实际经营中经常碰到两种情况：一是在一个非常有吸引力的行业里，如果一个企业选择了不利的竞争地位，则可能得不到令人满意的利润；二是与此相反的情况，即一个具有优越竞争地位的企业，由于栖身于一个前景暗淡的行业，因而获利甚微，即便这个企业努力改善其地位也无济于事。由此对企业的经营者提出了两个非常严峻的问题：如何选择企业经营的行业和如何选择企业在一个行业中的竞争地位，这也正是企业竞争战略要解决的两大重要问题。

2. 企业竞争战略的选择

竞争战略的选择由两个中心问题构成：第一个是行业吸引力，所谓行业吸引力是指由长期盈利能力和决定长期盈利能力的各种因素所决定的各行业对企业的吸引力。各个行业并非都提供同等的持续盈利机会,一个企业所属行业的内在盈利能力是决定这个企业盈利能力的一个重要要素。第二个是竞争地位,在大多数行业中,不管其平均盈利能力怎样,总会有一些企业因其有利的竞争地位而获得比行业平均利润更高的收益。

研究这两个中心问题中的任何一个都不足以完成对竞争战略的选择,而且这两个问题中任何一个都不是静止不变的,行业吸引力和竞争地位都在动态地变化着。随着时间的推移,行业吸引力会增加或减少,而竞争地位则反映出竞争厂商之间的一场永无休止的竞争,甚至长期的稳定局面也会因竞争的变动而突然告终。

行业吸引力和竞争地位都可以被企业加以改变,这也正是竞争战略选择具有挑战性和刺激性的地方。行业吸引力部分地反映了一个企业几乎无法施加影响的那些外部因素,而通过竞争战略的选择,企业却可以在相当程度上增强或削弱一个行业的吸引力;同时,一个企业也可以通过对其竞争战略的选择,显著地改善或减弱自己在行业内的地位。因此,企业竞争战略不但是企业对环境做出的反应,而且是企业从对自己有利的角度去改变环境。

二、基本竞争战略

国外的学者通过对北美许多企业的研究发现,在市场竞争中获得成功的企业都具有明显的竞争优势,这种竞争优势集中表现为低成本和产品差异,由此提出了两种基本的竞争战略,即总成本领先竞争战略和产品差异竞争战略。对于行业内的特定企业而言,企业战略目标可能针对全行业范围,如从事无差异产品生产的企业和追求规模经济的企业,其目标往往对准全行业范围;也可能仅仅针对某一特定市场面。针对这一特定现象,波特教授又提出了第三种竞争战略,即重点战略。企业的目标是全行业范围,还是集中于某一特定市场面,决定于企业的现有资源条件和行业的市场竞争结构。成本优势和差异化优势又由行业结构所左右,并且取决于企业是否能够比它的对手更有效地在市场上进行竞争。

竞争优势的两种基本形式与企业的战略目标范围相结合,就可以引导出在行业中创造高于平均经营业绩水平的三种基本竞争战略:总成本领先战略、差异化战略和重点战略。这些基本战略如图4-1所示。

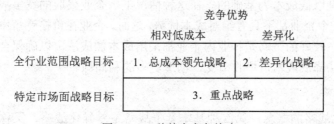

图 4-1 三种基本竞争战略

每一种基本战略都涉及通向竞争优势迥然不同的途径,以及为建立竞争优势所采用的战略目标的选择。

1. 总成本领先战略

(1)总成本领先战略的概念。总成本领先战略又称低成本战略,是指企业在提供相同的产品或服务时,其成本或费用明显低于行业平均水平或主要竞争对手的竞争战略。或者说,企业在一定时期内为用户创造价值的全部活动的累计总成本,低于行业平均水平或主要竞争对手的水平。

总成本最低战略使企业在竞争中获得低成本优势，其意义是使企业能够在相同的规模经济条件下获得更大的盈利，或累积更多的发展资金，或在不利的经营环境中具有更强的讨价还价的能力。低成本优势的另一个含义是其具有可维持性，即相对稳定性。对总成本领先企业而言，稳定性是指竞争对手在一定时间内难以达到或接近的成本水平。

（2）总成本领先战略的内容。总成本领先战略是三种基本战略中最明确的一种。在这种战略的指导下，企业的目标是要成为产业中的低成本生产厂商。企业有广阔的活动空间，为许多产业的细分市场服务，甚至可能在相关产业中经营，这一点对企业获得竞争优势至关重要。成本优势不但取决于产业结构，而且取决于企业的规模经济性、专有技术、优惠的原材料以及其他技术和管理要素。例如，在电视机制造业中，成本领先要求有足够规模的显像管生产设备、低成本设计、自动装配线和分摊研究与开发费用的全球规模。

如果企业能够创造和维持全面的成本领先地位，那它只要将价格控制在产业平均或接近平均的水平，就能获取优于平均水平的经营业绩。在与对手相当或相对较低的价位上，总成本领先者的低成本将转化为高收益。然而，总成本领先战略会受到差异化战略的挑战，如果它的产品被认为与采取差异化战略企业的产品不能相比而不被客户所接受，那么总成本领先者为了增加销售量，将被迫削价直至远低于竞争者的价格水平，这将抵消其理想的成本地位所带来的收益。

总成本领先的战略逻辑要求企业成为总成本领先者，而不是成为竞争这一地位的几个企业之一。很多企业因为没能认识到这一点而曾犯过严重的战略性错误。当雄心勃勃的总成本领先者不止一个企业时，它们之间的竞争常常十分激烈，因为市场份额的每一份都至关重要。如果没有一个企业能获取总成本领先并"劝阻"其他企业放弃它们的成本战略，那么正如大量石油化工产业的例子一样，对盈利能力造成的后果可能是灾难性的。所以，总成本领先是一种格外依赖于先发制人策略的战略，除非重大的技术改革使某个企业有可能从根本上改变其竞争地位。

在有些行业中，竞争者众多，即使单就成本领先而言，可能也会出现有多个企业的情况。它们相对于任何竞争对手而言，都不具有绝对的成本优势；但相对于差异化的竞争对手而言，它们又是以低成本为基础的。在这种情况下，企业采取的竞争战略是总成本领先战略。由于任何一个企业都不具有绝对成本优势，这时，企业在价格竞争中往往会很慎重，以防引起价格战。较好的策略是行业内企业都采用成本加成法，以确保合理利润。同时，还应采取各种方法降低成本，增收节支，创造更多的利润源。

2. 差异化战略

（1）差异化战略的概念。第二种基本竞争战略是差异化战略，又称为产品差异化战略、别具一格战略等，与总成本领先战略形成鲜明对比。差异化战略更直接地强调企业与用户的关系，即通过向用户提供与众不同的产品或服务为用户创造价值。

在差异化战略的指导下，企业力求得到客户的广泛重视，甚至某些方面在产业内独树一帜。它选择被产业内许多客户视为重要的一种或多种特质，为其选择一种独特的地位，以满足客户的要求，并因其独特的地位而获得超额利润。

（2）差异化战略的内容。差异化战略赖以建立的基础是产品本身、销售交货体系、营销渠道以及一系列其他因素，因产业不同，着重点也会随之不同。例如，在建筑设备产业，履带拖拉机企业的差异化战略建立在其产品的耐用性、服务、备用件供应和出色的销售网的基础上；在化妆品产业，差异化战略则更多地依赖于产品形象和商品在柜台内的市场定位。

实施差异化战略的企业为创造并维持与众不同的差异化优势，通常要承担比总成本领先战略高得多的成本负担。

差异化战略通常要考虑差异化形成要素、差异化成本和用户需要，去影响企业价值链中的差异化价值活动，并为用户创造可接受的价值。差异化价值活动与用户的基本逻辑关系如图 4-2 所示。这种价值最终表现为降低用户的成本，或者提高用户的绩效，或者兼而有之。因此，了解和确定什么是用户的价值是建立差异化战略的出发点。用户的价值体现在其价值链中，企业通过自己的价值链与用户的价值链的联系，去识别和确定需要实现的差异化价值。

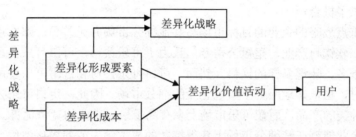

图 4-2　差异化价值活动与用户的基本逻辑关系

差异化战略的逻辑要求企业选择那些不利于竞争对手的、能使自己的经营独具特色的特质。企业如果期望得到价格溢价，就必须在某些方面真正差异化或被视为具有差异性。然而，与总成本领先战略相反的是，如果存在多种为客户广泛重视的特质，那么产业中将可能有不止一种成功的差异化战略。

（3）总成本领先与差异化的价值比较。相对于实行差异化战略的企业而言，总成本领先者虽然具有低成本的竞争优势，但仍必须在相对竞争对手差异化的基础上创造出与差异化竞争对手价值相等或价值近似的地位，以领先于产业平均收益水平。差异化基础上的价值相等，能使总成本领先者直接将其成本优势转化为比竞争对手高的收益。差异化的价值近似意味着为获取满意的市场份额而进行的必要的削价，不会抵消总成本领先者的成本优势，因此总成本领先者能赚取高于产业平均水平的利润。

3. 重点战略

（1）重点战略的概念。第三种基本竞争战略是重点战略。因为着眼于在产业内一个狭小空间做出选择，因此这一战略与其他战略相比迥然不同。采取重点战略的企业选择产业内一个或一组细分市场，量体裁衣，使其战略为选定的市场服务，而不是为其他细分市场服务。通过为其目标市场进行战略优化，选择重点战略的企业致力于寻求其目标市场上的竞争优势，尽管它并不拥有在全面市场上的竞争优势。

重点战略有两种形式：特定目标市场上的总成本领先战略和特定目标市场上的差异化战略。在特定目标市场上选择总成本领先战略的企业寻求其目标市场上的成本优势，而在特定目标市场上选择差异化战略的企业则追求其目标市场上的差异优势。

（2）重点战略的内容。重点战略的这两种形式都以采取重点战略企业的目标市场与目标市场内其他细分市场的差异为基础。目标市场必须满足客户的特殊需要，或者为了适合目标市场的生产和交换体系而必须与其他细分市场有所不同。特定目标市场上的总成本领先战略是在一些细分市场的成本行为中挖掘低成本，而特定目标市场上的差异化战略则是开发特定细分市场客户的特殊需要。这些差异意味着多目标竞争者不能很好地服务于这些细分市场，它们在服务于部分市场的同时，也服务于其他市场。因此，重点战略的企业可以通过专门服务于这些细分市场而获取竞争优势。

采取重点战略的企业较之以全行业为战略目标的竞争对手而言，以竞争优势和战略目标两个方面中的任何一个都可以取得次优的优势。竞争对手也许会在满足特殊市场需求方面表现欠佳，这就有可能实施特定目标市场上的差异化战略。多目标的竞争对手可能又会在满足某一市场需要时表现过头，这意味着它们将承受服务于该细分市场时，高于所必需的成本的压力，从而仅仅满足于一个而不是更多的细分市场的需要，为特定目标市场上的差异化战略提供了机会。

如果实施重点战略的企业的目标市场与其他细分市场并无差异，那么重点战略就不会成功。例如，在软饮料产业，皇冠公司专门致力于可乐饮料，可口可乐公司和百事可乐公司则生产种类繁多、味道多样的饮料。然而，可口可乐公司和百事可乐公司在服务于其他细分市场的同时，也很好地服务于皇冠企业的细分市场。因此，可口可乐公司和百事可乐公司因有更多种类的产品，而在可乐市场上享有高于皇冠企业的竞争优势。

如果一个企业能够在其细分市场上获得持久的成本领先或差异化地位，并且这一细分市场的产业结构很有吸引力，那么实施重点战略的企业将会成为其产业中获取高于平均收益水平的佼佼者。只要实施重点战略的企业选择不同的目标市场，产业中通常总有容纳几种持久的重点战略的市场空间。大多数产业所包含的大量的细分市场，即每一个包含着不同的客户需求或不同的最优化生产或交货体系的细分市场，都是重点战略的候选市场。

第二节　企业竞争优势与劣势分析

归根结底，企业竞争优势来源于企业为客户创造的超过其成本的价值。而超额价值产生于以低于竞争对手的价格提供同等的效益，或者通过为客户所提供的独特效益而获得高的价格。因此可以获得的竞争优势有两种基本形式：总成本领先和差异化。

本章第一节讲到了企业的三种基本竞争战略。企业选择基本竞争战略时，应当注意基本竞争战略概念的深层含义是竞争优势为几乎所有战略的核心所在，而创造竞争优势要求企业做出选择。如果企业要获取竞争优势，就必须选择它所要获取的竞争优势的类型以及战略目标。"事事领先，人人满意"的想法只会导致平庸的战略和低于平均水平的经营业绩，常常意味着企业根本没有任何竞争优势。

将企业作为一个整体来看无法认识竞争优势。竞争优势来源于企业在设计、生产、营销、交货等过程及辅助过程中所进行的许多相互分离的活动。每一种活动都对企业的相对成本地位有所贡献，并奠定了差异化的基础。例如，成本的优势来源于一些完全不同的资源，如低成本货物分销体系、高效率的组装过程，或者使用出色的销售队伍。差异化取决于类似的多种多样的因素，包括高质量原材料的采购、快速反应的订货系统、卓越的产品设计。

使用系统性方法来考察企业的所有活动及其相互作用，对于分析竞争优势的各种资源是十分必要的。常用的分析竞争优势的系统性方法有很多种，如价值工程、工业工程等，由迈克尔·波特提出的价值链方法是一种很实用的定性地评价竞争优势的工具。为了认识成本行为与现有的和潜在的经营差异性的资源，价值链将一个企业分解为与战略性相关的许多活动。企业正是通过比其竞争对手更出色或成本更低地开展这些重要的战略活动，来赢得竞争优势的。

一、企业价值链分析法的概念

1. 价值及价值链的概念

在价值链分析中，从用户的角度定义价值：指用户对企业提供的产品或服务认定的并愿意支付的价值。从用户的角度定义价值，主要是为竞争服务。企业竞争的实质是彼此之间相互比较各自提供的并得到社会承认的价值的大小。

企业创造的价值产生于其自身的一系列活动中，如采购、生产、销售、服务、产品开发等，这些活动不仅为用户创造了他们所需要的价值，同时也支出了必要的运行费用。企业价值链是创造这些价值的一系列活动的总和。如果把这些活动看作一种支出，则企业价值链总价值由价值活动和盈余两部分组成。盈余是企业创造的总价值与完成各项活动的全部费用的差额，是企业竞争优势大小的标志。价值活动是企业从事价值创造的具体有形的、实际操作的各项活动，是企业提供产品或服务的基础。价值活动是企业竞争优势的资源，如图 4-3 所示。

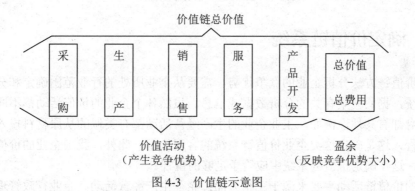

图 4-3　价值链示意图

2. 价值活动的特点

价值活动是企业产生竞争优势的基础，具有以下三个特点。

（1）经济性。经济性是指完成价值活动本身的代价。企业通过价值活动才能提供产品或服务，完成各项价值活动本身需要支付费用，这些费用最终形成为企业提供产品或服务的全部成本或费用。价值活动本身代价的大小是企业决策必须仔细考虑的因素，例如，企业应选择何种代价的价值活动、有无能力支付这种代价。

（2）价值性。价值性是指价值活动对用户的贡献。如果价值活动不是用户需要的，或者不能为用户创造所需要的价值，那么这种价值活动就必须被舍弃。价值活动的意义要根据对用户的总体贡献来确定，应使每一种价值活动对用户都具有必要性。

（3）可比较性。可比较性是指价值活动最终以价值或盈余表现价值活动的贡献，具有可比性。对企业而言，可通过比较价值活动的差异，确定自己的竞争优势在哪里，应建立什么样的竞争优势，进而为制定企业战略提供依据。

3. 价值活动的目的

价值活动的三个特性使得企业运用价值分析法制定企业战略可以解决三个基本问题，进而将企业的竞争优势同自身的业务活动密切联系起来，以安排可执行的企业战略活动。

（1）价值链分析法使企业清楚地知道：什么是本企业的竞争优势？本企业的竞争优势来自何处？形成本企业竞争优势的原因是什么？因此，价值链分析法使企业能够准确地抓住所寻求的竞争优势的关键问题。

（2）价值链分析法强调价值活动之间相互的重要性。企业对用户创造的价值，是其全部价值活动的总体效应。价值活动本身不仅要有价值，而且它们之间应是相互促进和配合的关系，能产生远远大于各价值活动本身价值之和的整体价值，这是成功的企业战略的关键。通过比较价值活动相互之间的关系，企业可以认识到本身的生产经营管理活动过程中的价值活动之间的关系、各个企业之间的价值关系以及经营单位与有关利益集团（如供应厂家、用户、竞争对手等）之间价值活动的关系，以更加全面地确定自己的竞争优势和企业战略方案。

（3）价值链分析法能够帮助企业选择恰当的企业战略方案。企业价值活动有可能产生两方面的企业战略优势，即低成本优势和差异化优势。低成本优势使企业在竞争中获取更大的利润，差异化优势强化企业与众不同的竞争地位。价值链分析法通过确定不同价值活动的成本或差异特性，选择恰当的企业战略方案。同时这种分析针对具体活动展开，有助于提出有具体内容的企业战略方案，完善企业战略。

二、确定价值链系统

运用价值链方法分析企业的竞争优势，需要从企业所处的行业范围确定和分析企业的价值链系统，据此搜集有关的分析数据或信息。虽然各个企业的价值活动都不同，但是价值活动本身却有共性，例如，工业企业的生产经营活动都有类似的从原材料投入到产成品销售的过程，这是确定这类企业价值链系统的客观依据。此外，我国企业的价值链系统有其独特性，这在确定价值链系统中应给予足够的重视。

企业的价值链活动主要来源于三个方面：企业生产经营活动、企业行政管理活动和企业政工管理活动。

1. 企业生产经营活动

企业生产经营活动是企业向用户提供产品或服务必须完成的生产活动和统管活动，如采购、制造、运输、销售或服务、广告等多项业务活动。没有这些活动，用户就不可能得到企业的产品或服务。这些活动的共同特征是直接或间接地增加用户需求的价值。在价值链构成上，把它们分成以下三大类价值活动。

（1）投入过程的价值活动。即企业获取生产经营投入要素发生的价值活动，例如购买原材料、材料运输、验收、保管、库存管理等。

（2）生产过程的价值活动。即企业将投入要素转换为最终产品或服务而发生的价值活动，包括直接生产活动和辅助生产活动，例如，原材料的处理、加工、装配、产成品检验、包装、设备维护保养、供电、供水、供气、供暖等。

（3）产出过程的价值活动。即企业将产成品或服务送到用户手中或消费过程的价值活动，包括产成品库存管理、向用户或中间商供货、为用户提供服务和收集与反馈用户意见等。

2. 企业行政管理活动

企业行政管理活动是企业按质按量完成生产经营活动所必需的职能管理活动，它们的共同特征是保证生产经营活动正常有序地高效运行。在实际企业中，尤其是在大型企业中，行政管理活动是多种多样的。从有关员工生活福利的后勤工作、有关企业对外的公共关系活动，到劳动力调配、企业结构调整等，几乎涵盖了企业的方方面面。因此，在运用价值链分析时，有必要确定主要的企业行政管理活动对价值链的影响。所谓主要的企业行政管理活动，是指与生产经营活动密切相关的、显著影响企业竞争优势的行政管理活动。这类价值活动主要有以下几个方面。

（1）技术性价值活动。技术性价值活动包括企业的技术政策，新技术的开发与利用，企业的技术改造，技术力量储备，独特技能、专有技术的获取，新产品研制等。技术性价值活动会对企业的竞争优势产生极其重要的影响。

（2）财务性价值活动。账务性价值活动一方面表现在控制活动上，保证企业各类活动的正常开支不突破预算标准；另一方面表现在奖励上，保证关键性的价值活动取得成果时能得到资金的支持。

（3）人事性价值活动。人事性价值活动主要是指员工的招收、培训、合理配置、调配以及劳动报酬等管理活动，这类活动影响企业的整个价值链。

（4）结构性价值活动。结构性价值活动主要是指企业文化的特点、企业结构适应性、生产经营高度指挥机制完善性、对外关系良好性、规章制度及各类管理基础工作的完善性。这类价值活动对企业竞争优势产生巨大的、潜在的支持作用，应引起企业各级管理人员的足够重视。

3. 企业政工管理活动

企业政工管理活动是我国国有企业、集体企业、混合制企业不可缺少的活动。我国企业实践经验表明，企业政工管理活动对企业的竞争优势有着重要的作用。如果企业政工管理活动与企业行政管理活动能够协调一致，企业凝聚力大，容易产生高绩效；反之，则企业内部人心涣散，"内耗"大，甚至连正常的业务工作都要受到干扰，更谈不上有什么核心竞争力。在制定和实施企业战略时，企业政工管理活动一方面要确保党的方针、路线、政策能在企业中贯彻执行，另一方面要激发全体员工的工作热情和积极性，强化企业凝聚力，保证高效率地完成企业生产经营的各项计划和任务。

企业政工管理活动产生的价值活动主要有以下几个方面。

（1）党务工作。
（2）工会工作。
（3）共青团工作。
（4）妇联工作。

三、识别价值活动

识别价值活动要求在技术上和战略上有显著差异的各种活动相互独立。将企业的价值活动分成基本活动和辅助活动，有助于识别企业的价值活动，从而识别出企业竞争优势。

1. 基本活动

涉及任何产业内竞争的各种基本活动有五种基本类型，每一种类型又可依据产业特点和企业战略划分为若干显著不同的活动。

（1）内部后勤。与接收、储存和分配相关的各种活动，包括原材料搬运、仓储、库存控制、车辆调度和向供应商退货等。

（2）生产经营。与将投入转化为最终产品形式相关的各种活动，包括机械加工、包装、组装、设备维护、检测和各种设备管理等。

（3）外部后勤。与集中、储存和将产品发送给买方有关的各种活动，包括产成品库存管理、原材料搬运、送货车辆调度、订单处理和生产进度安排等。

（4）市场营销。与提供一种买方购买产品的方式并引导他们进行购买有关的各种活动，包括广告、促销、销售队伍、报价、渠道选择、渠道关系和定价等。

（5）销售服务。与提供服务以增加或保持产品价值有关的各种活动，包括安装、维修、培训、零部件供应和产品调整等。

上述各类价值活动构成企业价值链系统，可以用图4-4来表示。

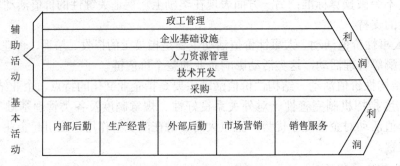

图 4-4　企业价值链系统示意图

根据不同产业的具体情况，不同类型的基本活动对企业形成竞争优势的作用有一定的差别。对批发商而言，进货和发货的后勤管理最为重要；对于饭店和零售店等提供服务的企业而言，在很大程度上根本不存在外部后勤，经营则是关键；对于银行而言，市场和销售通过其柜台工作人员的工作绩效、贷款项目的准确性及利率的高低对竞争优势起到至关重要的作用；对于一个高速复印机生产企业而言，服务是企业竞争优势的核心来源。然而，无论在哪一类企业中，所有类型的基本活动都在一定程度上存在并对竞争优势发挥作用。

2. 辅助活动

在任何产业内，竞争所涉及的各种辅助价值活动都可以被分为五种基本类型，如图4-4所示。与基本活动一样，每一种类型的辅助活动都可以根据产业的具体情况划分为若干显著不同的价值活动。

（1）采购。采购是指购买用于企业价值链中各种投入的活动，而不是外购投入本身。外购的投入包括原材料、储备物资、其他易耗品、机器、实验设备、办公设备和建筑物等各种资产投入。尽管外购投入一般与基本活动相关联，但是外购投入却在包括辅助活动在内的所有价值活动中存在。

一次特定的采购活动通常与一项具体的价值活动或它所辅助的各项活动相联系，尽管通常一个购买部门服务于很多价值活动，但购买政策适用于全企业范围。采购活动的成本虽然在企业总成本中所占比重很小，但它却影响企业的全面成本和经营差异性。通过改进企业的采购行为，可以提高外购的质量和降低外购的成本，并进一步影响与之相联系的活动的成本和质量。

（2）技术开发。技术开发由一定范围的各种活动组成，这些活动包括改善产品和工艺的各种努力。技术开发存在于企业中的很多部门，如电子通信技术应用于订货登记系统，各管理部门应用办公自动化技术建立企业局域网，等等。

技术开发对所有产业中的竞争优势都很重要，在某些产业中还起到独一无二的作用。如在钢铁产业，企业的工艺技术是竞争优势中独一无二、最为重要的因素。

（3）人力资源管理。人力资源管理包括各种涉及所有类型人员的招聘、雇佣、培训、开发和薪酬等各种活动。通过人力资源管理可决定员工的技能和积极性，以及雇佣和培训成本所起的作用，影响着任何企业的竞争优势。

（4）企业基础设施。企业基础设施由大量活动组成，包括总体管理、计划、财务、会计、法律、政府事务和质量管理。企业基础设施同其他辅助活动不同，它通过整个价值链而不是单个活动起辅助作用。

（5）政工管理。如前所述，这是我国企业的一种特殊类型的辅助活动。

企业基础设施是竞争优势的一个重要来源。例如，在一家电话营业企业，与老顾客之间的谈判和维持持久的合作关系可能是提升竞争优势的活动之一。同样，恰如其分的管理信息系统对成本地位的贡献巨大，而在一些产业中，高层管理人员在处理与用户的关系方面至关重要。

四、价值链的确定

1. 价值链的分解

为判定竞争优势，有必要为在一个特定产业的竞争而定义企业的价值链。定义本企业的价值活动要求将技术上与经济效果上分离的活动分解出来，如生产或营销这样广义的活动必须进一步细分为一些活动，产品流、订单流或文件流在这种分解上显得更清晰。一些活动的再分解能够达到范围日趋狭窄的活动的层次，这些活动再在一定程度上相互分离。例如，工厂里的每台机器可以被看作一项分离的活动。这样，潜在活动的数量通常十分巨大。

分解的适当程度依赖于这些活动的经济目的和分析价值链的目的。这些活动被分离和分解的基本原则包括以下几点。

（1）具有不同的经济性。

（2）对差异化产生很大的潜力影响。

（3）在成本中所占比例很大或所占比例在上升。

在使用价值链分析揭示对竞争优势所产生的影响之间的重要差异时，对一些活动的分解必定会更成功，而另一些活动则被组合起来，因为它们被证明为对竞争优势无足轻重或决定于相似的经济性。

对于不同的产业，价值链的构成是不同的。有的长一些，有的短一些，例如贸易企业就不存在生产制造活动。同样地，不同产业中每一类活动的重要性也不相同。批发商认为进货后勤和发货后勤最重要,而高档次复印机生产商施乐公司,则认为质量和服务最重要。因此,我们经常只选取一些主要环节进行分析比较,将对竞争优势影响不大的环节略去。

2. 价值链的优化

为了提高企业的竞争优势,重点要考虑两个方面的问题:一是企业价值链的优化;二是价值系统的整体优化。

企业价值链的内部优化主要是各价值活动之间的协同。这里的协同指的是通过建立各要素之间的协调关系取得整体效益最大化的过程。协同不是组合,不是简单地相加,而是强调量和质的双重变化。价值链中某一个或几个环节的改进对提高竞争优势是必要的,但它并不一定能产生竞争优势。关键在于各项活动之间的协调,竞争优势正来自这不同的价值活动及其相互联系的协调一致性。

下面举例说明如何利用价值链分析工具识别企业的竞争优势。

在20世纪70年代的复印机行业中,施乐和塞文是两家引人注目的企业(价值链分析如表4-1所示)。施乐公司是生产复印机的元老,早在1938年,美国的物理学者斯德·卡尔逊就发明了干式复印技术,但这一技术在很长时间里没有得到重视。后来施乐公司买下了这一技术,因受到美国专利法的保护,在专利有效期内其他企业不能使用这种干式复印法,所以施乐公司制定了一个租赁战略,给复印机定了一个远远超出其价值的高价,使顾客难以购买,然后将复印机租赁给用户,收取租赁费。在复印机刚刚进入市场的时期,因为顾客尚未认识到复印机的价值,所以顾客数量较少,采用租赁的销售方式也许是正确的。到了20世纪70年代末,人们普遍认可了复印机,所以租赁所能覆盖的范围就有限了。塞文公司反其道而行之,以销售复印机为主,扩大了覆盖面。从销售方式看,施乐公司使用自己公司的销售队伍,人力范围有限;而塞文公司则利用中间商、批发商、零售商等覆盖较宽的顾客范围。在服务方面,双方也采用了相应的做法。

表4-1 施乐公司和塞文公司的价值链分析表

		技术→	产品设计→	制造→	分销渠道→	销售方式→	服务/定价
施乐公司	选择	干式复印	功能齐全,速度快	美国制造,订做零件,后向一体化	本企业销售队伍	租赁为主	本企业技术队伍
	特点	复印质量高	使用复杂,印废率相对较高	较高的成本和价格	较少的顾客,有限的范围	销量少,占用资金较多	服务质量良好,覆盖面小
塞文公司	选择	湿式复印	基本功能,速度慢、手动	日本制造,标准化部件,转包合同生产	办公室设备供应商	销售为主	经销商
	特点	质量一般,耐久性强	耐用性强,操作简单	较低的成本/价格	较宽的顾客范围	一次性资金成本投入费用	更及时的服务

而在价值链上游活动方面,从技术、产品设计到制造可以看出,施乐公司的成本较高,但质量较好;塞文公司的成本较低,但质量却一般。在价值链下游活动方面,塞文公司略有优势,在价值链上游活动方面,施乐公司和塞文公司各有千秋,关键看顾客如何估价。

价值链构成的不同,形成了企业竞争中的差异优势,这是差异化战略的基础。正因为如此,在1975年塞文公司只有6300万美元的复印收入,在市场中微不足道。施乐公司当时几乎垄断了整个复印市场,市场份额达80%,年收入近20亿美元。但两年后,即1977

年,塞文公司的收入突破 2 亿美元,夺取了 45%的低速平纸复印机市场。而同期,早在 1974 年低速复印机市场中占有 50%以上市场份额的施乐公司,到 1978 年在这一市场中只有 10%的份额了。

第三节　企业的竞争地位的确立

随着竞争的激化,企业必须制定自己的竞争战略,在梯级式的竞争结构中,明确本企业的竞争地位,对不同地位的竞争对手确定相应的对策。如果在实际竞争中忽视了自己的地位,采取与自己地位不相应的对策,就会进入价格竞争、产品更新竞争等各种竞争,不仅会给产业界造成混乱,自身也会遭受重创。

下面介绍几种处于不同市场地位的企业所应采取的最佳的企业竞争战略。

一、第一位企业的竞争战略

在竞争中,处于第一位的企业应采取的战略是稳定整个市场,使整个行业在价格、市场占有率、技术、营销等方面不发生激烈的竞争,要以自己为中心稳定市场。第一位企业的主要竞争战略有以下几种。

(1) 稳定市场。
(2) 稳定竞争。
(3) 采用包围战术。
(4) 和第二位企业保持差距。

以日本汽车行业为例,第一位的丰田对其他汽车制造企业,在产品品种、销售区域、销售渠道等方面,实行缓和的宽容对策,以谋求整个市场的稳定和扩大。对市场地位不同的制造厂而言,战略也不同。丰田稳定市场的主要手段是与处于第二位的日产公司保持差距。

丰田对第三位的三菱、东洋公司的态度是:在产品系列上采取宽容路线,以牵制第二位的日产公司。

对第四位的本田公司,丰田则明确地采取产品差异化、市场差异化和突出特点的战略,这是不必更新产品就可以对付本田公司产量不足的办法。为了尽可能地在早期阶段防范各个制造厂,需要平时注意监视市场和竞争对手的动向,还必须防止第四位的本田公司和第二位的日产公司结成联盟。

对第五位的大发及以下的公司,丰田则采取促进联合的战略,让其承担对丰田轻便车、女性专用车、电动汽车等产品的装饰进行特殊加工的任务,以大发等公司来补充丰田的产品系列,同时还把它们作为一个能迅速、灵活地适应新市场变化的先遣部队来使用。

二、第二位企业的竞争战略

在竞争中,处于第二位的企业的基本战略是,尽量利用市场提供的机会发展自己,力争成为市场占有率第一的企业，应在难以与第一位企业抗衡时及时休战。第二位企业的竞争战略主要包括以下几种。

（1）在无计可施时及时和处于第一位的企业休战。

（2）注意市场变化，争取产品开发领先。

（3）看准时机向处于第一位的企业发起挑战。

例如，第二位的日产公司的位次竞争战略是，与第一位的丰田公司休战，不首先采取低价格竞争策略，而是比丰田公司更注意加强产品研发力量，更早地预先掌握环境变化，并在节省能源的技术革新、海外生产，对美国、英国、俄罗斯的对策等方面，抢在丰田公司的前面适应变化，以便在新形成的市场中夺魁，然后再慢慢地向原有领域渗透、竞争。

对第三位的三菱、东洋，日产公司的主要对策是，一方面注意扩大与其在日常占有率上的差距，另一方面避免它们和第一位企业结成同盟。对第四位的本田公司，则是结成同盟，努力创造新的市场环境。

在竞争中处于第四位的企业对新的市场变化和技术变化特别敏感。因此，应注意第四位企业的动向，如果有新的、成功的改革，就应立即采纳。

对第五位及以下的铃木和大发公司，不能轻视它们在轻便车、女性专用车等特殊领域中的扩大，为扩展整个行业的地盘，要采取观望的态度。

三、第三、第四位企业的竞争战略

第三、第四位企业的竞争战略是，和第一位企业结成同盟，向第二位企业发起挑战，联合第五位以下的企业，把市场变为不稳定的竞争市场；寻找机会超过第二位企业，再以第一位企业为目标。

具体而言，第三、第四位企业的基本竞争战略包括以下几种。

（1）与第一位企业结成联盟。

（2）向第二位企业进攻，力争打败第二位企业。

（3）和第五位以下的企业组成联盟，使市场不稳定。

例如，处于第三位的三菱、东洋公司，基本上都采取和第一位企业不发生矛盾，集中力量把大众市场当作目标，细致地抓准顾客需要，短期更新产品等灵活机动的战略。制订市场的目标，重点不是第一位企业，而是第二位企业。

在竞争中处于第四位的本田公司的位次战略，是努力成为第五位以下企业的领导者，通过扩大联盟来牵制高位次的企业，致力于行业的稳定。

第四节　企业竞争战略的选择

一、总成本领先与受困于中间地位

致力于总成本领先战略但却劳而无功的企业被称为"夹在中间"的企业，不具有任何竞争优势。由于总成本领先者、差异化者和重点战略者在任何细分市场的竞争中都占有十分有利的竞争地位，"夹在中间"的企业就只好处于劣势地位进行竞争了。即使"夹在中间"的企业侥幸发现了一种有利可图的产品或客户，拥有持久竞争优势的竞争者也会迅速将胜利果实据为己有。

陷于"夹在中间"的境地，使企业不愿就如何竞争做出抉择。通常，陷于"夹在中间"的境地的企业试图走出一种中间路线来建立竞争优势，结果却一事无成，因为获取不同类型的竞争优势往往要求采取互相矛盾的实施步骤。一部分成功的企业为了维护声誉，不得不折中其基本战略，从而陷入"夹在中间"的境地。

采取重点战略的企业一旦控制了目标市场，往往难以抵制导致其基本战略含混不清的诱惑力，从而因离开重点战略而陷于两难境地。成功可能会使实施重点战略的企业忘记自己成功的原因，为了增长的需要而远离其重点战略。

例如，克拉克设备公司在超重机行业中完全受困于中间地位，它在该行业内拥有全美和世界范围的处于领先地位的市场占有率。两家日本生产商——丰田公司和小松新木公司，采用了仅为高需求的市场面服务、缩减生产成本和最低点价格的战略，利用了日本钢材价格较低的优势，这种战略大大抵消了运输成本。克拉克公司即使拥有品种丰富的产品，仍然缺乏低成本导向，它在世界范围内较大的市场占有率（在日本为 18%，在美国为 33%）仍未能使其开拓成总成本领先。还由于其品种广泛以及缺乏对技术的充分重视，始终没有获得如希斯特公司那样的技术声誉与产品差异——希斯特公司把目标集中在大型起重机上，并大手大脚地把钱花在研究与发展上。结果，克拉克公司的收益明显大大低于希斯特公司的收益，一直处于衰落之中。

二、分散精力于多种基本战略

每一种基本战略在创造和保持某种竞争优势方面都有不同的途径，它将企业寻求竞争优势的类型和战略目标的空间结合起来。通常企业必须在几种战略之间做出选择，否则就会陷入"夹在中间"的困境。如果企业同时服务于范围很广的细分市场，那么即使企业存在总成本领先或差异化，它仍将无法获得针对特别目标市场、采取重点战略优势所获得的收益。

同时，获取总成本领先和差异化的竞争地位通常是相互矛盾的，因为企业要想获取差异化优势往往要付出高成本的代价。但企业如能同时获取总成本领先和差异化优势，则所得的回报是巨大的，它将同时获得由差异化带来的价格溢价和总成本领先带来的降低成本的好处。从长期竞争的角度看，企业是不会同时获得总成本领先和产品差异化的好处的，企业必须选择能保持长期竞争优势的竞争战略。

三、基本战略持久性问题

基本战略持久性是企业长期生存与发展、获取优于产业平均水平的经营业绩的基础。基本战略的持久性要求企业具有增加战略模仿的壁垒，企业有必要增加投资以不断强化其竞争战略赖以建立的竞争优势。

当一个产业中有多个企业选择建立在相同基础上的相似战略时，这些企业就会陷入无利可图的持久战中。一旦企业选定了自己的竞争战略并付诸实施后就很难再退出，因此，企业应慎重选择竞争战略，以防陷入持久战中。

四、基本战略与企业结构

每一种基本战略都意味着为获取成功需要不同的技能和要求，它们一般又转化为企业结构和企业文化上的差异。总成本领先通常意味着严格的控制系统、管理费用最小化、对规模经济的追求以及对学习曲线的贡献。而差异化战略则意味着不惜代价，不断推出差异化的新产品，应有宽松的企业环境提供支持。企业结构应与竞争战略选择相适应。

每一种基本战略所意味的企业差异化通常包含许多含义。正因为企业在同时获取两种基本战略时，常带来经济上的相互矛盾，企业不会愿意其相互矛盾的具体措施导致其企业经营降为次优。较为可行的做法是将经理人员的选择与对业务单元"任命"联系起来，为建立、保持或获取市场份额提供保障。

思 考 题

1. 如何理解企业竞争战略的选择的两个中心问题？
2. 如何理解企业获取竞争优势的三类基本竞争战略？
3. 如何应用分析形成竞争优势的系统性方法？
4. 如何理解企业价值活动的主要来源与价值活动的识别？
5. 如何理解企业竞争地位与相应的竞争对策？

第五章　企业目标市场与营销战略

学习目标

你学完本章，应该：
1. 掌握市场的含义；
2. 理解整体产品的概念；
3. 掌握产品生命周期的含义、四个阶段的特点及其营销策略；
4. 掌握企业细分市场、目标市场的含义以及选择目标市场的策略；
5. 了解企业市场定位的内涵；
6. 了解市场营销组合的内容；
7. 掌握产品策略、产品组合及其优化分析方法；
8. 掌握价格策略、分销渠道策略和促销策略。

营销战略的主要作用在于，作为产品创造者的企业，如何根据顾客的现实需求和潜在需求确立企业的目标市场，谋划企业的营销战略和营销组合，为市场提供适销对路的优质产品或服务，吸引和促进消费者购买，扩大销路，提高本企业产品的市场占有率和经营效率。本章先介绍市场的概念及其构成、市场细分化的概念及内容、企业目标市场的战略，再讨论企业营销战略。

第一节　市场的概念及其构成

一、市场的概念及其构成

1. 市场的概念

世界著名市场营销权威菲利普·科特勒（Philip Kotler）为市场下了这样一个定义："市场由一切具有特定的欲望和需求，并且愿意和能够以交换来满足此欲望和需求的潜在顾客组成。"市场规模的大小则由具有需求、拥有他人所需的资源且以这些资源交换其所需的人数而确定。

我们认为，市场是指买卖双方通过一定的交易方式实现商品价值交换的行为或场所。在这种交换中，商品生产者是否能够为用户提供满足特定的欲望和需求的产品，顾客是否愿意购买、是否有能力购买起着关键的作用。

2. 市场的构成

根据以上关于市场的定义，可以看出市场由四个要素构成：商品、消费者（购买者）集团、购买力和购买动机。

（1）商品。这里的商品指下文中阐述的整体产品。

（2）消费者（购买者）集团。这里的消费者指产品的最终使用者；购买者则指那些中间产品的生产者。

（3）购买力。这里的购买力指由消费者的收入水平和销售偏好等因素所决定的购买能力。

（4）购买动机。这里的购买动机指促使消费者购买产品的心理原因。

二、整体产品的概念

一提到产品，人们往往只顾及它的内在质量、性能、式样、颜色等，实际上这是一种对产品概念的实体理解。在现实生活中，消费者购买一种产品时，追求的不仅是产品本身，更重要的是某种需求和欲望的满足。因此，对消费者来说，产品应包括一切能满足消费者需求和欲望的物质和非物质因素的总和。

物质因素包括产品实体及其品质、特色、式样、品牌和包装等，是产品的一种自然属性，能满足消费者对使用价值的需要；非物质因素则包括产品能给消费者带来的利益，包括售后服务、产品形象、企业信誉等，它们对消费者具有象征性的价值，这些价值不是产品本身所具有的特征，而是附加在产品上的。

只有具备了物质和非物质两种因素的产品，才能称得上完整的产品，这种观念在现代营销中称作整体产品概念。整体产品概念包括三个层次：核心产品、形式产品和扩增产品，如图 5-1 所示。

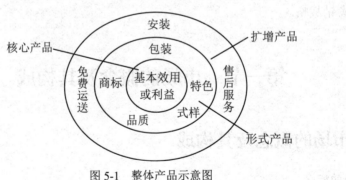

图 5-1　整体产品示意图

1. 核心产品

核心产品是产品最基本的层次，它提供满足顾客需要的最根本的使用价值。现代营销观念认为企业销售给顾客的不仅仅是产品，而且包括期望的满足。例如，电冰箱的核心利益是食品保鲜，电视机的核心利益是清晰的画面享受。销售人员的任务是不仅要把产品销售给顾客，还要发现隐藏在产品背后的主要需要，进而把顾客所需要的核心利益和服务提供给顾客。法国一家化妆品企业的负责人曾说过："在工厂，我们制造化妆品；在商店，我们销售希望。"这就是说，化妆品企业提供给顾客的是美容的希望，这正是整个产品的核心所在。

但是，我们必须注意到，核心产品只是一个抽象的概念，要把产品销售给顾客必须通过一定的形式。

2. 形式产品

形式产品是产品的第二个层次，是核心产品的载体。企业通过产品的设计和生产，将用户的核心利益转变为有形的产品，才能出售给顾客。在这个层次上的产品就是形式产品，形式产品是满足顾客需要的各种具体的产品形式。一般地，形式产品具有五个方面的特征：品质、式样、特色、包装、商标。如果形式产品是某种劳务，也应具有类似特征。事实上，销售者在具有相同使用价值的产品中进行选择时，首选的是产品的形式，尤其是产品的品牌。

3. 扩增产品

扩增产品是产品的第三个层次，是指顾客在购买产品时所得到的附加服务或利益，如送货上门、安装、保修、保换和售后服务等。例如，美国 IBM 公司最先发现，用户购买计算机时，不仅仅是购买各种计算机和软件，更主要的是购买解决问题的服务，用户需要计算机使用说明、软件程序、快速简便的维修方法等。因此，IBM 公司率先向用户提供一整套计算机体系，包括硬件、软件、安装、调试、传授使用、维修技术等一系列附加服务，使用户通过一次购买就能满足使用方面的全部需要，这就产生了所谓的"系统销售"的概念，即销售给顾客的不是单件的产品，而是扩增产品、产品体系。IBM 正是靠这种系统销售在竞争中取得了巨大的成功。

美国著名管理学家李维特曾指出：新的竞争不在于工厂里所制造出来的产品，而在于除此之外，卖主能否给产品加上包装、服务、广告、咨询、融资、送货、保管或其他顾客认为有价值的东西。整体产品才能既全面地满足顾客的需要，又能尽快地、有效地提高企业的经济效益和企业的信誉。

三、产品的生命周期及经营管理策略

1. 产品生命周期的含义及其各阶段

一种新产品上市后，经营者都期望尽快地赚回成本，并为企业赢利。然而，每种产品的销售和利润都不会是一成不变的，都有一个由弱到强，又由盛转衰的过程，我们把这个过程称为"产品生命周期"，也称为"产品的经济寿命周期"。它是指一种产品从试制完毕，开始试销，直到被市场淘汰退出市场的全部过程。

请注意：产品的经济寿命与产品的物质寿命不同，产品的生命周期只反映产品的经济价值在市场上的变化过程，而不反映产品物质形态消耗的变化过程。因此，决定产品经济寿命的主要因素是社会及市场的需求状况和新技术、新产品的更新、变化、发展速度，而不是产品的消费方式。

产品生命周期包括投入期、成长期、成熟期、衰退期四个阶段，如图 5-2 所示。

2. 产品生命周期各阶段的主要特征

（1）投入期。投入期又称为介绍期或试销期，是产品投入市场的初期。投入期的主要特征包括以下几点。

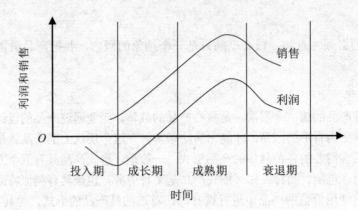

图 5-2　产品的生命周期示意图

① 产品刚刚研制成功，产品结构和制造工艺尚未定型。

② 由于产品尚未被用户认识，销售量很小，同时企业生产批量也小，尚不具备大批量生产条件，因此产品成本很高。

③ 企业为了使新产品能够尽快地被消费者所接受，需要花费大量的广告促销费用，且销售成本也很高。

（2）成长期。成长期又称为发展期或畅销期，是产品成功地进入市场获得大发展的时期。成长期的主要特征包括以下几点。

① 新产品经过大量的广告和促销活动后，开始被消费者所认同。

② 销售量增长迅速，利润也显著增加。

③ 仿制产品开始进入市场，竞争激烈。

④ 销售量的增加使得企业开始扩大生产能力，稳定生产工艺；有远见的企业已经开始进行产品的改进和换代产品的开发。

（3）成熟期。成熟期又称为饱和期，产品通过一段时间的迅速发展后，销售量趋于饱和，利润相对下降。成熟期的主要特征包括以下几点。

① 激烈的竞争使市场分割完毕，销售量大，但增长极其缓慢。

② 竞争迫使价格下降并且促销费用再度回升，产品利润下降，但由于成熟期的时间较长，因而这一阶段是产品主要的创利阶段。

（4）衰退期。衰退期又称为滞销期，是产品的老年期。衰退期的主要特征包括以下几点。

① 产品虽有一定的销售量，但销售增长率小于零，使销量呈下降趋势。

② 由于具有功能更完善的新一代产品进入市场，产品在技术上处于劣势，被迫降价出售，利润迅速下降，最后不得不停产退出市场。

运用产品生命周期概念可以预测产品未来销售情况并制订相应的营销策略。但是，预测产品生命周期的发展模式和各阶段的产品销售量是十分困难的，同样，根据产品生命周期制订营销策略也很复杂。因为营销策略与生命周期是相互联系、相互作用的。因此，企业需要不断地探索和积累经验，才能制订好各阶段的营销策略。

3. 产品生命周期各阶段的营销策略

产品生命周期各阶段呈现不同的特点，有不同的营销目标，需要采取不同的营销策略。

（1）投入期的营销策略。投入期存在的主要问题，一是用户对新产品不了解，需要企业尽快打开市场；二是生产和销售成本都很高。因此，这一阶段的营销策略主要集中在产品价格的确定和促销费用水平的把握上。

① 双高策略。一方面采取高价格来弥补企业的高成本；另一方面投入高的促销费用迅速打开市场。

② 双低策略。一方面采取低价格进行市场渗透；另一方面投入低的促销费用来降低企业的成本。

③ 密集或渗透策略。一方面采取低价格进行市场渗透；另一方面投入高的促销费用迅速地打开市场。

④ 选择性渗透策略。一方面采用高价格来弥补企业的高成本；另一方面投入低的促销费用来降低企业的成本，这一策略适用于市场竞争压力不大、产品差异程度较高的产品。

（2）成长期的营销策略。新产品上市后，如果适合市场需要，即进入成长期。在此阶段内，销量迅速增长，产品的最初购买者继续光顾，反应迟缓的消费者和用户也将大批成为购买者，在高额利润的吸引下，新竞争者将进入市场，为了对付竞争对手，广泛吸引购买者，售价应与投入期持平或略有降低，促销费用应保持与投入期持平的水平，甚至更高些。企业为了尽量延长成长期，可采用如下营销策略。

① 提高产品质量，增加新的功能。
② 改进产品设计，增加新的规格、花色和品种。
③ 积极开拓新的市场和新的分销渠道。
④ 广告宣传重点应从建立产品知名度转向劝说顾客购买。
⑤ 在适当时期降低价格，以扩大销售，抑制竞争。

（3）成熟期的营销策略。处于这个阶段的企业，不应满足于保持既得利益和地位，应该积极进取，"进攻是最好的防御"。成熟期应采取如下营销策略。

① 开辟新市场，寻找新的市场和营销机会，特别是发掘那些没有销售过类似产品的市场。
② 设法促使现有顾客增加使用量和重复使用率。
③ 为品牌重新定位，吸引较大的顾客群。
④ 改进产品，如提高产品质量、增加产品功能、改进产品款式等。通过这些措施，可以防止销售额下降，提高产品的竞争力。
⑤ 改变营销组合。通过改变营销组合的一个或几个因素来扩大销售额。可以用降价的手段来吸引竞争者的顾客和新的买主，采用更为有效的广告形式，开展多样化的营业推广等促销活动，如有奖销售、销售竞赛等。此外，还可以采取改变销售渠道、扩大附加利益和增加服务项目等策略。
⑥ 撤退策略。如果企业认为产品的市场前景并不乐观，就可以先于其他企业退出该市场。

（4）衰退期的营销策略。随着社会经济的发展、技术的进步、市场需求和消费者偏好等因素的迅速变化，产品进入衰退期。

维持衰退期产品的代价十分昂贵，不但可能损失大量利润，而且会有其他损失。因此，对大多数企业来说，当机立断，及时实现产品的更新换代是十分重要的。衰退期的策略有如下几个。

① 维持或缩小策略。适当地减少生产能力，维持一定的市场占有率。
② 退出策略。彻底停产放弃，可以把该业务卖给其他企业。既可以快速舍弃，也可以

渐进式地淘汰。

③ 逐步替代策略。用新产品销量的不断增加来逐步替代衰退期的产品。

第二节　市场细分化的概念及内容

一、市场细分化的概念

1. 细分市场

所谓细分市场是指具有相同或相似需求特点的顾客群。

2. 市场细分化

所谓市场细分化是指按照顾客的不同需求将某种产品的整体市场划分为一系列不同的顾客群。

市场是一个极其庞大而又复杂的整体，在商品生产和商品流通的条件下，任何个人和团体都是一定商品的购买者，因而都是整个市场的组成部分。对一个企业来说，绝不可能提供足以满足整个市场所有用户与顾客需要的全部商品。为了使企业有限的资源得到最有效的运用，必须对企业面向的市场加以适当的界定，从整体市场中划分出最适合企业的某个市场范围，同时研究并制订占领企业目标市场的基本策略。

二、市场细分的作用

市场细分是企业深入了解市场需求以确定企业经营方向的重要途径，其主要作用在于以下几个方面。

（1）有助于发现有利的市场机会。通过市场细分，企业可以进一步了解各个细分市场上有需求的差异，从而发现对本企业更有利的经营机会。

（2）有助于调整企业营销组合。实行市场细分化的企业比较容易深入了解目标市场的需求，并据此对现有的产品、价格、销售渠道、促销方式等进行适时调整。

（3）有助于提高销售效率。通过市场细分，企业可以将其销售力量和营销策略集中于企业目标市场，从而提高销售效率。

三、市场细分的标准

市场细分的基础是购买者需求的差异性，对不同企业的产品和不同种类产品来说，细分的依据往往是不同的。

（1）消费品市场细分。消费品市场细分一般按地理标准（地理区域、城乡及其规模）、心理标准（生活方式、偏好状况、购买动机、购买状态、使用者状况等）和人口标准（年龄、性别、家庭人口、收入、文化水平、职业、种族及宗教信仰等）三个大类来细分。

（2）工业品市场细分。工业品市场细分一般可以使用与消费品市场细分相同的标准，但工业品市场受个人心理因素的影响较小，且用户的信息比较完整，追求的利益与消费者也有区别，因而还要根据最终用户要求、产品特点和购买者集团的特点来进行细分。

四、有效市场细分的基本条件

市场细分的目的是为了认识顾客需求的差异，从而发现有利的营销机会。因此，并不是每个市场都要细分，也并不是每一种细分都有实际意义，如果购买者只有细分标准的差别，而无需求的差别，则根据细分标准进行的市场细分就变得无效。进行有效的市场细分时首先应具备以下三个基本条件。

（1）细分市场在市场规模和购买力方面必须是可以衡量的。

（2）细分市场必须是可以进入的。所谓进入是指企业通过确定某一营销组合能到达某一细分市场，使该细分市场成为本企业产品的购买群体。

（3）细分市场必须具有足够的规模。

五、市场细分的步骤

一般来说，细分市场可遵循如下步骤。

（1）运用市场细分的原理把所有顾客细分为具有共同特征的同质组合，从众多组合中选取一定数量的组合作为样本。

（2）从理论上确定针对某类顾客的最有效的方法及营销策略。

（3）在所选的样本市场中，经试验，初步确定策略。

（4）在试验中，根据现实中的结果条件来调整理论上的标准和方法。

（5）用调整后的标准和方法重新细分市场，使细分市场有效。

第三节　企业目标市场的战略

一、企业目标市场选择

1. 企业目标市场的概念

企业目标市场是指企业从细分后的市场中选择出来的决定进入的有效细分市场，也是对企业最有利的市场组成部分。规模再大的企业也不可能满足所有买主的全部需要，更不可能追求消费者的所有目标。这是因为：第一，消费者目标的某些部分和其他部分有矛盾；第二，企业永远不可能有足够的资源来追求所有的机会；第三，所有的机会并非具有相等的吸引力。因此，企业必须从自身的状况出发，以市场调查与分析、市场细分化为目标市场选择的前提，合理地选择适合本企业的目标市场。

2. 选择企业目标市场的策略

企业目标市场的选择有多种策略，常用的企业目标市场选择策略有五种，如图 5-3 所示。

（1）目标集中化策略。目标集中化策略是指企业选择一个细分市场作为目标市场，以便集中精力为一个细分市场服务，如图 5-3（a）所示。该策略有利于企业始终专注于某个细分市场，并可以在取得成功后再向更大的市场范围扩展。

（2）产品专业化策略。产品专业化策略是指企业生产适合各类用户的同一类产品，以满足不同细分市场的同种需求，如图 5-3（b）所示。

（3）市场专业化策略。市场专业化策略是指企业生产不同种类产品，以满足同一细分市场的不同需要，如图 5-3（c）所示。

（4）选择性专业化策略。选择性专业化策略是指企业有选择地同时进入几个细分市场，为几类不同的顾客服务，这些细分市场之间没有明显的联系，但是每一个细分市场都存在一个良好经营的机会，如图 5-3（d）所示。

（5）全面覆盖策略。全面覆盖策略是指企业同时生产经营各类产品，进入所有的细分市场，为各类顾客群服务，这是大型企业为取得市场领导地位而采用的策略，但一般而言，企业很难一步到位，常常是先选定一个或几个细分市场，取得成功后再逐步扩大，最后达到全面覆盖，如图 5-3（e）所示。

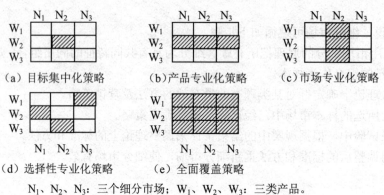

N_1、N_2、N_3：三个细分市场；W_1、W_2、W_3：三类产品。

图 5-3　企业目标市场选择的五种策略

二、目标市场的定位

1. 企业目标市场定位的概念

所谓企业市场定位，是指企业在营销过程中把自己的产品确定在企业目标市场中的一定位置上，即确定自己的产品在目标市场上的竞争地位，也叫作"竞争性定位"。企业选定了自己的目标市场后，还需要进行市场定位，采取适当的定位策略。为此，必须先分析竞争者产品在市场上的地位和份额，充分了解目标市场上现有的产品和品牌在质量、功能以及广告形式、价格水平等方面有什么特点，了解现有品牌之间的竞争关系以及它们对顾客需求的满足程度等，然后确定自己产品的定位。在顾客心目中，使自己的产品占领一个明确的、与众不同的和有吸引力的地位，以适应顾客一定的需求和偏好，从而树立自己的"产品形象"或"企业形象"。

2. 市场定位所产生的效用

企业通过市场定位可以创造出许多效用，主要包括以下几种。

（1）时间效用。可以通过适当的市场定位使用户在任何时间得到的都是所需要的。

（2）空间效用。在任何地点，用户得到的都是所需要的。

（3）占用效用。可以满足顾客的占有心理。

（4）形象效用。通过适当的市场定位，确定产品的品牌在用户心目中不可动摇的地位。

（5）形态效用。对产品采用一定的设计和式样，以满足不同用户对产品品质与美学等方面的追求。

3. 市场定位的方法

市场定位的方法有很多，比较常用的就是绘制产品的定位图，例如，某企业通过调查了解到卡车购买者最关心的两个特性是"载重能力"和"速度"，假定目标市场上已有A、B、C、D四个竞争者，它们的产品定位如图5-4所示，其中圆圈的大小代表各竞争者的销售量。

于是，在四个竞争者位置既定的情况下，该企业有两种可供选择的战略：一是定在市场的空缺处，如图5-4的左上方，如果定位在这一

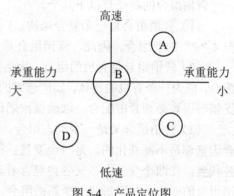

图 5-4　产品定位图

目标市场，进入时可遇到较小的障碍，因此可以节省许多因竞争而带来的费用；二是进入四个竞争者之中实力最弱的竞争者所在的市场。当然，这个战略的实施与否主要取决于企业本身的实力大小以及该产品的市场潜在容量，从而确立产品在用户中的地位，以使企业的收益最大化。

第四节　企业营销战略

一、企业营销组合

1. 市场营销的概念

市场营销是指企业以满足顾客需要为核心所进行的一系列活动，其定义可表述如下：市场营销是指企业从顾客（消费者和用户）的需求出发，使企业整体性的经营活动适应和影响这种需求，并把满足这种需求的产品和劳务送到顾客手中，以实现企业的战略目标。

2. 营销组合的概念

营销组合是现代营销学理论的一个重要概念，是1964年由美国哈佛大学的鲍敦（Borden）教授首先提出来的，此后，受到学术界和企业界的普遍重视和广泛应用。营销组合是指企业的综合营销方案，即企业针对目标市场的需要对自己可控制的各种营销因素，

如产品质量、包装、服务、价格、销售渠道、广告等的优化组合和综合运用,使之协调配合,扬长避短,发挥优势,以便更好地实现企业战略目标。

市场营销受诸多因素的影响和制约,营销因素的有机组合是制定企业营销战略的前提。这些因素可分为两大类:一类是企业不能控制的因素,称为不可控因素,主要包括政治、经济、法律、技术、竞争以及社会文化等宏观经济社会环境因素。这类因素决定了市场需求的性质和容量。另一类是企业能够控制的因素,称为可控因素,主要包括产品(product)、价格(price)、分销渠道(place)和促销(promotion)四个方面,简称为 4P's。所谓营销组合,也就是这四个"P"的适当组合与搭配,体现着现代市场营销观念指导下的整体营销思想。

营销组合的特征有以下几个。

(1)营销组合是一个复合结构。四个"P"之中又各自包含着若干小的因素,形成各自4"P"的亚组合。因此,营销组合是至少包括两个层次的复合结构。

(2)营销组合是有机的组合。为达到共同的经营目标,营销组合的基本因素必须相互配合,成为一个有机的整体,如向选定的目标市场提供高质量的产品,则价格、分销渠道、促销等因素必须紧密配合,以确保预期目标的实现。

(3)营销组合又是一个动态组合,根据企业的内外环境条件而确定。因此,每一个组合因素都是不断变化的,是一个变量;同时又会相互影响,每个因素都是另外因素的潜在替代者;在四个变量中,又各自包含着若干小的变量,每一个变量的变动都会引起整个营销组合的变化,从而形成一个新的组合。

由此可见,一个成功的营销组合策略是营销目标和达到目标的营销手段的有机统一。由相配合的产品战略、价格战略、分销渠道战略和促销战略组成,如图 5-5 所示。

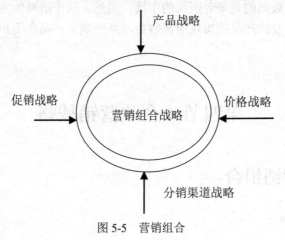

图 5-5 营销组合

二、产品战略

在企业营销过程中,进行产品市场定位之后,就要根据目标市场的需要和各种有关的环境因素制订营销组合方案。产品战略研究和解决的主要问题是,企业应该向市场提供什么产品,如何通过销售产品去更大程度地满足顾客需要。产品战略包括新产品开发策略,产品组合策略,商标、包装和服务策略,等等。

1. 新产品开发策略

(1) 新产品的含义和范围。在当今竞争激烈的市场上,产品日新月异,企业要想持久地占领市场,仅靠原有产品是不行的,必须不断地更新换代,推陈出新,以适应不断变化的市场需求、科学技术发展和产品生命周期日益缩短的趋势。

市场营销中"新产品"的含义与科学技术领域中"新产品"的含义有所不同,不一定都指新的发明创造。凡能给顾客带来新的满足、新的利益的产品都可以称为新产品。

新产品按不同标志可以分成不同的类型,具体如下。

① 按新产品的新颖程度可分为创新新产品、换代新产品和改进新产品。

② 按新产品的开发方式可分为独立研制新产品、技术引进新产品、独立研制和技术引进相结合的新产品、联合开发新产品四类。

③ 按新产品的地域特征可分为国际新产品、国内新产品和地区或企业新产品。

(2) 新产品的开发程序。新产品的开发工作不但要有严密的组织,还必须建立一套系统的、科学的开发程序,以减少失误。具体可分为九个阶段,如图 5-6 所示。

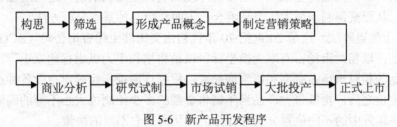

图 5-6　新产品开发程序

(3) 新产品营销组合决策。在正式推出新产品时,企业还必须做出以下四项决策。

① 推出时机。新产品上市要选择最佳时机,最好是应季上市,以便立即引起消费者的兴趣。同时,还要考虑新产品上市对企业原有产品产生的影响,如果对老产品的销售影响很大,则应待老产品的库存下降后再推出新产品。

② 推出地点。新产品开始上市的地点,首先应该决定是在一个地区,还是在几个地区,乃至全国、全球同时上市。

③ 目标顾客。企业推出新产品时,应针对最佳的顾客群制订营销方案。新产品的目标顾客应具备以下条件:产品的最初接受者;产品的经常使用者;对产品会有较好的评价且在社会上有一定影响力的消费者;用最少的费用争取到的购买者。

④ 营销策略。对不同地区、不同市场和不同的目标顾客,应有针对性的营销策略。

(4) 新产品的开发策略。新产品开发受到许多不可控因素的影响,具有投资大、风险率较高的特点。新产品能否在市场上获得成功,不但取决于产品是否适销对路,而且取决于产品是否具有较强的竞争力。为了提高新产品的竞争能力,企业须首先确定新产品的开发策略,一般有以下几种。

① 技术领先策略。技术领先策略是指企业抢在所有竞争者之前,率先采用新技术并使新产品最早进入市场,这种策略能先发制人,在技术上处于领先地位,但风险大。由于采用这种策略能率先进入市场,所以可以采用高价格,争取较大的盈利。

② 紧跟策略。紧跟策略是指企业一旦发现市场上出现了竞争力强的产品或技术领先的产品就迅速跟进,仿用先进技术,在产品的成长初期就将新产品投入市场,这种策略要求企业对市场新动向有灵敏的反应,同时还可根据领先者的经验教训改善产品质量和性能,

调整销售策略。

③ 仿制策略。仿制策略是指企业通过仿制竞争能力强和技术先进的产品,以较低的成本开拓市场。

④ 部分市场策略。部分市场策略是指企业针对部分消费者的特定需求,由于在这一专门技术领域内企业的竞争能力很强,所以容易取得较好的效果。

不同的产品开发策略适用于不同企业具备的客观条件,企业可以根据自身的经营战略、技术能力、营销力量、资金力量、市场容量、市场占有率等情况,选择合适的产品开发策略。

2. 产品组合策略

任何产品的销售量和所获得的利润都有从成长期到衰退期的发展过程,因此企业必须同时经营多种产品。企业所生产和销售的全部产品的结构称为产品组合,随着市场需求和竞争的变化,产品组合中在不同基础上都会发生变化,有些从成长期进入成熟期,有些则从成熟期进入衰退期;一部分产品获得较高的利润,另一部分产品虽然利润率很低,但可能有很大的销售量。因此,企业应根据市场环境和资源变动的情况,适时增加新产品和淘汰衰退产品,从而获得利润最大的产品组合。下面介绍两种基本分析方法。

(1) 波士顿矩阵法。这是 20 世纪 70 年代初由美国波士顿咨询公司(BCG)创立的,其基本思想是:以相对市场占有率为横坐标、以销售增长率为纵坐标建立矩阵,然后核算企业各种产品的相对市场占有率和销售增长率,根据这两项指标确定企业各种产品在矩阵中的位置;定位之后,再按每种产品当年销售金额的多少绘制成大小不等的圆圈;最后根据不同产品在矩阵中的不同位置分别进行分析,从而采取不同的决策。

市场占有率是指企业在一定时期和一定市场范围内,某种产品的销售量占该市场同种产品销售总量的百分比;相对市场占有率是指企业该种产品的市场占有率与该类产品的最大市场竞争者的市场占有率之比。在波士顿矩阵中,相对市场占有率用 x 轴表示,取值范围为 0~1,y 轴表示销售增长率,取值范围为-20%~20%。

图 5-7 是波士顿矩阵图较为通用的形式,该矩阵图被划分为四个象限,每个象限代表一系列产品,其大小可以反映出该系列产品的收入占企业总收入的比重,于是,产品分为以下四种类型。

图 5-7 波士顿矩阵图

① 明星产品:这类产品的销售增长率和相对市场占有率均很高,应采取发展策略,多投资,以扩大产量。

② 问题产品:这类产品的销售增长率高但相对市场占有率低,仅维持现有的市场占有率就需大量资金,如果企业想提高市场占有率,还需更多资金。因此,对此类产品应采取谨慎的态度。

③ 瘦狗产品：这类产品一般处于产品生命周期的衰退期，是亏本或仅能保本的产品，企业应根据产品销售状况和盈利状况采用不同的策略。

④ 金牛产品：这类产品由于相对市场占有率高，销售量大，加速了企业的资金周转，为企业其他产品的发展提供了资金，应引起企业的足够重视。

（2）产品系列平衡管理。产品系列平衡管理是根据市场引力和企业实力，确定产品在市场上的地位和规划产品品种的一种定性分析方法。

市场引力主要是指企业的外部环境，包括市场容量、利润率、销售增长率等；企业实力主要是指企业的内部条件，包括企业的生产能力、技术力量、销售力量、原材料的来源及消耗水平、经营管理水平等。产品系列平衡管理的主要内容就是根据企业各种产品的市场引力和企业实力，分别进行分析评价，从而确定产品系列的最佳组合。

以 x 轴表示企业实力，y 轴表示市场引力，绘制矩阵图如图 5-8 所示。

市场引力 \ 企业实力	大	中	小
大	I	IV	VII
中	II	V	VIII
小	III	VI	IX

图 5-8 产品系列矩阵图

I 类产品：销路好，利润大，是企业的重点产品，应增加投资大力发展，以进一步扩大市场占有率。

II 类产品：是市场引力居中而企业实力很大的产品，这类产品发展的重心在于改进产品的设计，增加新的功能以刺激需求，扩大市场面。

III 类产品：若能保本，则应维持现状回收资金，若亏损则应予以淘汰或转产。

IV 类产品：企业应增大投资，扩大生产能力，以满足市场需求。

V 类产品：企业应采取维持策略，稳定平衡。

VI 类产品：企业应停止投资，立即淘汰或转产。

VII 类产品：企业应分析存在的风险，确认该产品具有发展前途后，可增加投资迅速扩大生产能力。

VIII 类产品：应根据具体情况，有选择地投资。

IX 类产品：应有计划地淘汰或转产。

企业的经营环境是不断变化的，因此产品组合也应是动态的。任何一个时期企业最优的产品组合都应该是市场环境和企业资源在可以预测的变动范围内、始终使企业获得最大收益的产品组合，应引起企业的足够重视。

3. 商标、包装和服务策略

企业采用商标策略可以建立相对稳定的顾客群，吸引那些具有品牌忠诚度的消费者，使企业的销售额保持基本稳定。厂家可用自己的品牌建立信誉，并和购买者建立密切的联系；中间商通过自己的品牌不但可以控制价格，而且在某种程度上可以控制生产者。商标和品牌不但可以控制价格，而且在某种程度上可以控制竞争者的生产。商标和品牌策略包括两个方面：一是决定是否采用品牌；二是采用什么品牌，商标是采用生产者商标，还是采用销售者商标，是采用统一商标，还是不同品种采用不同商标，是否采用与企业名称一致的商标，等等。

包装是指设计和制造产品盛装容器以及包装产品的活动。"包装是无声的推销员"，这是现代营销学对包装策略的高度概括。包装策略包括是否采用包装和采用什么包装的决策。

提供服务是整体产品的一个重要组成部分，服务可分为有形的产品服务和附加的产品服务。近年来，服务显得越来越重要，已成为影响企业信誉和竞争能力的一个重要因素。因此，许多企业都建立了为顾客服务的专门机构，负责提供维修、信贷、技术信息、咨询服务、接待顾客来访、处理顾客投诉、将顾客的批评建议和各种要求反映给企业的有关管理部门和决策者，以改进产品的设计和生产、提高服务质量、满足顾客需要、促进销售。

三、价格战略

价格战略是为了达到一定的经营目标而制订的各种定价方案的总称。

在市场经济条件下，企业作为独立的商品生产者和经营者，绝大部分都可以自主定价。因此，定价是营销组合的可控变量之一。但是，这种自主定价并不是随心所欲、不受任何制约的，价格的制订要受到一系列内部和外部因素的影响和制约。企业内部因素包括营销目标、营销组合策略、成本和定价组合；外部因素包括市场需求、市场结构、国家政策、宏观经济状况、外部环境。

常用的价格战略有以下几类。

1. 以成本为导向的价格战略

这种战略以产品的价值为基础，是以单位产品的社会必要劳动量为标准来确定产品价格的，有以下两种具体方法。

（1）成本加成定价法。成本加成定价法是最常见的一种定价方法，它是以全部成本作为定价的基础，加上一定的百分率来决定商品价格的方法。

（2）目标利润率定价法。这种方法是以估计的生产量所需要的总成本，加上由企业目前利润率所决定的确切的利润额以及上交的税收得出总收入额，然后折算出单位产品的价格。

运用成本导向型的价格战略并非一定能定出最佳价格，因为它忽视了产品的价格需求弹性和市场的竞争，从而使价格与市场需求不一致的情况时有发生。

2. 以需求为导向的价格战略

（1）按市场认可价值定价。这种定价法的依据是用户对该产品的认可价值，而不是产品的制造成本。因此，企业首先要通过市场研究，确定该产品由于质量、服务、广告宣传等因素在用户心目中所形成的价值，然后再以用户认可的价值为基础确定产品价格，可以用试销的办法逐步确定产品价格。

（2）按需求差别定价。这种定价法的特点是根据市场需求强度的不同，对某种产品定出不同的价格。如划分子市场，按子市场定价等。

3. 以竞争为中心的价格战略

这种战略主要着眼于对付竞争，而且以竞争者的价格作为定价的基础，常见的有以下三种形式。

（1）随行就市定价。随行就市定价是以本行业的平均价格作为企业的定价标准，这种定价主要适用于产品质量不因制造者不同而具有显著差别的同质产品。因为，如果定价过高，容易失掉用户；而定价低于行市水平，又容易引起竞争者的反击，同样无助于扩大销售。

（2）渗透定价。渗透定价是以低价格打入新市场或扩大市场占有率为目标的价格战略。

采用渗透定价的条件是：目标市场必须对价格敏感，即目标市场价格弹性充足，可用较低的定价扩大市场、促进销售，生产和分销成本必须能随销售量的扩大而降低。

（3）折价或溢价定价法。折价或溢价定价法是指定价以投标方式来进行比价。它通常适用于金额较大或特殊的购买情况，如政府采购、建筑合约、销售机器设备等方面。

四、分销渠道战略

所谓分销渠道是指商品从生产者向最终使用者转移时所采用的方式和途径。产品从生产者到消费者（用户）的营销过程，是通过一定的渠道实现的，由于生产者同消费者之间存在着时间、地点、数量和所有权等方面的差异和矛盾，只有克服这些差异和矛盾，才能在适当的时间和地点，按适当的数量和价格把产品从生产者手中转移到消费者手中，因此，在市场营销过程中，产品的转移要通过分销渠道。

1. 分销渠道的基本类型

分销渠道随着经济发展情况、产品性质、市场面的不同而有所不同，一般来说，分销渠道的基本形式有以下几种。

（1）企业直销型。企业直销型的分销方式是指企业不经过中间环节，而把自己的产品直接售予最终使用者的方式。这种销售形式是企业与使用者直接进行购销，有助于生产者和消费者之间的交流和了解。但是，在销售量很大或使用者众多的情况下，采用这种销售形式，一方面会增加企业销售工作量，从而降低销售效率；另一方面，可能限制企业销售的市场面，不利于销售量的增加和企业生产的进一步发展。

（2）单一环节直销型。单一环节直销型分销方式是指企业将产品批发给零售商，再由零售商分销给使用者的方式。这种销售形式比直销型具有较广的市场接触面，对企业来说，增大了企业销售量。但是，当产品销售量很大时，企业难以通过有限的零售商来开拓市场。

（3）多环节销售型。多环节销售型分销方式是指企业的产品经过各层批发商批发给零售商，再由零售商销售给使用者的方式。这种销售形式增加了销售层次，进一步拓宽了市场面，有利于销售量的增加。但是，采用这种方式时由于中间环节过多，容易导致商品的储运量大，转移周期长，从而影响商品的价格。

2. 分销渠道决策

（1）选择分销渠道的原则。企业应综合考虑产品特征、市场因素及自身条件等各个方面，正确选择分销渠道。选择分销渠道时应注意以下原则。

① 重视市场定向，必须以满足既定销售对象的需求为着眼点选择分销渠道。
② 注重销售环节之间的利益分配与协调。
③ 以确保企业优势、加强企业竞争力为根本。
④ 降低销售费用，提高流通效率。

⑤ 必须考虑市场各销售环节的协调平衡。

(2) 选择分销渠道的基本策略。从产品分销面的大小和企业条件出发，选择分销渠道中的三种基本策略。

① 综合性分销。即运用尽可能多的分销点，使渠道尽可能加宽。这是一种开放型的分销策略，适用于产品销售面广、竞争十分激烈的产品。消费品中的便利品（如烟、打火机、卫生纸等）和工业用品中的标准件、通用小工具等，适于采用这种分销形式。该策略的优点是渠道数量不限，向市场面的渗透力较强；缺点是重点不突出，储运费用和经销费用可能较大。

② 独家分销。即企业根据其产品特点、自身能力、使用者对特约经销商的偏爱程度等，在特定区域中只选定一家中间商经销或代销，实行独家经营。独家分销是最极端的形式，也是最窄的分销渠道，通常只对某些技术性强的耐用消费品或名牌品适用。独家分销对生产者的好处是，有利于控制中间商，提高其经营水平，也有利于加强产品形象，增加利润；不足之处是很难选择一个理想的经销商，在一个区域仅选择一个经销商可能会失去潜在的消费者。

③ 选择性分销。这是介于上述两种形式之间的分销形式，即有针对性地选择几家销售商和分销渠道。这种形式对所有产品都适用，它比独家分销面宽，有利于扩大销路，开拓市场，展开竞争；比综合性分销节省费用，且较易控制，无须分散太多的精力。同时，有条件地选择有效率、诚信的中间商，还有助于加强彼此之间的了解和联系，被选中的经销商愿意尽最大努力提高销量。相比之下，这种分销形式的效果较好。

五、促销战略

促销是指把企业的产品或服务向消费者进行报导、宣传，以此来促进和影响人们的购买行为和消费方式，扩大产品的销量。企业为取得营销活动的成功，不但要以适当的价格，通过适当的分销渠道向市场提供适当的产品，而且需要采取适当的促销方式。因此，促销的实质就是营销者与买者和潜在买者之间的信息沟通，促销的任务就在于通过买卖双方的信息交流和沟通，诱导需求、创造需求、突出特点、稳定销量。

为了有效地与购买者沟通信息，可通过广告媒体来传递有关企业及产品的信息；可通过各种营业推广方式加深顾客对产品的了解，进而诱导购买行为；可通过各种公共关系手段来改善企业在公众心目中的形象；还可派遣推销员面对面地说服顾客购买产品。

由此可见，促销可以分为人员推销和非人员推销。其中，非人员推销又包括广告、营业推广及公共关系等，促销战略就是这些促销方式的选择、组合和应用。

1. 人员推销

人员推销是指生产或经营企业通过专门的销售人员直接向用户和消费者推销其商品。

人员推销的特点有以下几个。

(1) 直接对话。人员推销是推销人员与潜在购买者直接的面对面的信息传递，是信息的双向沟通，可以直接观察对方的态度，了解对方的需要，并及时做出适当的调整。

(2) 培养感情。人员推销可以促使买卖双方从单纯的买卖关系，发展到建立深厚的个人友谊，保持长期的联系。

（3）迅速反应。人员推销能够及时地观察到对方的反应，以迅速做出回应。

正因为人员推销具有上述特点，所以对某些处于一定销售阶段的产品，它是最有效的促销方式，特别是在争取顾客偏好、建立顾客对产品的信任和促成交易等方面，有较为显著的效果。

2. 广告促销

广告是企业销售组合中最受重视和应用最广的促销形式。商业广告是企业通过付款的形式，有计划地把各种产品和劳务的信息通过媒介传递到各种可能的顾客中，以达到增加信任和扩大销售的目的。

广告促销的特点有以下几个。

（1）公众性。广告是一种高度大众化的信息传递方式。因此，它比较适用于供应大众、标准化产品的宣传推广。

（2）渗透性。广告是一种渗透性的信息传递方式，可多次重复同一信息，使购买者易于接受和比较各企业所传播的信息。

（3）表现性。广告是一种富有表现力的信息传递方式，通过对文字、声音、色彩的艺术化的运用，将企业及其产品的信息传递给受众。

（4）非人格性。广告不像人员推销那样具有人格性，受众没有义务去注意广告并对广告做出反应。广告只能是单向的，而不能与消费者进行双向交流。

广告既可用来树立企业和产品的形象，又可用来刺激销售，从而达到开拓市场、促进销售、树立企业信誉的目的。

思 考 题

1. 如何理解市场的含义？
2. 如何理解整体产品的概念？
3. 如何理解产品生命周期的含义、四个阶段的特点及其营销策略？
4. 如何理解企业细分市场、目标市场的含义以及选择目标市场的策略？
5. 如何理解企业市场定位的内涵？
6. 如何理解市场营销组合的内容？
7. 如何应用产品战略、产品组合及其优化分析方法？
8. 如何理解价格战略、分销渠道战略和促销战略？

〖综合案例一〗 WM公司企业战略管理案例分析

导读： 从20世纪60年代开始发展，直到21世纪初，集成电路的核心技术基本上由发达国家掌握。我国的集成电路的发展相对较晚，技术相对落后，人才紧缺。2000年，国务院发布了鼓励集成电路发展的政策，集成电路产业得到了迅速发展。国家级集成电路产业扶持规划（2014年新政国发4号文）的出台，再次推动了集成电路的发展，同时也加剧了集成电路产业的竞争。WM作为集成电路设计公司，势必需抓住集成电路产业的新机遇，取得进一步的发展。

案例：

战略作为企业整体在未来中长期如何运作的一种综合性表述，其重点不在于看清企业目前是什么样的，而在于看清企业本身的特质以及企业将来会成为什么样的。使命是企业存在的价值与意义，是企业制定战略的内在依据。有效地定义企业的任务及目的是制订任何战略计划的出发点。

一、明确使命目标：勾画未来蓝图

WM公司在成立初期以振兴中国集成电路产业为目标，但在战略实施的阶段，出现了行动和资源部署与企业整体战略目标不一致的情况，研发的创新、营销能力等这些对打造企业核心竞争力有利的方面未能得到保证。公司成立的前5年未能取得期望中的发展；近8年是WM公司的发展期，WM公司将公司的愿景定位为：成为中国领先的集成电路设计公司。这些年，公司一直以此为目标，在股东动荡期间，认同此价值观的股东进行了坚守，不认同此价值观的股东则选择了撤退。经过股东的动荡洗牌，公司的目标明确，上下对目标达成了共识，带来的是持续增长。

核心价值观应是组织永恒不变的原则；核心理念定义了一个组织恒久不变的基本特质，这是一种超越产品市场生命周期、技术创新、管理时尚和个人领袖的自我认同，是组织中唯一神圣不可侵犯的东西。在WM公司发展的过程中，一开始急于赢利，结果偏离了自己设定的方向，事实证明，务实的理想主义必须要有，只有沿着理想主义的路，制订切实可行的战略方针，才有可能引导公司一步步走向成功。

二、外部环境分析（PEST分析）

（一）政治环境

一直以来，集成电路产业是信息技术产业的核心，是国家重要的基础性、先导性和战略性产业。加快发展集成电路产业是推动我国经济转型升级的根本要求，是提升国家信息安全的保障。近年，国家出台了各种鼓励集成电路产业发展的若干政策，这也标志着国内集成电路产业环境将得到进一步完善，在一定程度上也减弱了国际市场需求疲软的不利影响，为集成电路产业步入新一轮的发展提供了重要动力。

（二）经济环境

宏观经济环境方面，现有的国家重要任务是加快经济结构调整，促进经济自主协调发展。着力推进产业结构优化升级，坚持创新驱动，培育发展战略性新兴产业。现如今，智能手机、MID 等数码便携产品的蓬勃发展给人们带来了便利，影响了人们的消费习惯，而这些整机的发展带动了 WM 公司电源管理芯片的发展，并保持了快速的增长。

（三）技术环境

近年随着集成电路设计业的不断壮大，集成电路代工需求在持续增大，对代工的技术要求日益提高，但代工厂的生产工艺差距大、可靠性不高以及 IP 服务不足、产能不充足成为制约因素。在这种情况下，以下三个因素正刺激着上游产业进行变革：第一个因素是国内市场需求巨大，全球地位日益提升；第二个因素是战略性新兴产业蓬勃发展，新兴产业应用带来市场机遇；第三个因素是政府高度重视集成电路产业发展，政策环境持续向好。在这种环境下，为 WM 公司向中高端产品发展提供了平台，保证公司研发的产品能有可满足的工艺进行加工，同时也为公司加工量的增加提供了产能保障。

（四）社会与文化环境

现有社会步入大众消费时代，随着商品经济发展，国人购买力上升，特别是年轻人喜欢数码产品，成为消费的主群体并紧跟产品的不断更新换代。这刺激了数码等电子产品的发展。WM 公司紧跟市场风向，研制主流产品的配套器件。

三、产业竞争力量及五力模型

（一）潜在进入者的威胁

在电源管理集成电路行业，从来都不缺潜在的进入者，他们的进入隐藏着攫取市场份额的欲望，导致的结果是价格下降，整体利润水平下降。特别是现有产业链的整合，有封装资源的厂家和设计公司整合，这必然会带来巨大的威胁。针对这种情况，WM 公司一直在发展产业链的战略合作伙伴，在工艺上与厂家共同探讨，形成一致的目标。在分销渠道上，加强合作，提高分销渠道的忠诚度。

（二）替代品生产商的威胁

针对替代品，一直存在着竞争。替代品的性价比更高。在电源管理集成电路中，一些基础性的产品不存在替代的威胁。但在高度发展的消费类产品中，如移动电源、玩具等，产品集成是最大的替代威胁，这些产品集成的替代品性价比更高，大大降低了用户的成本。

（三）买方的讨价还价能力

WM 公司的产品从发布后，产品价格就处于持续下降的趋势，除了竞争激烈，买方的讨价还价能力在提升也是一个重要的原因。

在营销战略上，WM 公司整合客户资源，集中发展大的代理商。但这导致的结果是几家固定的大的代理商稳定、发展后，增强了买方的讨价还价能力。在这样的情况下，公司需不断推出前瞻性的新品，只有这样才有可能在定价的问题上有绝对的权力。

（四）供方的讨价还价能力

WM 公司主要进行产品设计，所有的加工均为外包生产，绝对性地依赖上游的晶圆、封装、测试厂家。近几年上游企业发展迅速，由以前产能紧张发展到近年部分产能空缺，在这种情况下，对降低产品成本建立了通道；另一方面，由于 WM 公司上有集团支撑，利用集团大规模集成电路优势，在产品成本控制上有相对的优势。

但随着国外封装纷纷转移到中国加工，供方的客户规模在不断扩大，给价格的下降通道带来了阻力。

（五）产业内现有企业间的竞争

WM 公司面临的市场竞争包括国外、国内模拟集成电路设计公司两个方面，总体来说，国内模拟集成电路设计公司和国外巨头之间还是有很大差距的，面对的市场层次和客户群也不太一样，且国外集成电路设计公司的产品价格远高于国内，因此彼此之间的竞争不是很激烈。

WM 公司的国内竞争对手主要有国内一些上市集成电路企业，还有一些小规模的模拟集成电路企业。上市企业的产品线更为丰富，产品不仅仅限于电源管理芯片这个范围，品牌知名度也比较好。但针对电源管理芯片这个细分领域，WM 公司却做得更加细化，品种更全，产品性能指标更贴近市场需求，具有很好的品牌知名度。而小规模的模拟集成电路电源管理芯片设计公司往往产品线不齐全，只是集中在电源管理领域中的一个局部方向上，难以形成规模效应，在市场拓展和品牌效益方面相对薄弱一些。

四、内部资源与能力分析（SWOT 分析）

（一）优势

1. 技术技能优势

WM 公司积累了十余年集成电路开发的经验，拥有众多技术专利。电源管理系列化产品齐全，从 LDO 到 DC/DC、LED 驱动、充电管理等均有现成的解决方案，现有技术已经相对成熟，市场接受度已经形成。

2. 资产优势

作为国内最大集成电路××集团的下属公司，在资金上具备得天独厚的先天优势，在新技术应用开发上也会得到上级单位的扶持。

3. 组织体系优势

经过多年的磨合，WM 公司在组织设计上进行了改进，按产品线实现矩阵式结构管理，根据不同项目、不同产品、不同客户的需求进行策划。公司实现了员工控股，整个团队朝气蓬勃，带动整个公司高效运转。

4. 竞争能力优势

在电源管理芯片这个细分领域，××公司在细分市场、品种选择、产品性能指标上更贴近市场需求，已具有很好的品牌知名度。

通过对代理商渠道的整合和优化，市场渠道建设已具备很强的推广能力和作战能力，能够与公司的战略推行在步调上保持一致。

（二）劣势

1. 新品研发速度及产品远瞻性

从技术上来讲，新兴通信技术发展飞速，集成电路的技术从产品化开始到完善并且能够系列化有非常多的工作要做。从新品研发立项到出产，速度稍慢，效率略显低下，从而错过很多良机，致使产品推广上较慢。在新品立项上，前瞻性有欠缺，导致产品一经推出，立马迎来价格战，无法长期占有属于自己的蓝海。

2. 同质化竞争

上市企业的产品线更为丰富，产品不仅仅限于电源管理芯片这个范围，品牌知名度也比较好。私人企业竞争灵活，能够更快响应客户需求。同时，由于国内缺乏好的知识产权和专利保护体系与氛围，新品开发保密投入很大。

（三）机会

1. 产品需求不断增加

客户群逐渐扩大。数码产品、玩具、灯具等市场容量巨大。根据市场调研发现，从 2009 年起，每年的市场需求呈现倍增的趋势。

作为一些消费类产品的最重要原材料，电源管理芯片集成电路的需求量和应用功能要求也不断增加，导致该产品的市场前景看好。

2. 国家政策推动

国家鼓励集成电路产业发展的若干政策的发布标志着国内集成电路产业环境将得到进一步完善，具有自主知识产权、代表核心竞争力的集成电路产品将得到政府的进一步政策和资金支持。

3. 产业链上下的合作紧密

由于集成电路产业近几年持续走高，处于上游的晶圆、封装、测试厂家纷纷扩大产能，WM 公司的产能不够的问题得到解决。新的供应商也在不断涌现，增加了供应商可选择的机会。在这样的情况下，更易形成战略合作伙伴，现有的×封装厂，WM 公司的封装量达到其产能的 70%。

（四）威胁

1. 竞争对手的针对性策略

只要 WM 公司的产品占据蓝海，竞争对手就迅速推出同类产品，这导致价格不断下滑，WM 公司有可能会失去部分市场份额。

2. 客户对产品的谈判能力提高

由于 WM 公司采用的是代理商市场渠道，同质化的竞争会导致代理商对成本控制更加严格，对成本和价格的控制能力同时也会得到提高。为了竞得更高的利润，代理商无疑会提高谈判的力度，包括对产品的性能和价格都会提出新的要求。这会导致 WM 公司在价格上可能做出让步，进一步压缩利润。同时对产品性能要求的提高会导致 WM 公司对产品成本的投入增加，利润率下降。

五、战略建议

（一）在坚持使命目标的基础上，提高持续创新的能力

WM 公司是规模较小的一家集成电路设计公司，经过几年的调整、发展，目前正处于上升期，恰恰也是危险期。WM 公司须始终坚持自己的价值观，坚定自己务实的理想主义；同时不断创新企业的发展战略，在技术、管理、营销等职能战略上持续创新。

（二）加大对空白市场研发的投入力度，争取领跑市场

作为集成电路设计公司，需加大产品研发投入，研制出差异化产品。产品的差异化是企业持续发展的根本，由于产品的应用领域均为消费类产品，竞争激烈，故在红海市场需做出有价值和创新的产品，增强产品的差异化。同时在进入蓝海市场时，要注意防范蓝海市场的风险，做出契合公司发展及市场需求的产品。做好前期的市场调研工作，缩短产品的研发周期。

（三）实施成本领先战略

市场竞争白热化，一些海量市场产品的市场占有率靠的是价格的支撑。价格竞争实质就是成本的竞争，企业成本越低，产品就越有竞争优势，不惧竞争对手的对抗，同时在面对替代品时也会显得从容不迫。WM 公司采取的是外加工，其利用在供应链累积的合作资本、新的供应商的涌现，及进行产品工艺的研究，持续进行产品的降本工作。

资料来源：周高凤. WM 公司企业战略管理案例分析[J]. 市场周刊（理论研究），2014（5）：35-37.

企业高级管理篇

企业高级管理篇主要介绍:企业的高级管理人员如何根据董事会的战略决策制订企业战略计划;如何设置高效的企业组织结构保障企业战略计划落实;如何控制企业的各项实际工作;如何实现有效的领导;如何实现企业的创新,从而确保企业战略目标的实现。

第六章 企业决策

> 学习目标

你学完本章，应该：
1. 掌握企业决策的含义及其分类；
2. 理解行为决策理论的主要观点；
3. 掌握企业决策的过程；
4. 理解影响企业决策过程的因素；
5. 理解企业群体的行为因素及企业群体决策的特点；
6. 理解企业群体决策的优点与缺点；
7. 理解常用的决策技术。

企业决策渗透到企业的方方面面，企业决策的正确与否直接影响决策的经济效益和社会效益。随着企业内外环境的不断变化，决策的不确定性越来越大，难度也越来越高。本章先概述企业决策、企业决策的过程、企业群体决策，再讨论企业决策技术。

第一节　企业决策概论

一、企业决策的概念

企业决策是指企业为实现其战略目标和某一具体目标而采取的行动，从若干可以相互替代的可行方案中选择一个合理方案的分析判断过程。

企业决策本质上是一个系统的过程，而不是一个"瞬间"做出的决定。从企业决策的概念可以看出以下几点。

（1）企业决策要有明确的目标。决策是为了解决某个问题、达到某种目的而采取的行动。没有问题则无须决策，没有目标则无从决策。

（2）企业决策要有若干可行的备选方案。从多个备选方案中进行比较和选择是科学决策的重要原则，如果只有一个方案，则无从比较其优劣，也没有选择的余地。

（3）企业决策要进行各备选方案之间的比较和分析。各个备选方案都是可行的，必须确定评价标准，对各方案从技术、经济等方面进行综合分析与评价，从而确定各方案对目标的贡献程度以及潜在的问题。

（4）企业决策的结果是要选择一个满意的方案。决策是复杂的、多变量的和多约束的行为，现实中的决策要达到所谓最优是不可能的，因而决策者往往对决策的评价指标确定一个最低标准，超过这个标准并在总体上达到预期效果即为满意。

（5）企业决策是一个分析判断过程。企业决策有一定的程序和规则，企业决策既要依靠科学的理论和科学的方法，也要依靠人的智慧、经验和判断力。因此，企业决策者要不断提高自己的决策能力，以提高决策的正确性和科学性。

二、企业决策的类型

企业决策贯穿于企业管理活动的全过程。从不同的角度对企业决策加以分类，有助于企业决策者把握各种决策的特点，提高决策的效率和效果。

1. 按企业决策的重要性和作用分类

按企业决策的重要性和作用可分为以下几种。

（1）企业战略决策。企业战略决策是指谋求在企业与外部环境之间达成动态平衡的决策。企业战略决策是企业中最重要的决策，涉及企业的发展方向和前景规划这类关系全局的重大问题。企业战略决策的实施时间较长，对企业的影响较为深远，所需解决的问题也较为复杂，对企业决策者的洞察力和判断力也有很高的要求。

（2）企业管理决策。企业管理决策是指做出企业战略决策后在企业内部贯彻执行的决策，旨在实现企业内部各环节活动的高度协调和资源的合理使用，以提高经济效益和管理效能。企业管理决策虽然不直接决定企业的命运，但其正确与否会影响企业总体战略目标的实现与否和工作效率的高低。

（3）企业业务决策。企业业务决策是指企业为解决日常工作和作业任务的问题所做的决策，大部分属于影响范围较小的局部性、常规性、技术性的决策。

2. 按企业决策问题所处的条件分类

按企业决策问题所处的条件可分为以下几种。

（1）企业确定型决策。企业确定型决策是指企业决策者在稳定或可控条件下进行的决策，即决策方案未来的自然状态只有一种，即未来状态呈100%发生或100%不发生，各方案之间的优劣比较和预期结果是明确的。

（2）企业风险型决策。企业风险型决策是指企业决策方案未来的自然状态有两种或两种以上，会发生哪一种是不确定的，但各种自然状态发生的概率是可以估计的决策。这类企业决策的结果只能按其概率实现，所以不管哪个决策方案都是有风险的。

（3）企业不确定型决策。企业不确定型决策是指企业决策方案未来的自然状态有两种或两种以上，且自然状态的发生概率是无法估计的决策，这是最具风险的一种决策。

3. 按企业决策问题的重复程度分类

按企业决策问题的重复程度可分为以下几种。

（1）企业程序化决策。企业程序化决策是指针对企业中反复出现的，有一定结构的，可通过一定的程序、规则和标准予以解决的问题而进行的决策。企业程序化决策可以通过制订规定的程序、决策模型和标准加以模式化，并可以利用计算机来处理。

（2）企业非程序化决策。企业非程序化决策是指针对企业没有结构化的、首次出现而又较为重要的问题所进行的决策。这类决策解决的是无先例可循的新问题，具有很大的偶然性和随机性，主要依靠企业决策者的经验和创造精神进行非程序化决策。

三、关于理性的假设

1. 理性决策理论与完全理性假设

一个完全理性的决策是完全客观的和合乎逻辑的。理性的决策意味着决策者在具体的约束条件下做出一致的、价值最大的选择。理性假设是古典决策理论（也称规范决策理论）所提出的观点，该理论盛行于20世纪50年代前，基于"经济人"假设，主要从经济的角度来研究决策问题。有关理性决策的主要观点有以下几个。

（1）决策者拥有与决策环境有关的完整的信息情报。
（2）决策者有唯一且明确的决策目标。
（3）决策者在进行决策时没有时间和成本的限制。
（4）决策者能够找到所有的可行方案，并清楚每一个方案的所有可能结果。
（5）决策者清楚地了解所有的评价标准，且这些标准及其重要性不随时间而改变。
（6）决策者完全具备分析和评估备选方案的能力。
（7）决策者进行决策的目的始终是获得企业的最佳经济利益。

2. 完全理性假设的局限

古典决策理论的完全理性假设规范了管理者应该如何进行决策，但它忽略了决策者作为普通人所具有的意志、感情、态度和价值观的主体性，因而是一种理想主义的模式。现实中的决策往往与理性假设不符，管理者所面临和做出的决策很少能做到完全理性。主要原因如下。

（1）决策是针对未来做出的，而未来要涉及众多不确定因素。
（2）决策者很难识别所有可能用来实现目标的备选方案，在制订前所未有的决策时更是这样。
（3）决策者收集和处理信息的能力是有限的。
（4）决策者往往把个人的感情、经验、偏好等带进决策过程中，决策者的背景、在企业中的地位、个人利益等都会影响其对问题本质的认识。
（5）企业会对决策者施加时间和成本的压力，导致其在可行方案的搜寻和标准的选择上受到限制。
（6）企业是由不同的利益群体组成的，不同利益的存在导致了决策目标、方案和结果的差异。

3. 行为决策理论与有限理性

古典决策理论的理性假设和现实中的情况有冲突，在指导人们的实际决策活动时就显出其局限性，因而古典决策理论逐渐被更为全面的行为决策理论所代替。

行为决策理论的代表人物是赫伯特·西蒙（Herbert Simon）。他在其所著的《管理行为》一书中对古典决策理论的假设、前提进行反思，考察这些理论在人类决策行为中的真实性，对完全理性假设提出了挑战，用"管理人"取代"经济人"，并提出了有限理性的假设。行为决策理论的主要观点有以下几个。

（1）人的理性是在完全理性和非理性之间的一种有限理性，这是由于人的知识、时间和能力是有限的，其价值取向和多元目标并非始终如一，而是经常相互抵触，并且现实决策环境是不确定和极其复杂的。

（2）决策者在识别、发现问题时容易受到知觉偏倚的影响。所谓知觉偏倚是在知觉的选择性支配下，决策者仅把问题的部分信息当作对象，未经知觉的信息被排除在决策者的认知范围之外。决策者对未来做判断时，利用直觉往往多于利用逻辑分析方法，而人的判断是容易出错的。

（3）由于决策时间和可利用资源的限制，决策者即使充分了解和掌握了有关决策环境的信息，也只能尽量了解各种备选方案的情况，不能做到全部了解，因而决策方案选择的合理性是相对的。

（4）在面对风险时，决策者一般厌恶风险，往往优先考虑风险而非方案的经济利益，这使得风险大而经济收益可观的方案不一定被选择。

（5）决策者在决策时往往只求满意结果，而不是费力寻找最佳方案。这是因为评价所有的方案并进行选择要花费大量金钱和时间，还可能坐失良机；而且对于大部分复杂问题而言，最佳方案的选择在技术上也是不可能的。

（6）决策是一种文化现象。将决策视为定量方法和固定步骤是片面的，不同的企业由于文化不同，决策者对决策的不确定性的认识和判断也不同。

西蒙认为，企业的行为是由众多决策过程所构成的一个错综复杂的网络，其中的各个决策者会受自身理性限制的约束，因而考察影响决策者理性限制的因素便至关重要。决策者的理性限制不是静止不变的，企业为决策者提供的各种前提以及企业环境本身，可以使决策者的理性限制发生变化，应当克服决策者的理性受到的种种约束，从而使决策者的决策更加接近理性。企业管理的任务就是形成这种可以抵消企业决策者理性限制的企业环境。因此，凡是有利于提高决策效率和理性的原则或措施都是合理的。

第二节 企业决策的过程

一、企业决策过程

企业决策是一个不断发现并解决问题的过程，由情报活动、设计活动、选择活动和实施活动构成。

1. 情报活动

企业内外环境在不断地变化，对新的情况做出及时正确的反应是困难的。企业决策者在决策过程中，首先要分辨在什么情况下做出什么决策。情报活动主要解决"做什么"，即审时度势、发现和确定问题、选择决策时机等活动。所谓问题是现状与目标之间的差距，要发现和确定问题，必须进行调查研究和分析预测。企业决策者的知识和精力是有限的，在同一时刻企业决策者只能集中精力对付少数几个问题，很难了解所有的情况。因此企业中要设立专门的情报部门，向企业决策者提供必要的信息。

2. 设计活动

设计活动是企业决策中寻求多种途径解决问题的过程，是行动方案的探求过程。企业决策者和有关人员必须充分挖掘和创造多种可行的备选方案。设计活动强调备选多个方案，如果决策者所面临的只有一种方案，也就无所谓决策了。

3. 选择活动

这是在一定的评价准则下，在预估和分析各个备选方案的基础上，对方案进行抉择的活动。现实中，由于方案后果的多样性和评价准则的多样性，使选择活动很难找到一个对所有准则来说都是最优的方案；同时，由于方案的后果是一种未来的风险事件，具有一定的不确定性，因此，对这种后果的评价准则往往因人而异。各种可供选择的方案在权衡利弊后可能选其一，可能合多为一，也可能另行设计一个方案。

4. 实施活动

实施活动是企业决策中执行、跟踪和学习的过程。企业决策方案确定之后，还必须制订详细的执行计划和资源预算计划，使企业员工深刻理解方案并努力实施。同时，还要加强实施过程的监督和检查，以及时发现偏差并予以纠正。

二、影响企业决策过程的因素

1. 决策者

在企业决策活动中起决定性作用的是企业决策者。企业决策者的直觉、经验、个性、知识水平、认识和判断能力都直接影响决策的合理性。因此，提高企业决策者的素质具有特别重要的意义。一般来说，企业决策者应从以下几个方面加强自己的素质和修养。

（1）要善于使用思想库。企业决策者要善于启发和引导有关人员发表意见，鼓励争论，并善于使用各方面力量以弥补自身知识的不足，从而集思广益，做出明智的抉择。

（2）要善于进行信息处理。决策者面对的可能是大量的信息，必须对这些信息进行正确的处理，去粗取精、去伪存真。这要求企业决策者要善于学习、吸收大量的知识，总结和积累经验，培养定量思维能力和逻辑思维能力。

（3）要善于摆脱主观愿望的影响。企业决策者既要能深入情况、亲自处理，又要能使自己处于超脱的境界；既要有自己的见解，又要避免主观主义。为此，要严格按科学的决策程序办事，并尽量掌握科学的决策方法。

（4）要善于及时调整失误和纠正错误。企业决策不是一劳永逸的，而是需要修正和调整的。这一方面是因为制订决策时可能存在失误，另一方面是因为可能情况发生了变化造成原决策不适用了。因此，企业决策者应保持清醒的头脑，一旦发现失误，应及时调整。

2. 企业决策方法

决策存在于任何层次的管理中,所以决策的范围和内容大不一样,因此决策的方法也是多种多样的。决策方法对决策的正确性与精度有重要的影响。企业决策方法有定性方法和定量方法,决策者应当根据决策问题的性质选择适当的方法。

3. 企业决策体制

企业决策体制是指决策活动体系和工作方法、程序、权限和制度。完善决策体制需要注意以下问题。

(1) 企业决策的层次问题。不同层次的管理者,其职权范围不同,掌握的信息也不一样,因而跨越层次的决策是很难保证成功的,决策者不应当超越本身的职权范围进行决策。

(2) 企业智能部门与企业决策部门的关系问题。企业决策需要分析大量的信息,是一项知识密集型活动,现在已有专业化的部门为企业决策提供咨询服务。企业智能部门的工作是保证决策按照科学性和客观性的原则来进行。同时,企业智能部门也要提高自己的工作水平,努力制订适用的决策方案,提高方案的被采纳率。

4. 企业决策环境

企业决策在一定的环境中产生并加以执行,影响企业决策的环境包括企业的内部环境和外部环境。企业的内部环境指企业所拥有的资源和管理手段,了解内部环境是正确决策的前提。企业的外部环境指与企业管理活动有关的各种外部因素,外部环境不仅是复杂的,而且是多变的、动态的,企业环境结构的变化会产生不同的效应,从而影响企业决策过程和实施过程的合理性。

第三节 企业群体决策

现代社会活动的复杂性使人际间的交往和合作成为其主要特征之一,与之相伴的决策特征是大量的决策都由多人做出,即群体决策是现代决策的主要方式之一。企业中的许多决策,尤其是对企业有极大影响的重要决策,是由决策群体做出的,很多企业都采用了如董事会、厂长办公会等内部决策形式来进行群体决策。原则上讲,企业群体决策特征覆盖了个体决策的特征,但由于企业决策群体间的个体差别和冲突,企业群体决策要比个体决策更为复杂。

一、企业群体的行为因素及企业群体决策的特点

1. 企业群体的行为因素

(1) 企业群体的背景。每个群体都有自己的历史,有群体的经验和成员个人的经验,这些经验会转化为群体的决策能力。了解群体的背景可以大致掌握它会做出什么样的决策。

(2) 企业群体内的关系。群体内成员的相互关系能说明成员的权力、特殊才能和影响,有时派别也能起好的作用。

（3）企业群体内的信息交流。信息交流是群体决策的重要过程，如果企业决策成员之间相互尊重，交流通畅，那么效率就会提高。

（4）企业群体对决策成员的吸引力。如果群体有较强的凝聚力，则各成员就能为共同利益而协作，使其愿意支持群体的决策。

（5）企业群体的氛围。如果企业决策成员在决策时能畅所欲言，又能注意他人的意见，就能使群体集中精力解决面临的问题，不至于陷入内部矛盾中。

（6）企业群体的通用规则。适当的内部纪律、习惯和保密规范有助于形成好的决策，避免低效率和不必要的忙乱。

（7）企业群体的计划。群体要用工作计划来保证一定决策任务的完成，工作计划应包括决策的目标、议程、安排和主持人，并事先使每个成员了解；工作计划要有灵活性，以便适应具体情况和成员实施。

（8）企业群体的决策。企业决策者不应只严格控制决策成员，也不应随大流，而是要把握解决问题的适当路径，并对企业决策成员授权，以共同分担决策责任。

2. 企业群体决策的特点

（1）企业群体成员的价值观和判断准则存在差异。
（2）企业群体成员对决策问题的认识不尽一致。
（3）企业群体成员的目标和信息基础存在差异。
（4）企业群体活动的结果取决于群体的构成和群体的作用过程。

在企业群体决策过程中，各决策成员对同样的问题会有不同的看法和解决思路，个人可以按个体决策的方式进行自己的决策。但作为一个群体，又必须受制于群体的规范，不能擅自按自己的意愿行事。因此，决策的最终结果是各个个体决策结果的群体综合，只能是决策成员冲突间的某种妥协。它可能是某个决策者的个体决策结果，也可能与任何一个成员的个体决策结果都不相同。

二、企业群体决策的优点与缺点

1. 企业群体决策的优点

企业群体决策和企业个体决策各具优点，两者各有其适用的情况。相对于企业个体决策，企业群体决策具有以下优点。

（1）提供更完整的信息。企业群体成员不同的背景、经验和知识等是某个单独的个人所无法比拟的，一个企业决策群体将会决策更多和更完整的信息。

（2）便于产生更多的方案。企业决策者群体拥有更多种类和数量的信息，能比企业个体制订出更多备选方案，使企业决策有更大的选择空间。

（3）提高参与决策人员的积极性与决策方案的可接受性。许多企业决策者在做出选择后却以失败告终，主要原因是人们没有接受解决方案。让受到决策影响的人或实施决策的人参与决策的制订过程，可以提高对方案的接受性；同时，参与决策也会提高人们的积极性。

（4）提高决策合法性。个体决策往往被认为是独裁或武断，而群体决策的制订过程则与民主的思想是一致的，因此，一般人认为群体决策比个体决策更具有合法性。

2. 企业群体决策的缺点

企业群体决策也存在许多缺点,主要表现在以下几个方面。

(1) 消耗时间与金钱。企业决策群体进行决策要花费时间与金钱,而群体决策过程中决策成员之间的反复交换意见和相互影响常常导致低效率,从而造成更大的浪费。

(2) 在最小共同基础上的妥协。当企业决策群体较小、企业决策问题较为简单、各种观点比较一致时,容易做出决策;但如果不是这样,那么形成的决策往往是在最小共同点基础上的一致。这样制订的企业决策一般不像个体制订的决策那样有效率。

(3) 少数人的专制。企业决策群体中的成员不可能是完全平等的,他们在职位、经验、知识、语言技巧、自信心等方面有不同,这会使少数成员有发挥优势、驾驭决策群体中其他人的机会。这些人经常对最终决策有过分的影响。

(4) 屈从压力。企业决策群体中的个人要屈从社会压力,因此在企业群体决策过程中会出现抑制不同观点、少数派以求得表面上的一致的情况。屈从压力会削弱群体中的批判精神,导致企业决策质量的下降。

(5) 责任不明。企业群体决策由决定成员分担责任,但实际上谁对最后的结果负责并不清楚。群体中的每个人通常不会有在个体决策时所具有的那种责任感,因为没有一个人能在实际上或逻辑上感到个人要对群体的行动负责,所以任何个人的责任都被冲淡了。

三、企业群体决策的扬长避短

总的来说,企业群体决策的效率低于个体决策的效率,但可以提高决策的可接受性;群体能比个人做出更好的决策,但达不到群体成员中最好的决策者所做的决策;群体决策可以产生更富有创造性的方案,但也有可能因群体思维而抑制了成员的创造力。因此,要想发挥群体决策的优势,必须扬长避短。

1. 在有效性方面

有效性通常是指迅速地做出正确的决策,这和决策所期望的急迫程度、正确程度、创新程度有关。如果群体成员的见识和能力与他参与的程度和发挥影响的程度相适应,那么群体决策一般是有效的;因为群体的信息和意见范围较广,在问题复杂而只有一个正确方案时,如果既能注意到不同意见,又能注意到专业化,则决策是有效的。

2. 在开放性方面

开放性是指不受个人特定的偏见支配。群体决策对各种观点的信息交换比较容易做到开放,但如果群体由持有不同价值观而又思想闭塞的人组成,则可能做出的决策会不佳。

3. 在合理性方面

合理性是指采用合理的决策程序做出合理的选择。如果能按一定的步骤进行决策,企业群体可以排除个体决策可能反复无常的心理状态,做到决策过程合理,但最后的抉择本身的合理性在各种情况下都难以确定。群体一般比个人拥有更多的信息,因而可能更接近客观合理性;但过多信息的输入也有可能使问题的解决更加困难。

第四节　企业决策技术

决策技术是决策者在决策过程中应用的手段、方法和程序的总和，将现代决策技术贯穿决策过程是科学决策的本质。本节主要介绍确定型决策、风险型决策和不确定型决策。

一、确定型决策

决策条件明确，一个方案只有一种结果的决策就是确定型决策。它有许多成熟的方法，比较常用的有线性规则和盈亏平衡法等。下面主要介绍盈亏平衡法。

1. **盈亏平衡法的基本原理**

盈亏平衡法又称量本利分析法，它是根据对业务量（产量、销售量、销售额）、成本、利润三者相互关系的综合分析来解决企业生产经营中的某些问题。其应用步骤可分为以下三步。

（1）利用成本习性，将企业或某项目的总费用分为固定费用和变动费用。成本习性是指费用总额与业务量之间的依存关系。随业务量的变化而变化的费用就称为变动费用，如材料费、计件工人工资等。而在一定时期、一定条件下不随业务量的变动而变动的费用则称为固定费用，如计时工人工资、管理人员工资、折旧费、利息等。对费用的这种划分是盈亏平衡分析的基础。当然，"固定"与"变动"只是相对的概念，从长期来看，由于企业的经营能力和规模是在不断变化的，因此一切费用都是变动的；从短期来看，就单位产品来说，"变动费用"是固定的，而"固定费用"则随产品数量的增加而减少。

（2）根据决策问题、条件及要求确定相应的盈亏平衡分析模型。盈亏平衡分析的应用模型很多，其基本模型表示为

$$Z=S-C=P\times Q-(C_v\times Q+F)=Q\times(P-C_v)-F \tag{6-1}$$

式中：Z 为利润；

　　　S 为销售额；

　　　C 为总费用；

　　　F 为固定费用；

　　　Q 为总业务量（销售量）；

　　　P 为单价；

　　　C_v 为单位变动费用。

如果把式（6-1）用图形加以表示，即为盈亏平衡模型，如图 6-1 所示。销售额减去变动费用后的余额称为边际贡献或边际收益。这个余额首先要用来抵偿固定费用，剩余部分就是利润（不考虑税金）。可见，边际贡献是对固定成本和利润的贡献。当总的边际贡献与固定费用相等时，则达到盈亏平衡。这时，再每增加一个单位的业务量，就会增加一个边际贡献的利润。边际贡献是盈亏平衡分析的一个重要概念，如果边际贡献大于零，则表示企业生产这种产品除可收回变动费用外，还有一部分收入可以补偿已经支付的固定费用。

因此，产品单价即使低于成本，但只要大于单位变动费用，则企业生产该产品还是有意义的。

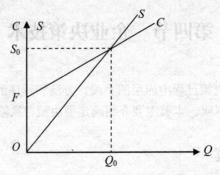

Q 为销量；S 为销售额；C 为成本；F 为固定费用；Q_0 为盈亏平衡点销量；S_0 为盈亏平衡点销售额。

图 6-1　盈亏平衡模型

在式（6-1）中，根据不同的决策需要可推出不同的盈亏平衡分析模型。

（3）分析计算所建的盈亏平衡模型，确定决策问题的答案。

2. 盈亏平衡法的应用

（1）确定企业保本业务量。企业盈亏相抵时的业务量就是保本业务量。企业获得利润的前提是生产过程中的各种消耗均能够得到补偿，为此，必须确定企业的保本业务量；在价格、固定费用和变动费用已定的条件下，企业至少应生产、销售多少数量的产品才能使总收入与总成本相等？

在式（6-1）中，当 $Z=0$ 时，企业盈亏相抵，此时有

$$Q \times (P - C_v) = F$$

将此时的 Q 记为 Q_0，有

$$Q_0 = \frac{F}{P - C_v} \tag{6-2}$$

式中：Q_0 为保本业务量（销售量）；

$P - C_v$ 为单位边际贡献。

保本销售额表示为

$$S_0 = P \times Q_0 = \frac{F}{1 - C_v / P} \tag{6-3}$$

式中：S_0 为保本销售额；

$1 - C_v / P$ 为边际贡献率。

（2）经营安全分析。

$$经营安全率 = 1 - \frac{保本点产量}{生产能力}$$

经营安全率说明企业经营状况。

【例 6-1】某公司生产单一产品 A，单位售价 150 元，年固定费用 200 万元，单位产品变动费用 100 元。求：

（1）该产品的保本点产量是多少？

（2）该公司 A 产品现有生产能力为 45 000 台，求每年盈利，并判断经营状况如何。

解：

$$\text{保本点产量} = \frac{\text{固定费用}}{\text{单价-单位变动费用}} = \frac{2\,000\,000}{150-100} = 40\,000 \text{（台）}$$

每年盈利=销售量×单价-年固定费用-年变动费用

$$= 45\,000 \times 150 - 45\,000 \times 100 - 2\,000\,000$$

$$= 250\,000 \text{（元）}$$

$$\text{经营安全率} = 1 - \frac{\text{保本点产量}}{\text{生产能力}} = 1 - \frac{40\,000}{45\,000} = 11\%$$

故说明该产品经营状况不佳，须警惕。

二、风险型决策

由于概率是决策者根据历史统计资料和经验估计出来的，带有一定的主观性，所以决策存在一定的风险。这类问题一般根据期望值准则，采用决策树的方法进行决策。

1. 期望损益值准则

期望损益值准则是按照方案的期望收益值最大（或期望损失值最小）的原则选择方案的方法。期望损益值是指方案在各种状态下的可能损益值与状态概率的乘积的总和。

$$E_i = \sum (P_j X_{ij}) \quad (i=1,2,3,\cdots,m) \tag{6-4}$$

式中：E_i 为方案 i 的期望损益值；

P_j 为状态 j 发生的概率；

X_{ij} 为方案 i 在状态 j 下的损益值。

按照期望损益值准则，选择最大期望收益值（或最小期望损失值）所对应的方案为决策方案。

决策树法是根据逻辑关系将决策问题绘制成一个树形图，按照从树梢至树根的顺序，逐步计算各节点的期望值，然后根据期望值准则进行决策的方法。决策树法简单直观，便于应用，特别适用于复杂的多级决策问题。

决策树由决策点、方案分支、自然状态点、概率分支和结果节点组成。决策点是进行方案选择的点，在图中用□表示；方案分支是从决策点引出的若干条直线，每条线代表一个方案；自然状态点是各方案实施时可能要出现的自然状态，在图中用○表示；概率分支是从自然状态点引出的若干条直线，每条线表示一种可能性；结果节点表示不同方案在各种自然状态下所取得的结果，在图中用△表示。

下面将举例说明。

【例 6-2】为生产某种新产品，有关部门提供了两个建厂方案：方案一为建大厂，需投资 300 万元，建成后如果产品销路好，每年可获利 100 万元，如果销路差，每年要亏损 20 万元；方案二是建小厂，需投资 180 万元，小厂建成后，如果产品销路差，每年可获利 30 万元，如果产品销路好，每年可获利 40 万元，若产品销路好，3 年后可再扩建。扩建需投资 100 万元，扩建后若产品销路好则每年的盈利可增至 95 万元。方案的使用期均为 10 年。根据市场预测，产品销路好的概率是 0.7，销路差的概率为 0.3。应如何进行决策？

解：根据题意绘制决策树如图 6-2 所示。

各节点的期望值计算如下所述。

S_3: 1.0×95×7-100=565（万元）

S_4: 1.0×40×7=280（万元）

S_2: 0.7×40×3+0.7×565+0.3×30×10-180=389.5（万元）

S_1: [0.7×100+0.3×(-20)]×10-300=340（万元）

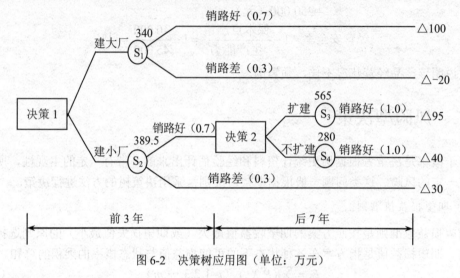

图 6-2　决策树应用图（单位：万元）

比较可知，决策者应采用方案二，即先建小厂，若销路好再扩建。

2. 期望效用值准则

决策者个人的主观因素对决策过程产生重要的影响，现实中，决策者并不都是按照期望损益值来决策的，还可以按照期望效用值进行决策。所谓效用是指某事或某物对决策者所起的作用和效果，是一种以决策者现状为客观基础的主观价值（精神感受）。效用反映了决策者对于收益和损失的独特的兴趣和感觉，是由决策者的个人性格、当前处境、对未来的展望等综合形成的，因人而异；即使是同一个决策者，由于时间、地点和条件等的不同，对相同的收益或损失的反应也不一定相同。在决策中，效用实质上代表决策者对于风险的态度。

尽管效用值是抽象的和相对的，但可以通过建立效用函数来测量。效用函数曲线有三种类型，反映了决策者对风险的不同态度，如图 6-3 所示。

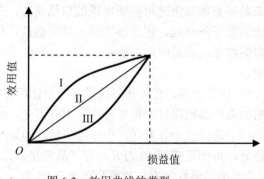

图 6-3　效用曲线的类型

曲线 I 所代表的决策者的特点是：他对确定得到的某一损益值的效用大于他对带有风险的相同损益期望值的效用，即他对收益的反应不如损失敏感，是保守型的决策者；曲线

Ⅲ 所代表的决策者的特点与曲线 Ⅰ 正好相反，对收益的反应比对损失的反应敏感，是进取型的决策者；曲线 Ⅱ 所代表的是中间型的决策者，对损益值的效用估计与期望损益值本身的大小成正比，即按照期望损益值作为选择方案的标准即可。

按照期望效用准则进行决策，根据效用的基本假设做出效用函数曲线，确定各种可能结果的效用值，然后计算各方案的期望效用值，并以最大的期望效用作为选择方案的依据。即

$$E_{ui} = \sum u(X_{ij})P_j \quad (i=1,2,3,\cdots,n) \tag{6-5}$$

式中：E_{ui} 为方案 i 的期望效用值；

$u(X_{ij})$ 为方案 i 在状态 j 下的后果值对决策者的效用值；

P_j 为状态 j 发生的概率。

下面将举例说明。

【例 6-3】某企业要制订下一年度的生产批量计划，根据市场调查与预测的结果，得到产品市场销路好、中、差三种自然状态的概率分别是 0.3、0.5 和 0.2，企业采用大批、中批和小批生产可能得到的收益值也可以计算出来，如表 6-1 所示，要求通过决策分析合理确定生产批量，使得企业获得收益最大。

表 6-1　三种备选方案损益值　　　　　　　　　　单位：万元

生产方式	损益值		
	市场销路好（P=0.3）	市场销路中（P=0.5）	市场销路差（P=0.2）
K_1（大批生产）	20	12	8
K_2（中批生产）	16	16	10
K_3（小批生产）	12	12	12

解：$E(K_1)=20\times0.3+12\times0.5+8\times0.2=13.6$（万元）

$E(K_2)=16\times0.3+16\times0.5+10\times0.2=14.8$（万元）

$E(K_3)=12\times0.3+12\times0.5+12\times0.2=12$（万元）

通过比较，$\text{Max}\{E(K_1), E(K_2), E(K_3)\}=\text{Max}\{13.6, 14.8, 12\}=14.8$，所以选择决策方案 K_2，即采用中批生产。

三、不确定型决策

由于不确定型决策所面临的自然状态难以确定，而且各种自然状态发生的概率也无法预测，故此类决策具有极大的风险性和主观性。对于相同的数据和资料，不同的决策者可以有完全不同的选择。在不确定型决策上常用的决策准则有以下几个。

（1）乐观准则，也称大中取大准则。即先从各方案中分别取一个最大收益值，再从各最大收益值中取最大值，所对应的方案即行动方案。

（2）悲观准则，也称小中取大准则。即先从各方案中分别取一个最小收益值，再从各最小收益值中取最大值，所对应的方案即行动方案。

（3）折中准则，即先根据历史数据或经验估计一个乐观系数 α，$0\leq\alpha\leq1$。

方案的折中收益值=$\alpha\times$方案的最大收益值+$(1-\alpha)\times$方案的最小收益值

（4）遗憾准则，也称大中取小准则。其特点是后验性选择行动方案。验证方案选择是

否正确的唯一方法是方案实施后自然状态发生的结果。当某一种自然状态出现时，应选择在此状态下收益值最大的方案，假如决策者当时并未选择这一方案而是选择了其他方案，就会感到遗憾，从而产生后悔。其后悔的程度用最大收益值减所采取方案收益值来衡量，称为后悔值。遗憾准则的基本思想是：先找出各方案的最大后悔值，然后选择这些最大后悔值中的最小者所对应的方案为行动方案。

（5）同等概率准则，该准则假设各自然状态发生的概率相同，计算出各方案的期望收益值，然后选取最大值所在方案为行动方案。

【例6-4】某企业要投产一种新产品，有A、B和C三个可供选择的方案。估计产品投放市场后有销路好、销路一般和销路差三种自然状态，各方案在各状态下的收益值如表6-2所示。试用乐观准则、悲观准则、折中准则、遗憾准则和同等概率准则进行决策。

表6-2 相关资料　　　　　　　　　　　　　　　　　　　　单位：万元

方　　案	收　益　值		
	销　路　好	销　路　一　般	销　路　差
A	120	50	−20
B	85	60	10
C	40	30	20

解：（1）乐观准则：Max{120,85,40}=120　　　选择方案A

（2）悲观准则：Max{−20,10,20}=20　　　选择方案C

（3）折中准则：假设 α=0.4

方案A：120×0.4+(−20)×(1−0.4)=36

方案B：85×0.4+10×(1−0.4)=40

方案C：40×0.4+20×(1−0.4)=28

Max{36,40,28}=40

选择方案B。

（4）遗憾准则：首先列出后悔值表，如表6-3所示。

表6-3 计算后悔值表　　　　　　　　　　　　　　　　　　单位：万元

方　　案	后　悔　值		
	销　路　好	销　路　一　般	销　路　差
A	0	10	40
B	35	0	10
C	80	30	0

Min{40,35,80}=35

选择方案B。

（5）同等概率准则：假设各自然状态发生的概率相同，均为1/3。

$E(A)$=(120+50−20)×1/3=50

$E(B)$=(85+60+10)×1/3=51.7

$E(C)$=(40+30+20)×1/3=30

Max{50,51.7,30}=51.7

选择方案B。

【例6-5】某工厂以批发方式销售其生产的产品,每件产品的成本为 0.03 元,批发价格为 0.1 元/件。如果每天生产的产品当天销售不完,那么每天要损失 0.01 元/件。已知该工厂每天的产量可以是 0 件、1000 件、2000 件、3000 件、4000 件;根据市场需求,每天销售的数量可能为 0 件、1000 件、2000 件、3000 件、4000 件。

请:

(1)按照乐观准则进行决策,安排每天的满意生产量。

(2)按照悲观准则进行决策,安排每天的满意生产量。

解:根据条件,有五种备选方案,分别为每天生产 0 件、1000 件、2000 件、3000 件、4000 件,问题的关键在于计算出每种方案的损益值。由于每一种方案又面对五种可能的市场需求,所以每种可行方案共有五种可能的损益值。

设产量为 Q 件,销量为 S 件,损益值为 R,则

当 $Q>S$ 时,$R=S\times(0.1-0.03)-(Q-S)\times 0.01=0.07S-(Q-S)\times 0.01$;

当 $Q\leq S$ 时,$R=Q\times(0.1-0.03)=0.07Q$。

计算结果如表 6-4 所示。

表 6-4 五种备选方案损益值   单位:元

销售量 S/件	产量 Q/件	损益值 R/元				
0	0	0	0	0	0	0
1000	1000	10	70	70	70	70
2000	2000	20	60	140	140	140
3000	3000	30	50	130	210	210
4000	4000	40	40	120	200	280

(1)按照乐观准则,Max{0,70,140,210,280}=280,产量为 4000 件的方案是最满意方案。

(2)按照悲观准则,Max{0,10,20,30,40}=40,产量为 4000 件的方案是最满意方案。

思 考 题

1. 如何理解企业决策的含义及其分类?
2. 如何理解行为决策理论的主要观点?
3. 如何理解企业决策的过程?
4. 如何理解影响企业决策过程的因素?
5. 如何理解企业群体的行为因素及企业群体决策的特点?
6. 如何理解企业群体决策的优点与缺点?
7. 如何应用决策技术?

第七章 企业计划

学习目标

你学完本章,应该:
1. 掌握企业计划的含义、特征及其作用;
2. 掌握衡量企业经济增长方式转变的指标体系;
3. 理解企业计划编制的原则、步骤;
4. 理解企业目标的含义及特征;
5. 掌握滚动计划方法;
6. 掌握计划评审技术。

计划是关于企业未来的蓝图,是对企业在未来一段时间内的目标和实现目标途径的策划与安排。计划有动词和名词两种含义。作为动词的计划是指对各种组织目标的分析、制订和调整以及对组织实现这些目标的各种可行方案的设计等一系列相关联的行为、行动或活动。作为名词的计划是指上述计划行动的结果,包括对组织使命和目标的说明以及组织所选择的战略活动在未来不同时空的展开。本章先概述企业计划,再讨论企业目标管理、企业的滚动计划法、计划评审技术。

第一节 企业计划概论

一、企业计划的概念与特征

企业计划是企业预先进行的行动安排,包括对企业计划有关事项的叙述、各项具体目标和经济指标的排列、所采用手段的选择以及进度的规定等。企业计划具有以下特征。

(1) 企业计划的目标性。企业的每个计划及其派生计划都致力于企业战略目标和各个具体目标的实现。企业通过精心安排的合作实现其所制订的各项目标,从而得以生存。所以,企业管理的计划工作就是针对所要实现的企业战略目标,设法取得始终如一、协调的经营运行模式和经营方式。如果没有计划,经营管理活动必将出现杂乱无章的局面,结果就会引起混乱。

(2) 企业计划的领先性。在企业管理实践中,虽然管理的各种职能是作为一个整体系统交织在一起的,但计划工作具有其特殊的领先地位。首先,要为企业预先确立奋斗目标;

然后，还必须制订实施这些目标的措施及步骤，使主管人员知道需要建立什么样的企业组织结构和选择什么样的人员，按照什么方针来指导和领导下级，以及企业采取什么样的控制方法。

（3）计划的普遍性。企业计划是企业各级管理人员的一个共同职能。虽然企业计划工作的特点和范围会随着各级主管人员所掌握的职权的不同而有所不同，但无论是总经理还是基层管理人员，几乎无一例外都需要从事程度不同的计划工作。

（4）计划的效益性。企业计划的效益是以实现计划的所得扣除花费之后的总额来衡量的。在这里，实现计划的所得指的是实现企业总目标和阶段目标后所得到的各种利益，实现计划的花费是指企业为制订和执行计划所发生的费用以及其他非预期的代价的总和。

二、企业计划的作用

企业计划的重要性表现在其结果对企业的工作可以起积极的作用，也可以起消极的作用，甚至使企业陷入严重的困境。具体来讲，企业计划在以下几个方面有积极意义。

1. 弥补未来不确定性和变化带给企业的问题

计划是面向未来的，而未来在空间上和时间上都具有不确定性和变动性。企业计划工作的意义首先就在于它能够在尽可能大的程度上将未来的不确定性和变化转化为预见性。企业可以通过细致周密的预测，在尽可能充分地把握未来的各种可能性和变动趋势的基础上制订相应的补救措施，并在需要时对此做必要的修正，最大限度地提高计划的科学性和合理性。

即使未来的一切情况都是完全确定的，通常也有必要做计划工作。首先，需要选择实现目标的最优方案；其次，需要从空间上和时间上对计划的实施做出周密的安排。

2. 有利于企业管理人员把注意力集中于企业战略目标

前面已经提到，企业战略有可能把企业引向光明的未来，但也可能使企业陷入深重的灾难。因此，企业主管人员的首要职责是确保企业目标本身的正确性。考虑周密的整体计划使企业各部门的工作能统一协调地、井井有条地展开，使企业高层主管人员能超脱日常事务，集中精力关注对未来的不确定性和变化的把握，随机应变地制订相应的对策，实现企业与环境的动态协调。

3. 有利于提高企业的工作效率

一项好的计划能够用共同的战略目标、明确的方向来代替不协调的、分散的活动，用均匀的工作流程代替不均匀的工作流程，用深思熟虑的决策代替仓促草率的判断，从而使企业的各项资源被充分地利用，产生巨大的协同效应，极大地提高企业的工作效率。

4. 有利于有效地进行控制

企业主管人员如果没有既定的战略目标和各项具体目标作为衡量的尺度，就无法检查其下属的任务完成情况。如果没有计划作为标准，就无法开展控制工作。或者虽然有计划，但却是一项不切实际的计划，那么以这样的计划为依据来进行控制，即使有可能使计划得以实现，也不可能有效地实现企业与环境的动态平衡。

三、企业计划的类型

企业计划按照不同的标准有不同的分类方法，主要有以下几类。

1. 按照计划的广度划分

（1）企业战略计划。它是指应用于企业整体的，为企业设立总体目标和寻求企业在环境中的地位的计划，是企业战略的一种行动方案。

（2）企业作业计划。它是指如何实现企业战略计划的细节的计划，是岗位或部门的行动安排。

2. 按照计划的时间跨度划分

（1）企业长期计划，又称长期规划。它是指为实现企业的战略目标服务的，具有战略性、纲领性指导意义的综合性发展规划，时间跨度一般在 5 年以上。

（2）企业中期计划。它是指根据长期计划提出的战略目标和要求，并结合企业内外的实际情况制订的计划，时间跨度一般为 2~4 年。

（3）企业短期计划。它是指为实现企业短期目标服务的、对长期和中期计划的具体落实行动的安排，时间跨度一般为一年以下，如年度计划、季度计划、月度计划等。

3. 按照计划的明确性划分

（1）企业指令性计划。它是指由企业高层下达的具有行政约束力的计划，规定明确的目标，不存在模棱两可或容易引起误解的问题。

（2）企业指导性计划。它是指由企业高层给出一般性的指导原则，指出重点，但不规定在具体的目标或特定的行动方案上，下级具体如何执行具有较大的灵活性。

四、企业计划的指标体系及分类

为了科学地掌握、控制和考核企业的经营活动及其效果，企业的经营计划必须设置完整、合理而全面的指标，这些相互关联和制约的指标就构成了企业计划的指标体系。用它来综合反映企业的生产经营活动，并引导企业经济活动按人们期望的方向发展。指标体系设置是否合理，将影响经营计划作用的发挥，它体现了经营计划的水平和科学合理性。

1. 企业经营计划指标的分类

企业经营计划指标可按以下不同标志进行分类。

（1）按指标的性质分类。按指标性质的不同可分为数量指标和质量指标。数量指标是指企业计划期内生产经营活动在数量上达到的目标，它通常用绝对数来表示，如产品产量、总产值、工资总额、利润总额、上缴利税等。质量指标是指企业在计划期内生产经营工作要达到的质量水平，一般用相对数表示，即比例、比值和百分比率等，如设备利用率、劳动生产率、原材料利用率、流动资金周转率、可比产品成本降低率、资金利润率等。

（2）按指标的作用分类。按指标作用的不同可分为收益性指标、消耗性指标和经济效果指标。收益性指标是指企业在经营管理活动过程中所获得的有用成果，它表现为为社会创造了多少物质财富，如总产值、商品产值、净产值、产品品种和产量、产品质量和利润总额等。消耗性指标是指企业经营管理活动过程中，对人力、物力和财力的消耗，如劳动工时定额、物资消耗定额、工资总额、固定资产总额、流动资金定额、生产费用、成本等。经济效果指标是指企业在生产经营过程中投入的劳动消耗和产出的劳动成果之间的比值，即收益性指标与消耗性指标的比值。它表明企业经营管理活动的各项工作的成效大小和企业管理水平的高低，如劳动生产率、单位投资产值、成本利润率、资金利润率等。

（3）按指标发生的时间分类。按指标发生时间的不同可分为预算性指标和核算性指标。预算性指标是指事先估计的指标，如各项计划指标均属于预算性指标。核算性指标是根据生产经营活动实际发生情况核算出来的指标，如统计核算指标、会计核算指标以及各项业务核算指标均属于核算指标。

（4）按指标的表现形式分类。按指标表现形式的不同可分为实物指标和货币指标。实物指标是以实物单位表示的，如台、件、吨、米等；货币指标是以货币单位表示的，如总产值、固定资金总额等。

2. 衡量企业经济增长方式转变的指标体系

在社会主义市场经济条件下，实现企业经济增长方式由粗放型向集约型的转变，是企业面临的一项战略任务。衡量企业经济增长方式转变的量化标志必须是一个包括多方面内容的指标体系。这一指标体系中指标的设计和选取应符合以下几项原则。

（1）应涵盖企业增长方式转变的诸多方面，如数量、质量、结构、效率、效益、科技进步的作用等，使行业或企业转变经济增长方式的情况得到全面客观的反映和评价。

（2）应适应新的国民经济核算体系、财务会计制度、税务制度以及企业管理体制改革深化发展的新形势要求，便于企业经济增长方式的评价及引导与社会主义市场经济体制接轨。

（3）应充分吸收现有的工作评价、考核指标体系（如国家经贸委和国家统计局制定的"工业经济考核指标体系"和"工业企业综合评价指标体系"、财务部制定的"企业经济效益评价指标"等）的长处，同时根据这一指标体系的主要用途形成自己的特色。

（4）应重点突出，简便可行。选取的指标应当是既有较好的宏观导向作用，又能有效地左右一般性指标变化的核心指标。数量不宜过多，基础数据的采集及指标的计算力求简便。

基于上述原则，用以衡量企业经济增长方式转变的指标体系可由九项指标构成，其计算方式及简要说明如下所述。

（1）工业增加值及其增长率，其计算公式为

$$工业增加值增长率(\%) = \frac{报告期工业增加值}{基础工业增加值} \times 100\%$$

工业增加值是以货币表现的企业生产活动的最终成果，不包括企业中间投入，不存在重复计算，可以比较准确地反映企业的实际生产。用这一指标取代工业总产值作为评价工业增长的主要指标，有利于引导企业以及整个工业走内涵式的发展道路。

（2）全员劳动生产率，其计算公式为

$$全员劳动生产率 = \frac{工业增加值}{全部员工平均数}$$

这项指标反映劳动耗费与劳动净成果的比率，能较好地反映人均产出水平和企业的生产效率，并能间接地说明企业的技术装备水平。

(3) 成本费用利润率,其计算公式为

$$成本费用利润率 = \frac{利润总额}{成本费用总额} \times 100\%$$

其中:成本费用总额为产品销售成本、销售费用、管理费用之和。

这项指标是企业所得与所耗的比率,综合地反映了企业在一定时期内投入产出的效率和资源配置状况。

(4) 市场占有率,其计算公式为

$$市场占有率 = \frac{企业销售收入}{行业销售收入} \times 100\%$$

这项指标表明企业在全行业及国民经济中的位置和作用,反映了企业和产品的市场竞争能力。

(5) 产品销售率,其计算公式为

$$产品销售率 = \frac{工业销售产值}{工业总产值(现价)} \times 100\%$$

这项指标表明工业产品已实现销售的程度,反映企业的产销衔接状况和市场适应能力。

(6) 总资产报酬率,其计算公式为

$$总资产报酬率 = \frac{利润总额+税收总额+利息支出}{平均资产总额} \times 100\%$$

其中:平均资产总额为期初资产和期末资产之和的算术平均值。

这项指标反映了企业全部资产的获得能力,是企业管理水平和经营业绩的集中体现,是评价企业整个工业经济效益的核心指标。

(7) 工业增长科技贡献率(计算方法略)

科技贡献率的计算比较复杂,而且存在若干有待解决的问题,严格来说,用现有方法计算出来的结果还只能算一种定性分析。但这一指标实际上是除资本和劳动增长以外的各种因素,包括生产技术进步、员工素质提高、经营管理改善等对于工业增长作用的综合反映,所以尽管不够精确,也具有重要的意义。

(8) 工业占国民经济比重,其计算公式为

$$工业占国民经济比重 = \frac{工业增加值}{国民生产总值} \times 100\%$$

(9) 轻重工业比值,其计算公式为

$$轻工业比值 = \frac{轻工业总产值}{工业总产值}$$

$$重工业比值 = \frac{重工业总产值}{工业总产值}$$

最后两项指标是反映工业结构的主要指标,分别表明了工业在国民经济中的地位、作用和工业内部两大部门的比例关系。显然,这两项指标的理想值应当根据工业及国民经济的发展阶段和各地的具体情况而确定。

以上九项指标分别从规模实力、效率效益、市场竞争能力、科技进步作用、产业结构状况等不同侧面反映了工业运行和企业经营的基本态势,尽管不够全面,但大致可以勾勒出市场经济条件下企业经济增长方式转变的轮廓。

五、企业计划编制的原则

企业编制计划时，应遵循以下几项原则。

（1）统筹原则。在编制计划时，一定要全面考虑规划对象这一系统中所有的各个构成部分及其相互关系，同时还要考虑规划对象和相关系统的关系，进行统一筹划。因为计划的目的是要通过系统的整体优化实现目标，而系统整体优化的关键在于系统内部结构的有序和合理，在于对象内部关系和外部关系的协调。作计划的参数有很多，如果不是全面统筹，就会造成混乱和片面发展。

（2）重点原则。企业在编制计划时，不仅要全面考虑有关部门的意见，认清其地位和作用，同时也要分清主次轻重，抓住关键和要害环节，着力解决好影响企业全局的问题。

（3）连锁原则。企业在编制计划时，还要注意对象系统中内部结构各因素之间以及本系统与其他相关系统之间的相互作用的因果连锁关系。因为一种因素的变化会影响本系统整体的发展，而且这种连锁关系是复杂的，所以要考虑这些相互的作用，使计划内容更加符合实际。

（4）发展原则。编制计划必须有远见，必须预见到未来的发展，既要把可能的发展反映在计划之中，又不能把计划看成一劳永逸的规定。任何计划都需要随着内外因素和条件的发展做必要的调整。

（5）便于控制原则。应当尽量使编制的计划明确而具体，使管理者对下属人员的绩效易于考察，从而便于有效地控制。

（6）经济效益原则。任何管理活动都要考虑经济性问题，计划也是如此。计划的编制过程应是最经济的，计划执行的结果应能获得最大的经济效益和社会效益。

六、企业计划编制的步骤

1. 估量机会和确定目标

企业对机会进行估量，要在实际的计划工作开始之前去做，尽管如此，它还是计划工作的一个真正起点。计划工作需要对这种机会各方面的情况做出现实的判断。确定目标就是在估量机会的基础上为整个企业确定计划目标，然后为所属的下级单位确定计划工作的目标。既要说明预期成果的目标，又要指明我们要做的工作有哪些、重点应放在哪里等问题，要用战略、政策、程序、规则、规划所形成的网络去完成任务。

2. 确定前提条件

企业计划工作的第二步是确定一些关键性的计划前提。企业计划工作的前提条件就是企业计划工作的假设条件，即企业计划执行时的预期环境。由于计划的未来环境非常复杂，所以要想对它的每一个细节都提出假设是不现实的，也是不经济的。因此，所要确定的企业计划的前提实际上只能限于那些对企业计划来说是关键性的、有战略意义的，也就是那些对企业计划的贯彻实施影响最大的。

3. 确定备选方案

这一步就是探索和考察可供选择的行动方案，对于那些不是一眼就能看清的行动方案要给予特别的注意。为一个企业计划制订几个备选的方案，有些时候也许一个不太显眼的方案，结果证明是最好的。

4. 评价备选方案

在找出了各种备选方案并考察了它们各自的优缺点后，应按前提和企业战略目标来权衡各种因素，并以此对各个备选方案进行评价。计划工作的特点是充满了不确定性，在大多数情况下，可供选择的方案很多，在大量的可变因素和限定条件中，对备选方案的评价工作可能是非常复杂的。为此，在企业计划工作的这一步骤中，有必要运用现代计算科学和计算技术的各种成果，使其与企业计划人员在工作中积累的经验和直观判断能力结合起来。

5. 确定企业计划方案

这是做出决策的实质性一步。在选择最佳企业计划方案时应考虑这样两个方面：一是应选出可行性、满意性和符合战略目标三者结合得最好的方案；二是方案的投入产出比率问题，应选出投入产出比率尽可能大的方案。此外，企业管理者在选择方案时，还必须准备多套应急方案备用。

6. 拟订辅助计划

在做出决策之后，企业计划工作还没有完成，一般总会有辅助计划来支持这个基本的计划。在工业企业，除了制订产销计划，还必须制订工艺装备设计、设备维修计划等。

7. 用预算使计划数字化

企业计划工作的最后一步就是预算。企业的综合预算要表明其收入、支出和盈余的预算总额。企业每一个部门都应制订各自的方案，并且都应该有各自的预算，这些预算又汇总为综合预算。

第二节 企业目标管理

一、企业目标的概念与特征

1. 企业目标的概念

企业目标是一个企业在未来一段时间内所要达到的目的。

企业要把每个人的行动统一于共同的企业目标，以保证每个人的劳动在共同目标的指导下，有计划、有成效地进行，这个共同目标即企业目标。企业目标既是一切企业管理活动的出发点，又是一切企业管理活动所指向的终点；既是企业管理活动的依据，又是考核企业管理效率和效果的标准。

2. 企业目标的特征

（1）企业目标的层次性。企业目标一般要进行分解，以使企业中不同层次的员工明白应当做什么才有助于企业总体目标的实现。企业目标自上而下可分为多个等级层次，在企业目标层次体系中，上层目标指导下层目标，下层目标是保证上层目标实现的手段。企业目标越往上越具有指导性,越往下越具有可操作性。

(2) 企业目标的多重性。所有的企业均有其多重目标,企业总体目标是多种多样的,各层级目标也是如此。目标的多重性是企业为了在市场中寻求生存和发展,适应内外部环境的要求的必然结果。企业管理需要在多种目标之间取得平衡。

(3) 企业目标的网络性。企业本身是一个系统,企业的各种目标之间很少表现为简单的线性关系,而构成比较复杂的网络系统。也就是说,各种目标的实现在逻辑上并不存在简单的先后次序关系,而是要求构成网络的各个具体目标之间必须保持彼此之间的协调,使得各种计划都能有条不紊地如期实现。

(4) 企业目标的时间性。任何企业目标都有时间性,所以,在确定企业目标时必须明确其时间跨度。另外,由于计划制订者认识上的局限性和环境条件的多变性,可能发生计划与实际不完全符合的情况,因此,企业管理者要根据企业内外条件的变化及时修订企业目标,也即企业目标是随着时间而发展变化的。

二、目标管理

目标管理是彼得·德鲁克首先提出的,他在1954年出版的《管理实践》一书中将目标管理作为一套完整的思想和管理方法提出。目前,目标管理已在全世界各行各业中广泛运用,取得了明显的效果。

1. 目标管理的概念

目标管理是一种程序和过程,在此过程中,企业中的上级和下级一起商定企业的共同目标,由此决定上下级的责任和分目标,并以此作为经营、评估和奖励每个单位与个人贡献的标准。实际上,目标管理也是一种管理思想和法则,它强调了企业中各单位和个人确立目标的重要作用,强调以成果为目标的管理,充分肯定人的潜力,注重自我控制。其基本思想可以概括为以下几个方面。

(1) 强调以目标为中心的管理。目标管理强调明确的目标是有效管理的首要前提,目标管理强调目标而不是行动本身。目标是管理活动的开始,是行为的导向,也是考核的依据。

(2) 强调以目标网络为基础的系统管理。目标管理所形成的各部门、个人之间的目标相互关联、相互支持,形成目标网络系统。企业管理者必须着眼于这一系统,保证企业目标的整体性和一致性。

(3) 强调以人为中心的主动式管理。目标体系的建立是管理者和被管理者共同参与的结果,这不但使目标更符合实际,更具可行性,而且有利于调动企业各级人员在实现企业目标过程中的积极性和创造性。

2. 目标管理的步骤

目标管理的实施步骤大体可以分为以下几步。

(1) 制订企业目标和目标展开。首先,由企业的最高管理层根据企业的内部条件和外部环境制订企业战略目标,并相应制订一定时期内企业生产经营活动要达到的总目标;其次,采取上下左右协商的方式对企业的总目标进行展开,依次确定下属各级、各个单位以及个人的分目标,使企业所有员工都明确各自的具体目标。各层次的目标之间的关系是:

企业总目标指导分目标，分目标服从企业总目标，保证企业总目标的实现。这样，通过自上而下层层展开的目标，自下而上层层提出保证目标，形成一个以企业总目标为中心、上下左右紧密衔接、协调一致的目标体系。

（2）逐级授权。企业目标一经确定，上一级就要本着权责相称的原则，根据目标的要求，授予下属部门或个人以相应的权力，让他们有权有责，在职责权限范围内自主开展业务活动，自行决定完成目标的方法、手段，实行自主管理。上一级的管理主要是对下属进行指导、协助，提出问题，提供情报，并为其创造良好的工作环境和条件，绝不对下属指手画脚，横加干预。

（3）过程管理。过程管理就是目标实施过程的管理，它主要依靠目标的执行者进行自主的管理，即由执行人主动、创造性地工作，并以目标为依据，不断检查对比，分析问题，采取措施，纠正偏差，实行自我控制。在此过程中，上级主管的责任主要是深入基层了解情况，一方面检查目标执行者的工作条件是否得到了切实的保证，发现问题，及时给予解决；另一方面，当好目标执行者的参谋和顾问，以商议、劝告的方式帮助下属解决问题。

（4）成果评价。成果评价是目标管理的最后一个环节，也是下一目标管理周期的开始。成果评价的目的，一方面是为了考核目标执行者的工作成果，并为奖惩提供依据；另一方面是为了总结经验教训，找出差距，改进方法，促使员工做好工作。通过成果评价工作，要将一些成功的经验、好的做法固定下来并加以完善，使之科学化、系统化、标准化、制度化，不断巩固提高；对不足之处要分析原因，采取措施加以改进。

3. 目标管理的优点

目标管理的一个主要优点是把企业目标的制订和对个人的激励联系了起来。由于个人参与了自己目标的制订，也就有了一种个人的承诺。员工既明白了该完成的任务，又知道了将如何进行考评。企业管理人员和他的下级经常做面对面的沟通，其结果也将有助于提高士气。此外，目标管理还有许多其他优点。

（1）实行更好的管理。目标管理促使管理改进。目标的建立离不开计划工作，而唯有以结果为导向的计划工作才是有意义的。目标管理迫使管理人员不但要计划活动和计划工作，而且需考虑计划工作的结果，为了确保目标的现实性，它也要求企业管理人员考虑取得成果的方式，以及这样做所需的组织机构和人员，明确的目标不但为控制提供了标准，而且也为控制提供了最好的诱因。

（2）理顺企业组织结构。目标管理常常迫使企业管理人员弄清企业的组织结构，尽可能根据关键性的成果来定岗、定员、定责、定薪。在成功推行目标管理的企业中，常常会发现企业组织结构存在的不足之处。它还提醒管理人员为了取得成果，必须按预期的成果进行授权，而分权管理则更离不开目标管理。

（3）目标管理为企业员工的自身发展提供了良好的机会。人力资源部门的目标作为整个企业目标的一部分，通过目标管理的实施，可以发现企业人力资源方面的薄弱环节、需要补充的人员以及需要培训和开发的人才。目标为人们提供了努力的方向，对工作的先后主次提供了现实性的指导。目标的完成与否是工作结果好坏的最有力的证明，其有助于对上年度绩效进行评价，为员工的晋级、加薪及奖励提供了可靠的依据。

（4）开展有效的控制。为了确保目标的达到，要对计划的偏离进行纠正。在管理控制系统和控制过程中，控制的一个主要问题就是要明确监控的对象是什么，只有存在明确的可检验的目标才能做到有效的控制。

4. 目标管理的缺点和存在的问题

目标管理除有上述优点，还存在一些缺点和问题，有些出在系统本身，有些表现在具体应用上。其主要存在的缺点和问题如下所述。

（1）目标管理的哲学假设不一定存在。目标管理对于人类的动机做了过分乐观的假设，认为多数人都具有发挥潜力、承担责任、自我管理和富有成就感的需要，都有事业心和进取心，而且只要有机会，就会通过努力工作来满足这些需要。但是现实并不完全这样。因此在实行目标管理时，往往对缺乏信任目标管理的原理阐明不够。

（2）对目标管理的原理阐明不够。目标管理可能看起来简单，但实施起来并不简单。企业管理人员必须很好地领会和了解目标管理的原理和实质，并依此向下属解释目标管理是什么、怎么能起作用、为什么要实行目标管理、参与目标管理的人能得到什么好处等。如果企业管理人员不能对目标管理的原理清楚地加以阐释，那么目标管理就很难成功。

（3）目标设定的困难。真正可以考核的目标是很难确定的，许多岗位的工作目标难以量化和具体化。其原因可能是下级不了解企业整体目标及其和他个人的关系；可能是企业本身的目标含混不清，使企业各级管理者无法配合制订部门目标；也可能是情况复杂，可变因素太多，以至于无法确定。

（4）目标的商定很费时间。目标的制订是上下级之间的双向沟通，而且要达成共识，这往往需要花费较多的时间。如果建议与协议以书面的形式表示，就更为费时。

（5）强调短期目标。大多数目标管理中所设置的目标是短期目标，很少有超过一年的，有的仅为一季度的或时间更短。过分强调短期目标往往会影响长期目标，这是很危险的。

第三节　企业的滚动计划法

滚动计划法是企业将短期计划、中期计划和长期计划有机地结合起来，根据计划的执行情况和企业内外环境的变化情况，定期修订未来企业计划并逐期向前推移的方法。

滚动计划法的具体做法是：在企业制订计划时，同时制订未来若干期的计划，但计划近细远粗，近期计划尽可能细，便于执行，并根据企业内外环境的变化情况，对原企业计划进行修订，将其向前滚动一个阶段；以后根据同样的原则逐期滚动，如图7-1所示。

滚动计划虽然使得计划编制工作的任务量加大，但计算机的广泛应用使其表现出十分明显的优点。其优点主要有以下几点。

（1）使计划更加符合实际。由于企业管理者无法对将来的变化做出准确估计，所以计划往往不够准确，计划期越长，不准确性越大。而滚动计划法相对缩短了计划期，从而提高了计划的准确性和计划的质量。

（2）使短期计划、中期计划和长期计划相互衔接，并且能够根据环境的变化及时进行调整，使各期计划基本相互衔接。

（3）大大增加了计划的弹性，提高了企业在剧烈变化的环境中的应变能力。

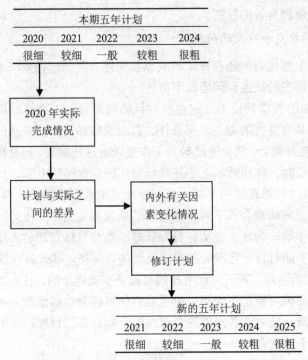

图 7-1 滚动计划图

第四节 计划评审技术

一、计划评审技术的内涵及其原理

计划评审技术（program evaluation and review technique，PERT）属于网络分析技术，是 20 世纪 50 年代美国海军武器规划局在开发某些武器系统时，为协调三千多个承包商和研究机构而提出的。PERT 的成功运用使这一项目提前两年完成。

PERT 的基本原理是：运用网络图的形式表达一个计划项目中各种活动（工作、工序）之间的先后次序和相互关系；在此基础上进行网络分析，计算网络时间，确定关键活动和关键路线；利用时差对网络进行工期、资源和成本的优化；在实施过程中，通过信息反馈进行监督和控制，以确保计划目标的实现。

二、网络图的构成

PERT 网络是一种箭线图，由节点、箭线组成。

箭线表示一项活动，箭尾代表活动的开始，箭头代表活动的结束。活动要消耗时间和资源，为了正确表达活动之间的逻辑关系，有时网络图中要引入虚箭线，不消耗时间和资源。

节点表示一项活动开始或结束的那一点，不占用时间和资源。网络图中第一个节点为始点，最后一个节点为终点。

在网络图中，从始点开始沿箭线方向到终点为止，一系列首尾相连的节点和箭线所组成的序列称为一条路线。该路线上各项活动的作业时间之和称为路线的长度。网络图中往往有多条路线，其中最长的路线称为关键路线，决定着整个计划完成的期限，即该工程项目的总工期。

三、PERT 的工作步骤

（1）确定完成项目必须进行的每一项活动，并确定活动之间的逻辑关系。

（2）根据活动之间的关系绘制网络图。

（3）估计和计算每项活动的完成时间。通常以乐观时间 a 表示在理想条件下完成该活动所需的时间；以最可能时间 m 表示在正常条件下完成该活动所需的时间；以悲观时间 b 表示在最差条件下完成该活动所需的时间。则平均活动时间 t 为

$$t=(a+4m+b)/6$$

（4）计算网络图的时间参数并确定关键路线。时间参数可分为节点时间参数和活动时间参数。节点时间参数主要包括节点的最早完工时间和最迟完工时间。活动时间参数主要包括最早开工时间、最早完工时间、最迟开工时间和最迟完工时间。

节点的最早时间是从该节点出发的各种活动最早可能开工的时间，节点的最迟时间是进入该节点的各种活动最迟必须完工的时间。

活动的最早开工时间是该活动最早可能开工的时间，最早完工时间是该活动最早可能完工的时间，最迟开工时间是指为了不影响后续活动的该活动最迟必须开工的时间，最迟完工时间是指最迟必须完工的时间。

总时差是指在不影响整个工程项目完工时间的条件下，某项活动开工时间允许推迟的最大限度。总时差为零的活动为关键活动，由关键活动所组成的路线为关键路线。关键路线可能不止一条。

下面举例说明。

【例 7-1】某企业各项经营活动之间的关系及平均作业时间如表 7-1 所示。绘制网络图，计算时间参数并确定关键路线。

表 7-1 某企业各项经营活动之间的关系及平均作业时间

活动名称	市场调查	市场分析	生产计划	产品研制	产品设计	资源准备	生产
活动代号	A	B	C	D	E	F	G
先行活动	—	A	B	A	B、D	C、E	F
平均作业时间	5	2	1	4	3	6	7

解：绘制网络图，节点参数、关键路线如图 7-2 所示。

【例 7-2】各项经营活动的时间参数计算如表 7-2 所示。计算出的节点的时间参数标在图中相应节点的上方，最早时间标注在□中，最迟时间标注在△中，其示意图如图 7-3 所示。各项经营活动的时间参数值如表 7-3 所示。

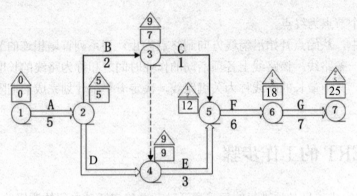

图 7-2　根据资料绘制的网络图 1

表 7-2　某工程项目资料

活动名称	A	B	C	D	E	F	G	H	I	J	K
先行活动				A	B	B	C	D E	F G E	F G E	J
平均作业时间	18	20	15	24	20	11	13	25	10	22	10

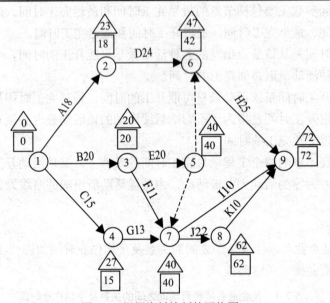

图 7-3　根据资料绘制的网络图 2

表 7-3　各项活动的时间参数值

活动编号	活动名称	最早开工时间	最早完工时间	最迟开工时间	最迟完工时间	总时差
①—②	A	0	18	5	23	5
①—③	B	0	20	0	20	0
①—④	C	0	15	12	27	12
②—⑥	D	18	42	23	47	5
③—⑤	E	20	40	20	40	0
③—⑦	F	20	31	29	40	9

续表

活动编号	活动名称	最早开工时间	最早完工时间	最迟开工时间	最迟完工时间	总时差
④—⑦	G	15	28	27	40	12
⑥—⑨	H	42	67	47	72	5
⑦—⑨	I	40	50	62	72	22
⑦—⑧	J	40	62	40	62	0
⑧—⑨	K	62	72	62	72	0

由表 7-3 中的总时差值可知，关键活动有 B、E、J、K。因此关键路线是①→③→⑤→⑦→⑧→⑨。

（5）进行网络优化。为工程项目制订计划，一般不可能在最初的方案中就得到最经济合理的指标。为此，在初始方案制订后，通常需要对计划进行调整，从而使方案不断优化。时间—费用优化是网络优化的重要内容之一，时间—费用优化是综合考虑工期和费用两者之间的关系，寻求以最低的工程总费用获得最佳工期的一种方法。

在时间—费用优化中，假设活动的完成时间和活动的相应费用之间存在一定的关系。与工程的各项活动直接有关的费用称为直接费用，加快某项活动的进度即赶工，会引起直接费用的增加；另外，维持工程需要一定的费用，称为间接费用，它与各项活动没有直接的关系，缩短或延长总工期会相应减少或增加间接费用的支出。下面结合例题说明时间—费用优化的方法。

【例 7-3】某工程项目的网络计划如图 7-4 所示，工程间接费用为每周 1000 元，直接费用为 31 000 元，各项活动的时间与费用数据如图 7-4 所示。分析求解时间—费用优化方案。

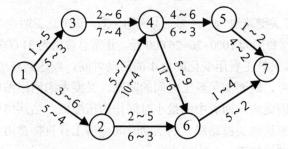

注1：$\dfrac{t_g \sim t_z}{c_g \sim c_z}$，$t$ 值的单位为周，c 值的单位为千元；t_g 和 t_z 分别表示活动最长和最短时间；c_g 和 c_z 分别表示活动最长和最短时间的直接费用。

注2：箭头线上的数字分别表示活动最长和最短时间；箭头线下的数字分别表示活动最长和最短时间的直接费用。

图 7-4 网络图

① 确定各项活动的赶工费用变化率 α，且 α 表示将活动加快单位时间所增加的费用，即

$$\alpha = \frac{c_g - c_z}{t_z - t_g}$$

表 7-4 为赶工费用变化率计算表。

② 正常条件下节点的时间参数如图 7-5 所示，确定关键路线和总工期，计算正常直接费用、正常间接费用和正常总费用。

表 7-4　赶工费用变化率计算表

活动编号	作业时间性/周		直接费用/千元		赶工费用变化率 α
	t_z	t_g	c_z	c_g	
①—②	6	3	4	5	0.33
①—③	5	1	3	5	0.50
②—④	7	5	4	10	3.00
②—⑥	5	2	3	6	1.00
③—④	6	2	4	7	0.75
④—⑤	6	4	3	6	1.50
④—⑥	9	5	6	11	1.25
⑤—⑦	2	1	2	4	2.00
⑥—⑦	4	1	2	5	1.00

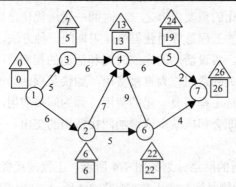

图 7-5　正常条件下节点时间参数的计算

本例中正常条件下关键路线为①→②→④→⑥→⑦，正常总工期为 26 周，正常直接费用为 31 000 元。正常间接费用为 1000×26=26 000 元。正常总费用为 31 000+26 000=57 000 元。

③ 压缩关键路线上赶工费用变化率最小的活动时间，以达到减少工程总费用的目的。在选择压缩某项活动时，既要满足赶工时间的限制，又要考虑网络图中和该活动并列的各活动时差数的限制，因此应取两者中的最小时间作为压缩值。当网络中出现两条以上的关键路线时，要同时压缩这些关键路线上的活动时间。当工程直接费用的增加值大于间接费用的减少值时，优化过程结束。

本例的时间—费用优化过程计算表如表 7-5 所示。

表 7-5　时间—费用优化过程计算表

优化过程	总工期/周	直接费用/千元	间接费用/千元	总费用/千元	关键路线
正常情况	26	31	26	57	①→②→④→⑥→⑦
压缩活动 ①→②，2 周	24	31+0.33×2=31.66	26−2=24	55.66	①→②→④→⑥→⑦ ①→③→④→⑥→⑦
压缩活动 ①→②，①→③，各1周	23	31.66+0.33+0.5=32.49	24−1=23	55.49	①→②→④→⑥→⑦ ①→③→④→⑥→⑦
压缩活动 ⑥→⑦，3 周	20	32.49+1×3=35.49	23−3=20	55.49	①→②→④→⑥→⑦ ①→③→④→⑥→⑦

由以上数据可知,经过时间—费用优化后,工程的最低总费用为 55 490 元,相应的最佳总工期为 20 周。

思 考 题

1. 如何理解企业计划的含义、特征及其作用?
2. 如何理解衡量企业经济增长方式转变的指标体系?
3. 如何理解企业计划编制的原则、步骤?
4. 如何理解企业目标的含义及特征?
5. 如何应用滚动计划方法?
6. 如何应用计划评审技术?

第八章 企业控制

学习目标

你学完本章，应该：
1. 掌握企业控制的含义与前提；
2. 了解企业控制的重要性；
3. 掌握企业控制的类型；
4. 掌握企业控制系统的构成；
5. 掌握企业控制的基本过程；
6. 了解企业有效控制的特征；
7. 掌握企业质量控制的两种方法。

一般来说，企业管理过程的第一步是制订企业计划，第二步是组织和领导计划的实施。但企业计划实施的结果如何、计划目标是否得以顺利实现，甚至计划本身制订得是否科学合理，都可以通过有效的控制工作来加以揭示。本章先概述企业控制，再讨论企业的有效控制、企业全面质量管理、企业六西格玛管理。

第一节 企业控制概述

一、企业控制的含义与前提

1. 企业控制的含义

作为一项管理职能，企业控制是指按照企业计划标准监控计划的完成情况，纠正计划执行中的偏差，以确保企业计划目标的实现。

当企业计划方案付诸实施后，控制工作对于衡量计划的进度、发现计划执行中的偏差和确定要采取的措施等是十分必要的。同时，在非正常的时候，控制能随时确立新的计划目标，使之符合企业自身的资源条件和环境的变化。

2. 企业控制的前提

企业内任何形式的控制都要有一定的前提条件。企业控制的前提条件主要包括以下三个方面。

（1）控制的依据是计划。控制的任务是保证计划目标的实现，控制是以预先制订的计划目标为依据的，计划制订得越明确、全面和完善，控制的效果也就越好。计划和控制是相互依存的，计划是控制的前提和依据，控制是计划实现的保证。

（2）控制要由明确的企业机构负责。控制主要根据各种信息反馈，发现并纠正计划执行中的偏差，以确保企业目标的实现。在控制过程中一旦出现偏离计划的情况，管理人员就必须知道问题出在哪里、应当由谁负责并采取纠偏措施。因此，企业中应当有专门负责控制职能的企业机构，并建立和健全相应的规章制度。

（3）控制要有畅通的信息反馈渠道。如果没有将计划执行后的信息进行反馈，那么企业管理者就无法对预期目标与实际完成情况进行比较，也就无法控制。信息反馈的速度和准确性会直接影响控制的效果，因此在企业中必须设计并维护通畅的信息反馈渠道，以保证控制的有效实施。

二、企业控制的重要性

企业中的控制之所以重要，主要有以下几个方面的原因。

1. 企业活动的复杂性

现代各种企业的规模和内部结构日益复杂，每一个企业在实现预期的目标时，都必须从事一系列复杂的活动。大型的、多元化的、跨地域的企业都要求持续和适当地应用控制系统来衡量效果，以保证各项工作紧紧围绕企业战略目标进行。

2. 企业环境的快速变化

企业的目标和计划是在特定的时间、特定的环境下制订的，但企业的环境是不确定的和快速变化的。环境的变化要求不断地对企业的计划进行评估和调整，以使企业计划更适应变化了的环境。因此，必须建立控制系统来帮助企业管理者监控对企业活动有重大影响的变化，及时了解变化的程度和原因，把握企业计划与实际发生偏差的程度和原因，从而采取有效的行动。

3. 企业管理的失误不可避免，应防微杜渐

任何企业管理者都不可避免地要出现一些失误，认识并纠正错误是企业管理水平提高的标志，也是企业生存与发展的必要前提。控制是企业发现问题、纠正错误的有效手段，可以有效地阻止小错误累积成大问题，使企业管理者在酿成大错前，防微杜渐。

三、企业控制的类型

从战略层次的角度，企业的控制可以划分为层级控制、市场控制与团体控制。这三种控制方法的具体做法不同，适用范围不同，发挥的作用也不同。

（一）层级控制

层级控制是指企业利用正式的章程、规则、政策、标准、科层权力、书面文件和其他科层机制来规范企业内部门和成员的行为并评估绩效。层级控制是多数中型和大型组织最

基本的控制方式。常见的层级控制方法有预算控制、审计控制和财务控制。

1. 预算控制

预算控制是指根据预算规定的收入与支出标准来检查和监督各个部门的生产经营活动，以保证各种活动或各个部门在充分达到既定目标、实现利润的过程中对经营资源进行有效利用，从而使成本费用支出受到严格有效的约束。作为一种控制手段，预算控制是通过编制和执行预算来进行的。

2. 审计控制

审计控制是指对反映组织资金运动过程及其结果的会计记录及财务报表进行审核、鉴定，以判断其真实性和公允性，从而起到控制的作用。审计是一项较独立的经济监控活动。它包括内部审计和外部审计。内部审计是由组织内部的机构或由财务部门的专职人员独立进行的，其目的是为组织内部控制提供一种手段，以检查和评价各项控制的有效性。外部审计是指由组织外部的机构（如会计师事务所）选派审计人员对组织财务报表及其反映的财务状况进行独立的检查和评估。

3. 财务控制

财务控制是指对企业的资金投入及收益过程和结果进行衡量与校正，以确保企业目标得以实现，为达到此目标所制订的财务计划得以完成。它包括以下指标。

（1）偿债能力比率。偿债能力是指组织应付应偿债务的能力。组织必须具备足够的应付能力，但又不可留有过多的闲置资金，以免造成资金的浪费。常用的偿债能力比率有

$$流动比率 = \frac{流动资产}{流动负债}$$

$$速动比率 = \frac{速动资产}{流动负债}$$

$$资产负债比率 = \frac{负债总额}{资产总额}$$

（2）盈利能力比率。盈利能力比率是一个组织的获利性指标，它反映了组织的盈利能力和经营业绩。盈利能力比率是重要且常用的控制指标。常用的盈利能力比率有

$$总资产收益率 = \frac{某个经营时期的利润总额}{该期占用的全部资产}$$

$$销售利润率 = \frac{销售净利润}{销售总额}$$

（3）营运能力比率。营运能力比率是反映组织对其现有经济资源利用效率的指标，它是衡量企业整体经营能力高低的一种方法。营运能力的高低对企业的偿债能力和盈利能力都有重要影响。常用的营运能力比率有

$$存货周转率 = \frac{销售成本}{平均存货}$$

$$应收账款周转率 = \frac{赊销收入净额}{平均应收账款余额}$$

$$市场占有率 = \frac{企业的主要产品销售额}{该种产品的市场销售总额}$$

（二）市场控制

市场控制是指组织借助经济的力量，通过价格机制来规范企业内部门（单位）和员工的行为。

市场控制的动因是：企业规模扩大；层级控制难度增加；信息传递和处理的效率降低，内部组织管理成本过高，企业内各部门缺乏发展动力。

市场控制的原则包括：把企业组织建设成为由内部企业组成的机构，用市场的机制代替直接的命令来管理组织，在内部市场中鼓励集体的合作精神。

市场控制包括的层次：在公司层次上，市场控制通常用于规范独立的事业（业务）部门，每个事业（业务）部门都是利润中心，企业高层管理人员一般使用盈亏指标对事业（业务）部门进行绩效评估；在部门层次上，市场控制表现为公司内部交易，运用转移定价，企业市场机制调整内部交易；在个人层次上，市场控制常表现为激励制度和工资制度。

（三）团体控制

团体控制是指将个体融入团体之中，将个人的价值观与组织的价值观和目标相统一，通过团体的共同行为范式来实现组织成员的自我约束和自我控制。

团体控制的动因主要来自于组织成员和工作性质的变化、环境控制的变化、雇佣关系的变化。组织文化是团体控制的基础。有效的团体控制实施需要构建新的、响应顾客需求的文化，有良好的职场精神。

从控制进程的角度，企业管理中的控制可以在行动开始之前、行动进行之中或行动结束之后实施，即控制活动的重点可分别集中在企业系统的输入、转换过程和输出三个位置，由此形成三种不同的控制类型：前馈控制、同步控制和反馈控制，如图8-1所示。

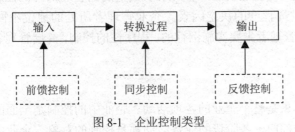

图 8-1　企业控制类型

1. 前馈控制

前馈控制也称预先控制，是指在企业整个活动过程开始之前集中于系统输入端的控制，其目的是通过事前考虑各种可能的功能障碍来预测并预防偏差的出现。前馈控制是一种面向未来的控制，它期望防止问题的发生，而不是在出现问题后再补救。

2. 同步控制

同步控制也称现场控制或实时控制，是指在企业正在进行的经济活动过程中所实施的控制。企业管理者在活动之中予以控制，可以在发生重大损失之前及时纠正存在的问题。

现场管理中最常见的同步控制方式是直接视察。企业管理者在亲自视察的过程中，可以监控员工的实际工作，并在发现问题时及时进行纠正。虽然在实际行动与企业管理者做出决策之间会有延迟，但延迟的时间是非常短的。同时，企业中的技术设备也可以设计成具有同步控制功能的。

3. 反馈控制

反馈控制也称事后控制，控制作用发生在行动之后，注意力集中在历史结果上，目的是在一个过程结束之后再进行改进，以防将来的行为发生偏差。这是最常见的控制类型。

反馈控制最大的缺点是，在管理者实施纠偏措施之前，偏差已经产生，损失已经造成。但在缺乏任何可以预见未来的手段的情况下，反馈控制是企业比较实用的控制方式。事实上，反馈控制为企业管理者提供了计划效果的真实信息，使员工获得了评价其绩效的可信依据，在一定程度上提高了员工的积极性和自觉性。

第二节　企业的有效控制

一、企业控制系统的构成

企业中的控制系统主要由以下要素构成。

1. 控制的目标体系

任何控制活动都是以目标为取向的，企业的总体目标及派生出来的分目标都是控制的依据。控制的目标体系与企业的目标体系是相辅相成的。

2. 控制的主体

企业中控制的主体是企业的各级管理者及其所属的管理部门。控制主体控制水平的高低是控制系统作用发挥程度的决定因素。企业管理者所处的地位不同，控制的任务也不同。一般中层和基层管理者主要实施例行的、程序性的控制，高层管理者主要实施例外的、非程序性的控制。

3. 控制的对象

企业中控制的对象是整个企业的各项活动。企业中的控制是全面的控制，企业中的各种资源、各个层次的部门、各阶段的业务活动都是控制的对象。企业中的控制是统一的控制，即要从整体优化的角度出发，将企业中的所有活动当作一个整体来控制，使企业整体协调一致。

4. 控制的机构、方法和手段

实施控制必须有一定的机构及相应的方法和手段。从纵向看，控制机构可分为不同管理层次的控制；从横向看，控制机构可分为不同专业的控制。控制的方法和手段是多种多样的，企业应根据具体情况采取适合的控制方法和手段。

二、控制的基本过程

企业有效的控制工作一般包括三个基本步骤：确定控制标准、衡量实际绩效和采取行动。

1. 确定控制标准

所谓标准是指一种作为模式或规范而建立起来的可以度量的尺度。管理人员可以对照控制标准判断绩效和成果。控制标准是控制的基础。

标准从计划中来，但不能完全用计划代替标准进行控制。因为企业中的计划是多种多样的，各种标准在详尽程度和复杂程度上又各不相同，而企业主管人员往往没有精力注意到企业计划的每一个细节。如果直接用计划作为控制标准，那么会使控制工作繁杂，从而降低控制效果，所以需要制定专门的控制标准。

控制工作不必为整个计划的细枝末节都制定标准，通常只是选取若干关键点，把处于关键点的工作预期成果作为控制标准。只要对这些关键点进行控制，就可以了解实际工作的进展情况，从而控制企业活动的整体状况。关键控制点主要指在企业活动中受限制的因素，或是对计划的完成更为有利的因素。选择关键控制点的一般原则有：关键点的建立是为了使主要的工作和事务得到有效管理；关键点应能及时反映问题并被发现；关键点应能较全面地反映并说明绩效的水平；选择的关键点应经济实用；关键点的选择应注意平衡。

控制标准可以分为定量标准和定性标准两大类。定量标准便于度量和比较，是控制标准的主要表现形式。最常见的控制标准有四种：时间标准、数量标准、质量标准和成本标准，企业中的活动基本可以依据这四种标准进行有效控制。

2. 衡量实际绩效

衡量实际绩效是指依据控制标准检查工作的实际执行情况，以便与预期的控制标准和企业目标相比较。这是企业控制工作的中间环节，是发现问题的过程。

衡量各类员工实际绩效的目的是为了给企业管理者提供有用的信息，为采取纠正措施提供依据。衡量实际绩效经常采用的方法有亲自观察、分析报表资料、召开会议和抽样调查等，这些方法各有利弊，且适用情况不同，企业管理者应当根据需要采用合适的方法。

3. 采取行动

衡量各类员工实际绩效之后，应将衡量结果与控制标准进行比较，若有偏差则要分析其产生的原因，并采取相应的纠偏措施。

在某些活动中，偏差是在所难免的，因此确定可以接受的偏差范围，即偏差的容限，是非常重要的。一般情况下，如果偏差在规定的容限之内，可以认为实际绩效与标准基本吻合，这时不用采取特别的行动。如果偏差在规定的容限之外，则应引起管理者的注意，并根据偏差的大小和方向分析偏差产生的原因。偏差产生的原因可能多种多样，但一般可以分为两大类：一是执行过程中发生的；二是由于计划本身不符合实际情况造成的。企业管理者应针对具体情况采取相应的纠正措施。

如果偏差是由于执行的绩效不足而产生的，则应采取的行动是改进实际绩效；如果偏差是由于标准制定得不合理引起的，则应重新修订标准。通常纠偏措施有两种：一种是立即纠正措施；另一种是彻底纠正措施。立即纠正措施是指出现问题时，立即纠正到正确的轨道上；彻底纠正措施是指要分析偏差是如何发生的和为什么会发生，然后从产生偏差的地方进行纠正行动。出现偏差时，企业管理者应首先采取立即纠正措施，避免造成更大的损失；然后再对偏差认真地进行分析，采取彻底纠正措施，使类似的问题不再发生。

三、企业有效控制的特征

控制是一项比较复杂的工作，控制机制的建立并不能保证控制工作的有效性。无效的控制会引起控制标准的无效和企业计划的无效，从而造成负面的影响。企业管理者所采取的控制标准、控制方法必须根据预计的对象和具体任务来设计，有效的控制通常具有以下几个基本特征。

1. 准确性和客观性

一个控制系统如果不能提供准确的信息，就会导致企业管理者在该采取行动时并没有行动，或者在根本没有出现问题时采取了不适当的行动，因此，控制系统应当能够提供正确而可靠的信息。同时，虽然在企业管理中难免有许多主观因素，但企业管理者不能仅凭个人的主观经验或直觉进行判断，而应采用科学的方法，尊重客观事实。因此，控制系统所提供的信息应是准确的、客观的。

2. 及时性

控制不但要准确、客观，而且要及时，再好的信息过时了也毫无用处。因此，控制系统应能及时地提供企业管理者控制所需的信息，避免使控制失去应有的效果；同时要估计未来可能发生的变化，使纠正措施的安排具有一定的预见性。

3. 经济性

从经济角度看，控制系统的运行必须是合理的，任何控制系统产生的效益都要与其花费的成本进行比较。因而要精心选择控制点，降低控制的各种耗费，改进控制方法和手段，用尽可能少的成本取得所期望的效果。

4. 指示性

有效的控制系统不仅可以指出偏差的产生，还必须指出偏差发生在哪一个确切位置，谁应该对偏差负责，并对如何纠正这种偏差给出建议。也就是说，应该在指出问题的同时，能明确问题的性质，并给出解决问题的方法。

5. 灵活性

控制系统本身应当具有足够的灵活性以适应各种不同的变化。企业的内外环境常常在快速变化，当条件改变时，控制系统也应随之改变，否则控制就会失败。因而要制订多种应对变化的备选方案，留有一定的后备力量，采用多种灵活的控制方法来实现控制的目的。

6. 可理解性

任何控制系统所涉及的与员工相关的部分必须是员工可以理解的。一个难以理解的控制系统容易导致不必要的错误，并挫伤员工的积极性。因此，有时管理者需要用简单的控制手段来代替复杂的控制手段。

7. 标准的合理性与多重性

控制的标准应是富有挑战性、经过努力可以达到的合理标准，标准过高或过低，都不会起到激励作用。同时，控制应采用多重标准而不是单一标准，因为多重标准比单一标准更难把握，可以防止工作中出现做表面文章的现象；另外，实际工作是很难用单一标准来衡量的，而多重标准能够更准确地衡量实际工作。

8. 重点与例外相结合

由于管理者不可能控制所有的活动，因此，应密切关注计划实施中的例外情况，使管理者将其精力集中在需要注意和应该注意的问题上。但仅仅注意例外是不够的，有些偏差无关紧要，而有些偏差却影响重大，甚至有些方面细小的偏差比其他方面较大的偏差容易产生更大的影响，因而控制要突出重点，即要针对重要的、关键性的因素加以控制。另外，要与重点结合起来，要注意关键点上的例外情况。

第三节 企业全面质量管理

一、全面质量管理的含义

全面质量管理是指一个企业以质量为中心，以全员参与为基础，目的在于通过让顾客满意和本企业所有者、员工、供方、合作伙伴或社会等相关者受益而达到长期成功的一种管理途径。

全面质量管理的基本要求是全过程的质量管理、全员的质量管理、全组织的质量管理和多方法的质量管理。

二、全面质量管理的八个原则

1. 以顾客为中心

与所确定的顾客要求保持一致；了解顾客现有的和潜在的需求和期望；测定顾客的满意度并以此作为行动的准则。

2. 领导作用

设立方针和可证实的目标，明确目标的展开方式；提供资源，建立以质量为中心的企业环境；明确组织的前景，指明方向，价值共享；设定具有挑战性的目标并加以实现；对员工进行训练、提供帮助并给予授权。

3. 全员参与

划分技能等级，对员工进行培训和资格评定；明确权限和职责；利用员工的知识和经验，通过培训使得他们能够参与决策和对过程的改进，让员工以实现组织的目标为己任。

4. 过程方法

建立、控制和保持文件化的过程；清楚地识别过程内外部的顾客和供方；着眼于过程中资源的使用，追求人员、设备、方法和材料的有效使用。

5. 系统管理

建立并保持实用有效的文件化的质量体系；识别体系中的过程，理解各过程间的相互关系；将过程与组织的目标相联系；针对关键的目标测量其结果。

6. 持续改进

通过管理评审、内外部审核以及纠正或预防措施，持续地改进质量体系的有效性；设定现实的和具有挑战性的改进目标，配备资源，向员工提供工具、机会并激励他们持续地为改进过程做出贡献。

7. 以事实为决策依据

以审核报告、纠正措施、不合格品、顾客投诉以及其他来源的实际数据和信息作为质量管理决策和行动的依据；把决策和行动建立在对数据和信息分析的基础之上，以期最大限度地提高生产率，降低消耗；通过采用适当的管理工具和技术，努力降低成本，改善业绩和市场份额。

8. 互利的供方关系

适当地确定供方应满足的要求并将其文件化；对供方提供的产品和服务的情况进行审核和评价；与供方建立战略伙伴关系，确保其在早期参与确立合作开发以及改进产品、过程和体系的要求；相互信任、相互尊重，共同承诺让顾客满意并持续改进。

三、全面质量管理的基本方法

全面质量管理方法是为了保证产品质量而进行全面质量管理时所采用的各种技术和方法。自 20 世纪 60 年代以来，通过长期的全面质量管理工作，该方法得到了不断发展与完善，已经形成了一系列功能比较齐全、能解决不同层次质量问题的方法群。

1. 数理统计法

数理统计法的基本原理是从一批产品中抽取一定数量的样品，经过测试得到该批产品的质量数据，再运用统计推断方法对总体的质量情况做出预测，揭示其质量变化规律。其中，用于寻找主要影响因素的方法有分层法、因果图法、主次排列图法等；用于找出影响因素之间内在联系与特性规律的方法有相关分析法、正交实验法等；用于工艺过程中质量控制与预测的方法有直方图法、控制图法、抽样检验法。

2. PDCA 循环图法

PDCA 循环图法是由计划（plan）、执行（do）、检查（check）和处理（action）四个阶段构成的循环质量管理方法。该方法每完成一次循环就解决一批质量问题。将本次循环中遗留的问题再转入下一个循环去解决，使产品质量不断得到提高。PDCA 循环可以反复使用，大环套小环，小环抱大环，相互衔接，相互促进，不断推进质量改进过程。其改进过程包括：分析和评价现状，以识别需改进的区域；确定改进的目标；寻找可能的解决办法以实现这些目标；评价这些解决办法并做出选择；分析和评价现状，以识别改进的区域；实施选定的解决办法；正式采纳更改；必要时对结果进行评审，以确定进一步改进的机会。

3. 现代质量管理法

现代质量管理法是一些由现代科学技术与质量管理相结合的方法，如关系图法、系统图法、矩阵图法、矩阵数据分析法、矢线图法等。在这些方法中用到了系统理论、矩阵数学、网络技术以及电子计算机等新的科学技术。

4. 群众性质量管理法

群众性质量管理法是把第一线职工组成质量管理小组，学习和运用质量管理的科学方法，组织好自检、互检，搞好日常质量管理活动和工艺过程的质量管理活动，严格执行工艺操作规程，消除隐患，实现文明生产，使生产现场秩序井然，全面保证产品质量。

第四节　企业六西格玛管理

一、六西格玛管理概述

Σ、σ是希腊文的字母，是用来衡量一个总数里标准误差的统计单位。一般企业的瑕疵率大约是3σ～4σ，以4σ而言，相当于每一百万个机会里，有6210次误差。如果企业不断追求品质改进，达到6σ的程度，绩效就几近于完美地达到顾客要求，在一百万个机会里，只找得出3.4个瑕疵。

六西格玛（six sigma）是在20世纪90年代中期开始在GE（通用电气公司）从一种全面质量管理方法演变成为一个高度有效的企业流程设计、改善和优化的技术，并提供了一系列同等地适用于设计、生产和服务的新产品开发工具。继而与GE的全球化、服务化等战略齐头并进，成为全世界追求卓越管理的企业最为重要的战略举措。

六西格玛管理是一种建立在统计标准基础上、被设计用来减少瑕疵率以帮助降低成本、节省时间和提高顾客满意度的质量控制方法。它的宗旨是消除无增值活动，缩短生产周期，提高客户的满意度。它的指导思想为重视从组织整体的角度，站在顾客的立场上考虑问题，采用科学的方法，在组织经营的所有领域追求无缺陷的质量，最大限度地减少组织的经营成本，提高竞争力。

六西格玛管理的作用表现为：将组织的注意力同时集中在顾客和组织两个方面，有利于降低成本和产品缺陷率，有利于缩短生产周期，有利于提高市场占有率和投资回报率，有利于提高顾客满意度。

二、六西格玛管理的内涵

六西格玛管理法，是获得和保持企业在经营上的成功并将其经营业绩最大化的综合管理体系和发展战略，是使企业获得快速增长的经营方式。它包含以下三层含义：是一种质量尺度和追求的目标；是一套科学的工具和管理方法，运用DMAIC（改善）或DFSS（设计）的过程进行流程的设计和改善；是一种经营管理策略。六西格玛管理是在提高顾客满意程度的同时降低经营成本和周期的过程革新方法,它是通过提高组织核心过程的运行质量,进而提升企业盈利能力的管理方式,也是在新经济环境下企业获得竞争力和持续发展能力的经营策略。

三、六西格玛管理的六个原则

1. 真诚关心顾客

六西格玛管理把顾客放在第一位。例如,在衡量部门或员工绩效时,必须站在顾客的角度思考。先了解顾客的需求是什么,再针对这些需求来设定企业目标,衡量绩效。

2. 资料和事实管理

虽然知识管理渐渐受到重视,但是大多数企业仍然根据意见和假设来做决策。六西格玛管理的首要规则便是厘清,要评定绩效,明确究竟应该做哪些衡量,然后再运用资料和分析了解公司表现与目标的差距。

3. 以流程为重

无论是设计产品,还是提升顾客满意,六西格玛管理把流程当作通往成功的交通工具,是一种提供顾客价值与竞争优势的方法。

4. 主动管理

企业必须时常主动去做那些一般公司常忽略的事情,例如设定远大的目标,并不断检讨;设定明确的优先事项;强调防范而不是救火;常质疑"为什么要这么做",而不是常说"我们都是这么做的"。

5. 协力合作无界限

改进公司内部各部门之间、公司和供货商之间、公司和顾客之间的合作关系,可以为企业带来巨大的商机。六西格玛管理强调无界限的合作,让员工了解自己应该如何配合组织大方向,并衡量企业的流程中,各部门活动之间有什么关联性。

6. 追求完美

在六西格玛管理企业中,员工不断追求一个既能够提供较好服务,又能够降低成本的方法。企业持续追求更完美,但也能接受或处理偶发的挫败,从错误中学习。

四、六西格玛管理的组织体系

组织实施六西格玛管理活动的一个关键问题是,创建一个致力于流程改进的专家团队,并确定团队内的各种角色及其责任,形成六西格玛组织体系。团队内的各种角色及其责任如下。

(1)勇士。即企业高层管理者中负责六西格玛实施的管理者。负责部署六西格玛的实施和全部支援工作,负责确定或选择六西格玛项目,跟踪或监督六西格玛的进展。

(2)大黑带。即六西格玛实施技术总负责人。协助勇士选择项目,制订实施计划和时间框架表,向黑带提供六西格玛高级技术工具的支援,负责动员、协调和沟通。

（3）黑带。即来自企业的各个部门，受过六西格玛革新过程和工具的全面培训的人员。他们熟悉六西格玛革新过程，负责指导或领导改进项目，对绿带提供培训和指导。专职黑带任期2年，1个黑带每年完成5～7个项目，成本节约为100万元。

（4）绿带。即经过培训，在自己的岗位上参与六西格玛项目的人员。

人员比例为每1000名员工大黑带1名、黑带10名、绿带50～70名。

五、六西格玛管理的实施步骤

对需要改进的流程进行区分，找到高潜力的改进机会，优先对其实施改进。如果不确定优先次序，企业多方面出手，就可能分散精力，影响六西格玛管理的实施效果。业务流程改进遵循五步循环改进法，即DMAIC模式，具体如下。

（1）定义。辨认需改进的产品或过程，确定项目所需的资源。

（2）测量。定义缺陷，收集此产品或过程的表现作底线，建立改进目标。

（3）分析。分析在测量阶段所收集的数据，以确定一组按重要程度排列的影响质量的变量。

（4）改进。优化解决方案，并确认该方案能够满足或超过项目质量改进目标。

（5）控制。确保过程改进一旦完成就能继续保持下去，而不会返回到先前的状态。

思 考 题

1. 如何理解企业控制的含义与前提？
2. 如何理解企业控制的重要性？
3. 如何理解企业控制的类型？
4. 如何理解企业控制系统的构成？
5. 如何理解企业控制的基本过程？
6. 如何理解企业有效控制的特征？
7. 如何应用企业质量控制的两种方法？

第九章　企业组织设置与优化

学习目标

你学完本章，应该：
1. 理解企业组织结构存在的基础；
2. 了解典型的企业组织结构类型；
3. 理解影响企业组织结构设计的主要权变因素；
4. 掌握企业改革的含义、目标、动因及其类型；
5. 掌握企业改革的阻力来源及其克服的办法；
6. 掌握企业组织改革的过程模式。

企业组织结构存在的基础是企业中员工活动的社会性。企业为了实现自身的战略目标，经由分工与协作以及不同层次的权力和责任制度，通过不断创造、维持和发展企业组织结构使企业组织结构发挥作用和完成企业战略目标。本章先介绍企业组织结构存在的基础、企业组织结构类型、企业组织结构设计的权变因素，再讨论企业改革。

第一节　企业组织结构存在的基础

一、劳动分工和专业化

1. 劳动分工和专业化的概念

劳动分工和专业化实际上是相同的概念，即把企业的任务分解成若干更小的组成部分，个人专门从事某一部分的活动而不是全部活动。这一概念首先是由亚当·斯密（Adam Smith）提出的，他在《国富论》中描述了一家制针厂通过劳动分工，效率相对于分工前提高了 240 倍。专业化分工的重要意义就在于将复杂的工作分成一项项简单的工作，并由个人或群体来承担指定的工作，以提高劳动生产率。

2. 劳动分工和专业化的优点

劳动分工和专业化的优点主要有以下几点。

（1）有利于发挥个人的专长。如一员工只限于从事少数几项工作，则其熟练程度将大为提高，并有可能成为某项工作的专家。

（2）有利于缩短工作转换时间。当一个工人要从事多项工作时，各项工作的转换往往要花去不少时间。专门从事一项工作就能节省许多非生产性时间。

（3）有利于降低培训成本。员工专攻一项任务，其学习成效好，培训的时间和费用都会相对减少。在工厂中培训一个司机显然要比培养一个总工程师成本小得多。

（4）有利于使用专用设备。分工越细、越具体，相对就越容易采用专业化的机械设备。

（5）有利于完成复合目标。成功地完成一个开发规划需要很多专家。许多大型项目的设计与建造都需要大量专家的通力合作。

3. 劳动分工和专业化存在的问题

从总体上说，专业化思想在企业中具有顽强的生命力，且取得了比较好的效果。虽然专业化有许多优点，但是工作过于专业化也可能会带来某些负面效果。即过度的劳动分工会使工作变得高度重复、枯燥和单调，导致员工产生厌倦和不满情绪，造成疲劳、生产率低、工作质量下降、经常缺勤和离职率高等现象。在这种情况下，企业管理人员可以通过扩大工作范围来改变这种现象，从而提高劳动生产率。

二、管理幅度与管理层次

1. 管理幅度与管理层次的概念及其关系

管理幅度是指一个企业管理者直接有效指挥和监督的下属的数目，管理层次是指企业中职位等级的数目。在给定管理幅度的条件下，管理层次与企业规模的大小成正比，即企业规模越大，包括的成员数越多，所需的管理层次就越多；在企业规模给定的条件下，管理层次与管理幅度成反比，即每个主管直接控制的下属数目越多，所需的管理层次就越少。

在企业规模确定的情况下，管理层次与管理幅度的反比关系决定了两种基本的企业管理结构形态：扁平结构和锥形结构。扁平结构是指管理幅度较大、管理层次较少的企业组织结构形态。由于层次少，信息传递的速度快，失真的可能性小，使企业组织结构的适应性增强；此外，较大的管理幅度有利于下属的主动性和首创精神的发挥。但过大的管理幅度也会带来一些局限性，如主管不能对每个下属进行充分、有效的监督和指导，大量的信息使主管不能仔细加以研究，从而影响信息的及时利用等。锥形结构是管理幅度较小、管理层次较多的锥状结构形态。其优点和局限性与扁平结构正好相反。企业组织结构设计要尽可能地综合两种结构形态的优势，克服其局限性。

2. 影响管理幅度的因素

任何企业在进行结构设计时，都必须考虑管理幅度问题。有效管理幅度的大小受管理者主观和客观诸多因素的影响。

（1）工作能力。管理者的综合能力、理解能力、表达能力强，可以缩短与每一位下属在接触中占用的时间。同样，如果下属具备符合要求的能力，可以减少向上司请示、占用上司时间的频率。这样管理的幅度可适当宽些。

（2）工作内容和性质。① 主管所处的管理层次。越接近企业的高层，主管人员的决策职能越重要，其管理幅度就要较中层和基层管理人员越小。② 下属工作的相似性。下属从事的工作内容和性质相近，同一主管指挥和监督较多的下属是不会有什么问题和困难的。

③ 计划的完善程序。如果下属不但要执行计划，而且要将计划进一步分解，或计划本身不完善，那么对下属指导、解释的工作量就会相应增加，此时，有效管理的幅度就越小。④ 非管理事务所需的时间越多，对管理幅度的扩大就会产生越多的消极影响。

（3）工作条件。① 助手的配备情况。如果给主管配备了必要的助手，那么可以大大减少主管的工作量，可以适当增加主管的管理幅度。② 信息手段的配备情况。利用先进的技术去收集、处理、传输信息，有利于扩大主管的管理幅度。③ 工作地点的相似性。不同下属的工作岗位在地理上的分散，会增加下属与主管之间的沟通的困难，从而影响每个主管所能管理的直属部下数量。

（4）工作环境。环境变化越快，变化程度越大，企业中遇到的新问题越多，下属向上级的请示就越有必要、越经常；而此时上级能用于指导下属工作的时间和精力就越少。因此，环境越不稳定，各层主管人员的管理幅度就越受限制。

三、直线与参谋

1. 直线与参谋的概念

从对企业战略目标实现的作用来说，直线是指对企业战略目标的完成直接做出贡献的人或部门，参谋是指帮助直线进行工作的，向直线提供协助服务和咨询活动的人或部门。从职权关系的角度来说，直线关系是一种指挥和命令的关系，授予直线人员的是决策和指挥的权力；参谋关系则是一种服务和协助的关系，授予参谋人员的是思考、筹划和建议的权力。

正确处理直线与参谋的关系，既能保证企业中的命令统一，又能充分发挥参谋人员的合理作用，是发挥企业中各方面力量的协同作用的一项重要内容。

2. 直线与参谋的矛盾

直线人员与参谋人员之间由于种种原因，也常常起冲突。冲突因素及矛盾性质表现为以下几个方面。

（1）年龄、教育等因素。与直线人员比较，参谋人员一般都较年轻，受教育程度高，并对自己的专业理论十分关注，这些因素常常是产生冲突的可能来源。

（2）对于职权构成的威胁。直线人员可能把参谋人员看成对自身权力的威胁，因而可能决定不去利用参谋人员的专长，而参谋人员也因此常常抱怨他们没有充分发挥作用。

（3）对知识的依赖。当直线人员对参谋人员的专长和知识过于依赖时，他们会感到沮丧和不快。特别是当知识差距太大，而直线人员不明白具体的过程时，则会对最终结果产生怀疑。

（4）观念不同。如有直线人员认为参谋人员的意见脱离实际、太书生气；而参谋人员又常常认为直线人员过于经验主义，不易接受新思想，甚至受抱怨，等等。

3. 正确发挥参谋的作用

要充分发挥参谋人员的作用，必须注意以下几点。

（1）明确直线人员与参谋人员的关系，分清双方的职权范围和各自存在的价值，从而形成相互尊重和相互配合的关系。

（2）授予参谋人员必要的职能权力，提高参谋人员的积极性。参谋人员的权力通常有以下四种。

① 传统的参谋权。参谋人员是无权处理问题的，但享有发言权，可以提出他们的设想，这是他们固有的特权。

② 事先咨询权。要求直线人员在采取行动前，先征求参谋人员的意见。

③ 事先征得同意的权限。直线人员在采取行动前，必须先征得参谋人员的意见。例如生产经理想解雇一名员工，先要得到人事部经理的同意。

④ 职能职权。职能职权是指委派给个人或部门的，对特定的过程、做法、政策及其他涉及非本部门人员活动行使的权力。例如，法律部门提出对某一业务合同中的条款该如何措辞等。

（3）直线人员应为参谋人员提供必要的信息条件，以便从参谋人员那里获得有价值的信息，从而提出好的备选方案。

四、集权与分权

权力的集中与分散是企业组织结构设计中又一重要问题。这里所说的权力是指职权，即赋予管理系统中某一职位的权力，其实质就是决策权。它与企业中的管理职位有关，而与职位上管理者的变动因素无关。

1. 集权和分权的概念

集权和分权是相对的，所谓集权是指将决策权集中在上级，下级部门和机构只能依据上级的决定和指示行事；所谓分权是指上级决策权分配给下级部门和机构，使其能够自主解决问题。实践证明，权力的绝对集中是不妥当的，而绝对的分散也意味着部门各自为政，造成部门利益冲突，甚至使企业内造成混乱。因而必须寻求集权和分权的某种平衡。

考察一个企业的分权程度，不是看其形式上是否已经对职能进行划分，是否设立了更多的管理层次或子部门，而是看其决策权是保留还是下放。我们可以按照以下标准来判断一个企业分权的程度。

（1）决策的幅度。下级所做出的决策范围越广，分权的程度就越大。决策的幅度取决于决策所影响的职能的数目。

（2）决策的频度。下级所做出的决策的频度或数目越大，分权程度也就越大。

（3）决策的重要性。较低管理层次所负担的决策的重要性越大，分权的程度就越大。

（4）对决策的控制程度。对下级所做决策审核得越少，分权的程度就越大。

2. 集权和分权的利弊分析

集权的优点主要表现在以下几方面。

（1）政令畅通。

（2）使缺乏信息和技能的下属少犯错误以减少损失。

（3）充分综合利用企业总部的智力支持。

（4）有利于加强控制。

过分集权也会显示出以下弊端。

（1）降低决策的质量。随着企业规模的扩大，高层管理人员远离基层，集中决策不但影响决策的时效性，还会影响决策的正确性。

（2）降低企业的适应能力。企业与环境有多方的联系，处于动态环境中的企业必须根据环境的变化不断进行调整，过度集权的企业可能使各个部门失去自适应和自调整的能力，从而削弱企业整体的应变能力。

（3）降低企业员工的工作热情。权力的高度集中，使企业中的大部分员工的主要任务是被动地、机械地执行上级的命令，长此以往，其积极性、主动性和创造性都会受到抑制，工作热情消退，使企业的发展失去基础。

分权的利弊与集权的利弊刚好相反。

3. 影响集权与分权的因素

（1）工作的重要性。凡涉及庞大的费用支出或影响员工士气的问题都属于重要事项，有关的决定权应集中在上层，不便分权；相反，决定不太重要的事项时应实行分权。

（2）方针的统一性。企业的方针政策有必要统一时，应实行集权；企业的方针政策不需要统一时，可实行分权。

（3）经营规模。企业规模越大，经营管理就越复杂、越困难，越应将单位划小，实行分权管理。

（4）企业的工作性质。凡流动性大、变化大的工作，宜采用分权；变化较小、较有规律性的工作，宜采用集权。

（5）企业历史。若现有企业由原来若干独立小单位合并而成，宜实行分权；相反，由小企业成长而成的大企业，宜实行集权。

（6）管理者的数量和质量。当管理者足够时，可实行分权管理；当管理人员不足时，则实行集权管理。管理者水平高时，可实行分权管理；反之，则实行集权管理。

（7）高层管理者的管理水平和控制能力。高层管理者管理水平高，控制能力强，宜采用集权管理；高层管理者水平相对较低，控制能力较弱，宜采用分权管理。

（8）企业外部的环境。外界环境变化大，宜采用分权；外界环境变化小，宜采用集权。

五、授权

1. 授权的含义

所谓授权是指企业管理者将其权力的一部分授予下属，使下属在一定的监控之下，拥有相当的行动自主权、完成任务所必需的客观手段。

授权对于一个企业的创建和运营是十分重要的。企业管理者进行授权的主要意义在于以下几点。

（1）严密企业结构，改善协作关系。通过层层授权，整个企业的各部门和个人之间相互协作、统一行动，形成职责分明的连锁系统。同时，授权可以使上下级之间的关系更为融洽，下属从被动服从转变为主动支持，从而使整个企业成为一个有机的整体。

（2）减轻高层管理人员的负担。通过授权可以使高层管理者从日常事务中解脱出来，集中精力处理重大问题和重要工作，这对整个企业来说是有益的。

（3）发挥下属专长，培养人才。随着企业的发展和环境的变化，企业管理者所面对的问题日趋繁多和复杂，通过授权可将一些工作有针对性地委托给有相应专长的下属去做，以发挥专业人员的作用，并弥补授权者自身的不足。通过授权，使下属有机会独立处理问题，在实践中提高管理能力并增强责任心，从而可以使企业培养出自己的管理人才，以利于企业的长期发展。

（4）提高下属积极性和工作效率。授权使下属既拥有一定的权力，也分担相应的责任，这在下属看来是上级对自己的信任和重用，从而可调动其工作积极性和主动性。由于授权使下级明确了职责，简化了凡事都要请示批准的烦琐手续，因此提高了工作效率。

2. 授权的基本过程

权力的委任过程由以下四个方面组成。

（1）职权的分派。这是权力委任的第一步。任何一个企业，其成员都应承担一定的职责，这是实现企业战略目标的客观需要。首先要明确每个成员的职责，而后授予他们相应的权力。

（2）权力的委任。所谓委任，是指由委任人把权力委任给受权人，而由受权人来代替委任人采取行动。权力的委任使受权人拥有一定的权力，但受权人的权力是由委任人所委任的，因此委任人始终保留着对已委任的权力的完全监控。委任权力是为了满足履行职责义务的客观需要，必须以此作为权力委任的前提。

（3）责任的确立。下级接受了职责并获得了相应的权力，就有责任去完成所承担的各项工作任务，其责任表现为两个方面：一是下级应尽其职责完成自己所接受的工作任务；二是下级必须为完成工作任务而向其委任人承担责任。

（4）监控权的确认。由于委任人对企业负有最终的责任，因此，授权不同于弃权，委任人授予受权者的只是代理权。因此，在授权过程中，要明确委任人与受权人之间的权力关系。一般来说，委任人对受权人拥有监控权，即有权对受权人的工作情况和权力使用情况进行监督检查，并根据检查情况决定是否继续授权或收回权力。

3. 授权的一般原则

（1）明确目标。明确目标应当作委任权力的必要前提。每一项权力的委任都是为了获得所期望的结果，并以此作为委任的目标。

（2）权责相当。要想有效地委任权力，必须做到授予下级的权力和所分派的职责相适应。职责和权力两方面缺一不可。不但要有责有权，而且要权责相当，权力太小或者过大都是不妥当的。

（3）责任的绝对性。上级可以把职责分派给下级，也可以把权力委任给下级，但他对企业的责任既不能分派，也不能委任，主管自身的责任是绝对的，是不可推卸的。

（4）命令的统一性。每一个下级应当对一个上司负责。越是单线领导，在发布的指令中互相冲突的问题就越少，个人对结果的责任感就越强。从理论上讲，一个下级同时接受两个以上上级的授权并承担责任是可能的，但在实际工作中存在许多问题。

（5）正确选择下级。在选择下级前，应首先说明必须配备下级的理由，坚持"因事设人"，不能"因人设事"。其次，应明确下级的工作内容和要求，以确立职责，避免人浮于事。最后，列出下级候选人应具备的条件，以避免出现力不从心的情况。

（6）监控的必要性。委任者必须对下级的行动进行监控，以保证下级履行职责时能正确地使用权力。要明确职责，信息沟通要灵敏，建立下级自我控制机制。这些都是实行监控的必要条件。

六、部门化

部门化是将企业中的活动按照一定的逻辑划分为若干个管理部门。部门化是形成企业组织结构的重要环节,常见的部门化类型主要有职能部门化、产品部门化、地区部门化、用户部门化、过程部门化等。采用何种部门化或若干种部门化的组合,往往取决于各种部门化类型利弊的权衡。企业高层管理人员的经验和判断在这类决定中起很大作用。

(1)职能部门化。这是一种最普通的划分部门办法,即把相同或类似的活动归并在一起,作为一个职能部门。这里所谓的职能主要是指企业的职能。如企业中的财务、生产、营销活动。职能部门化的主要优势有以下几个方面。

① 各部门可配备该领域的专业人员。

② 由于各管理人员只需熟悉相对较窄的一些技术技能,所以简化了训练工作,且较易监管指导。

③ 在各部门内的活动较易协调。

但当企业规模扩大后,职能部门化又会带来一些不利影响,如下所述。

① 决策变得缓慢和办事拖拉、效率低。

② 部门员工可能出现本位主义,只见局部利益而较少考虑企业总体利益。

③ 对责任和企业绩效较难检查。例如,企业中一个新产品失败了,问题究竟在哪个部门?是生产上的问题,设计部门的问题,还是销售部门的问题呢?难以分清责任。

(2)产品部门化。产品部门化是围绕产品大类的活动来划分部门的。应用这种方法需与特定的产品系列或服务相适应,通常适用于大型的和多元化经营的企业。美国一些大企业中的战略业务单位(SBU)也是产品部门化的一种形式,它把那些战略上一致、竞争对象相同、市场重点类似的同类业务或产品归在一个部门,各部门编制严密的、有预见性的战略计划,使该部门的人力、物力能机动有效地集中分配使用。产品部门化的优点有以下几个方面。

① 有关产品或某类产品的活动较易结合和协调。

② 提高了决策速度和时效。

③ 各类产品的绩效易于客观地评估,从而提高了各部门对它们活动结果的责任性。

但是,产品部门化也有以下两个方面的主要缺点。

① 各部门的管理人员往往只注意本部门的产品,对整体企业欠关心。

② 管理成本上升,如各部门都分别配备各自的市场调研员和财务分析人员等行家里手。

(3)地区部门化。某些企业因为市场或资源等需分散经营,从而按地理区域成立专门的部门,即地区部门化。许多全国性乃至国际性的大企业,如跨国企业等常采用这种企业形式。按地区划分部门的优点有以下几个方面。

① 责任下放到各地区部门。

② 对本地区的市场和存在问题反应迅速灵敏。

③ 便于区域性协调。

④ 为培养综合管理人员创造了条件。

可是,地区部门化也有以下三个主要缺点。

① 需要大量综合管理人才。
② 较难控制。
③ 可能会因职能机构设置重叠而导致管理成本高。

（4）用户部门化。用户部门化是以用户为对象，根据不同用户的需求或顾客群设立相应的部门。如银行为了向不同的顾客提供优质的服务，设立了商业信贷部、农业信贷部和普通消费者信贷部等。此形式的优点有以下几个方面。

① 有助于集中用户的需求。
② 让用户身心愉快。
③ 易发挥在特定用户领域行家里手的专长。

可是，地区部门化也有以下两个主要缺点。

① 各部门之间的竞争可能造成各种专业设备和人员利用率不高。
② 顾客需求偏好的转移可能使企业无法随时都能明确顾客的需求分类，结果造成产品或服务结构的不合理，影响对顾客需求的满足。

（5）过程部门化。有的企业，如加工单位等，按生产过程、工艺流程或设备来划分部门。例如，在有的制造厂商中设立冲压车间、焊接车间、电镀车间等。过程部门化的优点有以下几个方面。

① 能取得经济优势。
② 充分利用专业技术与技能。
③ 简化了培训。

但是，过程部门化也有以下几个方面的缺点。

① 部门间的协作有困难。
② 只有最高层对企业获利负责。
③ 不利于培养综合的高级管理人员。

第二节　企业组织结构类型

一、典型的企业组织结构类型

任何一个企业都有特定的结构形式，如果对不同的结构加以分析并取其共性，那么可能看到在现代企业中实际采用并占主导地位的典型企业组织结构有以下几种。

1. 简单式结构

采用简单式结构的企业，通常只有两三个纵向层次，决策权集中在企业主或经理的手中。这类企业一般规模较小，业务单一，职能简单，没有进行业务活动分类和职能划分的必要。简单结构反应快速、灵活，运营成本低，责任明确，适用于业务稳定的小型企业。但当企业成长之后，这种企业组织结构会变得越来越不合适，因而必须做出相应的改革。

2. 职能式结构

职能式结构主要是根据活动的性质去划分部门，如图 9-1 所示。这类企业常常注重企业内部的运行效率与员工的专业素质。其优点是各部门的职能目标明确，部门主管易于规划和控制；同专业的员工一起共事，有利于不断提高专业技能；同类人员集中安排，有利于避免重复浪费。其缺点是容易出现各自为政的情况，部门间协调常常有困难，使得企业对外部环境的反应较慢，而且员工的专业化部门会使他们缺乏创新精神。职能式结构特别适合外部环境相对比较稳定、采用常规技术、规模不大的企业。

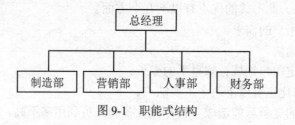

图 9-1　职能式结构

3. 分部式结构

分部式结构主要是根据企业产出的产品或服务、业务活动的过程或地域分布等来划分部门，如图 9-2 所示。这些分部门往往设计成相对独立的利润中心。这类企业强调的是各种不同职能部门的紧密合作，注重各个产品或地区的运营业绩。其优点是面向市场，对环境的适应能力强；各部门职能健全，易于协调。其缺点是缺乏职能式结构的规模效益，不同分部门之间的协调有时也可能出现问题，甚至出现无效的内部竞争。分部式结构特别适合企业外部环境比较复杂、规模较大、对顾客适应能力要求高的企业。

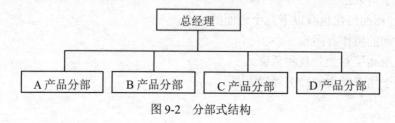

图 9-2　分部式结构

4. 混合式结构

混合式结构结合了职能式结构和分部式结构的特点，以一些职能部门为基础，同时按产品或地区来划分部门，如图 9-3 所示。这类企业常常是为了发挥职能结构和分部结构的优点，克服其缺点而设计的。混合式结构的优点主要表现为企业根据特殊需要和业务重点，选择采用不同的组织结构，灵活性强，且可以根据外部环境和业务活动的变化及时进行调整。混合式结构的缺点主要是运行成本高，部门之间的矛盾也经常出现。

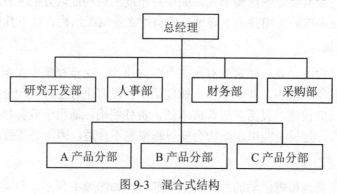

图 9-3　混合式结构

5. 矩阵式结构

与混合式结构类似,矩阵式结构中也同时存在职能和产品两种部门,但是两者是纵横交错的结构,每一个员工同时隶属于两个性质不同的部门,如图9-4所示。

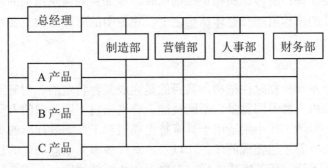

图 9-4 矩阵式结构

采用矩阵式结构的企业往往面对的是极不稳定的环境,市场竞争激烈,需要以高度的专业分工不断开发和生产出新颖的产品。其优点是人力资源利用得比较充分,而且具有良好的内部沟通,信息传递快,有助于企业对环境的适应。其缺点是两种部门之间的权力和利益分配难以平衡,容易激发矛盾,而且员工常常要面临多头指挥无所适从的情况。

二、刚性结构和柔性结构

柏恩斯(Tom Bums)和斯托尔克(G.M.Stalker)在研究外界环境对企业管理系统的影响时发现,处于急剧变动环境中的企业组织结构和处于稳定环境中的企业组织结构并不相同,并将其归纳为两种类型:刚性结构和柔性结构。

1. 刚性结构

刚性结构又称作机械性结构,其基本特征是:有正式的企业组织结构及明确的领导体系;明确规定各部门的任务、职责和权限,分工精细而具体,有规范化的规章制度和工作程序;管理权力高度集中于企业上层,企业组织结构之间主要实行上下级之间的纵向沟通。这种结构的优点是具有良好的稳定性,因而具有较高的工作效率。其突出的缺点是适应性差,不能对复杂多变的环境做出迅速而有效的反应。刚性较强的企业组织形式是职能式结构。

2. 柔性结构

柔性结构又称作有机性结构,其基本特征是:虽然也有正式的企业组织结构,但其领导和指挥关系不太明确,且常有变动;各部门和岗位间的任务、职责分工比较笼统,常需要通过横向协调来加以明确和调整;规范化的规章和程序较少,决策权分散于下层,企业内部主要靠横向沟通,通过各部门的联系和协调,及时调整各自的任务、权责分工和工作程序。柔性结构在环境简单而稳定的条件下,会显示出工作效率不高的缺陷,但在复杂多变的环境中则显示出良好的适应性,可对外部环境的变化做出灵活而有效的反应。柔性较强的企业组织形式是分部式结构和矩阵式结构。

三、企业的附加结构

有时企业需要在保持整体结构稳定性的同时，增加企业组织结构的灵活性，这时就可以将一个具有柔性的结构附加在整体结构之上。企业中的附加结构主要有两种：专项工作小组和工作委员会。

1. 专项工作小组

专项工作小组是一种临时性结构，其目的是完成某种特定的、明确规定的复杂任务。专项工作小组一般由一群不同背景、不同技能、分别来自不同部门的人员组成，因而也是一种矩阵式结构。专项工作小组适用于具有特定期限和工作绩效标准的重要任务，或者需要不同专长的人在一起才能完成的任务，以及具有许多事先不能确定的复杂因素的任务。它适应性强，机动灵活。任务完成之后，专项工作小组就解散，其成员转换到另一个工作小组或者回到其隶属的职能部门。

2. 工作委员会

工作委员会是执行某方面管理职能并实行集体行动的一群人。工作委员会按时间可分为两类：一是临时工作委员会，是为了某一特定目的而组成的，完成特定目的后即解散；二是常设工作委员会，它促进了协调和合作，行使制定和执行某方面重大决策的职能。工作委员会按职权可分为两类：一是直线式的，其决策要求下级必须执行；二是参谋式的，为直线人员提供咨询建议和方案等。另外，工作委员会还可分为正式的和非正式的。凡属于企业组织结构的一个部分并被授予特定责任和权利的是正式的，反之则是非正式的。

工作委员会的成员长久地隶属于某一职能部门，他们定期或不定期地聚在一起分析问题，提出建议或做出决策，协调有关的活动或监控项目的进行。实际上，工作委员会具有很强的群体决策的特征。

四、正式组织与非正式组织

1. 正式组织

凡有正式结构的组织就是正式组织。

其特点有以下几项。

（1）有明确的组织目标。

（2）有正式设计的组织结构和组织功能。

（3）组织内有权威系统存在。

（4）讲求效率，注重协调，追求整体效果。

2. 非正式组织

非正式组织是未经官方规定、自然形成的一种无形组织。

其特点有以下几项。

（1）非正式组织没有共同的目标，只有共同的利益和观点。

（2）没有正式的结构和规章制度。

（3）有自然形成的领导人。

（4）成员间的感情好，有自卫性和排他性。

第三节　企业组织结构设计的权变因素

根据权变的企业组织理论，没有一个普遍适用的"最佳的"企业组织结构模式。不同的企业以及同一企业在不同的发展阶段中，都应当根据各自面临的外部环境和内部条件来设计相应的企业组织结构。影响企业组织结构设计的主要权变因素有企业环境、企业战略、企业技术和企业规模。

一、企业组织结构与企业环境

1. 环境的不确定性及其分类

所谓企业环境的不确定性，是指企业不能够确切了解并适应环境因素的程度。衡量企业环境的不确定性，可以归为两个指标：企业环境的复杂性和企业环境的稳定性。企业环境的复杂性是指关系企业运营的环境因素的多寡，如果影响企业的外部因素多，而且各因素之间又相互影响，则企业环境就是复杂的。企业环境的稳定性是指企业环境因素在时间上的变化状况，如果企业环境在较长时间内没有什么变化，则企业环境是稳定的。根据这两个指标，可以将企业环境的不确定性划分为四种类型，如图9-5所示。

企业环境的稳定性		
稳定	简单+稳定 =企业环境低度不确定性	复杂+稳定 =企业环境中低度不确定性
不稳定	简单+不稳定 =企业环境高度不确定性	复杂+不稳定 =企业环境高度不确定性
	简单	复杂

企业环境的复杂性 →

图9-5　企业环境的不确定性分类

2. 企业组织结构设计的对策

随着企业环境不确定性程度的提高，企业组织结构设计工作中通常采取以下对策。

（1）相应地增加企业的职能部门和职位的数目，以加强企业的对外联系职能。企业环境因素的复杂多变，使企业对外联系的方面和工作量相应增加，从而要求增加必要的职能部门和工作岗位。这些对外联系部门的基本任务是保持企业与外部环境主要因素之间的联系和协调。具体地说，包括以下三个方面。

① 收集、整理和分发外部环境变化的信息。
② 代表企业向企业外部环境输出信息，以加强外界对企业的认识。
③ 起缓冲作用，降低企业环境不确定性对企业内部生产的冲击和干扰。

（2）加强企业管理中的协调和综合职能。当企业外部环境处于复杂而迅速变化的状态时,企业的各个部门必须进一步专业化,才能更好地应对企业环境的不确定性。但部门的高度专业化会造成部门间的协调困难,因而企业必须配备更多的管理人员来进行协调、综合。

(3)增强企业组织结构的柔性。企业组织柔性结构在复杂多变的环境中显示出良好的适应性,可对企业外部环境的变化做出灵活而有效的反应。

(4)强化计划职能和对外环境的预测。计划和预测工作可以使企业早做准备,以应对企业外界变化的不利影响。

将企业环境的不确定性类型和企业组织结构设计对策对应起来,可归纳出企业组织结构和企业环境的权变图,如图9-6所示。

图9-6 企业组织结构和企业环境的权变图

二、企业组织结构与企业战略

企业组织结构是帮助企业管理人员实现其战略目标的手段,因为目标产生于企业的总战略,所以企业战略必须与企业组织结构紧密配合,即企业组织结构应当服从企业战略。正如钱德勒(Alfred Chandler)研究的结论:企业战略的变化先行于并且导致了企业组织结构的变化。一旦企业战略形成,企业组织结构即可做出相应调整,以适应企业战略实施的要求。企业战略对企业组织结构的影响主要表现在以下三个方面。

1. 单一经营领域战略和多种经营领域战略

单一经营领域战略是指企业的经营范围只局限于某一行业或某一行业中的某种产品。

多种经营领域战略是指企业的经营领域发展到行业内的多类产品或跨行业经营,又可细分为以下几种情况。

(1)副产品型多种经营。副产品型多种经营是指企业在生产主要产品的同时,还生产某些副产品,实行副产品、主产品混合经营。

(2)相关型多种经营。相关型多种经营是指企业发挥同类技术专长横向扩大生产范围,或发挥现有销售渠道优势,向产业链下游扩展,实行相关多种经营。

(3)非相关型多种经营。非相关型多种经营是指企业同时跨越几个生产技术中经营上有很大差别的行业,实行非相关多种经营。

(4) 相连型多种经营。相连型多种经营是指在生产技术上有一定联系的纵向的跨行业多种经营。各类经营战略与企业组织结构之间的对应关系如表 9-1 所示。

表 9-1　经营领域战略与企业组织结构的对应关系

经营领域战略	企业组织结构
单一经营	职能制
副产品型多种经营	附有单独核算单位的职能制
相关型多种经营	事业部制
非相关型多种经营	子企业制
相连型多种经营	混合结构制

2. 不同企业战略中心与企业组织结构

企业中的各项基本职能，如生产、销售、财务、开发、人事等，都是实现企业战略目标所不可缺少的，但它们在企业管理系统中的地位和作用可以是不同的，可能某一职能处于中心地位。由于处于中心地位职能的不同，从而形成不同类型的企业组织结构。一家卓有成效的企业的关键职能总是设置于企业组织结构的中心地位，而关键职能则是由企业战略中心所决定的。常见的有质量型、开发型、营销型、生产型等企业组织结构类型，它们根据不同关键职能要求，分别把有关的管理职能置于企业组织结构的中心地位。

3. 企业竞争战略与企业组织结构

迈尔斯（Raymond Miles）和斯诺（Charles Snow）根据对既定产品或经营项目采取的竞争的方式和态度，将经营战略分为保守型战略、风险型战略和分析型战略。采用保守型战略的企业认为，企业环境是较为稳定的，其主要任务是保持生产经营的稳定和提高效率；采用风险型战略的企业认为企业环境是复杂多变的，因而企业的主要任务是开拓和创新；分析型战略则介于两者之间。企业组织结构应与这三类战略相对应，如表 9-2 所示。

表 9-2　三种竞争战略及其相应的结构特征

企业组织结构特征	保守型战略	风险型战略	分析型战略
主要结构形式	职能制	事业部制	矩阵制
集权与分权	集权为主	分权为主	适当结合
计划管理	严格	粗泛	有严格，也有粗泛
高层管理人员构成	工程师、成本专家	营销、研究开发专家	联合组成
信息沟通	纵向为主	横向为主	有纵向，也有横向

三、企业组织结构与企业技术

企业技术是指企业把原材料加工成产品并销售出去这一转换过程中有关的知识、工具和技艺的总称。企业技术对企业组织结构的影响可从企业级和部门级两个层次加以分析。

1. 企业级技术对企业组织结构的影响

伍德沃德（Joan Woodward）根据企业级技术的复杂程度划分了三个基本的企业级技术类型：单件小批生产、大批大量生产和连续生产，并总结了这三种类型的企业级技术与企业组织结构特征之间的关系，如表 9-3 所示。

表 9-3 企业级技术类型与企业组织结构特征的关系

企业组织结构特征	单件小批生产	大批大量生产	连续生产
管理层次数目	3	4	6
高层领导的管理幅度	4	7	10
基层领导的管理幅度	23	48	15
基本工人与辅助工人的比例	9∶1	4∶1	1∶1
大学毕业的管理人员与全体管理人员的比重	低	中等	高
经理人员与全体职员的比例	低	中等	高
技术工人的数量	高	低	高
规范化的程序	少	多	少
集权程度	低	高	低
口头沟通的数量	高	低	高
书面沟通的数量	低	高	低
企业组织整体结构类型	柔性的	刚性的	柔性的

2. 部门级技术对企业组织结构的影响

企业中的不同部门具有不同的技术特点,佩罗(Charles Perrow)根据任务的多样性(该部门的工作中事先未曾预料的新事件发生的频率)和工作的可分解性(工作活动是否可以分解为具体的工作阶段和步骤)将部门级技术划分为四个类型,如图 9-7 所示。

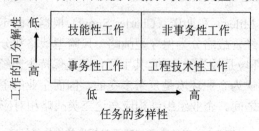

图 9-7 部门技术类型

四种部门技术类型和企业组织结构特征的相互关系如表 9-4 所示。

表 9-4 部门技术类型和企业组织结构特征的关系

企业组织结构特征	事务性工作	技能性工作	工程技术性工作	非事务性工作
规范化程度	高	适中	适中	低
人员的专业素质	稍需专业训练和经验	需要工作经验	需要正规专业教育	需要专业教育和工作经验
管理幅度	大	适中偏大	适中	小
集权程度	高	适中	适中	低
沟通类型和方式	纵向的和书面的	横向的和纵向的	书面的和口头的	横向的和口头的
控制方法	规章、预算、报表	训练和会议	报表和会议	明确责权目标、会议
目标重点	数量和效率	质量	可靠性和效率	质量
企业结构类型	刚性	偏向柔性	偏向柔性	柔性

四、企业组织结构与企业规模

企业组织规模的衡量可以用多种指标来表示,在企业组织结构设计工作中,主要采用员工人数这一指标。运用员工人数，可以较为直接地反映企业这一社会系统内各类人员之间的相互关系的数量和复杂程度。大型企业和小型企业相比，其结构在主要特征方面有着明显的差别，如表 9-5 所示。

表 9-5 企业规模对企业组织结构设计的影响

企业组织结构要求	小型企业	大型企业
管理层次的数目（纵向复杂性）	少	多
部门和职务的数量（横向复杂性）	少	多
分权程度	低	高
技术和职能的专业化	低	高
正规化程度	低	高
书面沟通和文件数量	少	多
专业人员与全体员工比率	低	高
文书、办事人员与全体员工比率	低	高
中高层行政领导人员与全体员工比率	高	低

第四节 企业改革

企业改革就是综合运用组织和行为科学的理论，研究企业中的群体动力、领导、职权和企业组织结构再设计等问题，通过企业内部的调整使之适应企业内外环境变化的过程。

一、企业改革的目标和动因

企业改革的一般目标主要包括改善激励、提高工作绩效、加强协作、明确沟通渠道、降低缺勤率和人员流动率、减少矛盾与冲突、降低成本。

企业改革的动因分为两类：一类是"原发性"的，就是由于企业自身技术、规模、员工素质、心理的变化和企业内外环境的变化等，使得企业的工作效率明显降低，从而产生了改革的要求；另一类是"继发性"的，由于企业内外部环境因素继续变化，要求企业继续改革。实际上，许多企业改革既有"原发性"的动因，也有"继发性"的动因，具体而言，常见的企业改革的动因包括：产品及生产技术的变化，企业组织结构与规模的演变，人员的更替以及员工心理和素质的变化，尤其是企业高层领导人的新的观念、管理方法和手段的引入，工作生活质量（QWL）的提高（工作生活质量是指企业成员通过他们在企业的工作经历来满足自身的需要程度），企业外部环境的变化，如社会需求和资源供应的较大变化、政策和法律的变化、竞争的形成与加剧等，都会要求企业改变企业战略、战略目标和组织结构。

二、企业改革的类型

不同的企业针对不同的内外部环境采取不同的改革类型或形式。

1. 彻底性改革

彻底性改革是指彻底改变现状，抛弃旧的做法而断然采用新的方法。这种改革可能会遇到强大的阻力，产生的振动和破坏会比较大，而且常常以独裁式的改革方式出现。

2. 渐进性改革

渐进性改革是指采用逐步改革的方式，在原有的结构与框架中进行一系列小的改变。这种改革不易触及企业的根本问题，进展缓慢，一旦把握不好，便会适得其反。

3. 计划性改革

计划性改革是指企业自上而下地、有系统地研究问题、制订方案，实行有计划、有目标的改革。这种方式通常是一种全员参与式的改革，是比较理想的企业改革方式。

三、企业改革的阻力及其克服方式

1. 企业改革的阻力

企业改革是一个破旧立新的过程，必然会遇到各种抵制和阻力。产生阻力是多种多样的，有来自个人的，也有来自部门的，而且它们往往是相互交织在一起发挥作用的。可以把这些阻力分为以下三类。

（1）员工心理原因产生的阻力。其中包括以下几个方面。

① 有选择的注意力和保持力。一个人一旦确定了自己的态度后，只有别人的建议对自己有利时才感兴趣。员工之所以抵制改革，往往是由于他们看到或听到的与他们现在的想法不一致，或者由于错误地理解那些收到的信息，或者所收集的信息不够充分，从而产生了相反的观点。

② 员工习惯。除非情况发生显著的变化，否则员工通常会按自己的习惯来对外部环境的刺激做出反应。因为个人习惯一旦形成，就可能成为自身获得满足的源泉。

③ 员工依赖性。当员工还没有培养起自我更新的观念时，对他人的依赖性就可能成为他们对改革的阻力。缺乏自我更新而对他人有很大依赖的人总是抵制改革，除非等到他们依靠的人认为需要改革，并把改革的措施引入他们的行为中时，他们才会赞同改革。

④ 不确定性和安全感。每一次大的企业改革都会带来一些不确定因素，面临崭新的、不熟悉的情况会使许多员工感到担忧。这些不确定性不仅来自改革本身，还来自改革所带来的后果。因此，当员工对成功没有信心，害怕遇到挫折和失败时，往往会通过守旧来保持所谓的"安全感"。

（2）经济原因产生的阻力。当企业改革有可能给个人的收入或部门利益带来不利影响时，也会出现对改革的抵制。

（3）部门原因产生的阻力。企业改革常常会触犯部门的既得利益，或者触犯某一时期已确立起来并已为员工所接受的局部权力。具体包括以下几个方面。

① 对权力和影响力的威胁。企业中的某些人可能把改革看作对他们的权力或影响的威胁。

② 企业组织结构。典型的等级制企业组织层次过多，可能会影响企业中某一获益者，改革主张经过较多的信息沟通渠道而遭到抵制。

③ 群体动力。当对群体进行改革时，群体的内在动力往往会产生抵制力，使群体保持

固有的平衡。

④ 企业间的协议。企业间的协议通常给人们规定了道义上和法律上的责任，这种协议约束着人们的行为。当要推翻或放弃协议时，企业可能要付出巨大的经济代价，还会影响企业的信誉。

2. 企业改革阻力的克服方式

企业改革的进程是动力与阻力动态平衡的过程。要推进企业改革，一方面可以增强改革的动力，另一方面需要消除或降低改革的阻力。考虑到一味增大改革的推动力往往会刺激新的改革阻力的生成，因此改革者应着重在克服改革阻力方面做工作，以确保改革稳定顺利地进行下去。为此，可以采取以下几个措施。

（1）教育与沟通。通过教育与沟通，首先让企业中层管理人员认清企业改革的必要性和基本目标，再由中层管理人员继续做好宣传、教育、沟通工作。这一点特别适用于信息不准确或信息沟通不良的企业和部门。

（2）参与活动。让有关人员参与改革方案的制订与实施，使他们对改革有发言权。这样做可以提高他们的积极性，使他们认清并接受改革思想，集思广益，提出切实可行的改革措施。在这些参与者中，应包括将受到改革影响者、对改革方案的制订有潜在的贡献者以及对改革的成败有支配力者。

（3）促进与支持。在改革的不同阶段，因人而异地给予有关人员心理上的支持和技能上的培训，使他们能尽快适应新的形势。

（4）奖惩结合。对阻碍改革的部门和个人进行批评和调整，形成积极向上、勇于改革、锐意进取、开拓创新的气氛。

（5）利用群体动力。注意使个人、群体和企业改革目标保持一致，运用群体的归属感和凝聚力。此外，还要强调群体之间的协调一致与相互支持，使改革活动成为整个企业上下一致的行动。

四、企业改革的过程模式

在企业改革的研究与实践中，一些专家与学者总结出了改革过程的不同模式。

1. 勒温（K. Lewin）的三阶段模式

这一模式认为，企业改革应包括三个步骤：解冻、改变、再冻结。① 解冻。研究人们是否认识到改革的必要性，使人们看到企业需要改革。这通常要打破原有的平衡，激励员工，使他们准备改变；或者增加对员工的压力，消除妨碍改革的障碍。② 改变。指出改变的方向，实施改革，使员工形成新的态度和行为。③ 再冻结。利用必要的强化方法使新的态度和行为方式固定下来，使之持久化。这个模式主要针对员工的心理态度和行为。

2. 卡斯特（E. Kast）的模式

卡斯特的模式将改革步骤细分为六项：① 对企业组织结构进行反省和批评；对企业的内外部环境进行深入分析。② 觉察问题：认识到企业改革的必要性。③ 辨明问题：找出现存状态与希望状态之间的差距。④ 探寻解决问题的方法：提出可供选择的多种方法，对它们进行评议，研究如何实施以及成果的测定方式，最后做出选择。⑤ 实行改革：根据所选择的方法及行动方案实施改革。⑥ 根据企业改革的效果实行反馈，评定改革效果与改革方案有无差异。如有,反复循环,并加以控制。

3. 吉普森(J. L. Gibson)的计划性模式

由管理学家吉普森归纳的计划性改革的模式如图 9-8 所示,分为以下九个步骤。

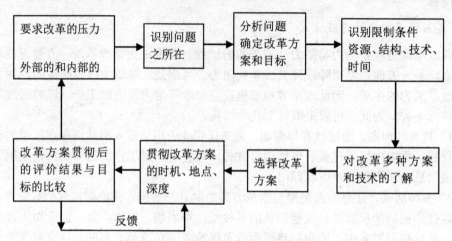

图 9-8 吉普森的计划性改革模式

(1)要求改革的压力来自企业内部和外部两个方面。

(2)对问题的察觉与识别,关键在于掌握企业内部的多种信息。

(3)对问题的分析包括需要纠正的问题、问题的根源、需要哪些改革、何时改革、改革的目标及其衡量方法等。

(4)识别限制条件,即分析改革中的限制因素,包括领导作风、企业结构和成员特点等。

(5)对改革途径和方法的设计,主要考虑改革方法与改革目标相互匹配的问题。

(6)选择改革方案时,要把对现状不满的程度、对改革后可能达到目标的把握、实现的起步措施等与改革所花费的代价进行比较。

(7)贯彻改革方案时,通常要考虑三个方面的问题:实施的时机、发动的地点和改革的广度与深度。

(8)评价改革的效果。

(9)反馈,即反馈评价结果,使管理人员了解是否达到了预期的目标。

思 考 题

1. 如何理解企业组织结构存在的基础?
2. 如何理解典型的企业组织结构类型?
3. 如何理解影响企业组织结构设计的主要权变因素?
4. 如何理解企业改革的含义、目标、动因及其类型?
5. 如何理解企业改革的阻力来源及其克服的办法?
6. 如何理解企业改革的过程模式?

第十章　企业管理者

学习目标

你学完本章，应该：
1. 掌握企业管理者的含义；
2. 掌握企业管理者影响力的分类；
3. 掌握影响权力影响力的主要因素；
4. 掌握构成非权力影响力的主要因素；
5. 理解企业管理者实行有效领导的理论分类及其主要观点；
6. 掌握激励的含义；
7. 理解激励理论分类及其主要观点；
8. 掌握沟通的含义及其类型；
9. 理解正式沟通渠道与非正式沟通网络的形式。

企业管理贯穿着企业的各项工作，管理是通过其职能发生作用的，因而企业管理工作的好坏关键在于企业管理者，而企业管理者通过其领导职能发挥首要作用。领导是指指导和影响个人、群体乃至整个企业，在一定条件下使员工为实现共同的企业战略目标而做出努力和贡献的过程或艺术。本章先概述企业管理者，再讨论企业管理者的有效领导理论、企业管理者的激励功能、企业管理者的沟通职能。

第一节　企业管理者简介

一、企业管理者的性质

企业管理者通过其领导职能发挥关键作用。领导的本质就是企业成员的追随与服从。正是这些下属和企业中其他成员的追随与服从，才使企业管理者在企业中的地位得以确定并使领导过程成为可能。而下属和企业的其他成员追随和服从某些企业管理者指导的原因就在于，这些被他们所信任的管理人员能够满足他们的愿望和需求。这说明管理者在组织结构设计、人员沟通、员工激励等方面发挥着独特的领导作用。

二、企业管理者最重要的管理职能

企业管理者最重要的管理职能是领导,而领导功能主要体现在以下三个方面。

1. 组织功能

实现企业目标是领导的最终目的。因此,企业管理者必须充分利用主客观条件,制订企业目标并做出决策,合理进行资源配置,指导企业中各项活动的开展和协调,并提供必要的条件和帮助,以保证企业战略目标的实现。

2. 激励功能

企业管理者不但要保证企业战略目标的实现,而且要影响企业员工对企业战略目标的认识及其态度和行为,使潜在的人力资源得到最大限度的发挥,也就是要保证全体员工的积极性和创造性。这就是领导的激励功能。激励功能主要体现在以下三个方面。

(1)提高企业员工接受和执行企业目标的自觉性。企业管理者的任务之一就是将企业战略目标的实现与员工需求的满足统一起来,创造一种企业环境,加强员工对企业战略目标的感受,从而提高员工接受和执行企业各项目标的自觉性。

(2)激发全体员工实现企业目标的热情。企业管理者和全体员工之间不仅存在雇佣关系,还存在一种相互影响的人际关系,而企业管理者往往处于主导地位。要使员工焕发热情并保持长久热情,有赖于企业管理者个人的感染力。而满足员工的各种需求,尤其是心理需求,则是激发其实现企业各项目标热情的关键因素。

(3)提高员工的行为效率。所谓行为效率是指员工为实现企业各项目标所做贡献的大小及其能力的发挥程度。企业管理者应通过自己的领导行为,全方位地为员工创造一个有利于提高其行为效率的物质环境和心理气氛。

激励可以分为物质性激励、精神性激励和竞争性激励三种方式。

3. 沟通功能

企业管理者从既定的企业战略目标出发,着眼于员工个人或部门,通过运用某种手段寻求企业与个人在目标、行为上的内在一致性,从而达到两者之间在行为及其效果上的良性循环。

三、企业管理者的技能

不管什么类型的组织中的管理者,也不管其处于哪一管理层次,所有的管理者都需要有一定的管理技能。罗伯特·李·卡茨(Robert L. Katz)列举了管理者所需的三种素质或技能,海因茨·韦里克对此进行了补充。综合来说,企业管理者需要具备的素质或管理技能主要有以下几个。

1. 技术技能

技术技能指的是对某项活动,尤其是对涉及方法、流程、程序或者技巧的特定活动的理解程度和熟练程度。技术技能涉及的是专业知识和专门领域的分析能力,以及对相关工具和规章制度的熟练运用。技术技能主要体现在"处事"（应对的是流程或者实物）方面。

2. 人际技能

人际技能指的是管理者能否作为团队一员有效地开展工作，以及在自己领导的团队中能否促使大家团结协作。人际交往技能则主要体现在"为人"方面。这种技能体现在个体对上级、同级和下级的感知方式上，以及如何判别他们对自己的感知，由此而产生的行为反应方式上。

3. 概念技能

概念技能是指以整体视角看待企业的能力。这种能力包括：认识到组织中各个部门是相互依赖的，并且任何一个部门所发生的变化会影响其他所有部门；这种认识还可以扩展到单个企业与整个行业之间、单个企业与整个社区之间，以及单个企业与国家这个大背景所具有的政治、社会和经济力量之间的种种联系。如果企业管理者能够认清这些关系，并且分辨出各情境中的决定性因素，他就能够采取有利于组织整体利益的方式行事。

在较低的管理层级，企业管理者最需要的是技术技能和人际技能；在较高的管理层级，技术技能的重要性相对下降，而概念技能的重要性则迅速增加。到了组织的最高层，概念技能是成功企业管理者的最重要技能。

四、企业管理者的角色

亨利·明茨伯格一项广为引用的研究认为，管理者扮演着十种角色，这十种角色又可进一步归纳为三大类：人际角色、信息角色和决策角色。

管理者的角色有三个直接来自于正式权力并且涉及基本的人际关系。

1. 首脑（figurehead）

作为组织的首脑，每位管理者有责任主持一些仪式，如接待重要的访客、参加某些职员的婚礼、与重要客户共进午餐等。涉及人际关系角色的职责有时可能是日常事务，几乎不包括严肃的交流或重要的决策制订，然而，它们对组织能否顺利运转非常重要，不能被管理者忽视。

2. 领导者（leader）

由于管理者管理着组织，他就对该组织成员的工作负责，在这一点上就构成了领导者的角色。管理者的行动有一些直接涉及领导关系。例如，在大多数组织中，管理者通常负责雇用和培训职员。另外，也有一些行动是间接地行使领导者角色。例如，每位管理者必须激励员工，以某种方式使他们的个人需求与组织目的达到和谐。事实上，在管理者与员工的每次接触中，员工都会通过一些线索来试探管理者的意图：他同意吗？他喜欢什么样的报告？他对市场份额比对高利润更感兴趣吗？等等。

在领导者的角色里，我们能最清楚地看到管理者的影响。正式的权力赋予了管理者强大的潜在影响力。

3. 联络人（liaison）

管理学文献从来都承认领导者的角色，特别是那些与激励相关的部分。相比之下，直到最近，管理学才提到管理者在他的垂直指挥链之外与人接触的联络角色。通过对每种管理工作的研究我们发现，管理者花在同事和单位之外的其他人身上的时间与花在自己下属身上的时间一样多。

4. 监控者（monitor）

作为监控者，管理者为了得到信息而不断审视自己所处的环境。他们询问联系人和下属，通过各种内部事务、外部事情和分析报告等主动收集信息。担任监控者角色的管理者所收集的信息很多都是口头形式的，通常是传闻和流言。当然也有一些董事会的意见或者社会机构的质问等。

5. 信息传播者（disseminator）

组织内部可能会需要一些通过管理者的外部个人联系收集到的信息。管理者必须分享并分配信息，要把外部信息传递到企业内部，就必须把内部信息传给更多的人知道。当下属彼此之间缺乏便利联系时，管理者有时会分别向他们传递信息。

6. 发言人（spokesperson）

这个角色是面向组织的外部的。管理者把一些信息发送给组织之外的人。而且，管理者作为组织的权威，要求对外传递关于本组织的计划、政策和成果信息，使得那些对企业有重大影响的人能够了解企业的经营状况。例如，首席执行官可能要花大量时间与有影响力的人周旋，要就财务状况向董事会和股东报告，还要履行组织的社会责任，等等。

7. 企业家（entrepreneur）

企业家角色指的是管理者在其职权范围之内充当本组织变革的发起者和设计者。管理者必须努力组织资源去适应周围环境的变化，要善于寻找和发现新的机会。而作为管理者，当出现一个好主意时，要么决定一个项目的开发，直接监督项目的进展，要么就把它委派给一个雇员。这就是开始决策阶段。

8. 危机处理者（disturbance handler）

企业家角色把管理者描述为变革的发起人，而危机处理者角色则显示管理者非自愿地回应压力。在这里，管理者不再能够控制迫在眉睫的罢工、某个主要客户的破产或某个供应商违背了合同等变化。在危机的处理中，时机是非常重要的。而且这种危机很少在例行的信息流程中被发觉，大多是一些突发的紧急事件。实际上，每位管理者必须花大量时间应对突发事件。没有组织能够事先考虑到每个偶发事件。

9. 资源分配者（resource allocator）

管理者负责在组织内分配资源，他分配的最重要的资源也许就是他的时间。更重要的是，管理者的时间安排决定着他的组织利益。接近决策者就等于接近了组织的神经中枢。管理者还负责设计组织的结构，即决定分工和协调工作的正式关系的模式，分配下属的工作。在这个角色里，重要决策在被执行之前，首先要获得管理者的批准，这能确保决策是互相关联的。

10. 谈判者（negotiator）

组织要不停地进行各种重大的、非正式化的谈判，这多半由管理者带领进行。对在各个层次进行的管理工作的研究显示，管理者花了相当多的时间用于谈判。一方面，因为管理者的参加能够增加谈判的可靠性；另一方面，因为管理者有足够的权力来支配各种资源并迅速做出决定。谈判是管理者不可推卸的工作职责,而且是工作的主要部分。

五、企业管理者的影响力

所谓影响力是指一个人在与他人的交往中,影响和改变他人的心理和行为的能力。企业管理者的影响力根据性质可分为权力影响力(强制影响力)和非权力影响力(自然影响力)。

1. 权力影响力

权力影响力是正式赋予个人职位的权力。这种影响力仅仅属于有企业管理者角色地位的人,这种权力与特定的个人没有必然的联系,只同管理岗位相联系。权力是企业管理者实施领导行为的基本条件,没有这种权力,企业管理者就难以有效地影响下属以实施真正的领导。

(1)权力影响力的构成。权力影响力包括法定权、强制权和奖赏权。它是由上级或企业自身正式授予企业各级管理者的,并受有关法规保护。① 法定权。法定权来自上级或企业内部的任命。这种管理权是管理岗位所赋予的。② 强制权。强制权是和惩罚相联系的迫使他人服从的力量。在某些情况下,企业管理者依赖于强制的权力与权威施加影响,对于一些心怀不满的下属来说,他们不会心悦诚服地服从上司的指示,这时管理者就要运用惩罚权迫使其服从,行驶这种权力的基础是下属的惧怕。这种权力对那些认识到不服从命令就会受到惩罚或承担其他不良后果的下属的影响力较大。③ 奖赏权。在下属完成一定任务时给予相应的奖励,以鼓励下属。这种奖励包括物质奖励,如发奖金等;也包括精神奖励,如晋职等。

(2)影响权力影响力的主要因素。① 传统的观念。企业员工认为,企业管理人员不同于普通员工,他们手中有权,有才干,比自己要强,由此产生了对管理人员的服从感。由于这种传统观念一直影响着每个人,从而增强了企业管理人员言行的影响力。② 职位因素。由于管理者凭借企业所授予的指挥他人开展具体活动的权力可以左右员工的行为、处境,甚至前途、命运,从而使员工对管理者产生敬畏感。管理者在企业中职位越高,权力越大,下属对员工的敬畏感就越强,管理者的影响力也就越大。③ 资历因素。一个人的资历与经历是历史性的东西,反映了一个人过去的情况。一般而言,人们对资历较深的高层管理者比较尊敬,因此其言行容易影响员工。

权力影响力是通过正式的渠道发挥作用的。当企业员工担任企业管理职务时,由传统心理、职位、资历构成的权力的影响力会随之产生;当管理者失去管理职位时,这种影响力将大大削弱,甚至消失。这种权力之所以被大家所认可,是因为大家了解这种权力是实现企业共同战略目标所必需的。

2. 非权力影响力

非权力影响力不是外界附加的,而产生于管理者自身,与职位没有直接关系。

(1)非权力影响力的构成。非权力影响力包括专长权、感召权。① 专长权。专长权是指管理者具有各种专门的知识、特殊的技能,学识渊博,在各项工作中显示出超人的才能和智慧,从而获得同事及下属员工的尊重和佩服。这种影响力的基础通常有局限性,仅仅被限定在专长范围之内。② 感召权。感召权是指由于管理者优良的领导作风、思想水平、品德修养而在企业成员中树立的德高望重的威信。这种影响力是建立在下属对管理者的认可基础之上的,它通常与具有超凡魅力或名声卓著的企业高层管理者相联系。

(2) 构成非权力影响力的主要因素。① 品格。品格主要包括管理者的道德、品行、人格等。优良的品格会给管理者带来巨大的影响力。因为品格是一个人的本质表现,好的品格能使人折服,并能吸引人,为员工所模仿。下属常常希望自己能和企业高级管理人员一样。② 才干。管理者的才干是决定其影响力的主要因素。才干通过实践来实现,主要反映在工作成果上。一个有才干的管理者会给企业带来成功,从而使员工对他产生敬佩感,自觉地接受其影响。③ 知识。一个人的才干与知识是常常紧密联系在一起的。知识水平的高低主要表现为对自身和客观世界认识的程度。知识本身就是一种力量。知识丰富的企业高层管理者更容易取得员工的信任,并由此产生信任和依赖感。④ 感情。感情是人的一种心理现象,它是人们对客观事物好恶倾向的内在反映。人与人之间建立了良好的感情关系,便能产生亲切感;相互的吸引力越大,彼此的影响力也就越大。因此,一个企业管理人员平时待人和蔼可亲,关心体贴下属,与员工的关系融洽,他的影响力往往就较大。

由品格、才干、知识、感情因素构成的非权力影响力,是由企业管理者自身的素质与行为造就的。在企业管理者从事企业管理工作时,它能增强管理者的影响力。在不担任管理职务时,这些因素仍会产生较大的影响。由于这种影响力来源于下属服从的意愿,有时会比权力显得更有力量。

第二节　企业管理者的有效领导理论

对于企业管理者实行有效领导的问题已有较为广泛的研究,并建立了许多理论,这些理论大致可以分为三类:第一类是特性理论,主要研究有效的管理者应具备的个人特性;第二类是作风和行为理论,主要研究管理者的工作作风或领导行为对领导有效性的影响;第三类是权变理论,主要研究在不同的情境下何种领导行为效果最佳。

一、特性理论

领导特性理论研究的是管理者个人特性对领导成败的影响。传统特性理论认为管理者的特性是天生的,由遗传决定;现代特性理论则认为管理者的特性和品质是在实践中形成的,是可以通过教育训练培养的。

对于管理者应当具有哪些特性,不同的研究者得到的结论并不相同。但特性理论并非一无是处,一些研究表明,个人品质与领导有效性之间确实存在着某种相互联系。另外,特性理论系统地分析了管理者所应具有的能力、品德和为人处事的方式,向管理者提出了要求和希望,这对企业选择、培养和考核企业管理人员是有帮助的。

二、作风和行为理论

作风和行为理论是从管理者的行为和作风两个方面进行研究的,其中对现代管理理论影响较大的是四分图理论和管理方格理论。四分图理论又称为俄亥俄模式,来自美国俄亥俄州立大学。该理论将管理者的领导行为分解为两个方面：一是以工作为中心，强调的是企业的需要。管理者主要依靠给员工提供企业结构方面的条件来使之做出令人满意的成绩。二是以人际关系为中心，强调的是员工个人的需要。领导者要营造一种与下级相互信任的工作氛围，尊重下级的意见，通过使下级参与管理来调动其积极性。

根据研究，管理者的行为可以是这两个方面的任意组合，因此，可以将管理者行为用二维坐标的平面组合来表示，每一个维度划分为高和低，从而形成四种典型的领导方式。研究表明，领导的两个方面不是互相排斥的，而是可以结合起来，单有其中一个方面并不能实现有效的领导。这一首先从两个方面考察领导行为的形式，为以后许多类似的研究奠定了基础。

在领导行为四分图的基础上，布莱克（Robert R. Blake）和莫顿（Jane S.Moaton）提出了管理方格理论，将领导行为的两个坐标进一步细化，形成 81 个方格，并指出了五种典型的领导方式。

下面再介绍几个常见的作风和行为理论。

（1）马斯洛的需要层次理论。需要层次理论是行为科学中的激励理论之一。马斯洛的需要层次理论的主要内容有以下几个方面。

① 生理的需要。这是人类最原始、最基本的需要。包括衣、食、住、行等。

② 安全的需要。生理的需要基本满足后，就希望满足安全方面的需要。如职业安全、经济安全、环境安全、心理安全等。

③ 社会的需要。社会的需要又叫作社交的需要、归属的需要，包括渴望有所归属、渴望交往、希望关系融洽等。

④ 尊敬的需要。尊敬的需要又叫作心理的需要，包括自尊的需要和受他人尊敬的需要两个方面。

⑤ 自我实现的需要。这是最高层次的需要，是实现个人的理想与抱负，实现自己对未来美好生活期望的需要。

（2）梅奥及其人群关系理论。① 工人是"社会人"而不是"经济人"。影响生产积极性的因素，除了物质方面的因素，还有社会和心理方面的因素，如友情、安全感、归属感、受人尊敬等。② 企业中存在着非正式组织。③ 生产效率主要取决于职工的满足度。职工的满足度越高，其士气越高，生产效率也越高。

（3）X 理论与 Y 理论。① X 理论认为，一般人好逸恶劳，以自我为中心，没有创造性。基于此种理论的管理者，一般采取高度控制、集中管理及集权的领导方式。② Y 理论认为，一般人并非好逸恶劳，他们对自己参与的活动能实现自我指挥和控制；在适当的条件下，愿意承担责任；有一定的创造性。基于此种理论的管理者，一般采取以人为中心放权的管理原则和民主式的领导方式，把个人目标和组织目标很好地结合起来，为人的智慧和能力的发挥创造有利的条件。

（4）双因素理论。双因素理论是美国心理学家赫兹伯格（Herzberg）于 1959 年提出的，全名叫作"激励、保健因素理论"。

通过在匹兹堡地区 11 个工商业机构对 200 多位工程师、会计师调查征询，赫兹伯格发现，受访人员举出的不满项目大都与他们的工作环境有关，而感到满意的因素则一般都与工作本身有关。据此，他提出了双因素理论。

传统理论认为，满意的对立面是不满意，而据双因素理论，满意的对立面是没有满意，不满意的对立面是没有不满意。因此，影响职工工作积极性的因素可分为两类：保健因素和激励因素，这两类因素是彼此独立的，并且以不同的方式影响人们的工作行为。

所谓保健因素，指那些造成职工不满的因素，它们的改善能够解除职工的不满，但不能使职工感到满意并激发起职工的积极性。它们主要有企业的政策、行政管理、工资发放、劳动保护、工作监督以及各种人事关系处理等。由于它们只带有预防性，只起维持工作现状的作用，所以也被称为"维持因素"。

所谓激励因素，指那些使职工感到满意的因素，它们的改善能让职工感到满意，能给职工以较高的激励，使他们提高劳动生产效率。它们主要有工作表现机会、工作本身的乐趣、工作上的成就感、对未来发展的期望、职务上的责任感等。

双因素理论是针对满足的目标而言的。保健因素有助于满足人们对外部条件的要求；激励因素有助于满足人们对工作本身的要求。前者为间接满足，可以使人受到外在激励；后者为直接满足，可以使人受到内在激励。因此，双因素理论认为，要调动人的积极性，就要在"满足"二字上下功夫。

三、权变理论

领导的权变理论是在特性理论和行为理论的基础上发展起来的，所关注的是管理者与下属员工的行为和环境的相互影响。该理论认为，并不存在一种普遍适用的"最好的"或"不好的"领导方式，若想让领导的行为有效，领导方式就必须随着被领导者的特点和环境的变化而变化。这一观点可以用计算公式表示为

$$有效的领导 = f(管理者, 下属员工, 环境)$$

权变领导理论中较有影响的有以下几种。

1. 费德勒模型

费德勒（Fred E.Fiedler）在大量调查研究的基础上提出了有效领导的权变模型，他认为任何领导方式都可能有效，其有效性完全取决于是否与所处的环境相适应。

费德勒以一种"你最不喜欢的同事"（LPC）量表来反映和测定管理者的领导风格。他把领导方式假设为两大类：以人为主和以工作为主。一是管理者如果对其最不喜欢的同事能给予好的评价，则被认为对人宽容、体谅，注重人际关系和个人的声望，是以人为主的领导；如果管理者把其不喜欢的同事批评得一无是处，则被认为惯于命令和控制，是只关心工作的领导。与此同时，他经过试验，把影响管理者有效性的环境因素归结为以下几个。

（1）管理者与下属的相互关系。是指管理者得到下属员工拥护和支持的程度，即管理者是否受下属的喜爱、尊敬和信任，是否能吸引并使下属愿意追随他。管理者与下属之间相互信任和喜欢的程度越高，管理者的权力和影响力也就越大；反之，其影响力就越小。

（2）职位权力。是指管理者因企业赋予正式地位所拥有的权力。权力是否明确、充分，在整个企业中所得到的支持是否有力，直接影响领导的有效性。一个管理者对其下属的雇用、工作分配、报酬、提升等的直接决定性权力越大，其职位权力越强，对下属的影响力也就越大。

（3）任务结构。是指下属所从事的工作或任务的明确性。如果所领导的员工要完成的任务是例行的、明确的和可以理解的，员工有章可循，则工作质量比较容易控制。这种情

况属于任务结构明确。反之，任务复杂而又没有先例，工作规定不清楚，没有标准和程序，员工不知道如何去做，管理者就会处于被动地位。这种情况属于任务结构不明确。

费德勒将这三个环境变数任意组合成八种群体工作情境，对 1200 个企业进行观察，收集了把管理风格与工作环境关联起来的数据，得出了在各种不同情况下使管理有效的领导方式，其结果如图 10-1 所示。

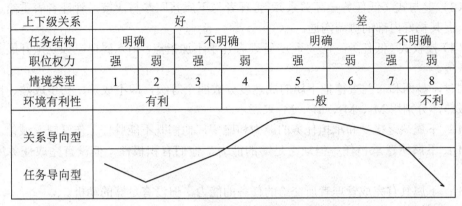

图 10-1　费德勒的领导有效性模型

费德勒的研究结果表明：根据员工工作情境，采取适当的领导方式可把群体绩效提高到最大限度。当情境非常有利或非常不利时，采取工作导向型领导方式是合适的；但在各方面因素交织在一起且情境有利程度适中时，以人为本的领导方式则更为有效。

根据费德勒的观点，领导行为是和该管理者的个性相联系的，所以管理者的风格或领导方式基本是固定不变的。当一个管理者的风格或方式与情境不相适应时，解决的方法是改变情境，使之与管理者的风格相适应。总之，此模型有助于管理者认识情境因素的重要性，并努力使之适应自己的领导风格。

2. 领导的生命周期理论

领导的生命周期理论首先由科曼（A. K. Korman）提出，后由赫西（Paul Hersey）和布兰查德（Kenneth Blanchard）进一步发展。该理论把注意力放在下属的研究上，认为成功的管理者要根据下属的成熟程度选择合适的领导方式。不管管理者做什么，有效性取决于下属的行动，在很多领导理论中都没有注意到这一因素的重要性。

赫西和布兰查德认为，所谓成熟度是指人们对自己的行为承担责任的能力和愿望的大小。它取决于两个方面：任务成熟度和心理成熟度。任务成熟度是相对于个人的知识和技能而言的，若是一个人具有无须别人的指点就能够独立完成工作的知识、能力和经验，那么他的工作成熟度就是高的；反之则低。心理成熟度与做事的愿望或动机有关，如果一个人能自觉地去做，而无须外部的激励，则认为他有较高的心理成熟度。

领导的生命周期理论是建立在布莱克和莫顿的管理方格图理论和阿吉里斯"不成熟—成熟理论"的基础之上的。他们也画出一个方格图，横坐标为任务行为，纵坐标为关系行为，在下方再加上一个成熟度坐标，从而把原来由布莱克和莫顿提出的由以人为本和以工作为本构成的二维领导理论，发展成由关系行为、任务行为和成熟度组成的三维领导理论。在这里，任务行为是指管理者和下属员工为完成任务而形成的交往形式。关系行为可以说明管理者给下属以帮助和支持的程度。由这两者赫西和布兰查德提出了四种领导方式：

命令式、说服式、参与式和授权式。

（1）命令式（高任务—低关系）：管理者对下属进行分工，指点下属应当干什么、如何干、何时干等，强调直接指挥。

（2）说服式（高任务—高关系）：管理者既给下属一定的指导，又注意保护和鼓励下属的积极性。

（3）参与式（低任务—高关系）：管理者与下属共同参与决策，管理者着重给下属以支持，促其搞好内部的协调沟通。

（4）授权式（低任务—低关系）：管理者几乎不加指点，由下属自己独立地开展工作，完成任务。

同时，赫西和布兰查德把下属的成熟度分成四个等级，即不成熟、初步成熟、比较成熟和成熟，分别用 M_1、M_2、M_3、M_4 来表示。

M_1：下属缺乏接受和承担任务的能力和愿望，他们既不能胜任工作又缺乏诚信。

M_2：下属愿意承担任务但缺乏足够的能力，他们有积极性，但没有完成任务所需的技能。

M_3：下属具有完成管理者所交给的任务的能力，但没有足够的动机。

M_4：下属能够且愿意去做管理者要他们做的事。

根据下属的成熟度、关系行为和任务行为，领导的生命周期理论如图 10-2 所示。

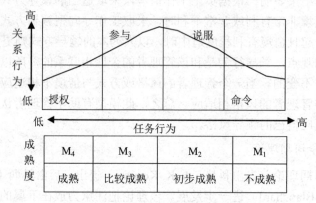

图 10-2　领导的生命周期理论

当下属成熟度为 M_1 时，管理者需要给予明确而细致的指导和严格的控制，采取命令式的领导方式；当下属成熟度为 M_2 时，管理者既要保护下属的积极性，交给其一定的任务，又要及时加以具体的指点以帮助其较好地完成任务；当下属处于 M_3 时，管理者需要解决其动机问题，可以通过及时的肯定和表扬以及一定的帮助和鼓励树立下属的信心，因此以采用低任务—高关系的参与式为佳；当下属成熟度为 M_4 时，由于下属既有能力又有积极性，因此管理者可采用授权的方式，只给下属明确目标和工作要求，具体行为由下属自我控制。

3. 途径—目标理论

途径—目标理论是豪斯（Robert J. House）等人提出的。该理论是以期望理论和领导行为四分图理论为依据发展起来的。该理论认为，管理者的效率是以能激励下属达到企业战略目标并在其工作中使下属得到满足的能力来衡量的。当企业根据员工的需要设置某些报酬以激励企业员工时，企业员工就对获得这些报酬寄予期望，并做出努力。但这种期望的实现必须有赖于做出工作成绩，因此只有当员工确切地知道如何达到企业目标时，才能起到激励作用。管理者应指明达到目标的途径。

（1）领导行为。豪斯认为"高任务"和"高关系"的组合不一定是最有效的领导方式，还需考虑环境因素。他在1974年与米切尔发表的论文中提出了以下四种领导行为。

① 指导型领导行为。让下属明确任务的具体要求和解决方法，安排好工作日程。决策都由决策者做出（此方式类似于主导型结构和任务导向型行为）。

② 支持型领导行为。与下属友善相处，领导风格平易近人，关心下属的福利，公平待人（与关心型及关系导向型相似）。

③ 参与型领导行为。与下属商量，征询下属的建议，允许下属参与决策。

④ 成就导向型领导行为。提出有挑战性的目标，要求下属有高水平的表现，鼓励下属并对下属的能力表示出充分的信心。

与费德勒理论不同的是，途径—目标理论认为管理者的风格和行为可以改变，以适应特定的情境。有时管理者根据不同的情况可分别采用不同的领导方式。如一个新上任的项目经理，开始时他可用指导型的方式建立明确的任务结构，并明确告诉下属应该做些什么；随后，他可采取支持型的行为来增强员工的凝聚力和形成积极的工作氛围；当项目小组成员对任务更为熟悉后，必然会遇到新问题。管理者可通过调整领导行为让下属不断地取得更高的成就。

（2）情境因素。和其他领导情境理论一样，途径—目标理论提出领导方式要适应情境因素。该理论特别关注两类情境因素：一类是下属的个人特点；另一类是工作场所的环境特点。

① 个人特点。个人特点主要包括下属对自身能力的认识和控制轨迹这两个重要特点。假如下属认为自己能力不强，则他们更喜欢指导型领导；反之，如果有的人自视甚高，则可能对指导型的领导行为表示愤懑。控制轨迹也属个性特征，持受内因控制认识的个人相信一切结果都是通过自身的努力和行为所产生的；而持受外因控制认识的个人则往往把发生的结果归因于运气、命运或"制度"。相信内因决定论的人喜欢参与型的领导行为，相信外因决定论的人则宁可接受指导型的领导。管理者对于下属的个人特点是难以影响和改变的，但是管理者对于环境的塑造及针对不同的个性采取不同的领导方式是完全可能的。

② 环境特点。环境因素非下属所能控制，包括任务结构、职权制度和工作群体的情况。当任务结构明确时，采用指导型领导的行为效果就比较差，对于一些很平常的工作，人们并不需要其上司总是喋喋不休地吩咐如何去做。正式职权制度是另一个重要的环境特点，如果正式职权都规定得很明确，则下属会更欢迎非指导型领导行为。工作群体的性质也会影响领导行为，如果工作群体为个人提供了社会上的支持和满足，则支持型领导行为就显得多余了；反之，个人则会从管理者那里寻求这类支持。

第三节　企业管理者的激励功能

一、激励的性质

1. 激励的含义

激励是指引发和促使人们去进行某种特定行为的活动。在企业中，管理者制订出企业战略目标和各项计划、建立有效的控制系统后,就可以通过企业的各项管理活动,促使企业员工投入为实现企业目标而必须进行的个人活动中。但是管理者如何保证企业员工能够真正投身于有利于企业目标实现的个人活动中,并使企业成员在这一行为过程中充分发挥个人的积极性和创造性呢?这实际上涉及管理的激励功能。

因此,企业中的激励是指管理者运用某种方法和途径,使得企业员工或部门为达到企业目标而积极行动、努力工作。就管理者而言,激励表现为一种由管理者所实施的,意在引发、维持和促使人们进行企业所预期的行为的管理活动过程。

2. 激励的目的

在企业中的员工被置于一定的岗位上,为完成企业的各项任务、实现企业战略目标而工作。这一过程之所以能实现,是因为从个人角度来看,该企业具有满足他特定需求的现实功能;从企业角度来看,则确认个人能够胜任企业任务,而且企业也的确能够通过企业目标的实现满足其个人的需求。个人常常希望企业能满足他更高、更多的需求,而企业则常常要求个人为企业做出更好、更多的贡献。只有把这两方面统一起来,才能有效地实现企业战略目标。

因此,激励的目的在于从既定的企业战略目标出发,着眼于员工个人或部门,通过运用某种手段,寻求企业与个人在目标、行为上的内在一致性,从而达到两者之间在行为及其效果上的良性循环。

3. 激励的过程

激励的过程如图 10-3 所示。人的行为是由动机决定的,动机是由需求支配的。

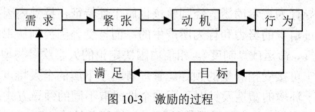

图 10-3　激励的过程

(1) 需求。需求是指员工由于缺乏某种生理或心理的因素而产生的与周围环境的某种不平衡状态,也即员工个人对某种自身目标的渴求和欲望。

根据需求的起源,可以将员工个人需求分为自然需求和社会需求。自然需求是为了延续和发展个人的生命对所必需的客观条件的需求;社会需求是在特定的社会条件下个人对社会生活的需求。需求作为客观需求的反映,并不是一个消极、被动的过程,而是在人与客观环境的相互作用中,在积极自觉的活动中产生的。

(2) 动机。动机是引起和维持个体行为,并将此行为导向某一目标的愿望或意念。动机是行为产生的内在直接原因,它引导员工从事某种活动,规定行为的方向。动机是由需求产生的,当员工有了某种需求而又未能满足时,心理上便会产生一种紧张和不安,这种紧张和不安就成为一种内在的驱动力,促使员工采取某种行动。

动机是一种主观的精神状态,它驱使员工的行为趋向预定的目标。实际上,一个人同时可以有多种动机,动机之间不仅有强弱之分,而且有时会有矛盾。一般来说,只有最强烈的动机可以引发行为,这种动机称为优势动机。

(3) 行为。行为是指员工个人在环境影响下所引起的内在生理和心理变化的外在反应。员工个人的行为是个人内在因素和外在因素相互作用的函数。一般情况下,内在因素是根本，起着决定作用；外在因素是条件，起着导火线的作用。

当员工通过某种行为实现了个人目标，获得了生理或心理的满足后，紧张的心理状态就会消除。这时又会产生新的需要，引起新的动机，指向新的目标。这是一个循环往复、连续不断的过程。

（4）需求、动机、行为与激励。由上述可知，员工的任何动机与行为都是在需求的基础上产生的，没有需求，也就无所谓动机和行为。员工产生某种需求后，只有当这种需求具有某种特定目标时，需求才会产生动机，动机才会成为引起员工行为的直接原因。但并不是每个动机都必然引发行为，在多种动机下，只有优势动机才会引发行为。

因此，要使员工产生企业所期望的行为，可以根据员工的需求设置某些目标，并通过目标导向使员工出现有利于企业目标的优势动机，并按照企业所需要的方式行动。管理者实施激励，就要想方设法做好需求引导和目标引导，强化员工的动机，刺激员工的行为，从而实现企业战略目标。

4. 激励的方式

激励可以分为物质性激励、精神性激励和竞争性激励三种方式。

（1）物质性激励。物质性激励主要产生于员工对物质、金钱、财产等的占有欲，表现为一种发自内心的、物质利益上的动力。物质性激励的作用首先来自员工生活的基本需求，而每一个人都有这种需求，因此，物质性激励产生的动力来自于行为者自身，表现出来的是一种主动的力量。一般来说，当员工拥有一定的必需的物质财富后，物质财富增加所产生的激励作用的边际增长率便是递减的。

（2）精神性激励。精神性激励主要产生于员工在追求精神、心理和事业的满足方面而产生的内在动力。精神性激励来自于对高质量生活的需求，也是一种发自内心的、主动的力量。一般而言，文化知识水平高、个人素质好的员工往往有更大的抱负和理想，这种激励的作用也就越强。对缺乏物质基础或没有力量实现理想的员工，精神性激励的作用通常也很小。

（3）竞争性激励。竞争性激励也称竞争压力，主要产生于外界强大竞争的压力。如果竞争公平合理，这种压力就表现为一种推动力；反之，如果竞争不公平，则会起到消极作用。竞争性激励来自于外界的压力，行为者被动接受其作用，常常是不得已而为之。如果有条件和机会，他们会尽量逃避这种压力。因此，要使这种激励发挥作用，必须真正形成公平竞争环境，员工的工作效果必须是可查的，而且要存在约束其行为的机制。

这三种激励的强度和方式有所不同，前两者的作用形成两种拉力，后者的作用形成一种推力。它们作用于员工自身，可以相辅相成。三者激励的强弱程度因员工的行为特点而有所差别。

二、激励理论

1. 内容型激励理论

内容型激励理论从激励过程的起点——人的需要出发，研究是什么因素引起、维持并引导某种行为去实现目标。这类理论从静态的角度探讨激励问题，其研究任务主要是了解员工的各种需求，确定这些需求的主次顺序，以及满足员工各种需求将产生的相应激励。层次需求理论和双因素理论都属于此类理论。

2. 过程型激励理论

过程型激励理论是在内容型激励理论的基础上发展起来的，这类理论从人的动机的产生到行为反应这一过程出发，研究有哪些因素对人的动机与行为发生作用。该类理论是从动态的角度来研究激励问题的，主要任务是了解对行为起决定作用的某些关键因素，掌握这些因素之间的关系，以达到预测或控制人的行为的目的。典型的过程型激励理论主要有以下几种。

（1）期望理论。期望理论由弗鲁姆（Victor H. Vroom）提出，其理论基础是员工之所以能够从事某项工作并达到企业目标，是因为这些工作和企业目标有助于达到自己的目标，满足自己某方面的需要。员工在预期其行动将会有助于达到某个目标的情况下，才会被激励起来去做某些事情。因此，员工受激励的程度将取决于努力后所取得成果的价值以及对实现个人目标可能性的估计。用计算公式可以表示为

$$激励力 = 效价 \times 期望值$$

其中，激励力指调动员工的积极性，激发出员工的内部潜力的强度；效价指员工对某一目标的重视程度与评价高低，即对成果的偏好程度；期望值指通过特定活动导致个人既定目标实现的概率，即主观估计达到个人目标的可能性。

这个计算公式实际上提出了在进行激励时要处理好三方面的关系，它们也是调动人们工作积极性的三个条件，如图10-4所示。

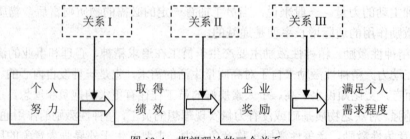

图10-4 期望理论的三个关系

第一，个人努力与取得绩效的关系。员工总是希望通过一定的努力能够达到个人预期的目标，如果个人主观认为通过自己的努力达到个人预期目标的概率较高，就会有信心，就可能激发出潜在的工作力量。但是如果他认为目标太高，通过努力也不会有很好的绩效，就会失去内在的动力，导致消极工作。这种关系可在计算公式的期望值这个变量中反映出来。

第二，取得绩效与企业奖励的关系。员工总是希望取得成绩能够获得奖励，这种奖励是广义的，既包括提高工资、增发奖金等方面的物质奖励，也包括表扬、自我成就感、被同事们信赖、提高个人威望等精神方面的奖励，还包括像提拔到较重要的工作岗位上去等物质与精神兼而有之的奖励。如果他认为取得绩效后能够获得合理的奖励，就有可能产生工作热情；否则，就可能没有积极性。

第三，企业奖励与满足个人需求程度的关系。员工总是希望自己所获得的奖励能满足自己某方向的需求。由于员工在年龄、性别、资历、社会地位和经济条件等方面都存在着差异，他们对各种需求得到满足的程度要求也就不同。因而对于不同的人，采用同一种办法给予奖励，能满足的需求程度不同，能激发出来的工作动力也就不同。

后两方面关系可以在弗鲁姆公式中的效价这个变量上体现出来。

（2）公平理论。公平理论也称作社会比较理论，是由亚当斯（J. S Adams）首先提出

的。其基本观点为人是通过寻求人与人之间的社会公平（即所得到的报酬与绩效相称）而被激励的。当一个人做出了成绩并取得了报酬后，他不仅关心自己所得报酬的绝对量，而且关心自己所得报酬的相对量。因此，他要进行种种比较来确定自己所获报酬是否合理，而比较的结果将直接影响他今后工作的积极性。其比较过程为

$$\frac{结果}{投入}(自己) = \frac{结果}{投入}(他人)$$

其中，结果是指从事工作所获得的报酬，包括薪金、晋升、对工作成绩的认可、上司的赏识、人际关系的改变等；投入是指对所从事工作的各种付出，包括时间、经验、努力、知识、对企业的忠诚和负责精神等。比较往往是非定量的和主观的，因而比较的结果是不精确的，但个人的态度会受到影响。对个人来说，可能会有三种比较的结果：报酬公平；报酬多了；报酬不足。

在比较中，当员工发现自己的报酬相对低了，就会设法消除不公，并有可能采取以下方式来求取平衡：① 通过减少自己的投入；② 要求加薪；③ 理性地曲解原先的比率；④ 使他人改变产出结果或投入；⑤ 离开或调走；⑥ 变换比较目标。

当个人感到自己相对他人报酬高于合理水平时，对多数人而言不会构成什么大问题，但研究表明，处于这种不公平的情况下，有些人也会去努力减少这种不公。包括：① 增加自己的投入；② 假如是计件制的话，员工会增加自己的单位产量；③ 有意无意地曲解原先的比率；④ 设法使他人减少投入或增加报酬。

公平理论对管理者而言显然是有益的。首先，管理者用报酬或奖赏来激励员工时，一定要使员工感到公平与合理。个人的内部或外部报酬如果是与其绩效相称的，且他也认为这些报酬是公平的，则会导致满意的结果。其次，作为管理者应注意横向比较。公平理论表明，金钱是相对的，当然员工对工资的绝对数也是关注的，是否满意则部分取决于他们比较的参照群体。有些企业员工的流动率很高，一个重要原因是与外单位横向比较，本企业员工的报酬太低。最后，公平理论表明公平与否源于个人的感觉。员工在心理上通常会低估他人的工作绩效，高估别人的所得，由于感觉上的错误，就会产生心态的不平衡。这种心态对企业和个人都很不利。所以，管理人员应敏锐地体察员工的心情，如确有不公，则应尽快解决；如纯属个人主观上的认识偏差，也有必要进行说明解释，做好细致的思想工作。

3. 波特和劳勒的激励模式

波特（L. W. Porter）和劳勒（E. E. Lawler）以期望理论为基础，推导出了更完备的激励模式，较好地说明了整个激励过程，如图 10-5 所示。

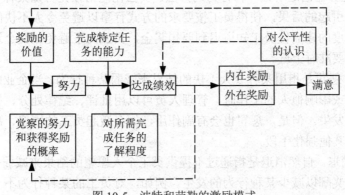

图 10-5　波特和劳勒的激励模式

分析这个模式可以得出这样几点认知。

（1）努力来自于报酬、奖励的价值。员工个人认为，需要付出的努力和受到奖励的概率相等。而觉察出来的努力和奖励的概率要受过去经验和实际绩效的影响，如果员工个人确切知道他有把握完成任务或者过去曾经完成的话，他将乐意做出个人努力并对奖励的概率更加清楚。

（2）工作的实际绩效取决于工作能力的大小、努力程度以及对所需完成工作任务理解的深度，如对完成企业目标所需从事的活动以及影响任务完成的其他因素的理解和掌握。

（3）奖励要以绩效为前提，不是先有奖励后有绩效，而是必须先完成企业交给的任务才能获得精神的、物质的奖励。当员工看到他们的奖励与成绩很少有关系时，这样的奖赏将不能对他的个人行为产生刺激。

（4）激励措施是否会使员工满意，取决于受激励者认为获得的报酬是否公平。

（5）满意将促使员工进一步努力工作。

波特和劳勒的激励模式是激励系统的一个比较恰当的描述，它告诉我们激励并不是简单的因果关系。不要以为设置了激励目标就一定能激励员工行动和努力，并使员工满意。要形成激励目标→努力→绩效→奖励→满意以及从满意反馈回努力这样的良性循环，取决于奖励内容、奖励制度、企业分工、激励目标导向行动的设置、管理水平、公平的考核和领导作风等综合性的因素。

4. 强化理论

强化理论是由斯金钠（B. F. Skinner）提出的，又称行为修正理论，是以学习的强化原则为基础针对理解和修正人的行为的一种学说。所谓强化，从最基本的形式来讲，是指对一种行为的肯定或否定，至少在一定程度上会决定这种行为在今后是否会重复发生。该理论认为，员工为了达到某种目的会采取一定的行为，这种行为将作用于环境，当行为的结果对他有利时，这种行为就会重复出现；当行为的结果对他不利时，这种行为就会减弱或消失。这就是环境对行为强化的结果。

强化根据性质和目的可以分为四种类型：正强化、负强化（亦称规避）、惩罚和自然消退。前两类可以增强某种行为，后两类则会削弱某种行为。

（1）正强化。这是一种增强行为的方法。在一个要求的行为出现后，随即加以奖酬或提供正面的结果。例如，当管理人员看到一个员工工作表现出色就加以表扬，这种表扬就对工作出色的行为做了正强化。正强化的手段还包括提薪、晋升、奖励等。

（2）负强化。这也是增强一种行为的方法。负强化是指预先告知某种不符要求的行为或不良绩效可能引起的后果，使得员工按要求的方式行事以避免令人不快的后果。在企业中，若以规章制度的建立使员工知道迟到要扣奖金，员工为了避免扣奖金这一不愉快的结果，就会被激励要准时上班。

（3）惩罚。惩罚是指用某种令人不快的结果来减弱某种行为。当企业中有员工上班迟到、工作出错，或影响他人的工作时，管理人员可以用批评、纪律处分、罚款等措施来制止该行为的再次发生。但是，惩罚也会有副作用，如会激起员工的愤怒、敌意等。因此，最好尽可能采用其他强化手段。

（4）自然消退。自然消退是指通过不提供员工个人愿望的结果来减弱个人的行为。特别是撤销原先的奖酬以减少某种行为的发生。例如，对员工的某种行为不予理睬，以表示对该行为的蔑视，从而使这种行为得以消除。

根据强化的方式可以将强化分为连续强化和间隙强化。连续强化是对企业需要的行为都给予不间断强化，间隙强化指经过一段间隔才强化一次。

间隙强化按强化时间间隔的稳定性，分为固定时间间隔强化和变动时间间隔强化，前者如员工定期发放工资，后者如员工不定期的升级；按反应比例又可分为固定比例强化和变动比例强化，前者如计件工资，后者如按照销售的难易程度对销售人员进行奖励。

强化理论具体应用的一些行为原则包括以下几个方面。

（1）要按照强化对象的不同需求采取不同的强化措施，由于员工的需求不同，对一些员工有效的强化方式，对另一些员工并不一定有效。

（2）管理者要对期望取得的工作成绩给出明确的规定和表述，只有对员工行为的目标期望明确而具体时，才能对员工行为的结果给予衡量并给付合理的报酬。

（3）强化的一种重要形式是对工作成绩的反馈。通过某种形式和途径，及时将员工工作结果告诉员工。无论结果好坏，对行为都具有强化作用：好的结果能使员工个人继续努力；坏的结果能使员工个人分析原因，及时改正缺点，弥补不足。

第四节　企业管理者的沟通职能

一、沟通的含义与过程

沟通是人与人之间传达思想和交流情况、信息的过程。沟通必须具有三个因素：一是信息发送者；二是信息接收者；三是所传递的内容。图10-6描述了沟通过程。

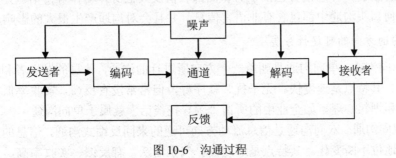

图10-6　沟通过程

沟通过程由发送者开始，由发送者首先对头脑中的思想进行编码，形成信息，然后通过传递信息的媒介物——通道发送给接收者。接收者在接收信息之前，必须先将其翻译成可理解的形式，即译码。发送者进行编码和接收者进行译码都要受个人的知识、经验、文化背景和社会系统的干扰。沟通的最后一环是反馈，是指接收者把信息返回给发送者，并对信息是否被理解进行检查，以纠正可能发生的某些偏差。整个沟通过程都有可能受到噪声的影响。所谓噪声是指信息传递过程中的干扰因素，包括内部的和外部的，它可能在沟通过程的任何环节上造成信息的失真，从而影响沟通的有效性。

二、沟通的类型

1. 按沟通的功能和目的分类

（1）工具式沟通。其主要目的是传递信息，同时也将发送者自己的知识、经验、意见和要求等告诉接收者，以影响接收者的知觉、思想和态度体系，进而改变其行为。

（2）满足需要的沟通。其目的为表达情绪状态，解除紧张心理，征得对方的同情、支持和谅解等，从而满足个体心理上的需要，建立和改善人际关系。

2. 按沟通的组织结构系统分类

（1）正式沟通。正式沟通是指按照正式的企业系统与层次，通过企业明文规定的渠道进行的沟通。这类沟通代表企业各组织部门，较为正式和慎重。

（2）非正式沟通。非正式沟通是指在正式沟通渠道之外，通过私人的接触来进行的沟通。这类沟通是员工个人自愿进行的，较为灵活和随便。通常，员工之间私下交换意见和传播小道消息等属于非正式沟通。

3. 按沟通的方式分类

（1）口头沟通。口头沟通是借助于口头语言进行的沟通。其特点是传递的快速和反馈的快速，沟通效率高，弹性大，但事后难以查证，并且信息传递过程中经过的人越多，信息失真的可能性就越大。

（2）书面沟通。书面沟通是借助于书面文字进行的沟通。其特点是正式、持久、有形，可以备查，相对于口头沟通更为周密、逻辑性强、条理清楚。但这类沟通往往耗时较多，时常缺乏反馈。

（3）非语言沟通。除了使用口头、书面形式的沟通外，其他的含蓄的沟通方式主要包括体态语言和语调。体态语言包括手势、面部表情及其他身体动作等；语调是指语言声音的强调。任何口头沟通中都包含有非语言信息，并且会对沟通产生很大的影响。

4. 按沟通方向的可逆性分类

（1）单向沟通。单向沟通是朝着一个方向所进行的沟通，信息的发送者和接收者之间的地位不变。其特点是速度快、无干扰、秩序好，但常常没有反馈，实收率低，接收者容易产生抵触和埋怨心理。如企业中的所谓"领导找谈话"就属于单向沟通。

（2）双向沟通。双向沟通是信息流动方向可逆的来回反馈式沟通，信息的发送者和接收者之间的地位不断变化。其特点是速度慢、气氛活跃、有反馈、实收率高、人际关系较好，但信息发送者的心理压力较大。如企业中的对话会就属于双向沟通。

三、沟通渠道与沟通网络

1. 正式沟通渠道

正式沟通渠道是对信息传递的媒介物和线路做了事先安排的渠道，是通过正式的企业组织结构而建立起来的。正式沟通渠道一般有以下四种形式。

（1）自上而下的沟通。这种沟通渠道是指信息掌握在企业内部高级管理者手中，按照企业的上下隶属关系和等级层次，向下传递的沟通过程。它可以表现为上级给予下级的命令、指示、指导、文件、规定等。它使下级了解企业的总体情况和自己应完成的工作任务，并努力加以完成。这种沟通往往带来指令性、法定性、权威性和强迫性，容易引起下级的重视，严肃对待。自上而下的沟通的主要目的是使员工了解企业战略目标和具体目标，改变员工的态度，以形成与企业目标一致的观点并加以协调，从而消除员工的疑虑和不稳定心理。

但是，这种沟通可能出现许多问题，如传递路线过长、太费时间、信息在传递过程中容易发生遗漏和曲解等。甚至有些人只注意顶头上司的指示，而对更高层次的要求不予理睬。上层的信息传到基层，因和基层情况不符而造成失真。这些问题通常可以通过以下三种方法来加以缓解：① 使企业组织结构设置合理化，尽量减少信息传递环节，从而缩短信息传递时间，减少信息扭曲的概率。② 改善信息传递技术，如面对面交谈总是要比通过电话交谈或小组讨论的效果好。③ 信息本身内容要明确、简洁，要使下属有紧迫感，这样才能使下属正确领悟信息内容，并给予高度重视，保持企业决策层信息的权威性。

（2）自下而上的沟通。这种沟通渠道指的是信息在企业内部从基层按照企业的上下隶属关系和等级序列，向企业决策层传递的沟通过程。它通常表现为下级对上级信息的反馈和基层情况的反映。这种沟通往往带有非命令性、民主性、主动性和积极性，是企业高层掌握基层动态和下级反映个人愿望的必要手段。

但是，向上沟通效率往往比较低下，主要原因有：① 企业规模越大，生产经营复杂性程度越高，向上沟通障碍也越多。② 不现实的假设。许多管理者将信息发送给下属后，主观认为下属已经收到并确切了解其所要表达的意图，而不愿去核实，而实际上在信息发送者和接收者之间往往存在相当大的差异。管理者向下传递信息所花费的时间和精力大大超过用于反馈意见的收集处理上。③ 筛选和曲解。在向上沟通的每一环节上，企业各部门都被赋予一定程度的筛选权力，当中层管理者认为一切良好，而将一些自认为无中生有的反馈筛除后，再传递给上一层管理者时，容易造成信息曲解。④ 害怕暴露坏消息。许多企业中的中层管理者往往有向上层拖延传递坏消息的倾向，他们总是希望在不得不向上传递之前，这些坏情况最好已经被解决或减轻。⑤ 下级员工往往因担心受到惩罚而隐藏或歪曲他们的真实感情，以致拖延重要信息的反应和提供潜在解决方法。⑥ 竞争。为了谋求更高的职位或是加薪，许多人不愿意向上层传递不利于自己的信息或者有利于竞争对手的信息。

针对以上影响有效沟通的因素，企业根据自身存在的问题和具体情况，采取座谈会、意见箱、接待日或设立专职机构和制定专门制度来加以实现，同时要克服对下级信息不加甄别、盲目采用的倾向，努力创造一个能够畅所欲言的沟通环境。

（3）横向沟通。这种沟通指的是发生在企业内部同级部门成员之间相互的信息沟通，以谋求相互之间的了解和工作上的协作配合。这种沟通是非命令性、协商性和双向性的。这种沟通方式在企业信息沟通中有特殊的作用，金字塔型的企业组织结构显示越是在底层的雇员，彼此之间的距离就越大，对信息的需求也就越强烈。

横向沟通过程中最大的障碍是由企业内部部门化造成的，另外，个人之间的冲突也会影响横向沟通。可以从以下几个方面入手促进横向沟通：① 绘制明确的企业组织结构图，明确上下级隶属关系，减少雇员不必要的臆测。② 员工个人工作岗位责权明确。使每个雇员准确地知道其应该做什么和如何做，明确彼此之间的权利和义务。③ 鼓励例行会议和沟通。在企业中要定期召开不同部门的碰头会，加强信息沟通。④ 加强冲突管理，帮助下属增强沟通技能，以满足员工的心理需求。

（4）斜向沟通。这种沟通指的是发生在企业内部的既不属于同一隶属序列，又不属于同一等级层次之间的信息沟通，这样做是为了加快信息的交流，谋求相互之间必要的通报、合作和支持。这种沟通往往更带有协商性和主动性。

2. 正式沟通网络

在信息沟通过程中，无论是信息的发送者直接将信息给予对方，还是经过某些中间人传达给接收者，都必须通过一定的沟通路径。企业间各种方向的沟通都可以形成各种各样的模式，这种模式称为沟通网络。沟通网络可以反映企业的组织结构，也可以表明企业中的权力系统。

正式沟通有五种典型的网络形式，如图10-7所示。

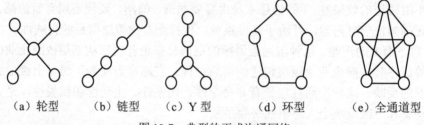

图10-7 典型的正式沟通网络

（1）轮型沟通，是指最初发信者直接将信息同步辐射式发送到最终受信者。轮式沟通过程中有一明显的主导者，凡信息的传送与回馈均需经过此主导者，且沟通成员也只有通过此主导者才能相互沟通，如图10-7（a）所示。

（2）链型沟通，是指若干沟通参与者，从最初的发信者到最终的受信者，环环衔接，形成信息沟通的链条，如图10-7（b）所示。其特点是机制比较简单、速度较快、有明确的领导人、适合等级结构、满意度低、失真度高。

（3）Y型沟通，是指链式沟通的途中变换为环式沟通，是链式沟通与环式沟通的结合，如图10-7（c）所示。其速度、满意度、失真度等也介于链式沟通与环式沟通之间，适用于主管人员的工作任务十分繁重，需要有人选择信息，提供决策依据，节省时间，而又要对组织实行有效的控制的情况。Y型沟通有四个层次。从上往下看，这种沟通表明第二层主管与一个上级和一个下级联系着，下面还有两个层次的联系。如果把图倒过来，第二层主管则变成了第三层主管，上面有两层上级，下面有一个下属。

（4）环型沟通，类似链式沟通，但信息链首尾相连形成封闭的信息沟通的环，如图10-7（d）所示。这种组织内部的信息沟通是指不同成员之间依次联络沟通。这种模式结构可能产生于一个多层次的组织系统之中。第一级主管人员与第二级主管人员建立纵向联系。第二级主管人员与底层建立联系，基层工作人员与基层主管人员之间建立横向的沟通联系。该种沟通模式能提高团队成员的士气，即大家都感到满意。

（5）全通道型沟通，是指所有沟通参与者之间穷尽所有沟通渠道的全方位沟通，如图10-7（e）所示。这是一种非等级式沟通，满意度高、失真度低，但规模受限、速度慢。

各种网络在速度、正确性、管理者产生的影响和对员工士气的影响方面对行为的影响比较如表 10-1 所示。

表 10-1　各种沟通网络的比较表

比较标准	轮型	链型	Y型	环型	全通道型
速度	快	一般	一般	慢	快
正确性	高	一般	高	低	一般
管理者产生的影响	显著	一般	一般	不产生	不产生
对员工士气的影响	低	一般	一般	高	高

由表 10-1 可知，没有一个网络在任何情况下都是最好的。对于不同的任务、不同的要求，应使用不同的沟通网络。

3. 非正式的沟通网络

非正式的沟通对信息传递的媒介和路线未经事先安排，但这种沟通还是有一定规律的，图 10-8 显示了其中四种基本的小道消息传播网络模式，分别称为单线型、饶舌型、偶然型和集束型。

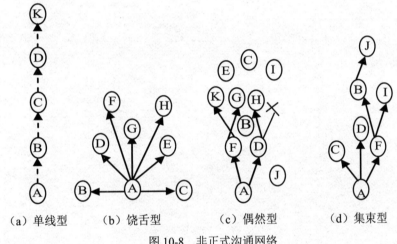

（a）单线型　　（b）饶舌型　　（c）偶然型　　（d）集束型

图 10-8　非正式沟通网络

单线型是通过一连串的人把消息传递到最终的接收者；饶舌型是一个人主动把消息传播给其他很多人；偶然型是按偶然机会传递消息；集束型则是将消息有选择地告诉自己的朋友或有关人员。研究表明，在企业中使用最多的是集束型。

非正式沟通的速度很快，但所传递的信息往往被严重扭曲，而且有时会破坏正式沟通的效力。但几乎在任何企业中都存在小道消息的传播，实际上，小道消息有时也能产生积极的作用。小道消息的积极作用主要表现在：可使管理者了解员工所关心的事情；可以满足企业员工的社会需求；有助于企业内意见的交流，可以弥补正式沟通不灵活的缺陷；可以使企业及时注意环境的变化，以便能及时应付。

为了提高企业沟通系统的效率，企业管理者应尽量消除小道消息所造成的不利影响，建立有效的正式沟通渠道，培养健康的氛围，尽可能快地将事实传递出去，教育员工摆脱小道消息的不利影响，等等。另外，企业管理者，特别是企业管理高层应学会利用和引导小道消息，使之成为正式沟通渠道的有益补充。

思 考 题

1. 如何理解企业管理者的含义?
2. 如何理解企业管理者影响力的分类?
3. 如何理解影响权力影响力的主要因素?
4. 如何理解构成非权力影响力的主要因素?
5. 如何理解企业管理者实行有效领导的理论分类及其主要观点?
6. 如何理解激励的含义?
7. 如何理解激励理论分类及其主要观点?
8. 如何理解沟通的含义及其类型?
9. 如何理解正式沟通渠道与非正式沟通网络的形式?

第十一章 企业创新

学习目标

你学完本章，应该：
1. 理解企业管理的过程；
2. 掌握企业创新的主要内容；
3. 理解企业目标创新的含义及其内容；
4. 理解企业制度创新的含义及其内容；
5. 理解企业组织创新的含义及其内容；
6. 掌握企业创新过程的含义及其内容。

企业是由众多要素构成的，其不断地与外部发生物质、信息与能量的交换。而外部环境是在不断地发生变化的，变化的外部环境必然对企业的活动内容、活动形式和活动要素产生不同程度的影响；同时，企业内部的各种要素也是在不断发生变化的，企业内部某个或某些要素的变化必然引起企业内部其他要素的连锁反应，也会对企业原有的目标、活动要素之间的相互关系产生影响。企业只有根据内外部环境条件变化的要求，适时进行局部或全局的调整，才能不被淘汰。这种为适应企业内外变化而进行的局部或全局的调整，就是企业创新。知识经济时代的显著特征就是创新。因此，全面提升企业的创新能力已经成为在知识经济时代企业生存发展的关键所在。本章先介绍企业创新及其作用、企业创新的基本内容，再讨论企业创新的过程。

第一节 企业创新及其作用

一、企业创新的内涵

（一）企业创新的概念

企业创新是指企业家对生产要素的新组合。也就是说，把一种从来没有过的生产要素和生产条件的新组合引入生产体系，从而引起生产方式的变革，形成一种新的生产能力。熊彼特认为，创新属于经济范畴，不属于技术范畴。

具体地说，企业创新包括以下五种情况。

（1）企业引进一种新的产品。即引进一种消费者还不熟悉的产品，或提供一种产品的新质量。

（2）企业采用一种新的生产方法。这种生产方法在有关的制造部门中未曾采用过。这种新的方法并不需要建立在新的科学发现基础之上，可以是商业上处理一种产品的新的方式。

（3）企业开辟一个新的市场。即该产品进入以前不曾进入的市场，不管这个市场以前是否存在过。

（4）企业获得一种原材料或半成品的新的供给来源。不管这种来源是已经存在的，还是第一次创造出来的。

（5）企业实行一种新的组织形式。例如造成一种垄断地位或打破一种垄断地位。

企业围绕以上五种情况展开的创新活动有一个共同的特征，即强烈的利润动机和潜在的盈利前景。企业创新实质上是把生产力的进步作为经济和社会发展的动力。熊彼特认为企业家是创新活动的倡导者和实行者，并指出静态中的经济主体是经济人，动态中的经济主体则是企业家（创新者）。即企业家敢于冒风险，富有进取精神，不因循守旧，能够不断地倡导和开展创新活动。

总体来说，企业创新立足于把技术和经济结合起来，是一个从新思想的产生到产品的设计、试制、生产、营销和市场化的一系列活动。

（二）创新与发明创造的区别与联系

创新不同于发明创造，创新是经济行为，发明创造是科技行为。创新与发明创造的主要区别有以下几方面。

（1）创新与发明创造的行为主体不同。创新是企业家对生产要素的新组合，只有企业家才是创新者；而发明创造的主体则是发明者，发明者可以是企业家，也可以是各个方面的专家或一般社会员工。

（2）创新与发明创造的着眼点不同。发明创造的着眼点在于创造出前所未有的新事物。创新的着眼点是发明创造的第一次商业化应用。只有第一次把发明引入生产体系并为商业化生产提供服务的行为才是创新行为，第二次、第三次只能算作模仿。

（3）创新与发明创造的目的不同。发明创造的目的在于创立一种解决某一领域问题的技术方案，它可以取得专利，但不一定能为社会发展带来效益；而创新是创造或执行一种新的方式，不仅要产生新的构想和观念，还要运用新的构想和观念使社会经济发展获得更大的效益。但是，发明创造与创新之间也存在内在的联系。发明创造是创新的源泉和前导，创新是发明创造的运用和实践。例如，技术发明是发现新的技术原理，而技术创新则是将新的技术原理运用于实际生产之中，使其发挥应有的作用，取得相应的经济和社会效益。

二、创新与维持的关系

维持是保证企业各项活动顺利进行的基本手段，也是企业中最常见的工作。维持要严格地按预定的规划来监督和修正企业的运行，尽力避免各部门之间的摩擦，减少因摩擦而产生的结构内耗，确保企业的有序运行。没有维持，计划就无法落实，企业的各项工作就有可能偏离计划的要求，企业的各个要素就有可能相互脱离，各自为政，各行其是，可能出现一种混乱的状况，使企业目标无法实现。所以，维持对于企业生命的延续是至关重要的。

创新与维持的关系具体如下。

（一）创新与维持表现为相互连接的关系

创新是维持基础上的发展，而维持则是创新的延续；维持是为了实现创新的成果，而创新则是为更高层次的维持提供依托和框架。企业的管理工作总是从创新到维持，再到创新和再到维持循环往复的过程。只有创新而没有维持，企业会呈现随时都会变化的无序的混乱状态；只有维持而没有创新，企业缺乏活力，适应不了任何外界的变化，最终会被环境淘汰。美国管理学者戴维·K.赫斯特运用案例研究的方法揭示了企业管理的维持和创新生态循环过程，这种过程如同森林的产生、成长、毁灭和再生的循环过程。阿伯纳西和厄特拜克在产品生命周期理论基础上进一步描述了创新类型的分布。在产品的幼年期，企业需要重大的产品创新；产品进入成长期，企业需要重大的工艺创新；产品进入成熟期，企业需要维持活动；产品进入衰退期，企业需要重大的产品创新。

（二）有效的管理是实现维持与创新的最优组合

维持与创新是相互连接、互为延续的关系。这意味着两者在空间和时间上的分离。在企业管理活动中，维持与创新相互融合。有效的管理根据企业的结构维度和关联度来确定维持与创新的组合。过度维持会导致企业的僵化和保守，抑制人的能力发展，忽视市场的竞争和技术的变化，导致企业反应能力下降，使企业失去发展的机遇；过度维持只注重企业的短期利益，忽视企业的长期发展战略。过度创新和对创新的采纳会消耗大量的物力、财力资源，并不一定能从创新收益中得到补偿；过度创新还会导致企业规章制度权威性的减弱、结构体系的紊乱、专业化程度的削弱；过度创新还有可能导致企业凝聚力下降，乃至企业的解体。

（三）维持与创新表现的差异

从企业使命的角度来说，创新是力图突破现状，率领企业抛弃一切不适宜的传统的做法；而维持则致力于维持秩序和守业。从企业计划的角度来说，创新是以确定企业未来的经营方向为目标，包括远景目标和实现远景目标的战略；而维持一般是编制短期、周密的计划方案和预算。从企业组织的角度来说，创新是组织联合所有相关者，形成企业内外相互密切配合的关系网络；而维持一般是设计体现合理的工作分工和协作、汇报关系的结构体系，并配备合适的人员执行结构设计所规定的角色任务。从企业领导的角度来说，创新通过与所有能提供合作和帮助的员工进行大量的沟通交流，并提供有力的激励和鼓舞，率领大众朝着某个共同的方向前进；而维持借助于指挥、命令，通过上级对下级的指导、监督，使各层次、各部门的人员能按部就班地开展工作。从企业控制的角度来说，创新表现为尽量减少计划执行中的偏差，确保主要绩效指标的实现；而维持应因环境变化的需要而适时、适度地调整计划目标。总体上讲，维持与创新在风格上表现出较大的差异性。

三、创新的特征

为了更有效地创新，须认识创新的特征。一般来说，创新具有以下特征。

（一）创造性

创造性是指创新活动与其他活动相比，具有突破性的提高，是一种创造性构思付诸实践的结果。

创造性首先表现在新产品、新工艺上，或是体现在产品、工艺的显著变化上；其次表现在企业组织结构、制度安排、管理方式等方面的创新上。创造性表现为把握规律、打破常规、探索新路子。

（二）风险性

创新过程涉及许多相关环节和影响因素，这导致创新结果存在一定程度的不确定性，即风险性。一个创新的背后往往有着数以百计的失败的设想。据统计，美国企业产品开发的成功率只有20%~30%，如果统计从设想到开发成功的比率那就更低了。

创新具有风险性。首先，因为创新的全过程需要大量的投入，这种投入能否顺利地实现价值补偿，受到技术、市场、制度、社会、政治等不确定因素的影响。其次，因为竞争过程的信息不对称，竞争者也在进行各种各样的创新，但其内容我们不清楚，因此我们花费大量的时间、金钱、人力等资源研究出来的成果，很可能对手已经抢先一步获得或早已超越这一阶段，从而使我们的成果失去意义。最后，创新计划本身作为一个决策，无法预见许多未来的环境变化情况，不可避免地带有风险。

（三）高收益性

创新具有高收益性，这是因为在经济活动中高收益与高风险并存，创新活动也是如此，因而尽管创新的成功率较低，但成功之后却可获得丰厚的利润。例如微软公司创办初期，仅有一种产品、3个员工和1.6万美元的年收入，但经过持续的创新活动获得了巨大的经济效益，从而成为风靡全球的大型高科技公司，董事长比尔·盖茨本人也成为世界首富。

正是因为创新在高风险的前提下具有高回报，许多国家都成立了风险投资公司，资助创新者前赴后继地进行各种各样的创新试验，以便在其中部分项目成功后获得高额的收益，从而得到持续的发展。

（四）综合性

企业创新涉及战略、市场调查、预测、决策、研究开发、设计、安装、调试、生产、管理、营销等一系列过程的企业活动。这一系列活动是一个完整的链条，其中任何一个环节出现失误都会影响整个企业的创新效果。同时，与经营过程息息相关的经营思想、管理体制、组织结构的状况也影响整个企业的创新效果。创新是许多人员共同努力的结果，它通常是远见与技术的结合，需要众多人员参与。这些人员通过相互协调和相互作用，产生协同效应，使创新达到预期的目的。

（五）时机性

时机是时间和机会的统一体，任何机会都是在一定的时间范围内存在的。如果我们正确地认识客观存在的时机并充分地利用了时机，就有可能获得较大的发展；反之，如果我们错过了时机，就会事倍功半，甚至会前功尽弃，出现危机。

创新之所以有时机性，是因为消费者的喜好处于不断的变化之中，同时社会的整体技术水平也在不断提高,创新在不同方向具有不同的时机,甚至在同一方向也随着阶段性的不同具有不同的时机,从而要求创新者在进行创新决策时,必须根据市场的发展趋势和社会的技术水平进行方向选择,并识别该方向的创新所处的阶段,选准切入点。

(六)适用性

只有能够真正促使企业发展和进步的创新,才是真正意义上的创新。从这个意义上讲,创新并非越奇越好,而应以适用为准则。对于一个企业来说,由于基础条件不同、历史背景不同、所处环境不同、经营战略不同,从而需要解决的问题和达到的目的不同。因而,不同的企业采取的创新方式应有所差异,满足本企业的适用需求的创新才有适用性。

第二节 企业创新的基本内容

企业创新的基本内容包括企业目标创新、企业制度创新和企业组织创新等,下面具体叙述。

一、企业目标创新

目标创新是企业创新的重要组成部分,企业在各个时期的经营目标都要根据市场环境和消费需求的特点及变化趋势适时地加以调整,每一次调整都是一种创新。目标创新是指企业创新活动所要达到的目的和结果,它反映并体现企业创新的水平和发展方向。它既可能是创新主体希望达到的最终结果,也可能是企业状态变革的一系列选择的结果。创新目标引导创新行动,创新行动的进展逐步逼近创新目标。

(一)企业目标创新的体系

创新目标要根据具体的内容(如制度创新、组织创新)而确定。它具有多层次与多方位的特性,是由多种目标组成的多目标体系,如图11-1所示。事实上,企业要实现其他方面的目标均离不开创新目标,创新目标是企业成功的关键。

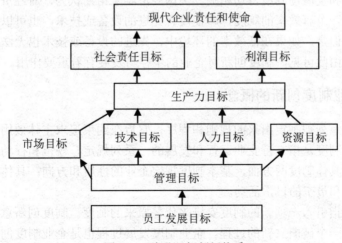

图11-1 企业目标创新体系

（二）企业目标创新的设定

1. 目标先进合理

创新目标的设定应与创新主体的能力相符、与企业管理发展的阶段性要求相符，只有这样才能使创新主体经过努力之后能够达到。过高的目标会使人产生挫折感，使人丧失创意、丧失信心，使创新变得不可能实现。过低的目标会失去创新的意义。所以创新目标的设定，既不能过高，也不能过低，应该保持先进合理的水平。

2. 目标体现自主性

创新目标最好由创新主体根据自己的创意和所处的环境自主设定。因为某一创新究竟要达到何种结果，只有创新主体了解，其他人很难把握。创新本身就是一种自主性的工作。因此，创新主体自主设定创新目标是合适的。

3. 目标具备协调性

由于创新有时涉及整个企业或企业的某些方面，因此，创新的最终成功不仅取决于创新主体的努力，还取决于企业有关方面以及员工的配合。所以设定创新目标时，应考虑协调配合方面的要求，应给予一定资源、资金的支持，以便在创新过程中能够减少阻力，获得成功。

4. 目标具有经济性

创新是一种有形投入和无形产出的创造性活动。有些创新活动给企业带来的巨大收益往往不能在账目上得到及时反映，而创新投入的成本却在账目上清晰地反映出来。这种特殊的投入产出关系常常会使有些人觉得创新得不偿失，从而抵触或反感创新。为此，在设定创新目标时要科学全面地进行投入产出分析，力求以尽量少的资源和资金投入获取尽可能多的产出收益。

二、企业制度创新

企业的生存和发展与制度密切相关。美国经济学家诺斯认为，对经济发展起决定作用的是制度因素。一个有效率的制度，即使没有先进的设备或技术，也可以刺激劳动者创造出更多的价值。但是，如果在低效率的环境中，先进的设备或技术也无法高效率地为经济增长做出贡献。由此可见，制度创新对企业的生存与发展有着重要作用。

（一）企业制度创新的概念

制度是指一系列被制定出来的规则和程序，它旨在约束追求主体效用最大化的团体和个人行为。企业制度是指支持企业运行和发展的一系列规定、规范和行动准则的总和。它包括基本制度和具体制度两方面，基本制度规定企业的性质和方向；具体制度规范企业的行为，指导企业和员工的日常活动。

制度创新是指引入一项新的制度安排来代替原来的制度。制度创新意味着对原有企业制度的否定，是一个破旧立新的过程。企业制度发展过程也是企业制度创新过程。企业制度的发展经历了两次重大的制度创新：一次是工厂制度取代手工作坊制度；另一次是现代企业制度取代业主制或合伙人制。现代企业制度是企业制度历史演变至今的结果，是一种高级形态。

（二）企业制度创新的内容

企业制度由产权制度、组织制度、领导制度和管理制度构成，它们之间相互联系、相互影响，从而构成了一个有机的整体。其中，产权制度是企业制度的核心，它不仅决定着企业的性质和方向，而且影响着企业其他制度的制定及运行方式；组织制度是企业制度的基础，它直接影响着企业的规模和生产的社会化程度；领导制度是企业制度的灵魂，它反映着企业的权力分配和相互制衡关系；管理制度是企业制度的保证，它将各种资源有效地整合起来，使企业制度得以正常运行。与企业制度相对应，企业制度创新主要包括产权制度创新、组织制度创新、领导制度创新和管理制度创新。企业制度创新的内容体系如图11-2所示。

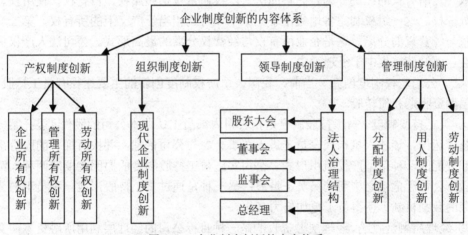

图11-2 企业制度创新的内容体系

（三）中国企业制度创新

中国企业制度创新的目标模式，是建立适应市场经济和现代化大生产要求的产权清晰、权责明确、政企分开、管理科学的现代企业制度。具体内容如下。

1. 明晰的企业产权制度

明晰的企业产权制度，是指按照市场经济和社会化大生产的要求，实现企业所有权与企业法人财产权的分离。企业所有权归属于出资者，出资者以其投入企业的资本额享有所有者的资产收益，参与选择主要管理者，实施重大决策，以及在企业破产或歇业时拥有最终所有权。出资人以其出资额为限对企业承担有限责任，并履行资本保全的义务。

我国企业产权改革主要经历了四个阶段：第一阶段是放权让利；第二阶段是利改税；第三阶段是承包制；第四阶段是现代企业制度创新。现代企业制度的核心是产权制度，而现代企业制度的主体是公司制，现代企业制度创新是通过建立产权关系明晰的公司制来实现的。

（1）公司产权制度的基本内容。

① 公司拥有法人财产。公司法人财产由公司的出资者依法向公司注入的资本金及其增

值和公司在经营期间负债所形成的财产构成。法人财产是公司产权制度的基础,它具有以下两个特点:一是公司法人财产从归属意义上讲,是出资者(股东)的。当公司解散时,公司法人财产要进行清算,在依法偿还公司债务后,所剩余的财产要按出资者的出资比例归还出资者。二是公司的法人财产和出资者的其他财产之间有明确的界限,公司以其法人财产承担民事责任;同时,一旦资金注入公司形成公司法人财产后,出资者不能再直接支配这部分财产,也不能从企业中抽回,只能依法转让。公司对其全部法人财产拥有独立支配的权利,即公司拥有法人财产权。

② 公司财产权能的分离。公司财产权能的分离是以公司法人为中介的所有权和经营权的两次分离:第一次是原始所有权与法人产权相分离。这是公司所有权本身的分离,公司出资者的所有权转化为原始所有权,出资者失去了对公司资产的实际占有权和支配权;公司法人拥有法人资产,对所经营的资产享有法人产权。这里,原始所有权是出资人对投入资本的终极所有权,主要表现为股权,股东会是原始所有权的载体;法人产权是一种派生所有权,是所有权的经济行为。完备的法人产权通常包括归属权、占有权、使用权、收益权和处分权。这一组权利完备地集中于一个主体时就相当于广义上的所有权。第二次是法人产权与经营权的分离。这是企业所有权与经营权分离的最高形式。公司法人产权集中于董事会,而经营权集中于经理手中。

(2) 公司产权制度创新。当前,我国公司产权制度创新的主要途径有员工持股制度、经理层融资收购和债转股。

① 员工持股制度。员工持股制度是指公司内部员工认购本公司的股份,委托某一法人机构托管运作,该法人机构代表员工进入董事会参与公司治理,并按所拥有的股份享受公司利润分配的一种新型产权组织形式。公司实施员工持股制度的原因主要有两种:第一种是拯救本公司于危难之中而动员工持股;另一种是通过员工持股形成一种员工与公司共存共荣的激励机制,使得员工更加努力工作。

② 经理层融资收购。经理层融资收购是一种目标公司的经理层利用所融资本购买目标公司的股份,从而改变公司所有者结构、相应的控制权格局以及公司资产结构的金融工具。经理层通过融资收购了自己所服务的公司的全部或部分股权,使管理层能以所有者和经营者合而为一的身份重组公司,从而产生一个代理成本更低的新公司。经理层融资收购可以有效降低公司内部的代理成本,可以协助公司实现自己的战略调整。根据收购标的公司的不同,可以有如下收购类型:收购上市公司、收购集团的子公司或分支机构、公营部门私有化。收购方式有收购资产、收购股票和收购综合证券。

③ 债转股。债转股即债权转股权的简称,是指债务人对应的债权人将其所享有的合法债权依法转变为对债务人的投资,增加债务人注册资本的行为,它包括债权的消灭和股权的产生两个方面。从债权人的角度来说,债转股是权利的转让,从对公司的债权转化为对公司的股权。而从债务公司来说,这是一种责任的转换,是从对债权人的责任转化为对股权人的责任。

2. 以公司制为主体的企业组织制度

公司制是在合伙制的基础上,为适应社会化大生产的要求而发展起来的企业制度形式,是现代企业制度的核心。从法律地位上看,公司制企业是法人企业,它以法人的名义行使独立的民事权利,承担民事责任;从财产关系上看,它由多个出资者组成,每个出资者享有的权利与承担的责任同其出资的多少相联系,出资者只以出资额为限承担责任;从规模上看,公司制企业由众多的出资者出资组成,容易建成适应现代化大生产要求的大型企业、巨型企业。公司制企业最大的优势是:公司独立于出资人之外成为法人实体,拥有全部法人财产权,公司由职业经理人管理。我国国有企业在改革过程中,采取了国家独资有限公司、国有法人持股的有限公司和国家参股、控股的股份有限公司等多种形式,这对转换经营机制、促进企业健康成长具有决定性的意义。

3. 规范的法人治理结构

规范的法人治理结构由股东大会、董事会、监事会、职业经理阶层构成。在公司的法人治理结构中,股东及股东大会与董事会之间、董事会与经理人员之间存在性质不同的关系。要完善公司的治理结构,就要明确划分股东、董事会、经理人员各自的权力、责任和利益,从而形成三者之间的制衡关系。另外,还要建立对经理人员的约束和激励机制,可通过市场、法律、股权等对经理人员进行约束,可通过薪金、奖金、在职消费、股票或股票期权对经理人员进行激励。

4. 科学的企业管理制度

管理制度是调整企业员工行为的基本准则,直接影响企业运行的效率和效益。在企业制度创新过程中,要按照现代企业制度的要求,建立起科学的企业管理制度,在管理人才、管理思想、管理方法、管理手段等方面实现现代化。例如,建立:能进能出、能上能下、自由流动的人事制度;劳动者拥有择业自主权的用工制度;以按劳分配为主体、多种形式并存的分配制度;能充分反映企业资产负债与经营情况,确保所有者权益的财务制度;等等。

三、企业组织创新

企业组织创新是指对企业组织的要素和运行过程的各个环节进行合理的协调和组织,对企业管理过程与管理方式进行革新,以增进企业对环境变化的适应性。

(一)企业组织创新的动因

企业组织创新是多种因素综合作用的结果,企业组织创新的基本原因可从内部和外部两方面来研究。

1. 企业组织创新的内部动因

(1)企业组织目标的转型和修正。如果企业既定目标已经实现或即将实现,需要寻求新的发展,确定新的目标;如果企业既定目标无法实现,需要及时地转型;或者企业目标在实施过程中与企业环境互不适应,出现偏差需要对原定目标进行修正。这些情况相应地要求企业进行组织调整和变革。

(2)企业组织结构形态的调整。企业组织结构形态的调整是指对组织结构中的权责体系、部门体系的调整。企业组织结构实际不合理或原有的结构不适应新的发展变化时,就需要对企业组织结构进行调整。企业组织结构的改变要求调整管理跨度和层次、划分和合并新的部门,协调各部门的工作。企业组织创新的重点是组织结构的创新,组织结构的创新是调整与完善现代企业管理的基本动因。

(3)企业职能的根本转变。随着社会环境的发展变化,企业管理职能和基本内容也发生了根本变化,直接推动了企业组织的创新。企业管理职能和基本内容发生的根本变化呈现出以下两种重要趋势。

① 企业职能由原来的混沌不清向高度分化转变,要求改变原有的权责体系,明确组织内部合理的管理层次与跨度,建立有效的沟通体系,等等。

② 管理服务职能的强化。在企业内部,在传统的控制职能向服务职能转化的过程中,管理的本质发生了根本性的变化,管理工作如何提供有效的服务与支持成为管理有序开展的保证。同时企业的经营管理价值观的变化要求企业必须兼顾社会的整体利益,不仅要维持股东、员工、顾客和广大公众之间的平衡,还要承担一系列的社会责任。这种企业职能的转变,要求企业必须做出相应的调整和变革。

(4)"知识员工"的崛起。随着知识经济时代的来临,"知识员工"正在各企业中崛起。"知识员工"对企业的依赖性降低,他们更注重职业而淡化职位;更看重资助而轻视管制。这不仅改变了员工与企业之间的关系,而且将从根本上动摇企业的基础。"知识员工"的内在需要逐渐向高层次发展,纯粹的物质刺激将日益不起作用,"知识员工"有更高的追求,如参与感、责任感、创造性的增加等,这要求企业相应地改变激励环境、改进工作设计、变革工作内容、改善工作环境、改变工作时间等,以满足企业员工不同层次的以及不断提高和升华的需要。

2. 企业组织创新的外部动因

(1)科学技术的迅猛发展。科学技术日新月异,迅猛发展,同时技术创新在全球传播的速度也越来越快,这些对企业组织的结构、管理层次和管理幅度以及企业运行的各个要素和环节都带来巨大的影响。如电子计算机的发展和使用,使企业的信息处理、决策等一系列管理过程与管理方式都发生了重大的变化,并推动了企业组织的创新。

(2)市场环境的变动。世界经济的一体化和技术的创新,必将引发传统市场经济的变革。这种变革目前明显表现在:市场日益广阔;生命周期缩短;网络经济已经成为市场经济的新特征,电子贸易将形成对传统市场经济的一次革命;竞争趋于激烈,竞争方式趋于多样,并将形成"你中有我,我中有你,既互相合作,又彼此竞争"的新格局。市场环境的变动,对企业提出了变革、创新的要求,以增进企业对市场环境的适应性。

(3)管理现代化。管理现代化的基础是信息化。信息化是建立在已有的技术基础和管理技术上的,各种自动化的建立,如计算机辅助设计、计算机辅助生产企业的设立(包括管理信息企业、制造资源规划企业、决策支持企业、办公自动化企业、专家企业等在内的计算机辅助企业),要求企业尽可能合理地构建起新的业务流程,并在此基础上结合自身的发展规划,完善企业组织结构、管理制度等。因此,管理现代化对企业生产经营活动模式及其相应的管理模式的影响推动了企业的创新。

(二)企业组织创新的特点

企业组织创新的根本特点是非层级制的总趋势,具体表现在柔性化、分立化、网络化和虚拟化等几个方面。

1. 柔性化

企业组织结构的柔性化，是指企业不设置固定的和正式的组织机构，而代之以一些临时的以人为导向的团队式组织。柔性化突破了传统层级制的等级分明、层级较多和官僚主义等缺陷，从而增强了企业对环境动态变化的适应能力。柔性化的组织是以组织结构的灵活性和可塑性为基础的，在企业内部，它能够不断地对其拥有的人力资源进行灵活的调配，组建各种跨业务单位的内部联系网络。在企业外部，则表现为企业同外部其他企业建立起的战略联盟，联盟之间通过优势互补创造新的竞争优势。

2. 分立化

分立化是在产权关系上对企业进行的创新，公司分立化是指从一个大公司里再分离出几个小的公司，总公司以一种市场平等关系来联结公司总部与所属各个分公司和子公司之间的关系，总部对所分离的各个分公司和子公司通过股权投资和股东管理等手段进行控制，从而把公司部门与下属单位之间的内部型的上下级关系变为类似于外部型的公司与公司之间的关系。

3. 网络化

现代网络技术对企业组织结构创新的直接影响是网络化。在企业内部，通过网络技术对企业进行重新构造，突破了传统的层级制组织结构的纵向一体化的特点，组建了由小型、自主和创新的经营单元构成的以横向一体化为特征的网络制组织形式。网络化对组织结构而言，最显著的变化是大量裁员、精简机构、组织基本的单元式各个独立的经营单位，并缩小了其经营范围。在企业外部，通过联合与兼并组成企业集团，各种企业集团和经济联合体以网络制的形式把若干命运休戚相关的企业紧密联结在一起。

4. 虚拟化

虚拟化是网络化的极端形式。虚拟化使企业的边界变得模糊，出现了所谓的"空壳组织"，即由于企业内部的高度网络化，使企业将尽可能多的实体转变成数字信息，减少实体空间，更多地依赖电子空间，使企业本身成为"空壳型组织"。虚拟化的另一种表现是在组织之间虚拟的联盟关系。与传统的联盟关系相比，它更多地表现出短暂性和临时性的特点，往往是由于一个特定的市场机会、一个特定的业务项目使得不同的企业之间建立起合作。

（三）企业组织创新的主要内容

企业组织创新的最终目标是改变企业中人的行为，提高企业的工作绩效。因此，企业组织创新的内容也必然围绕人的行为而展开。在实际企业组织创新过程中，改变人员行为的企业组织创新主要有两种方式：一种是以人为中心的企业组织创新。这种方式主要是在企业组织结构或组织流程不变的条件下，通过改变企业文化和人的态度来直接改变企业中人的行为，强调人员可经由训练和企业发展的方式来实现行为的改变。另一种是以企业组织结构或组织流程为中心的企业组织创新。这种方式主要强调企业中非人性因素的修正，如企业组织结构、政策和程序规则的修正等，希望通过企业组织本身的改变使企业中的人员自动地修正他们的行为。其企业组织创新的内容如图 11-3 所示。

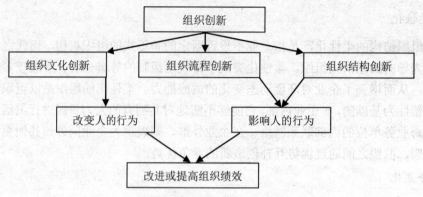

图 11-3　企业组织创新的内容

1. 以人为中心的组织创新

以人为中心的企业组织创新，是通过营造企业文化以改变人的态度及人际关系来达到改进企业绩效的目的。要改变人的态度，往往要经历勒温所描述的三个阶段，即解冻—改变—再冻结。勒温认为，成功的企业组织创新先要对现状予以解冻，然后变革到一种新的状态，并对新的变革予以冻结，使之保持长久。解冻的目的在于刺激个人或群体改变他们原来的态度，并消除那些支持这些态度或行为的因素，灌输给他们一些新的观念，将妨碍创新的因素减少至最少，以鼓励员工接受新的观念。解冻一旦完成，就可以推行本身的创新。但仅仅是推行创新还不行，还必须把这种新的状态加以冻结，这样才能使之保持相当长的时间。

以人为中心的企业组织创新的具体方法是企业组织发展方法。这种方法致力于改变企业员工的工作态度，充分调动他们的积极性，促使他们广泛交往，协调相互之间的关系，增强群体凝聚力，从而提高企业的效能。具体包括敏感性训练、调查反馈、过程咨询、团队建设、组织发展。

2. 以结构为中心的企业组织创新

企业组织结构主要包括智能结构、层次结构、部门结构和职权结构等。一个组织的结构是由其复杂性、正规化和集权化程度所决定的。管理者可以对企业组织结构中的一个或多个关键要素加以变革。例如，可将几个部门的职责组合在一起，或者精简某些纵向层次、拓宽管理幅度，以使企业组织扁平化和减少官僚机构特征。此外，为提高企业组织的正规化程度，可以制定更多的规章和制度。而通过提高分权化程度，则可以使决策制定的更迅速。

3. 以流程为中心的企业组织创新

自从 19 世纪工业革命以来，企业就一直把劳动分工理论作为组织设计的核心思想，把泰勒的科学管理作为组织设计的基本原理，并形成了占统治地位的科层组织形式。目前，大多数学者认为，金字塔式的科层组织必定会压制工人、疏远员工、浪费员工的潜能，造成管理者与员工的对立，形成恶性循环。美国管理学家哈默和钱皮提出的企业再造理论给企业组织创新提供了新的思路。企业流程再造提出了与以前从企业内部寻找提高效率的突破口的思路完全不同的思路：站在企业外面，先看看企业运作的流程哪些是关键，并使之尽量简洁有效，摒弃枝节（还包括可有可无的人）；过程如果不合理，就重新设计企业流程；

再看看企业是否以流程作为企业运作核心，如果不是，将企业再造成围绕流程运作的新型企业。企业流程再造是企业规模化以后，由组织过程重新出发，从根本上是靠每一个活动的价值贡献，然后运用现代的资讯科技手段，最大限度地实现技术上的功能集成和管理上的职能集成，以打破传统的职能型结构，建立全新的过程型组织结构，从而实现企业在经营成本、质量、服务和速度等方面的戏剧性改善。结果是把组织内部的非增值活动压缩到最少，使全体活动都面向顾客需求、市场需求的满足。"再造"就是"使流程最优"。

（四）企业组织创新的主要形式

为了提高组织对环境变化的适应程度以及灵敏程度，员工提出了丰富多彩的企业组织创新形式，其中最具代表性的组织创新形式是虚拟化组织、学习型组织和世界型组织。

虚拟组织结构，也称为网络型组织，是指以计算机和信息网络为基础和支撑，以分工合作关系为联系纽带，结合权威控制与市场等价交换原则的运作机制的一个动态企业联合体。

学习型组织是一种有机的、高度柔性的、扁平化的、符合人性的、能持续发展的、具有持续学习能力的组织。五项修炼（自我超越、改善心智模式、建立共同愿景、团体学习、系统思考）成为学习型组织的途径。

世界型组织以一些企业走出学习型组织并迈向新阶段为特征，不仅注重企业内部的创新发展，更加关注企业所在领域领导地位的确立。世界型组织主要有以下几个特征。

1. 具有以顾客为根本的定位

世界型组织最重要的特征是以市场为导向，以顾客为中心，不仅把顾客放在质量方案的中心位置，而且所有部门及员工必须组织起来服务于直接或间接的顾客。世界型组织高度扁平化。企业对自身的要求比顾客的要求更严格，并不断创造新的产品来服务顾客需求、引导市场消费。

2. 具有不断改进工作的精神

世界型组织的精神是不断改进，追求卓越。它着眼于全球，充分利用全球网络化的合作关系、联盟及信息，努力比竞争对手做得更快和更有效率。世界型组织不断改进的主要方面包括：使工作区域规范化，积极采用标准模式或最佳模式，业务流程再造，对员工授权，制订有关企业知识财产的长远发展规划，合理利用外部资源，形成以创新为核心的激励机制。

3. 具有灵活多变的组织形式

世界型组织对环境变化反应敏捷、果断且明智、行动及时，这与经常采用灵活多变的组织形式有关。世界型组织主要依靠外部资源和外部组织临时联盟的形式，具有及时把握时机、降低成本、结盟抗敌以及与其他企业共担风险等优势。这种联盟通常是暂时的、有期限的，当联合体对现实不再有价值时即宣告解散。世界型组织通过培养员工掌握多种技能以增强组织的灵活性。

4. 具有合理的人力资源管理方法

世界型组织的人力资源管理所具有的显著特征有协同解决问题，管理层的积极贯彻与参与，所有管理层及职能部门通过交流形成的一致目标，奖励与表彰措施的积极运用，等等。此外，还强调不断激励全体员工的积极性，从而打破全面质量管理型组织与学习型组织的局限性。

5. 具有平等的文化氛围

具有平等的文化氛围，是指对组织及其参与者公平，尊重组织内部的每位员工以及它所服务的顾客与社会。它有如下特征：共享远景或信息，公开交流，行为准则明确，尊重企业内各类团体的独立性，促成友好相处的机制，培养员工间的合作精神，鼓励员工参与、结成公共团体，形成个人、团体间的良好关系，促成利益一致的发展规则。

6. 具有强大的技术支持

大多数有创意、创新且有效的世界型组织都离不开计算机辅助设计和计算机辅助制造、电子信息网络、专家决策、统计数据库、交义组织信息、多媒体以及决策支持系统等先进技术的支持。在当今全球范围的市场竞争中，速度、信息、差异、灵活性是取得竞争优势的最本质因素，技术支持显得尤为重要。

第三节 企业创新的过程

企业创新是一个从创新愿望产生到创新方案实现，再到创新目标实现的复杂过程。在这个过程中，一般经过以下几个主要阶段。

一、寻找创新机会

企业创新是对企业原有秩序的破坏。企业原有秩序之所以要打破，是因为其内部存在着或出现了某种不协调的现象。这些不协调对企业的发展提供了有利的机会或造成了某种不利的威胁。企业创新活动正是从发现和利用旧秩序中这些不协调现象开始的。不协调为创新提供了契机。旧秩序中的不协调既可能存在于企业的内部，也可能产生于对企业有影响的外部。

1. 企业外部变化可能成为创新契机

就企业的外部来说，有可能成为创新契机的变化主要有以下几个方面。

（1）技术变化。技术变化可能影响企业资源的获取、生产设备和产品的技术水平。

（2）人口变化。人口变化可能影响劳动市场的供给和产品销售市场的需求。

（3）宏观经济环境的变化。迅速增长的经济背景可能给企业带来不断扩大的市场，而整个国民经济的萧条则可能降低企业产品需求者的购买能力。

（4）文化与价值观念的转变。文化与价值观念的转变可能改变消费者的消费偏好或劳动者对工作及其报酬的态度。

2. 企业内部不协调现象可能成为创新契机

就企业内部来说，引发创新的不协调现象主要有以下几种。

（1）生产经营中的瓶颈，可能影响了劳动生产率的提高或劳动积极性的发挥，因而始终困扰着企业的管理人员。这种卡壳环节，既可能是某种材料的质量不够理想，却始终找不到替代品,也可能是某种工艺加工方法的不完善,或是某种分配政策的不合理。

(2)企业意外的成功或失败,如派生产品的销售额及其利润贡献不声不响地、出人意料地超过了企业的主营产品,老产品经过精心整顿改进后,结构更加合理,性能更加完善,质量更加优异,但并未得到预期数量的订单。这些出乎意外的成功或失败,往往成为企业创新的一个重要源泉。企业创新往往是从分析企业在运行过程中出现的不协调现象开始的。

二、提出创新构想

企业内外部的不协调使创新主体产生了朦胧的创新意识、欲念和想法,这种创新意识、欲念和想法经过创新主体的梳理会逐渐形成比较清晰的创新愿望。

(一)创新愿望的形成阶段

一般来说,创新愿望的产生主要有两种方式:主动型和环境诱发型。主动型创新愿望是由于企业自身的效益或发展问题而产生的内在创新冲动;环境诱发型创新愿望是在企业不创新即死亡的外在压力下产生的,它源于企业的外部环境的变化,如竞争加剧、市场需求变化等给企业带来的生存威胁。在这一阶段需要注意的是,企业必须致力于营造一种宽松和谐的创新环境和氛围,建立高效的信息沟通网络,确保创新愿望能够得到及时有效的沟通。只有这样才能使员工的创新愿望得以传递和表达,才能激发各类创新主体的灵感,促进创新愿望的不断涌现。

(二)创新的定位阶段

创新定位是指对企业创新领域、创新目标及创新方向进行确定的过程。创新涵盖了企业生产经营活动的全过程,每个环节、每个部门都会产生大量的创新愿望,每个创新愿望都有各自的关注点,并反映着不同的创新目标和方向。对这些创新愿望如果不加以归集、整理,就难以厘清创新的基本思路,把握创新的重点和方向,创新就会出现杂乱无章的现象。因此,企业必须在产生大量创新愿望的基础上,组建一个具有足够权威、有各层次创新主体参与的创新小组,负责对各种创新愿望进行归集和整理,并通过深入细致地对企业内部条件和外部环境进行分析,认清企业现存的差距和薄弱环节,确定企业创新的领域、重点和创新的方向和目标。

(三)创新方案评价阶段

对提出的各种创新构想,在创新条件、创新原则和创新目标的约束下,运用科学的理论与方法对其进行比较、筛选、综合及可行性分析,以形成具体而又切实可行的、能使企业向更高层次发展的创新方案。在这一阶段,应特别注意创新方案的可行性论证和创新进程结果的可检验性。

三、创新实施阶段

创新实施阶段是将创新构想付诸于实施,并将创新方案转化为创新成果的关键阶段,也是创新过程的重要组成部分。根据实施的先后顺序及内容不同,创新实施阶段又分为以下三个环节。

（一）实施准备

创新方案的实施需要相应的条件和各方面的配合。因此，在创新方案具体付诸行动前，要大力做好宣传工作和沟通工作，使企业员工深刻认识到创新的必要性、迫切性、可能性，以取得创新主体与客体的认同，克服和消除妨碍创新的心理障碍，并争取激发员工的积极性与创造性，为下一步的实施做好思想和行动上的准备。

（二）初步实施

通过授权部门、各员工实施创新方案，制订短期内即可见效的绩效目标，以增强员工对创新的认同和信心。由于这一阶段所带来的变化可能会超出员工的预料，所以，在这一过程中应遵循三个原则：一是坚定性原则，即无论遇到什么阻力和困难，都要有坚定的信心，坚持创新并持续创新；二是稳定性原则，创新是一项复杂的企业工程，具有很高的风险性，因此，为了保证创新的进程和方向，创新必须在控制下有步骤地进行，保持企业相对稳定，防止企业出现大幅度的动荡；三是应变性原则，即对创新中出现的新的变化或新的环境，要及时反馈并对方案进行必要的修正和调整，以期更好、更快地实现创新目标。

（三）固定和深化

短期创新成果的示范作用虽然能够增强员工对创新的认同和信心，形成新的态度和新的行为，但由于旧习惯势力的根深蒂固，以及企业内外环境的变化，还必须利用必要的强化手段，将员工对变革的新行为与新态度固定下来，并持久化，从而保证创新的持续发展。

四、创新评价与总结阶段

在经过一段时期的强化、固定以后，创新的领域开始呈现新的范式，并日益稳定，创新效果也日益明显。因此，有必要对创新的效益性进行评价，并科学总结这一创新成果。评价与总结，一方面可在创新成果得到社会承认时对企业经营管理者和广大职工产生激励作用，并促进企业再次比较自身与外界的差距，形成新的创新热情和冲动，以进行更深层次的创新；另一方面也是为了使创新成果能够向更大范围扩散，影响并带动其他企业积极进行创新，以发挥企业创新成果的社会效用。

思 考 题

1. 如何理解企业管理的过程？
2. 如何理解企业创新的主要内容？
3. 如何理解企业目标创新的含义及其内容？
4. 如何理解企业制度创新的含义及其内容？
5. 如何理解企业组织创新的含义及其内容？
6. 如何理解企业创新过程的含义及其内容？

〖综合案例二〗 联想集团创新转型案例分析

导读：联想集团创造先进的战略发展理念、信息化手段、面向客户的管理流程，给业界很多启示。
案例：

一、联想集团的组织管理结构变革

联想集团是一家在信息产业内多元化发展的高科技企业，已从创业时的十几名员工发展到目前拥有员工 10 600 余人，2000 年销售收入 284 亿元人民币。1999 年、2000 年连续两年联想集团荣获中国电子百强企业第一名、全球"信息科技 100 强"第八名，联想电脑跻身全球十强，蝉联亚太地区第一，并且每年都成功地推出自己的标志性产品，取得了良好的经济效益。

1999 年，联想集团宣布，实施从业务范围、公司结构建设等方向全面面向互联网的战略转型。

1. 联想为什么要创新转型

1998 年以来，以互联网技术为主导的信息产业革命开始出现。尽管联想立足于本土，拥有稳固的市场份额，在短期内业务与利润受到冲击的可能性不会很大，但继续下去将会影响互联网的持续发展，联想高层果断决策实施战略转型。在开始阶段，联想率先从自身的管理做起，在企业内部发展 ERP（企业资源计划）与电子商务系统，熟悉互联网操作，同时利用原有的技术优势提供系统集成服务。联想的 ERP 系统不是简单的企业管理信息系统，而是融合了信息业最佳实践经验、业务流程及规范的集成化企业管理体系，强调企业整体运作最优，并通过信息技术手段予以精确地实现。作为管理思想，ERP 是一种新型的企业管理理念、模式方法；作为管理工具，ERP 是一套先进的计算机管理系统。进入 2000 年，实现由原来的硬件生产商变成互联网服务供应商的战略转变，公司进行重大拆分，成立联想电脑与神州数码两大公司。联想在战略的实施中，充分利用自己的优势为这一集成战略的发展建立一系列的执行支持系统。

在市场竞争极度激烈的今天，联想凭借其敏锐的嗅觉对新技术做了充分的利用，对自己的发展方向也及时做了调整，在企业战略经营和管理方面具有前瞻性和长远性，对经营战略做了重大调整，用战略管理的思想来应对瞬息万变的市场。

2. 制度创新

联想实行专业化分工的事业部体制，按资源最优化原则规划组织架构。其核心是企划及其所辖的市场链、产品链、供应链管理部门，各业务群在很大程度上共享了公司管理、生产、研究开发、服务、区域平台和市场资源。联想集团认为在电子商务时代，仅凭传统的管理思想是不够的，信息化建设带来的不仅是一种手段，它甚至会触发企业组织结构、工作流程的重组及管理思想的变革。企业通过一定程度的合作和资源共享来寻求竞争优势已成为一种趋势。

3. 管理创新

支持联想成功转型的基础是全面改造原有的组织系统、市场系统、财务系统和文化系统。联想的组织支持系统改制完成后，在2000年6月进行了较大的组织变革。公司的业务被分为两大部分，联想电脑公司负责信息产品和网络接入端产品，神州数码有限公司负责以电子商务为中心的网络产品，以及为客户提供全面的系统集成服务。同时联想电脑与网站业务捆绑，实现网站业务的扭亏为盈。市场支持系统则提供完整的产品线，构造完整的集成服务。财务支持系统在资本市场上通过融资战略，首先利用投资者的注意力，通过互联网概念激活市场，实现股价飙升，利用股标的溢价扩大资本，然后公司再利用扩大的资本，通过兼并，扩展市场业务，把新增的股标价值做实，以公司的集成化新业务为新的估价支点，再次扩大融资额，实现公司的良性循环，完成依赖传统模式在短期内无法完成的公司拓展任务。

4. 技术创新

联想集团在发展中以技术竞争为本，不断加大对研发技术的投入和研发体系的建立，成立了以联想研究院为龙头的二级研发体系，初步形成了具有自主知识产权的核心技术体系。联想集团内部设置两级研发体系：公司级研究院开发平台和各事业部研发中心。公司级研究院开发平台由联想研究院、软件中心、板卡中心和工业设计中心组成。它充分利用国内、国际资源，以国际化的视野不断为联想集团提供具有市场价值的高科技产品和核心技术，提供技术和人才储备。各事业部研发中心隶属于各事业部，直接承担相关具体产品的专项技术开发工作。

二、联想集团的信息化建设

信息化建设能为管理变革提供有效的平台和工具。信息化的实施，根本不在技术障碍，最重要的是管理者的思想和观念的适应与转变。

联想的企业信息化建设包括两个部分：一是企业内部实现信息化及其电子平台搭建。联想自身构建了基础网络设施，全面实现了办公自动化，建设了企业核心业务管理和应用系统。二是利用互联网和企业的前端供应商、后端客户搭建其电子商务平台。联想IT服务业务利用自身在企业信息化建设方面的经验优势，协助企业通过搭建自身的网络运行环境，并构筑在其之上的应用，最终建立起可以实现行政管理、财务管理、产品营销、物资管理、库存与生产管理、企业决策支持等资源共享的企业资源计划系统，为行业大企业内部实现信息化、提高业务管理和运作效率、增强核心竞争力提供服务。

联想对客户的应用需求有着深刻的理解。联想的科学管理思想和相应的信息化手段为联想集团的战略转变提供了坚实的基础。然而在人工管理系统下，基础数据总是处于分散、孤立、滞后的状态，数据部门"私有化"现象较为严重，企业很难在同一数据环境下运营；

另外，由于数据处理完全靠手工作业，处理环节多，使数据的准确性、完整性、及时性受到很大影响，会直接影响企业的决策速度和决策质量。在联想所有的财务、行政、物流日常管理中，基本业务流程都实现了信息化、规范化，保证了部门内部信息沟通的顺畅。有了同一数据环境及完整业务事务处理的过程管理和过程处理的记录管理，不仅保证了业务处理在各部门间协同工作的高效，同时保证了决策过程的透明和科学性。

实现信息化管理后，内部控制思想和标准通过对软件系统设置使之固化，起到了规范业务处理、堵住管理漏洞、提高工作效率的作用。同时，员工如果不能理解和掌握在管理形式之下的内涵，再好的管理制度也只会流于形式，实行信息化管理，能够使管理人员从本质上掌握科学管理的方法，约束不符合企业发展的行为。

三、联想集团的人力资源管理

联想集团建立起一切以创造价值为核心的人力资源管理理念。人在工作中创造价值构成了企业人力资源管理的核心内容，人是最根本的核心竞争力。因此人力资源管理紧紧围绕全力创造价值、科学评价价值、合理分配价值，构建起闭合循环的价值链。它有明确的对企业价值创造过程中的价值贡献度，不同部门与职位对企业的价值贡献度是不同的，并对此做出了明确的界定；建立了一套适应自身特点的职位描述和职位评价体系，以制度的方式确定不同职位的职责和价值贡献度；同时，为充分发挥和挖掘员工的能力与潜力，使员工持续地提高工作效率，坚持以人为本的原则，吸引人、留住人、培养人、用好人，为员工创造发展空间，提升员工价值，建立了一套规范的绩效考核体系，它包括绩效计划的制订、组织氛围的改善、员工素质的提高、任职资格体系的形成、管理风格的改善，以及沟通和培训教育体系的建设。通过实施绩效评价，一方面是对员工前一段工作及其贡献的承认，另一方面为价值分配提供客观依据，使员工的绩效与回报建立有机的联系。

四、思考和借鉴

（1）机制创新成为竞争的焦点。近些年来，航天系统不断进行的各项改革工作取得了一定的实效，但总体来看不是很理想，主要根源也许是我们试图在不改变原来基本管理模式的同时，却要解决原有管理模式的内在问题，没有从解放生产力、释放生产要素能量、强化战略决策和管理能力的高度，对传统的管理体制做更深层次的变革。联想集团的结构变革对我们的管理实践是极有价值的。

（2）联想集团以业务流程导向取代部门管理职权导向，所有的管理部门和生产营销部门都要服从企业生产经营发展流程的需要，并按照这一原则确定自己的工作任务和要求。

（3）采取信息化和业绩评价办法，使整个企业的运行处于受控状态。

（4）部门之间是一种默契的互动关系。管理部门一方面要高度关注经济发展的进程，主动做好服务性工作；另一方面要高度发挥自己的创造性，从战略高度发挥部门的作用，否则就会被调整、淘汰。

（5）改革深层次问题的设想具有多面性和复杂性，联想集团通过实施体制调整创建新的企业文化。他们认为企业文化在未来很可能成为决定企业兴衰的关键因素，主要原因是企业文化对企业采取必要的新型策略或经营战术的行为具有导向功能、约束功能、凝聚力功能、激励功能和辐射功能。

（6）建立起适应现有状况和未来发展需求的经营理念、管理机制和运作模式。不改变、不完善现有惯性体制，企业不仅生存受阻，连正常运作都很难进行。

结合长峰机电技术研究设计院建设规划编制，认真从各个方面分解、落实好"十四五"规划纲要目标；建立一套覆盖研究院各方面的、可考核的"十四五"目标体系，并努力实现。

资料来源：刘伟. 联想集团实施战略转型案例分析的启示[J]. 航天工业管理，2012（1）：36-39.

企业专业管理篇

本篇主要介绍在高级管理人员的领导下,企业主要专业管理部门应该如何搞好专业管理工作,包括销售管理、生产管理、财务管理、人力资源管理、技术开发管理等内容,这些部门管理工作专业性较强,须充分发挥人才的专长,确保高级管理人员的意图变为专业部门的实际行动。

第十二章　企业销售管理

学习目标

你学完本章，应该：
1. 掌握市场调查的含义、内容及其方法；
2. 掌握市场分析的内容；
3. 掌握市场预测的含义、分类、步骤及其方法；
4. 掌握营销策略方案；
5. 掌握售后服务的内容。

市场营销部门应做好市场调查、市场分析、市场预测、营销策略以及售后服务工作。为此，本章将企业销售管理的内容分为以下四节加以介绍，具体内容如下。

第一节　市场调查与分析

一、市场调查

1. 市场调查的概念

市场调查是指运用科学的方法，有目的、有计划、有系统地搜集、整理和分析有关市场营销方面的各种信息资料，从而掌握市场的现状和发展规律，为企业的市场预测和决策提供可靠依据的活动。

目前，欧美各国都十分重视市场调查。有关统计资料表明，美国85%的企业设有市场调查机构，社会上还成立了许多专门从事市场调查的企业提供市场情报资料。

随着我国市场经济体制的建立，市场调查作为认识市场、了解市场、研究市场的手段，必将得到广泛的应用。

2. 市场调查的内容

（1）市场环境调查。① 政治因素，指国家各项政策、法规和政局情况等因素。对于这些因素，企业在进行市场调查时必须认真分析和了解。② 经济环境因素，主要指产业结构、市场容量、消费者收入水平、当地消费水平、消费结构和交通能源等因素。③ 社会文化因素，主要指社会阶层、民族、宗教、家庭组成、机关群体、消费者受教育程度及其价值观念等因素。不同民族地域的消费者的消费习惯、爱好有所不同，如我国回民禁吃猪肉、南方人爱吃大米等。④ 科学技术因素，主要指在国内外科学技术发展基础上产生的新工艺、新材料、新产品的状况，每一种新技术、新材料、新产品的出现都意味着对老产品的挑战，使老产品更新换代的速度加快，这意味着对企业的生存与发展有着重要影响。因此，任何企业都必须关注科技发展的新动向、新情况。

（2）市场供需调查。① 市场需求总量及其构成调查。从宏观管理角度看，市场需求总量及其构成是指社会对所有不同商品的需求总量及构成。从企业角度看，它是指社会对本企业生产的同类产品的需求总量及其型号、款式、功能等方面不同需求的构成。市场需求总量决定了本企业生产的总产量，因此，必须调查和掌握消费者现实购买力和潜在购买力的情况及变化特点。② 市场供应量及其构成调查。从宏观管理角度看，市场供应量及其构成是指社会生产、储备、正待销售的各类商品数量及其构成。从企业角度看，它是指某一类商品的生产数量及其构成。因此，必须调查和掌握某一类商品的生产数量、品种、规格、包装、交货期、技术服务、质量、成本、定价、新产品开发、进出口总量等情况。

（3）消费者调查。① 现有或潜在的消费者数量及地区分布情况；② 消费者个人收入水平和家庭平均收入水平、购买力大小、购买商品数量；③ 不同消费者群体的需求差异；④ 不同消费者的购买动机、购买习惯；⑤ 消费者对本企业产品的信赖程度；⑥ 消费者对商品购买后的评价；⑦ 消费者对产品价格的反应；⑧ 消费者对企业服务工作的意见和要求。

（4）企业商品销售情况调查。① 销售渠道是否畅通；② 网点配置是否合理；③ 销售价格策略是否恰当；④ 销售措施是否奏效。

3. 市场调查的方法

能否恰当地运用市场调查方法，关系是否能够及时取得真实、完整的资料和数据，从而保证市场调查工作的质量。常用的市场调查方法有询问法、观察法和实验法。

（1）询问法。询问法是市场调查中最常见、最基本的一种信息收集方法，是由调查人员当面或通过电话、书面方式向被调查者了解情况、搜集资料的调查方法。根据调查者与被调查者接触方式的不同，可以分为直接面谈法、电话询问法、留置问卷调查法和邮寄法。

① 直接面谈法。直接面谈法是调查者与被调查者之间面对面交谈、访问、搜集所需资料的一种方法，这是市场调查中最常用的一种方法。根据谈话方式的不同，直接面谈法有个别面谈法、集体座谈法之分。个别面谈法是通过个别口头询问，取得关于个人或家庭特征方面的资料。其优点是可以提出许多在人多的场合不宜讨论的问题，还可以使被调查者充分发表自己的见解，顾忌较小，不受他人意见左右。其缺点是获取总体的信息资料需要抽取足够多的被调查者，以提高信息的准确性、代表性，这样无疑加大了调查费用，费时费力。集体座谈法是通过座谈会等形式，邀请有关人士在一起座谈。其优点是可以提高调查效率，而被调查者可以在参考别人意见的条件下充分表示自己的见解。其缺点是容易受他人的影响和左右，有时反而不能表达自己真实准确的意见和见解。

② 电话询问法。电话询问法是通过电话向被调查者询问有关调查内容和征求意见的方法。其优点是获取信息资料的速度快、时间短、回答率较高、调查费用较面谈法低。其缺点是被调查者仅限于能通电话者，询问时间不能太长，不能问太复杂的问题，不能做深入交谈。

③ 留置问卷调查法。留置问卷调查法指调查者将调查表当面交给被调查者，经说明和

解释后留给调查对象自行填写回答,然后再由调查者按约定的时间上门收回的一种收集资料的方法。其优点是被调查者能充分按照自己的见解填卷回答,干扰性小,回答率高。其缺点是受调查范围的限制,调查费用高。

④ 邮寄法。邮寄法指将事先设计好的调查表通过邮局寄送给被调查对象,然后邀请他们按时填好寄回的方法。其优点是调查区域不受限制,可以进行大范围的调查,调查费用低。其缺点是回收率较低,容易出现差错,所需时间较长。

(2)观察法。观察法是观察者根据研究目的,有目的、有计划地运用自己的感觉器官或借助科学观察工具(如照相机、录像机等)直接搜集当时正在发生的、处在自然状态下的市场现象有关资料的方法。与询问法不同的是,它不向被调查者提问题要求回答,而是让被调查者在不知不觉中处在自然状态下,调查者用耳闻目睹等亲身感受去观察和体会有关信息。其优点是较真实准确,不受干扰。其缺点是只能观察表面现象,而不能探知现象之后的原因和态度动机,调查人员须亲临现场,费用高,对调查人员的素质要求高。

(3)实验法。实验法是在给定条件下,通过实验进行对比,对市场营销中某些变量之间的因果关系及其发展变化过程加以观察分析的一种市场调查方法。

在市场调查中,实验法通常在商品质量、包装、设计、价格、广告宣传、陈列等发生改变时使用,借以了解这些因素的变化对销售的影响,从而决定是否进行该项决策。其优点是调查可运用实验取得的资料,实验结果具有一定的客观性和实用性,调查表可有控制地分析某些市场容量之间的相互影响。其缺点是市场变化的非科学性影响实验的效果,进行市场实验需要的时间长、费用高。

二、市场分析

1. 市场结构及其特征

市场结构及其特征如表 12-1 所示。

表 12-1　市场结构及其特征

因　素	完全竞争	垄断竞争	寡头竞争	垄　断
厂商个数	大量	大量	少数	唯一
商品同质性	同质	有差别	同质或差别	无关
进入条件	自由	自由	困难	封锁
信息的完全性	完全信息	无完全信息	不完全信息	不完全信息

2. 市场分析

根据市场调查和本企业的市场结构及特征,具体分析如下所述。

(1)市场面分布分析。运用市场细分法可以获知企业产品的市场面分布现状。通过比较近几期的资料,可以找出市场各类用户的发展变动趋势,并通过分析明确现有分布是否合理、市场变动是偶然的例外还是方向性的变化、有没有潜在市场等问题。

(2)市场产品竞争分析。主要分析市场上本企业产品的市场占有率、在同类产品竞争中所处的位置及原因。

(3)价格变动对需求影响程度分析。产品需求与价格水平有关,但是其敏感程度不同。为了正确制定价格政策,通常用试销或临时调整价格法进行侦察、试探,来了解它们之间的影响关系。

（4）开辟新市场分析。当企业准备把产品投入新市场时，需要对该市场情况进行详细分析。要分析市场可能的用户及市场容量、竞争对手占领该市场所用策略及产品销售情况、本企业产品与竞争对手产品之间的比较、可以选择的销售渠道及进入该市场的各种障碍。

第二节　市　场　预　测

一、市场预测的概念

所谓市场预测，是指在市场调查与分析的基础上，运用科学的预测手段和方法对影响市场营销活动的诸因素的过去、现在及未来发展变化的规律进行深入的研究，对营销活动未来的发展状态做出估计、测算与判断。

市场预测作为一项专门的理论技术，是在19世纪末20世纪初发展起来的。当时，一方面是商品经济的高度发展，另一方面是经济学、统计学和数学等理论的发展，特别是第二次世界大战以后，由于科学技术和电子计算机技术的迅速发展，使市场预测、资料收集、整理和分析工作大大地加快了发展，从而使市场预测得以蓬勃发展。

市场预测内容包括商品需求量、销量与产量、商品价格、市场占有率等。西方国家特别注重市场预测工作。

二、市场预测的类型

1. 按市场预测的时间长短划分

按市场预测的时间长短划分，市场预测可分为长期预测、中期预测和短期预测。长期预测一般指5年以上的预测。如预测到2010年，微型汽车将进入我国普通家庭的数量。中期预测一般是指2~5年的预测，如预测到2005年，摄像机包括摄录一体化机将进入普通家庭的数量。短期预测指的是一年以内的预测，如某商场对下季度销售量的预测。

2. 按市场预测的空间范围划分

按市场预测的空间范围划分，市场预测可分为国内市场预测和国外市场预测。国内市场预测可分为城市市场预测和农村市场预测。国外市场预测可分为欧洲市场预测和北美洲市场预测等。

3. 按市场预测的主体划分

按市场预测的主体划分，市场预测可分为宏观市场预测和微观市场预测。宏观市场预测是从国家、社会或区域整体市场出发，对市场总体发展方向做出的综合性市场预测，如社会商品零售总额预测、社会商品购买力预测等。微观市场预测是从企业的角度，对其生产和经营的商品需求量及其他方面需求的预测。

4. 按市场预测的性质划分

按市场预测的性质划分，市场预测可分为定性预测和定量预测。定性预测是指预测中使用的方法是定性的（以逻辑判断为主），定性预测的结论可以对预测对象的变动方向和性质做出判断，也可以进行一定的量化。定量预测是指预测中使用的方法是量化的，使用比较复杂的数学模型，如 $Q=Q(p)$，进行商品销量与价格变动相关性的预测，预测结果一般是量化的。

三、市场预测的步骤

为了保证预测工作的顺利进行和提高预测的准确性，必须有计划、有步骤地进行预测，具体步骤如下所述。

1. 确定预测目标

预测未来是为了调整当前的行动。因此，首先要根据预测的对象、内容和要求确定预测的目标和范围。只有目标明确以后，才能选择合理有效的预测方法进行预测。确定预测目标的同时，还必须确定预测期限和预测的数量单位，对预测目标给予文字说明。

2. 收集和分析数据资料

预测需要大量的信息，为此，需要通过市场调查掌握第一手的预测资料，通过各种渠道，从有关情况部门获得第二手资料。预测是否准确与收集和提供的资料可靠性有直接关系。

3. 选择预测方法和建立预测模型

选择适当的预测方法并建立预测模型，是预测准确性的关键。对定性或定量方法的选择，应根据掌握资料的情况而定，资料不够完备，准确度较低时，采用定性预测方法；反之，则采用定量预测方法。在进行定量预测时，要建立数学模型。

4. 进行预测

进行定性预测要对经济现象未来发展的性质、方向、程序做出判断。进行定量预测时，要确定一个自变量数值，估算出相对应的一个因变量数值。

5. 计算分析预测误差，评价预测成果

由于经济现象的变化受多种因素的影响，人们难以预见其突发性的变化，给预测带来误差是必然的。若误差过大，则将失去预测的指导作用。因此，必须计算预测误差，分析误差产生原因，把误差控制在一定范围内。同时要与定性预测相结合，调整预测值。

评定预测成果主要是结合实际情况进行理论分析，评价预测是否切实可行。要将各种假设检验与经济理论分析相结合，并与模型预测成果相比较，以判断预测结果的可信度、是否接近实际情况。

6. 改进预测方法，修正数学模型，提高预测质量

市场预测是一个永恒的过程，随着时间的推移，要经常将已经出现的观察值与预测值相比较，以验证预测的准确程度。当预测误差较大，原先采用的预测方法和数学模型不能如实反映实况时，就要更改预测方法和数学模型。

四、市场预测的方法

市场预测的方法很多，但各种方法都有其各自的特点和适用条件。为了便于在各种预测中选择对预测目标最为合适的方法，下面分定性预测和定量预测两类分别介绍常用的几种预测方法。

1. 定性预测法

常用的定性预测法有以下四种。

（1）经理人员意见评判法。由企业高层管理人员召集主管营销、计划、财务并熟悉市场营销的人员广泛交换意见，并据此对市场营销前景做出预测。这种方法的优点是能集中各方面人员的经验和智慧，预测的速度快。预测时要尽量提供企业内外环境的信息资料，共同分析，对意见进行综合平衡以得出预测结论。这种方法的缺点是过于依赖高级主管人员的主观判断，因而难免片面。此外，这种方法易受当时的乐观或悲观心理的影响，使预测精确度降低。但由于本法简便、迅速，因此在实际中仍是一种经常被采用的方法。

（2）营销人员意见汇集法。征求全体营销人员的意见，要求各位营销人员对其所负责地区的销售前景做出估计，然后由地区销售经理汇总，再由企业最后汇总并确定预测值。这种方法的预测值往往较接近实际，这是因为众多的营销人员直接接触市场和用户，熟悉所负责地区的销售变化情况，了解顾客的要求和竞争对手的动向。由于营销人员受局部情况的限制，并且有完成销售目标任务的压力，再加上还会受乐观或悲观心理的影响，因而难免采取稳健态度，从而造成预测值偏低，这种方法一般在季度、月度等近、短期预测中参考价值较大。

（3）德尔菲法。又称专家意见法，是20世纪40年代由美国兰德公司在总结专家会议的基础上提出，并很快在世界上盛行起来的一种调查预测法。具体做法包括以下几种。

① 选择预测专家，人数通常在20人左右。专家间彼此不知道哪些人将被征询意见，企业只用书信往来与预测专家直接发生联系。

② 提出预测问题，要求预测专家书面答复。预测者将预测的内容、预测的目标和必要的资料寄给每位专家，以征询专家们的意见。

③ 对专家们的意见收集分析，做出初步预测，再发给各个专家，进行第二轮征询。

④ 修改原先的预测，根据专家们的意见修改初步预测。

⑤ 最后预测。将修改后的预测提交给各位专家，并要求他们据此提出最后的预测意见及其依据。

⑥ 根据专家最后一次提出的预测值，利用平均法或中位数法确定最终预测值。

德尔菲法的主要优点是简明直观，并且避免专家会议的许多弊病，在资料不全或不充足的情况下均可使用。其缺点是该方法操作起来费时费力，费用较高。

（4）类比预测法。又称类型推测法，是指根据类推原理，对市场未来变化的特点和趋势做出合乎逻辑和实际的判断。例如，对相近产品的发展情况进行对比分析，预见和推断某种新产品市场需求的变动趋势以及产品所处生命周期的阶段；可通过产品在国外（或国内）的需求增长规律来类推国内市场（或国外市场）将来的需求增长情况；等等。

类比预测法适用范围广，手段简便，论证性强，要求预测人员具有丰富的实践经验，对预测目标及关联内容有深入的了解，掌握比较全面的有关信息资料，有较强的分析、综合、逻辑推理能力。只有这样，才能保证预测结果符合未来市场真实情况，为市场营销决策提供真实可靠的依据。

2. 定量预测法

定量预测法是在市场调查的基础上，根据企业历史和现实的统计资料，运用数学和统计学的方法进行推算，寻找市场变化的客观规律，对未来一定时期内市场的供需前景做出数量估计的方法，常用于市场变化具有一定规律性的情况的预测。它往往与定性预测结合使用。

（1）简单平均法。用过去各数据之和除以数据总点数，求得算术平均数作为预测值。这种预测方法简单，当预测对象变化较小且无明显趋势时，可采用此法进行短期预测。

（2）加权平均法。对预测目标的各期观察值分别赋予一个权数 W_i，以计算出的加权算术平均数作为预测值。其计算公式为

$$Y_i = \hat{y} = \frac{\sum W_i y_i}{\sum W_i}$$

（3）移动平均法。移动平均法是在简单平均法的基础上发展起来的。简单平均法只能说明一般平移性条件下的平均变化，不能反映数据的变化，更看不出事物发展的演变趋势，为此，将简单平均法改成分段平均，并按数据点的顺序逐点推移，逐段平均，消除或部分消除由于季节性、周期性或随机性变化等因素的影响。对于逐级平均后所得的时间序列，分析其长期趋势，预测其未来发展。

（4）回归预测法。回归预测法是一种数量统计方法。它通过分析事物发展变化的原因，确定影响目标变化的主要因素，再利用数学模型描述预测目标与影响因素之间的相互联系，并借此进行预测。根据影响因素的多少，可分为一元和多元回归；根据预测目标与影响因素之间相互关系的特征，又可分为线性回归和非线性回归。

如果影响预测目标变化趋势的众多因素中只有一个因素是主要的，起决定性作用，并且两者之间呈线性关系，则可利用一元线性回归方程 $y=a+bx$ 进行预测，其中 y 表示预测值，x 表示影响因素值，a、b 称为回归系数。利用最小二乘法可得方程组

$$\begin{cases} \sum y_i = na + b\sum x_i \\ \sum x_i y_i = a\sum x_i + b\sum x_i \end{cases}$$

解此方程组，可得 a、b 计算公式为

$$\begin{cases} a = \dfrac{\sum y_i}{n} - \dfrac{\sum x_i}{n} \times b \\ b = \dfrac{\sum x_i y_i - \dfrac{\sum x_i \sum y_i}{n}}{\sum x_i^2 - \dfrac{\sum x_i^2}{n}} \end{cases}$$

第三节 营销策略

一、产品的生命周期及其营销策略

1. 投入期营销策略

（1）抓住产品定型，完善产品性能。
（2）强化宣传，诱导消费。
（3）给中间商优惠价格，高价适度推销。

2. 成长期营销策略

（1）增加产量，满足需要。
（2）提高质量，扩大企业产品市场占有率。
（3）打入新市场，扩大销售面，做好售后服务。

3. 成熟期营销策略

（1）延长周期，增加销量，取得最大经济效益。
（2）寻找尚未开发的新市场。
（3）改变产品，增加产品功能及作用。

4. 衰退期营销策略

（1）有重点地经营，有计划地减产或转产，降低价格。
（2）开发新产品。

二、产品包装及其营销策略

1. 类似包装策略

类似包装策略是指同一企业所生产的各种不同产品，在包装上采用相同的图案、近似的色彩或其他共同的特征，使顾客易发现这是同一家企业的产品。

2. 多种包装策略

多种包装策略是指依据人们消费习惯的组合，将几种有关联的商品包装配套在同一包装物中。

3. 再使用包装策略

再使用包装策略是指在商品用完后，原包装商品的容器可移作其他用途。

4. 馈赠品包装策略

馈赠品包装策略是指在商品包装物上或包装内附赠奖券和实物，吸引消费者购买，扩大销量。

5. 改变包装策略

改变包装策略是指企业改变旧式落后的包装设计，采用新的包装设计。

6. 等级包装策略

等级包装策略是指根据产品质量、价值和信誉及购买用途等，将包装分为高档包装和简便包装两个档次，使包装与产品的质量相符。对优质高价产品采用高档包装策略，给人以产品名贵的感觉，从而吸引高收入消费者购买；对质量一般、价格低廉、需求量大的产品，宜采用简便包装的策略，它不仅迎合广大中低收入阶层追求实惠、节约的购物心理，而且大大降低了包装成本支出，提高了企业经济效益。

三、商标策略

1. 制造者商标策略

制造者商标策略是指用商品生产厂家的名称或图形标志作商标。制造者商标在市场上一直处于支配地位，生产厂家所拥有的注册商标是一种工业产权，受到法律保护，其价值的大小由商标信誉的高低决定。享有盛誉的著名商标可以租借给别人使用，收取一定的特许权使用费。

2. 销售者商标策略

销售者商标策略是指用商品经销商的名称或图形标志作商标。经销商作为专门从事商品销售的企业，形成了自己的销售特色与信誉。因此，购买者在购买商品时，除考虑制造者的商标外，还经常考虑销售者的商标。

3. 统一商标策略

统一商标策略是指企业生产的所有产品使用同一种商标。这种策略可以使企业利用已经取得声誉的商标将其他新产品带入市场，也能够节约商标的设计和广告费用。

4. 个别商标策略

个别商标策略是指企业生产的各种产品分别采用不同的商标。这种策略能够使企业扩充高、中、低档各类产品，但商标的设计费用较高。

5. 无商标策略

无商标策略又称不用商标策略，是指企业销售商品时不使用任何商标。采用这种商标策略要具备以下条件：商品本身并不因制造商不同而具有不同的特点，如电力、钢材等；商品生产简单，没有一定的技术标准，选择性不强；消费者习惯上不认商标而购买的商品，如大米、食盐等；临时性或一次性生产的商品。

四、定价策略

1. 新产品定价策略

新产品上市，价格策略运用是否恰当，决定着产品未来能否有广阔的市场前景，能否给企业带来稳定的利润，也决定着企业的市场竞争能力。常用的新产品定价策略有以下几个。

（1）撇脂定价策略。撇脂定价策略是指在新产品上市之初定高价，以赚取丰厚利润，争取在尽可能短的时间内收回投资。这种做法很像在奶中抽取奶油，这种策略也因此得名。其优点是：能快速回收投资，提高产品的身价或威望，对顾客产生吸引力；同时，当竞争者出现时可主动调低价格，掌握占领市场的主动权。其缺点是价高利厚，容易过早吸引竞争对手，只能作为一种阶段性的定价策略。一般来说，对需求弹性小、供不应求的新商品，拥有专利、专有技术的新产品，在投入期或购买力较强的地区，适宜采用这种策略。

（2）渗透定价策略。与撇脂定价策略相反，这种定价策略是在新产品进入市场初期，就把价格定得很低，以便打开销路，迅速占领市场，然后随市场份额的扩大而逐步提价。其优点是有利于产品尽快占领市场，而且低价低利可有效控制和抵挡当前及潜在的竞争者，增强了市场竞争力。其缺点是容易引起竞争者之间竞相压价的价格战，不能迅速收回投资，而且会给消费者留下劣质低价的印象，损害产品的声誉，未来企业若想提价，也难以为消费者所接受。因此，这种策略适用于那些生命周期较长或需求价格弹性较大，且有明显的规模经济效益，生产潜力大或企业立足于长期经营的产品。

（3）满意定价策略。这是力求使买卖双方均感合理的定价策略。它介于撇脂定价策略和渗透定价策略之间，企业定价时取适中价格，兼顾厂商、中间商及消费者的利益，使各方都能接受。其优点是稳扎稳打，风险较小，但缺点是很难掌握"满意"的价格水平。此策略通常适用于那些需求价格弹性适中且销量能稳定增长的产品。

2. 组合定价策略

如果某产品是产品组合中的一个部分，企业需要制定一系列的产品价格，使整个产品组合取得整体最大利润。由于各种产品的成本、需求、竞争不同，因而采用的定价策略也就不同。

（1）必须附带产品定价。必须附带产品指那些与主要产品密不可分的产品，如计算机和软件、照相机和胶卷等。对这类产品通常采用的定价策略是将主要产品的价格定得很低，而附带产品的价格定得较高，以弥补主要产品低价所损失的利润。例如拍立得企业采用这种策略将相机价格定得非常低，而这种相机所用胶片的价格却十分昂贵。

（2）系列产品定价。即在同类产品中，利用不同的价格区分出不同的档次。其中，某种与竞争对手质量相当的产品价格定得较低，以吸引用户通过比较购买本企业的产品，并由此购买系列产品中的其他产品；系列产品中的某种产品价格定得较高，在系列产品中作为名牌形象和积累资金；系列产品中的其他产品则依成本、需求、竞争的情况分别制订不同的价格。由此使系列产品形成一个由价格较低的特价品、价格较高的精品以及一般产品组成的整体，以产生较好的效益。

3. 折扣定价策略

折扣定价是企业根据选定的定价方法，先定出一个正式的价格，然后配以折扣和折让，以吸引经销商和顾客购买。常用的折扣定价策略有以下几种。

（1）现金折扣。现金折扣是指买方在规定付款期以前以现金付款，卖方给予一定的价格回扣。典型的折扣条件如"货款必须在30天内付清，如果客户能在10天内付款，则给予2%的现金折扣"。现金折扣定价的优点是能够增加企业的变现能力，减少信用成本和呆账。

（2）数量折扣。数量折扣是指卖方对大量购买商品的客户所给的折扣，购买的数量越多，折扣率越高，以鼓励和吸引顾客长期大量购买商品。

（3）季节折扣。季节折扣适用于季节性强的商品，生产商利用这种折扣鼓励批发商、零售商早期购货，以减少自己的资金占用和仓储费用，并有利于均衡生产。例如，冬季服装在春夏季给中间商以季节折扣，旅游企业、民航企业也常在旅游淡季给顾客季节折扣。

（4）中间商折扣。中间商折扣是指生产商给予批发商和零售商的折扣。不同的流通渠道中，对于中间商提供的服务，生产商应根据情况给予不同的折扣。

4. 心理定价策略

心理定价是指企业利用消费者的各种心理因素制订营销价格。

（1）尾数定价法。尾数定价法是指给商品一个带有零头尾数的价格，而不全为整数。顾客乐于接受有尾数的价格。此法在西方国家已被普遍采用。

（2）声望定价法。顾客有用价格来衡量产品的质量心理。俗话所说的"一分钱一分货""便宜没好货"等就是这种心理的流露。

（3）促销定价法。大多数顾客都希望买物美价廉的产品，因此，消费者对低于一般市价的特价、优惠价和廉价等总会感兴趣。企业利用换季和节假日进行大减价，以吸引更多的顾客。

5. 西方厂商定价策略

厂商市场需求曲线方程为

$$Q=Q(p) 或 P=P(Q)$$

厂商市场成本曲线方程为

$$C = V_c(q) + F_c$$

$$R = P \times Q(q), \quad MR = \frac{dR}{dq}, \quad M_c = \frac{dc}{dq}$$

厂商利润最大化条件为

$$MR = M_c$$

得

$$\frac{dR}{dq} = \frac{dc}{dq}$$

求得

$$q = Q^*$$
$$P = P(Q^*)$$

五、分销渠道策略

分销渠道是指根据产品性质、市场状况、企业自身条件及环境等因素分析，对产品分销渠道的长度、宽度等方面进行合理评估后制订的具体分销方案和措施。根据不同的情况可以组合成不同类型的分销渠道策略，概括起来有以下三类策略可供选择。

1. 密集型分销策略

密集型分销策略是一种多渠道的分销策略，指企业销售部门尽可能地通过许多符合条件的批发商和零售商来销售其产品或劳务。该策略的优点是便于消费者购买，能提高产品的总体市场占有率。

2. 选择型分销策略

选择型分销策略是指企业销售部门在某一市场范围内,在同一渠道环节层次上仅选择少数几家经过审查、最符合条件的批发商和零售商来销售其产品。该策略最适合消费品中的选购品和某些特殊品的销售。

3. 独家分销策略

独家分销策略是指企业销售部门在某一市场范围内,只挑选一家中间商销售其产品,是一种窄渠道分销策略。生产者有意识地限制经营其产品的中间商的户数,目的是限制经销商经销其他厂商生产的同类产品。例如销售高级轿车、珠宝、时装等,采用独家分销,可以提高产品形象、保持产品单价、增加获利,还可以调动经销商的积极性。

六、促销策略

促销就是促进销售,是企业通过一定的方式向顾客传递有关企业和产品的信息,促使消费者了解有关商品信息,以达到影响消费者的购买决策的行为,促进企业产品销售目的的营销活动。

1. 人员促销

① 电话促销;② 人员访问促销。

2. 非人员促销

① 广告促销;② 营业推广促销;③ 公共关系促销。

七、目标市场营销策略

企业选定的目标市场不同,采取的营销策略也就不同。概括起来,目标市场营销策略有以下三种。

(1) 无差异性营销策略,也称无选择性营销策略,是指以单一产品、单一市场策略去满足所有消费者需要的策略。

无差异性营销策略的优点包括以下几个。

① 容易达到机械化、自动化、标准化。
② 容易做到大批量生产。
③ 生产成本低、质量好。
④ 销售成本低。

例如 1978 年以前,长春汽车制造厂生产一种载重 4 吨、绿色的解放牌卡车,并以同种价格发往全国,无论工厂、矿山、学校、机关、商店、农村,只要需要,同样供应。

无差异性营销策略也存在以下缺点。

① 不能满足消费者的不同需求。
② 容易招致过度竞争。

③ 不能长期使用。
④ 容易丢失细小市场机会。

例如美国福特、通用汽车公司原生产美国消费者爱好的大型轿车，20 世纪 70 年代后，由于石油危机的影响，美国公众对小型轿车需求已日趋旺盛，而福特、通用没注意到市场的变化，日本小轿车公司乘虚而入，占领了美国的大部分市场，使美国的汽车业陷入困境。

这一策略适用于产品初上市的情况或产品获得专利的情况，适用于大规模生产经营、企业的实力雄厚、竞争者少的情况。

（2）差异性营销策略，也称选择性营销策略，是指企业推出多种产品，采用多种市场策略，分别去满足多个目标市场消费者需要的策略。

例如北京日用化工四厂原来只生产、销售纯白色的"紫罗兰"牌香粉，厂方为满足不同消费者的需求，进行了大量的调查，发现某地女士的皮肤较黑，不太适用此产品，厂方便设计、生产出一种略呈粉红色的香粉，投入市场后为消费者广为接受。

优点：销量大。

缺点：由于品种增加，试制费增加，成本高。

本策略适用于产品生命周期中的成长期和成熟期，如生产服装、电器、化妆品等产品的竞争者多的企业。

（3）密集性营销策略，也称集中性营销策略，是指企业集中力量去满足一两个目标市场消费者需要的策略。

例如广州光华制药厂开发的"速效伤风胶囊"，专为力求"速效"的感冒者服务。

优点：投资少、见效快。

缺点：风险大。

本策略适用于资源有限、竞争力弱的小企业。

上述三种策略中，前两种着眼于整体市场，第三种着眼于个别的细分市场。这些策略各有优缺点，运用时应考虑以下各因素。

（1）企业本身的能力。企业本身的能力包括企业的人力、物力、财力、技术力量等因素。如果企业实力雄厚，可选择无差异性或差异性策略；反之，则采用密集性营销策略。

（2）产品的特点。有些产品，消费者认为其性能、质量、花色、品种、造型等方面无多大区别，可随意购买，如食盐、大米等，这类产品称为同质性高的产品，适宜采用无差异性营销策略；反之，另一些产品，如衣服、电器、化妆品等，消费者认为其性质、质量、花色、品种、造型等方面差别甚大，需要有选择地购买，这类产品称为同质性低的产品，适宜采用差异性营销策略。

（3）市场需求的特点。不同民族、年龄的消费者需求有明显差别，这些产品的营销宜采用差异性营销策略。

（4）产品生命周期。产品投入期和成长期，竞争者不多，应采用无差异性营销策略。产品进入成熟期后，竞争对手变多，则应采用差异性营销策略，以扩大市场占有率。

（5）竞争者状况。当竞争者实力较差，竞争弱时，采用无差异性营销策略；当竞争者实力强，竞争强时，则采用差异性营销策略。

第四节 售后服务

一、售后服务的含义

售后服务是指伴随着产品实体的出售,企业向顾客提供的各种附加服务,包括产品介绍、送货、安装、调试、维修、技术培训等。随着消费者收入的提高和消费观念的变化,消费者在选购产品时,不仅要注意到产品实体本身,在同类产品的质量和性能相似的情况下,更应重视产品的售后服务。因此,企业在提供物美价廉的产品的同时,向消费者提供完善的服务,已成为现代企业市场竞争的新焦点。

二、售后服务的方式

1. 产品介绍

用户购买产品后,销售人员及时、热情地介绍产品的说明并进行现场演示,直到让顾客满意为止。

2. 送货上门

应用户的要求,按时、热情周到地把产品送到客户家中指定的位置。

3. 安装

按用户的要求,细心地设计与施工、安装好产品。

4. 维修

按用户的要求,网点维修人员上门维修,只应收取维修成本费用,最好是免费。

5. 技术服务

一些高科技产品,如计算机等,应派技术人员上门提供技术服务。

6. 电话回访

企业分设机构对用户应有回访制度,以了解售后服务的情况。

三、做好售后服务,让顾客满意,以便实现企业目标

通过售后服务令顾客满意,最终实现包括利润在内的企业目标,是现代市场营销的基本观念。这一观念上的改革及其在管理中的运用,曾经带来美国等西方国家20世纪50年代后期和60年代的商业繁荣与一大批跨国企业的成长。然而,实践证明,现代市场营销管理观念的真正贯彻和全面实施并不是轻而易举的。对于许多企业来说,尽管以顾客为中心的基本思想是无可争辩的,但是,这个高深理论与企业资源和企业生产能力之间的联系却

很脆弱。"利润是对创造出满意的顾客的回报"这个观点,似乎只建立在信念之上,而不是建立在牢靠的数据之上。因此,进入20世纪90年代以后,许多学者和经理围绕营销概念的真正贯彻问题,将注意力逐渐集中到两个方面,即通过质量、服务和价值实现顾客满意,通过市场导向的战略奠定竞争基础。顾客购买产品后是否满意,取决于其实际感受到的绩效与期望的差异,是顾客的一种主观感觉状态,顾客对企业产品和服务是否满意,顾客会进行程序式体验和综合评估。研究表明,顾客满意既是顾客本人再购买产品的基础,也是影响其他顾客购买产品的要素。对企业来说,前者关系能否保持老顾客,后者关系能否吸引新顾客。因此,使顾客满意是企业赢得顾客、占领和扩大市场、提高效益的关键。

有关研究还进一步表明,吸引新顾客要比维系老顾客成本更高。在竞争激烈的市场上,保持老顾客,培养顾客忠诚度具有重大意义。而要有效地保持老顾客,仅仅使其满意还不够,只有使其高度满意,才能有效地建立其品牌忠诚度。一项消费者调研资料显示,44%的顾客宣称满意的消费者经常变换其所购买的品牌,而那些十分满意的顾客却很少改变其所购买的品牌。另一项研究则显示,在丰田企业产品的购买者中,有75%的顾客表示十分满意,而且这些顾客均声称愿意再次购买丰田产品。这些情况说明,高度的满意能培养一种对品牌的感情上的吸引力,而不仅仅是一种理性偏好。企业必须十分重视售后服务,提高顾客的满意程度,争取更多满意的顾客,建立起较高的顾客忠诚度。

思 考 题

1. 如何理解市场调查的含义、内容及其方法?
2. 如何理解市场分析的内容?
3. 如何理解市场预测的含义、分类和步骤?
4. 如何应用市场预测方法?
5. 如何理解营销策略方案?
6. 如何理解售后服务的内容?

第十三章 企业生产管理

学习目标

你学完本章，应该：
1. 理解生产管理的含义及其基本要求；
2. 理解生产能力的含义及其分类；
3. 掌握生产能力的计量单位；
4. 理解影响生产能力的主要要素；
5. 掌握生产能力的核定；
6. 掌握工作地生产能力的计算方法；
7. 理解生产过程的构成；
8. 理解影响企业生产过程的主要因素；
9. 理解生产过程的空间组织配置原则；
10. 理解生产过程的时间组织方式；
11. 理解生产组织形式；
12. 理解生产过程的组织的基本要求；
13. 理解企业生产计划的含义、编制原则、主要指标；
14. 掌握编制生产计划的主要内容；
15. 理解生产作业计划的含义及其内容；
16. 理解生产作业控制。

企业生产就是按时、按质、按成本、按量地制造产品或提供劳务的活动。它的基本要求是实现物质转换，即充分利用企业内部的一切条件，创造出适合市场需求的合格产品（或劳务）。对企业生产活动的计划、组织、指挥和控制的工作称为生产管理，它是以企业生产系统为对象，包括所有与产品制造密切相关的各方面工作的管理。

我国企业管理从过去的单纯生产型转变为生产经营型，经营决策在企业中处于非常重要的地位。但是，这并不意味着生产管理的作用降低，而是对生产管理提出了更高的要求，生产管理的作用不仅没有削弱，相反显得更为重要。生产管理既是实现产品开发的基础和搞好销售与服务的前提，又是将企业经营目标转化为现实的保证。因此，只有加强生产管理，才能有效地提高企业经营的适应能力，增强企业经营的竞争实力。本章先介绍企业生产管理的基本问题、任务和要求，再讨论企业生产能力的核定、企业生产过程的组织、企业生产计划与作业控制。

第一节　企业生产管理的基本问题、任务和要求

一、生产管理的基本问题和基本任务

1. 生产管理的基本问题

管理一个生产系统，涉及以下五个基本问题。

（1）生产能力。生产能力是指一个生产系统能够提供的产品数量或服务数量。确定生产能力的基本要素有四点：第一，工人及其所掌握的技术；第二，机器（实体技术）；第三，材料；第四，资金。为了达到最大生产能力，四要素之间应有正确的比例关系，生产系统各部分之间和生产过程的各环节之间也应有比例关系。生产能力总体是四个基本要素的组合，而科学的组合是靠管理实现的，因而生产管理水平也包含在生产能力之内。

（2）标准。标准是指预期达到的目标，它是衡量各项生产活动效果的依据。常用的标准有质量标准、时间标准和产量标准。标准的制定要以本企业的生产组织、技术条件与外部环境的竞争要求相结合为出发点，要定得恰当和有竞争力。

（3）库存。储存起来的生产能力，通常包括原材料、在制品和成品库存。库存是一个起调节作用的弹性垫和调节阀，没有它是不能协调地组织生产的。

（4）进度安排。生产要有细致的作业安排，以保证生产的顺利进行。在安排总体进度计划时，要同时安排生产能力计划，考虑各种生产能力的形式和数量，并确定整个作业计划的形式和方法。

（5）控制。控制是指根据计划要求，采取措施保证实现计划。因此，对生产过程时刻要进行严密的监督与控制，包括计量、比较和校正。

以上五个方面是相互联系、相互影响和相互制约的。

2. 生产管理的基本任务

孤立的因素不能成为生产力，企业生产力的形成是以生产力诸因素在质上互相适应、量上配比恰当、空间和时间上紧密联系为前提的。生产管理的基本任务就是通过合理组织劳动力、劳动手段和劳动对象等生产诸因素，充分发挥企业生产力的整体效能，将社会（市场）所需要的产品按需求量优质、适时地生产出来，并使企业取得最佳经济效益。

二、生产管理的基本要求

企业的生产管理要实现上述任务，就必须以实现企业经营目标为出发点，坚持以销定产，讲求经济效益，实行科学管理，组织均衡生产，全面达到下述基本要求。

1. 数量多

通过合理组织生产诸要素，发挥生产力系统的最大整体效能，做到单位时间内生产出更多的合格产品。

2. 质量好

通过改进设计和工艺，提高产品质量、产品价值和产品信誉。

3. 成本低

通过降低人力、物力的消耗和资金占用，实现目标成本的降低，从而增加企业盈利。

4. 速度快

努力缩短生产周期，并确保交货期，加速资金周转。

5. 安全

建立合理的规章制度和良好的生产秩序，并重视劳动保护措施，确保生产安全。

这五项要求是我国传统的"多快好省"生产方针在生产管理中的具体体现，这同外国现代企业管理中生产合理化的五项要求也基本一致。日本管理学者提出生产管理的目的是要实现生产的合理化，生产合理化可以概括为五项，即 P（生产率）、Q（质量）、C（成本）、D（交货期）和 S（安全）。

第二节　企业生产能力的核定

一、生产能力的概念与分类

1. 生产能力的概念

生产能力是指在一定时期内，企业内部各个环境，参与生产过程的劳动手段、生产设施、拥有的劳动力和其他服务条件，在一定的组织技术条件下，经过综合平衡所能生产一定种类和一定质量产品的最大数量。它是反映企业生产可靠性的一种指标。企业的生产能力是一个动态的概念，随着科学技术的进步和生产组织的完善以及企业生产产品品种及结构的变化而变化。

2. 企业生产能力的种类和计量单位

（1）企业生产能力的种类。企业的生产能力，通常可以分为设计能力、查定能力和现实能力三种。

① 设计能力。设计能力是指新建或改建企业在设计任务书和技术文件中规定的正常条件下能达到的生产能力。例如新建一个电动凿岩机厂，其设计任务书和技术文件中规定年产电动凿岩机 2000 台，这个"2000 台的能力"就是设计能力。它的特点是：依据科学数据计算、配置各部分生产能力并使之基本协调。

② 查定能力。查定能力是指企业生产了一段时间以后，或由于技术变革，对原设计能力重新调查、分析、核定下来的生产能力，往往用于那些没有经过正规设计的企业。如由许多小厂合并起来的企业，原来就没有设计能力的文字记载。即使是经过正规设计的企业，时间长了，由于专业方向、产品构成和关键设备的变化，也已经达不到或超过了设计能力，企业就需要重新查定生产能力。查定生产能力是根据查定年度内可能实现的、先进的组织

技术措施来计算确定的。它是依据实际生产能力重新查定的企业最大的生产能力,各部分之间选优的余地比较大。

③ 现实能力。现实能力是指企业在计划年度内,依据现有的生产技术组织条件,以及计算年度内能够实现的技术组织措施实际达到的生产能力,也称作计划能力。它是依据预测资料和预想措施事先确定的生产能力,往往和实际有些出入。

以上三种生产能力在实际工作中有其不同的用途和作用。设计能力和查定能力是企业据以编制长远规则的依据;现实能力是企业编制生产作业计划的依据。

(2) 企业生产能力的计量单位。

① 用常规实物量表示的计量单位。例如,数量单位有个、件、台、辆等;重量单位有吨、千克等。

② 用标准产品表示的计量单位。如电机用标准千瓦的电机、棉纺用标准支的棉纱、拖拉机用标准马力的拖拉机等。

③ 用代表产品表示的计量单位。代表产品通常是指企业具有发展方向的主要产品,其产量大、结构工艺上具有代表性,如机械企业中选择一种机床作为代表产品,而其他品种可以通过换算系数折合为代表产品。

④ 用平方米/小时表示的计量单位。平方米/小时即一平方米面积占用一小时的生产能力。一般产品产量取决于生产的面积大小和占用时间的长短,用平方米/小时作为计量单位。

二、影响生产能力的因素

企业生产能力的大小取决于许多因素,如设备、工具、生产面积、工艺方法、原材料、劳动力、生产组织、劳动组织、标准化、通用化和专业化水平以及产品方案等。但主要由以下三个要素决定。

1. 固定资产的数量

固定资产的数量是指企业在计划期内用于生产的全部机器设备数量、厂房和其他生产性建筑物的面积。

用于生产的机器设备包括:正在运转的机器设备,正在修理、安装或等待修理、安装的机器设备,因任务变化而暂停使用的机器设备。生产面积包括车间的生产面积和其他生产用的面积。

2. 固定资产工作时间

固定资产工作时间是指按企业现行工作制度计算的机器设备的全部有效工作时间和生产面积利用时间。固定资产的有效工作时间同企业现行制度规定的班次、轮班工作时间、全年工作日数、设备计划修理时间有关。在连续生产的条件下,设备有效工作时间一般等于全年日历日数减去设备计划修理的停工时间。在间断生产的条件下,由制度工作日数、班次、每班工作时间和设备计划修理停工时间决定。

季节性生产企业的有效工作时间应按全年可能的生产日数计算,或者按其昼夜生产能力确定,而不核算其全年生产力。

3. 固定资产的生产效率

固定资产的生产效率是指单位机器设备的产量定额或单位产品的台时定额,单位时间单位面积的产量定额或单位产品生产面积占有定额。固定资产的生产效率是计算和确定生产能力的基本因素。在设备（生产面积）的数量及工作时间总数一定的条件下，固定资产效率对生产能力大小起着决定性的作用。计算生产能力时所用的定额应充分反映先进的技术因素和组织因素。

三、生产能力的核定

生产能力的核定是指对企业、车间、工段（小组）或联动机在一定时期内的生产能力进行计算和确定。生产能力核定应从最基层的生产环节开始，自下而上地进行。即首先确定工作地的生产能力，然后再确定工段（小组）、车间、企业的生产能力。

下面介绍工作地生产能力的计算方法。

1. 单一品种生产条件下生产能力的计算方法

（1）设备组生产能力的计算。当设备组（或工作地）仅生产单一品种时，其生产能力可以用产品实物量表示，其计算公式为

$$M = F \times S \times P$$

或

$$M = \frac{F \times S}{t}$$

式中：M 为设备组生产能力（台、件）；
F 为单位设备有效工作时间；
S 为设备数量；
t 为单位产品台时定额。

（2）作业场地生产能力的计算。当生产能力取决于生产面积时，其生产能力的计算公式为

$$M = \frac{F \times A}{at}$$

式中：M 为生产面积的生产能力（台或件）；
F 为生产面积的有效利用时间（小时）；
A 为面积数量（平方米）；
a 为单位产品占用生产面积（平方米/件或台）；
t 为单位产品占用时间（小时）。

（3）联动机生产能力的计算。当采用连续开动的联动机生产时，其生产能力的计算公式为

$$M = \frac{G \times K \times F}{T}$$

式中：M 为联动机单位时间生产能力；
G 为原料重量（吨）；
K 为单位原料的产量系数（件、台或吨）；
F 为计算能力时间内联动机有效工作时间（小时）；
T 为原料加工周期的延续时间（小时）。

(4)流水生产线生产能力的计算。在核定流水生产线的生产能力时，按流水线的有效工作时间和规定节拍计算。核定的时间单位一般用昼夜或轮班，也可采用年或月。其计算公式为

$$M = \frac{F}{r}$$

式中：M 为流水线生产能力（件或台）；

F 为流水线有效工作时间；

r 为节拍。

2. 多品种生产条件下的生产能力计算方法

当设备组（或工作地）生产多种产品时，生产能力的计算方法可分为标准产品、代表产品和假定产品三种。

（1）以标准产品计算生产能力的方法。标准产品是对具有不同品种或规格的同类产品进行综合计算时所用的一种实物量折算单位。这种计算生产能力的方法是把企业不同品种的产品折算为标准产品，然后按单一品种生产条件下计算生产能力的方法来确定设备组（或工作组）的生产能力。

（2）以代表产品计算生产能力的方法。这种方法是选定代表产品，按单一品种生产条件计算生产能力的方法，先计算出以代表产品为计算单位表示的设备组（或工作地）的生产能力，然后通过换算系数计算各具体产品的生产能力。具体核定步骤如下：

第一步，选定代表产品。确定代表产品的原则是：该产品能够反映企业专业方向，且产量较大，占用劳动量较多，产品在结构和工艺上具有代表性。

第二步，计算以代表产品为计算单位的生产能力。其计算公式为

$$M_0 = \frac{FS}{t_0}$$

式中：M_0 为以代表产品为计算单位表示的生产能力；

F 为单位设备有效工作时间；

S 为设备数量；

t_0 为产品单位产品台时定额。

第三步，计算产品换算系数。其计算公式为

$$K_i = \frac{t_i}{t_0} \quad (i=1,2,\cdots,n)$$

式中：K_i 为第 i 种产品换算系数；

t_i 为第 i 种产品单位产品台时定额；

t_0 为产品单位产品台时定额。

第四步，计算各具体产品的生产能力。

① 将各具体产品计划产量换算为代表产品。其计算公式为

$$Q_0 = K_i Q_i$$

式中：Q_0 为产品数量；

Q_i 为第 i 种产品计划产量。

② 计算各产品占全部产品产量的比重（d_i）。其计算公式为

$$d_i = \frac{k_i Q_i}{\sum K_i Q_i}$$

③ 计算各具体产品的生产能力（M_i）。其计算公式为

$$M_i = \frac{d_i M_0}{k_i}$$

（3）以假定产品计算生产能力的方法。在企业产品品种比较复杂，各品种在结构、工艺和劳动量差别较大，不易确定代表产品时，可采用以假定产品计算生产能力的方法。具体计算步骤如下。

第一步，计算假定产品台时定额，其计算公式为

$$t_m = t_i \times d_i$$

式中：t_i 为第 i 种产品单位产品台时消耗；

d_i 为第 i 种产品占假定产品总产量的百分比。

第二步，计算设备组假定产品的生产能力，其计算公式为

$$M_m = \frac{FS}{t_m}$$

第三步，计算设备组各具体产品的生产能力，其计算公式为

$$M_i = M_m d_i$$

第三节　企业生产过程的组织

一、生产过程

企业产品的生产过程是指从产品的生产技术准备开始，一直到生产出成品为止的全部过程。它一方面是原材料、能源、劳动力及资金等生产要素的不断输入；另一方面是产品和劳务的不断输出的投入产出过程。生产过程的基本内容是劳动过程，即劳动者利用劳动工具，按照一定的步骤和方法直接或间接作用于劳动对象，使其按预定的目的形成产品的过程。生产过程的进行，在某些条件下还需借助自然力的作用，使劳动对象发生物理的变化或化学的变化，如自然冷却、干燥等，因此，生产过程有时又是劳动过程与自然过程的结合。

1. 生产过程的组成

产品或劳务在生产过程中需要的各种劳动，在性质和对产品的形式上所起的作用是不同的。根据这种情况，生产过程一般由以下四个运动过程构成。

（1）生产技术准备过程。生产技术准备过程是指产品在投入生产前所进行的全部生产技术准备活动。如机械轻工等企业在生产、投产前所进行的产品设计、工艺设计、工艺装备设计和制造，材料和工时定额的确定、修订，标准化工作，设备的调整，以及新产品的试制、试验活动，等等。

（2）基本生产过程。基本生产过程是指直接把劳动对象变为企业基本产品所进行的主要生产活动。如机械工业企业的铸造、锻造、机械加工和装配；纺织工业企业的清花、纺

纱、织布；等等。基本生产过程所生产的产品代表着企业的专业方向。

（3）辅助生产过程。辅助生产过程是指为保证基本生产过程的正常进行所必需的各种辅助性生产活动。如机械工业企业中的动力生产与供应、工具、模具制造、设备维修，等等。

（4）生产服务过程。生产服务过程是指为基本生产和辅助生产服务的各种生产服务活动。如原材料、毛坯、半成品、设备、工具等的供应、保管和运输、理化检验和中心试验等。

企业生产过程的各个构成部分既有区别又有联系，其中基本生产过程是主要的构成部分；而生产技术准备要走在前面；有的生产过程构成部分的各项工作活动也可以同时交叉进行。企业应在资金、人力上合理配置，从而保证生产过程稳定、协调地进行。随着企业体制改革的不断深入、社会专业化协作水平的提高，企业的生产过程将趋向简化，企业之间的协作关系将日益密切。

2. 影响企业生产过程组成的因素

影响企业生产过程组成的因素很复杂，主要包括以下几个方面。

（1）产品的生产方式。产品的生产方式是指产品生产的工艺技术过程及方法的总和。不同行业与企业之间的生产方式差别很大，使得企业的生产过程有的简单、有的复杂，但基本生产方式如表13-1所示。

表13-1 产品生产方式表

依 据	生产方式	特 例
产品形式方法	合成法	合成棒胶等化学合成、加工装配型机械合成
	分解法	石油化工等对原料进行化学分解生产
	调剂法	轧钢、电镀等改变加工对象的形状、成分或性能
	采取法	从地下、海洋直接采掘和提取矿石、石油等
工艺技术过程	组装型	机电、家电等结构型产品生产
	装置型	经合成塔、高炉等装置的合成、分解、还原过程的处理
	设备中心型	设备固定，工件围绕其移动加工
	产品中心型	船舱、机车等产品固定，人员、设备围绕其移动加工
机械	手工作业	建筑、工艺品等劳动密集型作业
	机械化作业	机械、纺织等大型设备加工
	自动化作业	冶金、石化自动化生产

（2）生产类型。生产类型是指按工作地专业化程度所划分的生产类别。生产类型是影响生产过程组织的重要因素。

根据企业的工作地专业化程度及生产重复程度，生产类型具体分为大量生产、成批生产和单位件生产三种类型。其具体分类标准如表13-2和表13-3所示。

表13-2 按工作专业化程度划分生产类型

单位：个

工作地的生产类型	工作地负担的工序数目
大量生产	1~2
大批生产	2~10
中批生产	10~20
小批生产	20~40
单件生产	40以上

表 13-3　按零件产量划分生产类型

单位：件

生产类型		零件的年产量		
		重型零件	中型零件	轻型零件
单件生产		5 以下	10 以下	100 以下
成批生产	小批	5～100	10～200	100～500
	中批	100～300	200～500	500～5000
	大批	300～1000	500～5000	5000～50 000
大量生产		1000 以上	5000 以上	50 000 以上

（3）产品结构及其工艺特点。这决定着企业的基本生产过程及其他生产管理过程。例如汽车制造厂应具有零件毛坯生产、部件制造和装配过程，而铸造厂则只需要铸造生产过程。

（4）生产规模。它对生产过程有显著影响。往往规模越大，生产过程越可细分。

（5）专业化协作。专业化协作是现代企业生产的发展趋势。企业专业化程度高，协作广泛，生产过程结构就可相对简化。

二、生产过程的空间组织

生产过程的空间组织是根据生产的需要和经济合理的原则，研究企业内部生产单位的设置及组织方式。它是确定企业生产过程的阶段组成以及合理选择与配置生产单位和运输路线的问题。具体到某一个企业采用什么方法和形式进行生产过程的空间组织，应视实际情况而定。通常按以下配置原则进行配置。

1. 按工艺配置

按工艺配置是指按照生产过程各个工艺阶段的工艺特点来配置生产单位的方法和形式。它的特点是把同类型的工艺设备、同工种的人员集中在一起，对企业的不同类型的对象采用相同的工艺方法进行加工。如机械工业企业中的机械加工车间，就把所有零件的切削加工任务都承担了。

按工艺配置的优点主要包括以下几点。

（1）专业性强，对产品品种的变换有较强的适应性。

（2）便于提高设备利用率。

（3）便于充分利用生产面积。

（4）便于调剂设备、人员和材料的余缺。

（5）便于迅速处理设备故障。

（6）便于实施工艺管理和组织同工种工人之间的技术学习。

（7）便于实施民主管理和科学管理。

按工艺配置的缺点有以下几点。

（1）加工路线长。

（2）厂内运输量大。

（3）在制品停放、等待时间长。

（4）延长了产品生产周期。

（5）生产同一产品的各车间（或工段）之间的联系与协作关系较为复杂，使计划管理、质量管理、在制品管理的工作难度增加。

（6）流动资金占用较多。

2. 按对象配置

按对象配置是指以产品或零部件为对象来配置生产单位。它的特点是在同一生产单位里，集中了为制造某种产品所需要的各种不同类型的生产设备和不同工种的工人，对同类型的产品进行不同工艺方法的加工，在这一个生产单位里就能生产出完整的产品。

按对象配置的优点主要包括以下几点。

（1）缩短产品在生产过程中的运输路线，节省运输的人力、设备和费用。

（2）可以减少仓库和生产面积的占用。

（3）可以减少产品在生产过程中的停放、等待时间，缩短生产周期。

（4）可以减少流动资金的占用。

（5）可以简化生产单位之间的关系，便于改善计划管理、质量管理、经济核算和生产控制等生产组织形式。

按对象配置的缺点有以下几点。

（1）对产品品种多变的适应能力比较差。

（2）设备生产能力往往不能充分利用。

3. 混合配置

混合配置是指按照实际情况，以前两种配置原则结合应用来设立生产单位的方法和形式。有的是以工艺配置为主，对特殊工序，如热处理、电镀、锻压等可以采用按工艺配置生产单位的方法；一般装配通常是按对象配置来进行的；对大量零件的生产可以按对象配置生产单位，生产单位内部又可以设置按工艺配置的工段和班组。

上述生产单位的配置形式在应用时不能离开企业生产的具体条件。在乡办、个体办的企业中，如果企业的专业方面已经确定，产品的结构、产量、品种比较稳定，已经具有一定的生产规模，工种和设备配套比较齐全，产品零件的标准化、通用化程度比较高，则按对象配置生产单位比较好。如果企业专业化方向未定，产品品种不稳定，专业化程度比较低，生产类型属于单件小批量生产，则采用按工艺配置生产单位比较有利。

在实际工作中，为适应企业生产经营的需要，往往遵循混合组织的原则，即综合运用工艺专业化和对象专业化组织原则，组织设置企业生产单位。

三、生产过程的时间组织

合理地组织生产过程，不仅要求企业的各组成部分在空间上合理配置，而且要求加工对象在车间之间、工段之间、工作地之间的运动，在时间上也相互配合和衔接，最大限度地提高生产过程的连续性和节奏性，以提高劳动生产率和设备利用率，缩短产品的生产周期。生产过程的时间组织是指从时间上使各企业各生产单位之间、各生产单位内部的上下工序之间相互紧密地衔接、配合，使企业能在其他条件一定的情况下，在尽可能短的时间内完成每一项生产任务。其目的是提高劳动生产率和设备利用率，缩短生产周期，减少流动资金占用。一般来说，一个复杂的生产过程，其产品工序之间的衔接可以有以下三种方式。

1. 顺序移动方式

顺序移动方式是指每批制品在上一道工序加工完毕后，整批地移送到下一道工序进行加工。这种方式的特点是一批制品只有在前一道工序全部加工完成以后，才能整批地转到后一道工序进行加工，即制件在各道工序之间是整批移动的。它的优点是便于管理和集中运输；它的缺点是生产周期长，各工序之间待运输、待加工的现象严重。

2. 平行移动方式

平行移动方式是指每一件制品在上一道工序加工完毕后，立即转移到下一道工序继续加工。这种方式的特点是每个制品在前一道工序加工完成之后，立即转到下一道工序进行加工。它的优点是能够缩短产品生产周期，加快产品生产的进程；它的缺点是厂内运输工作量大。

3. 平行顺序移动方式

平行顺序移动方式是指既保证整批制品在每一道工序中连续加工，又在各工序间进行平行作业。其特点是当一批制品在前一道工序上尚未全部加工完毕时，就将已加工的部分制品转到下一道工序进行加工，并使下一道工序能够连续、全部地加工完该批制品。这种方式具有以上两种方式的优点，集工序内连续加工、工序间平行作业于一体，能较好地提高设备负荷率和缩短生产周期。

上述三种生产过程的时间组织方式，从一批制品的加工时间来看，平行移动方式最短，平行顺序移动方式次之，顺序移动方式最长。但在具体采用时，不能只考虑缩短加工时间这一方面，还应综合考虑企业的生产类型、专业化形式、制品的重量和工序劳动量、调整设备所需劳动量等具体生产条件。

四、生产组织形式

不同行业的企业，适合于自己生产特点的生产过程的具体组织形式也不同。这里仅就机械工业企业通常采用的三种先进组织形式，即流水线、生产线和自动线加以介绍。

1. 流水线

流水线又称作流水生产和流水作业，是指劳动对象按完整的工艺过程顺序地通过各个工作地，并按照一定的生产速度（节拍）连续不断地进行加工和出产产品的一种生产组织形式。

流水线的主要特征是：工作地专业化程度高；工艺过程是封闭的，设备按工艺过程顺序排列；生产节奏性强，连续程度高，劳动对象在工序间采用平行或平行顺序移动的方式；各道工序的加工时间相等或成简单的倍比关系。组织流水线生产便于采用先进工艺和高效率的技术装备，提高工人操作的熟练程度和劳动生产率，缩短生产周期，减少在制品数量，加速资金周转，降低产品成本，等等。

组织流水线生产的条件主要有：产品产量足够大；产品结构和工艺具有一定的稳定性；工艺过程能划分为简单的并可适当合并和分解的工程，工序时间不能相差过大；厂房建筑和生产面积容许安装流水线的设备和装置。

2. 生产线

生产线是按对象进行专业化组织的一种生产组织形式。它拥有为完成几种产品的加工任务所必需的机器设备，这些设备是按生产线上多种产品或者主要产品的工艺路线和工序劳动量比例来排列的。生产线有较大的灵活性，适用于多品种、规格复杂、零部件较多、产量不大的产品。

组织生产线的要求：要进行技术经济分析；将产品零件结构和工艺特点进行分类，并确定组织生产线的数目和每条生产线上加工的零件种类数；确定生产线所需的设备数量；进行生产线平面布置；加强标准化工作，搞好工艺典型化。

3. 自动线

自动线是指由自动机器体系实现制品加工过程的一种生产组织形式，自动化生产是生产过程的高级组织形式，比流水线能带来更好的经济效益。它不仅可以消除笨重体力劳动、改善劳动条件、节约人力、提高劳动生产率，还有可能完成一些受限于人的生理不能或不宜进行的生产劳动。自动线上的生产过程是完全自动进行的，工人的工作由直接操作设备变为调整设备和监视生产过程的进行。

组织自动线的条件一般包括：在生产方面，零件的标准化、通用化程度高，零件结构必须适应自动化生产特点；在工艺方面，采用先进的设备、工艺装备和工艺方法；在劳动组织方面，要求工人具有较高的文化技术知识和调整、检修设备的技能；在管理方面，对生产技术准备工作要求更加严格，有关管理工作要求更加科学化、制度化和标准化。

五、生产过程组织的要求

生产过程组织必须符合连续性、比例性、平行性、均衡性和适应性的要求。

生产过程组织的连续性是指劳动对象在生产过程的各个阶段、各个工序之间的运转在时间上不间断，始终处于不停的运动状态。

生产过程组织的比例性是指产品生产过程的各个工艺阶段、各道工序之间在生产能力上保持一定的比例关系，比例性是连续性的前提条件。

生产过程组织的平行性是指生产过程的各项活动、各个工序在时间上实行平行作用，平行性是连续性的保证。

生产过程组织的均衡性是指生产进度要均衡，以使设备和人员经常保持均衡负荷，不要前松后紧。

生产过程组织的适应性是指灵活地组织生产过程，以适应市场多品种的需求。

以上五条要求是相互联系、相互影响的，有些要求之间还可能出现一些矛盾，在处理这些矛盾时，要权衡利弊，通盘考虑。

第四节 企业生产计划与作业控制

一、生产计划

企业生产计划是企业在计划期内应完成的产品生产任务和进程的计划，是根据对需求的预测，从工厂能够适应需求的生产能力出发，为有效地满足预测和订货所确定的产品品种、数量和交货日期，制订应在什么时候、在哪个车间生产和以什么方式生产的最经济合理的计划。在企业生产计划中，具体规定着计划期内产品生产的计划，以及生产该产品的品种、质量、数量、产值和生产期限等。它是企业在计划期内完成生产目标的行动方案。

1. 生产计划工作的内容

企业生产计划工作的内容包括：调查和预测社会对产品的需求；核定企业的生产能力；确定目标，制定策略；选择计划方法，正确制订生产计划、库存计划、生产进度计划和计划工作程序，以及计划的实施与控制工作。

生产计划一般为年度计划。年度生产计划是企业年度经营计划的重要组成部分，是编制物资材料采购、供应计划，库存计划，外协计划，人员计划，设备计划和资金计划的主要依据。它的主要作用是充分利用企业资源，合理组织生产活动，以提高企业生产效率和经济效益。

2. 生产计划工作的原则

生产计划工作是企业计划管理工作的一个部分，生产计划除必须遵循计划管理的基本原则外，还必须结合生产计划工作的本身特点，贯彻下列原则要求。

（1）以需定产，以产促销。以需定产就是按照社会对产品品种、质量、数量与交货日期的需要来安排生产任务。社会主义生产仍然是商品生产，作为商品生产必须与市场相联系。无论产品是生产资料，还是消费资料，都要通过交换进入消费，才能达到生产的目的。但是市场需求是不断变化的，企业必须经常预测市场的需求，并按照社会需要组织生产。只有这样，才能满足社会的需要和用户的需求，才能扩大生产，增加企业效益，提高经济效益。

但是，以销定产，并不是否定生产对销售的促进作用。生产为销售提供物质，并以新的产品或物美价廉的产品来唤起新的需求，开辟新的市场，指导销售行为，扩大销售量。

因此，以销定产、以产促销原则要求企业的生产计划既要根据预测的市场需求和订货合同中规定的产品品种、规格、质量、数量作为制订生产计划的依据，又要结合企业的专长，充分发挥企业的人才、技术和管理等资源方面的优势，开发新产品或生产具有一定特色的优质产品，唤起新的需求，指导销售或用户需求方向。只有这样，才能扩大销售，满足社会的需要，提高经济效益。

（2）合理利用生产能力。企业的生产计划只有同企业的生产能力相适应，才能合理地充分利用企业的生产能力。为贯彻这一原则，企业的生产计划工作必须做到以下几点。

① 生产计划安排的产品品种的生产工艺过程必须同企业的设备性能相一致。

② 生产计划的产品产量必须同企业生产设备能力相一致。

③ 生产计划、出产进度安排平衡合理，使设备均衡负荷。

④ 生产计划必须与销售计划、人员计划、库存计划、物资供应计划、设备计划、资金计划互相衔接和协调一致。

（3）进行综合平衡。综合平衡是编制计划的方法，也是编制生产计划的一项原则。生产计划指标的确立不是孤立的，而是要受各方面因素的制约，既涉及产、供、销，又涉及人、财、物，这就必须对它们进行综合平衡。只有经过综合平衡后确定的生产计划指标，才是先进的、切合实际的。

综合平衡的一个重要方面就是要弄清楚内部生产的可能性，以生产任务为中心，与设备生产能力、技术准备、物资供应、资金和劳动力等方面进行综合平衡。其目的是发现哪些方面存在不足和困难，从而提出措施设法解决，使各方面的条件能够保证生产计划的完成。综合平衡的另一个重要方面是各项经济指标之间的平衡。即对产品的品种、产量、质量、成本、消耗、利润、资金等各项经济指标进行综合比较，要在尽可能提高经济效益的目标下，对生产计划的各项指标予以合理的调整，使确定的生产计划指标能够保证企业经营目标的实现。

（4）生产计划安排最优化。在一定的资源条件下，对生产进行合理安排，求得最佳的经济效益。生产计划安排最优化的内容包括两个方面：一是企业生产各品种的产量最优配合；二是计划安排动态最优化。

3. 企业生产计划的主要指标

企业生产计划的主要指标有产品品种、产品质量、产品产量和产值等。

（1）产品品种指标。产品品种指标是指企业在计划期内计划生产的产品名称及品种数目。品种指标反映了企业在品种方面满足市场需要的状况，同时也反映了企业的技术管理及专业化协作水平。

（2）产品质量指标。产品质量指标是指企业在计划期内生产的各种产品应该达到的质量标准。产品质量指标不仅反映企业生产技术水平和管理水平，也反映企业的产品在使用价值方面能够满足社会和人民生产需要的程度。

（3）产品产量指标。产品产量指标是表示企业生产成果的指标，有商品产量和总产量之分。商品产量是指企业在计划期内生产的可供销售的合格产品、半成品。总产量是指企业在计划期内生产的总成果，包括商品产量及供生产所需的自制工具模具、工艺装备和为下一计划期生产的在制品等。产量指标反映了企业向社会提供使用价值的实物量和企业生产发展的水平与规模。

（4）产值指标。产值指标是指用货币单位表示产量的指标，分为商品产值、总产值和净产值，一般用现行价格计算。

4. 生产计划的编制

编制生产计划的主要内容是确定生产计划指标，一般要经过以下几个阶段。

（1）调查研究，掌握企业外部环境和内部条件。对企业外部环境要了解市场对本企业产品品种、数量、质量、价格等的需要；原材料、燃料、动力的供应情况；外协作、外购件等协作和供应情况。对企业内部条件要掌握企业生产能力状况；各工种各等级工人人数；生产技术水平及发展状况；各种物资储备和制品数量；上期生产计划的完成情况；等等。

（2）提出生产计划方案。计划部门提出生产计划的若干可行方案，并对各方面进行分析评价，选择较优的可行方案。对于大批量生产企业来说，指标确定方法一般是先确定产品品种、质量、产量指标，然后确定产值指标；而对于单件小批量生产类型的企业来说，则是先确定各项产值指标，然后落实第一季度的品种、质量、产量等指标，其他则需要在承接订货的组织工作和编制季度生产计划时才能落实。

（3）综合平衡，决定最佳生产计划方案。综合平衡的主要内容有以下几点。

① 生产任务与生产能力之间的平衡。即测算企业设备、生产面积提供的生产能力，并与生产任务所需的生产能力进行比较。

② 生产任务与劳动力之间的平衡。即测算劳动力数量、工种与生产任务是否适应。

③ 生产任务与物资供应之间的平衡。即测算原材料、燃料、动力等资源的需要量和可能的供应量、供应期限以及工具、外协件对生产任务的保证程度。

④ 生产任务与生产技术准备之间的平衡。即测算产品的试制工艺准备、设备维修、技术措施等与生产任务的适应与衔接程度。

⑤ 生产任务与资金占用的平衡。即测算流动资金对生产任务的保证程度和合理性。

⑥ 生产指标之间的平衡。

通过综合平衡，做到统筹安排，确定生产计划，使企业的生产计划方案达到最佳水准。

5. 产品出产进度的安排

安排产品出产进度，就是将全年的生产任务按品种、规格和数量具体地按季、按月进行分配。安排产品出产进度时要保证产品品种、数量、质量、出产期限任务的完成；进行各种产品的合理搭配，使企业各车间在全年各季、各月的负荷比较均衡；注意与生产技术准备工作和物资准备工作进度以及各项技术组织措施实施时间结合起来。

二、生产作业计划

生产作业计划是生产计划的具体落实计划，是企业组织日常生产调度活动的依据。它是将企业生产计划规定的生产任务具体落实到企业各车间、工段、班组、工作地以及每个工人，并在时间上将生产任务分配到月、旬、周、日以至每个轮班。

生产作业计划工作包括生产作业计划的编制和生产作业控制。生产作业计划的编制就是确定各个生产环节在月度内每旬、每周、每日的生产任务。生产作业计划在执行过程中，可根据实际情况和生产调度的需要灵活地做适当更改，但必须以按品种、质量、数量和期限完成生产任务为前提。

1. 期量标准

期量标准也称作业标准，是指在一定的生产技术和组织条件下，对劳动对象在生产期限和生产数量方面所规定的标准数据。期量标准是编制生产作业计划的重要依据之一。

不同生产类型的企业有不同的期量标准。

（1）大量大批生产类型企业的期量标准有节拍和节奏、流水线工作指标图表、在制品定额。

（2）成批生产类型企业的期量标准有生产周期、生产批量、生产间隔期、生产提前期、在制品定额。

（3）单件小批生产类型企业的期量标准有生产周期、生产提前期、产品生产周期图表。

下面介绍五种主要期量标准。

（1）流水线工作指标图表。流水线工作指标图表也称流水线标准计划图表，它为每个工作地规定了详细的工作制度，使各个工作地严格地按预定的计划节拍进行生产。它又分为两种类型：① 连续流水线工作指标图表，规定整个流水线的工作和中断时间及工作制度；② 间接流水线工作指标图表，分工序规定每一工作班的工作和间断时间。

（2）在制品占用量定额。在制品是指从原材料投入生产开始到成品入库为止，处于生产过程中尚未完工的所有零部件的总称。保持一定数量的在制品是正常生产的客观需要。在制品占用量定额是指在一定时间、地点和具体的生产技术组织条件下，为保证生产连续而均衡地进行所必需的在制品数量标准。在制品数量不足，会使前后工序脱节，生产中断；在制品数量过多，又会造成资金积压。因此，企业必须根据具体情况合理地确定在制品占用量定额，并对在制品进行有效的控制。

（3）批量和生产间隔期。批量是指一次投入（或产出）的同种制品的数量。在实际生产中，每投入一批新的制品，都需要对设备进行一次调整，还需要进行生产结束的整理工作。这些准备与结束工作要耗费一定的时间和资金，当生产任务一定时，批量不同，调整的时间和资金就不同。批量增大，批次可减少，有利于稳定产品质量和提高劳动生产率，降低生产费用。但是，批量过大，就会延长产品生产周期，增加了在制品储备和占用较多的流动资金，增加保管工作量和储存保管费用。反之，由于批量小，批次增加，设备调整次数增加，相应地，调整费用也会增加。因此，每个企业都必须根据生产技术水平和管理水平等具体情况，全面分析上述因素的影响，通过科学的分析计算方法确定出合理的批量。

（4）生产周期。生产周期是指从原材料投入生产开始，一直到产品完成为止所经过的全部生产过程的日历时间。它是确定产品投入和产出提前期的依据。生产周期分工序生产周期、工艺阶段生产周期与产品生产周期。产品生产周期决定于产品各工艺阶段的生产周期，而工艺阶段的生产周期决定于该阶段各工序的生产周期。

（5）生产提前期。生产提前期是指产品在各工艺阶段投入或产出的时间比成品生产的日期应提前的时间。前者称作投入提前期，后者称作产出提前期。有了提前期标准，可以根据生产计划或合同规定的产品交货期限，正确确定各生产环节投入和产出制品的时间。各生产环节（车间）的投入或产出提前期都是以最后生产环节（车间）产出时间为基础，按反工艺顺序确定的，在计算某车间的提前期时，先确定出产提前期，后确定投入提前期。

2. 生产作业计划的编制

编制生产作业计划，就是确定各个生产环节在月度内每旬、每周、每日的生产任务。编制生产作业计划所需的主要资料有：年（季）度生产计划；国家对企业临时分配的任务；企业订货合同；产品有关技术资料；期量标准；设备及人员配备情况；等等。生产作业计划主要包括全厂生产作业计划和车间生产作业计划两部分。全厂生产作业计划主要是编制各车间月度内每旬、每周、每日的生产任务和生产进度。车间生产作业计划主要是确定工段、班组、个人每旬、每周、每日的生产任务。编制生产作业计划一般是先编制全厂的生产作业计划，然后再编制车间的生产作业计划。下面以大量生产类型企业生产作业计划的编制方法为例，来说明企业厂级生产作业计划的编制方法。

大量生产类型企业生产计划的编制主要采用在制品定额法。具体方法是：从产品出产的最后一车间开始，按照反工艺顺序逐个计算各车间的投入、产出任务，在计算过程中，主要考虑各车间在制品定额数量和废品损耗等因素。

在制品定额法确定车间生产任务的计算公式为

某车间出产量=后车间投入量+该车间半成品外销量+(车间之间库存半成品定额
　　　　－期初库存半成品预计结存量)

某车间投入量=本车间出产量+本车间计划允许的废品量+(本车间在制品定额
　　　　－期初本车间在制品预计结存量)

在实际工作中，运用在制品定额法编制生产作业计划时，一般都采用车间生产任务计算表，其结构如表 13-4 所示。

表 13-4　车间生产任务计算表

投　入　量		计 算 方 法	出　产　量
	产品名称	①	C620 车床
	计划出产量/台	②	100
	零件名称	③	变换齿轮
	每台零件数/件	④	12
装配车间	计划出产量	⑤=④×②	1200
	废品及损耗	⑥	
	在制品定额	⑦	120
	期初在制品预计数	⑧	84
	计划投入量	⑨=⑤+⑥+⑦-⑧	1236
半成品库	外部零件数	⑩	550
	库存半成品定额	⑪	100
	期初半成品预计数	⑫	50
机加车间	计划出产量	⑬=⑨+⑩+⑪-⑫	1836
	废品及损耗	⑭	8
	在制品定额	⑮	180
	期初在制品预计数	⑯	80
	计划投入	⑰=⑬+⑭+⑮-⑯	1944

三、生产作业控制

生产作业计划在执行过程中的监督、检查、调度和校正，称为生产作业控制。生产作业控制的内容有生产调度、在制品管理和生产作业核算等。

1. 生产调度

生产调度是指对执行生产作业计划的过程直接进行控制和调节。生产调度工作的基本任务是：以生产作业计划为依据，全面地掌握和了解生产活动的过程，组织和动员各方面的力量为生产服务，并根据实际情况，灵活机动地组织日常生产，迅速及时地处理生产中出现的各种矛盾，充分利用富余的能力，克服薄弱环节。必要时，应对生产作业计划进行适当的调整和补充，使生产过程中各个环节能相互协调地进行，以保证生产任务的完成。

生产调度工作的主要内容包括：① 检查生产作业准备进行情况，协助和督促有关部门做好这项工作；② 检查生产作业计划的执行情况，掌握生产动态；③ 根据生产需要合理调配劳动力，保证各生产环节协调地进行生产；④ 检查和了解设备的运行和利用情况，协助和督促有关部门做好设备的维修保养工作；⑤ 组织好厂级和车间的生产调度会议，研究和制订克服生产中薄弱环节的措施，并组织有关部门限期解决；⑥ 检查和调整厂内运输工作。

为了加强生产调度工作，首先必须建立和健全各级调度机构和配备人员，一般来说，大型企业采用厂部、车间和工段三级调度机构，小型企业采用厂部、车间二级调度机构。其次，必须健全调度工作的各项制度，包括调度值班制度、调度报告制度、生产调度会议制度、现场调度制度和班前、班后会议制度。

2. 在制品管理

在制品管理就是为了保证生产各环节连续、均衡地进行生产，而对在制品及库存半成品进行计划、协调和控制的工作。

在制品管理的工作内容，主要是对在制品的投入、领用、发放、生产、保管、检验、周转及生产等环节进行计算、登记、制据、规定使用及保管手续，建立使用、保管、查账、盘点等有关管理制度。为了保证账物相对应，尤其应该注意处理好在制品的报废、回收、代用、增补等问题。凡出现这些情况，都应在账面上去掉或注明。

3. 生产作业核算

生产作业核算是通过对生产实际状况的检查，及时反映生产作业计划的执行情况。生产作业核算的主要内容有：对产品产量、品种、进度的完成情况进行核算和分析；对在制品、半成品的流动变化情况进行分析和统计。生产作业核算的原则应注意数据准确、及时、完整、简便、易行。生产作业核算的基本方法是先将作业完成的实际情况记录在原始凭证上，然后汇总原始凭证，将其记录到生产作业核算的总账中，将实际核算数同计划预计数进行比较，从而掌握生产进度和控制计划的执行情况。

思 考 题

1. 如何理解生产管理的含义及其基本要求？
2. 如何理解生产能力的含义及其分类？
3. 如何理解生产能力的计量单位？
4. 如何理解影响生产能力的主要要素？
5. 如何理解生产能力的核定？
6. 如何理解工作地生产能力的计算方法？
7. 如何理解生产过程的构成？
8. 如何理解影响企业生产过程的主要因素？
9. 如何理解生产过程的空间组织配置原则？
10. 如何理解生产过程的时间组织方式？
11. 如何理解生产组织形式？
12. 如何理解生产过程的组织的基本要求？
13. 如何理解企业生产计划的含义、编制原则、主要指标？
14. 如何理解编制生产计划的主要内容？
15. 如何理解生产作业计划的含义及其内容？
16. 如何理解生产作业控制？

第十四章　企业财务管理

学习目标

你学完本章，应该：
1. 理解企业财务管理与企业财务活动的含义；
2. 掌握企业筹资的含义、筹资渠道以及筹资方式；
3. 掌握资金成本以及资本结构的内涵；
4. 掌握筹资管理、筹资方法、筹资成本、费用管理的内容；
5. 掌握目标成本、决策成本的内涵；
6. 理解利润、企业获利能力与利润目标；
7. 理解企业投资与企业投资管理；
8. 掌握企业投资方案评价方法。

企业财务管理是对企业资金的筹集、运用、耗费、回收、分配所进行的管理活动，是对企业进行的综合性理财活动。本章先概述企业财务管理，再讨论企业筹资管理，企业成本、费用和利润管理，企业投资管理。

第一节　企业财务管理简介

企业财务是企业财务活动及其所体现的经济利益关系的总称。企业财务管理是对企业的财务活动及财务关系所进行的计划、管理、领导和控制等工作。

企业财务活动又称作理财活动，是指企业为生产经营需要而进行的资金筹集、资金运用和资金分配以及日常资金管理等活动。

一、资金筹集

企业要实现生产经营就必须拥有一定的资金。资金筹集是企业通过各种方式取得资金的过程，如企业所有者投入、企业内部积累和对外借款等。

二、资金运用

资金运用是指将筹集的资金投入生产经营过程。资金运用又称作企业投资。企业投资按不同的标准可分为以下几种类型。

（1）对内投资和对外投资。对内投资是对企业自身的投资，如固定资产投资、流动资产投资等；对外投资是企业对本企业之外的投资。

（2）直接投资和间接投资。直接投资是指把资金直接投放于生产经营性资产，以便获取利润的投资；间接投资是指把资金投放于金融性资产，以便获取股利或利息收入的投资，又称作证券投资。

（3）长期投资和短期投资。长期投资是指影响所及超过一年的投资，如购买设备、建造厂房等，又称作资本性支出；短期投资是指影响所及不超过一年的投资，如对应收账款、存货和短期有价证券的投资。两者有所区别，由于长期投资时间长、风险大，因此更重视资金的时间价值和投资的风险报酬。

三、资金分配

资金分配主要是指收益的分配。企业营业收入和其他收入扣除生产经营过程中发生的各项耗费、损失之后的余额，被称为息税前收益，即支付利息、缴纳所得税之前的收益。资金分配就是将这部分收益分别以利息、所得税和利润等形式在投资者及国家之间进行分配。向债权人支付利息和向所有者分配利润都是企业收益分配的重要组成部分，但两者又有所不同：第一，支付利息是企业的法定义务，不论企业是否有利润，都必须向债权人支付利息，而向所有者分配利润则不是法定的义务；第二，利息由税前利润支付，而利润分配必须由税后利润支付。

第二节 企业筹资管理

一、企业筹资概述

1. 企业筹资的类型

企业筹资是指企业向企业外部有关单位或个人为企业内部筹措生产经营所需资金的财务活动。按企业所需资金的不同，企业筹资可分为以下几种。

（1）权益资金和借入资金。权益资金是指企业股东提供的资金，不需要归还，筹资的风险小，期望的报酬率高。借入资金是指债权人提供的资金，需要按期归还，有一定的风险，但其要求的报酬率比权益资金低。

所谓资本结构，主要是指权益资金和借入资金的比例关系。一般来说，完全通过权益资金筹资是不明智的，不能得到负债经营的好处；但负债的比例大则风险也大，企业随时可能陷入财务危机。筹资时的一个重点研究内容就是确定最佳资金结构。

（2）长期资金和短期资金。长期资金是指企业可长期使用的资金，通常是指占用时间在一年以上的资金，包括权益资金和长期负债。企业可以长期使用权益资金，属于长期资金。

短期资金是指一年内要归还的资金。通常短期资金的融资主要解决临时的资金需要。

例如，在销售旺季需要的资金比较多，可借入短期借款，渡过高峰后则归还借款。

长期资金和短期资金的融资速度、融资成本、融资风险以及借款时企业所受的限制有所区别。如何安排长期和短期融资的相对比重，是融资时要解决的另一个重要问题。

2. 企业筹集资金的基本要求

（1）建立资本金制度。充分体现资本保全与完整。资本金是企业在行政管理部门登记的注册资金。资本金制度是国家围绕资本金的筹集、管理和核算及其所有者的责权利所做的法律规范。其主要内容包括下列六条。

① 企业必须有法定的资本金，并达到国家法律规定的最低数量。
② 企业可以采取吸收现金、实物、无形资产等方式筹集资金。
③ 资本金按投资主体可分为国家资本金、法人资本金、个人资本金和外商资本金。
④ 企业经营期间，除国家另有规定外，投资者不得以任何方式抽回资本金。
⑤ 投资者按投入资本金比例分享收益和承担风险。
⑥ 企业增加或减少注册资金数额，必须办理变更登记。

（2）合理预测资金需要量，保持资金筹集与资金需求的平衡。确定资金需要量，是筹资的依据和前提。资金不足会影响企业生产经营的发展，但资金过剩也会影响资金使用效果。所以融资时要做到既及时满足企业的资金需要，又不造成资金的积压。

（3）认真选择筹资渠道和方式，力求降低筹资成本。企业筹资渠道和方式很多，无论选择哪一种筹资渠道和方式，都要付出一定代价，即资金成本。企业应选择资金成本低的渠道和方式。

（4）保持合理的资金结构，即要保持权益资金和负债资金的合理比例。企业负债经营既能提高自有资金利润率，又能缓解自有资金紧张。但负债过多会发生较大的财务风险。因此，企业应适度举债经营。

二、企业筹资的主要渠道和方式

1. 筹资渠道

筹资渠道是指企业筹措资金的方向与通道，体现着资金的源泉。企业筹资渠道主要有以下六个方面。

（1）国家财政资金。这是国有企业的主要资金来源，以国有资产对企业的投资形成企业的国家资本金。

（2）银行信贷资金。即向银行借款。

（3）非银行金融机构资金。如信托投资企业、租赁企业、保险企业、证券企业等机构的资金。

（4）社会资金。社会资金是指企业员工和城乡居民的节余资金以及其他企事业单位闲置不用的资金。

（5）企业自留资金。如企业计提折旧、提取公积金和未分配利润而形成的资金。

（6）外商资金。如外国投资者和我国港、澳、台地区投资者投入的资金，是外资企业的重要资金来源。

2. 筹资方式

筹资方式是指筹措资金时所采取的具体形式,体现着资金的属性。筹资方式与筹资渠道之间有着密切的关系,一定的筹资方式可能只适用于某些特定的筹资渠道,但同一渠道的资金可以由不同的方式取得。企业筹资方式主要有以下几种。

(1) 吸收直接投资。吸收直接投资是指企业以协议等形式吸收国家、其他企业、个人和外商直接投入资金,形成企业资本金的一种筹资方式。它不以股票为媒介,是非股份制企业筹措自有资金的一种基本方式。

(2) 发行股票。股票是股份企业为筹资而发行的有价证券,是投资者投资入股的凭证。按权利的不同,股票可分为普通股和优先股。普通股是股份有限企业发行的无特别权利的股份,也是最基本的、标准的股份。优先股是指优先于普通股分配股利和优先分配企业剩余财产的股票,一般无表决权。

普通股筹资的优点包括以下几点。

① 没有固定的股利负担。股利支付视企业有无盈利和经营需要而定。

② 没有固定的到期日,无须偿还,是企业的永久性资本。

③ 筹资风险小,即没有固定的还本付息的风险。

④ 能增强企业的信誉。发行普通股筹集的资本是企业最基本的资金来源,反映了企业的实力,可作为其他筹资方式的基础,可为债权人提供保障,增强企业的举债能力。

(3) 发行企业债券。企业债券是企业为了筹集资金,依照法定程序发行,约定在一定期限内还本付息的一种有价证券。

债券筹资的优点包括以下几点。

① 资金成本低。由于债券利息通常低于股息,并且债券利息在税前收益中支付,所以债券资金的成本低于权益资金的成本。

② 能产生财务杠杆的作用。债券的成本固定,当企业资金利润率高于债券资金成本时,多发行债券能给企业所有者带来更大的收益。

③ 不会影响企业所有者对企业的控制权。债券持有人只是企业的债权人,无权参与企业的经营管理。

债券筹资的缺点包括以下几点。

① 增加企业的财产风险。债券的本息是企业的固定支出,债券发行得越多,负债比率越大,偿债能力越低,破产的可能性越大。

② 可能产生负资产杠杆作用。当债券利率高于企业资金利润率时,发行债券越多,所有者的收益就越少。

(4) 租赁。租赁是指有偿转让资产使用权而保留其所有权的协议或行为。按性质的不同,租赁可分为经营租赁和融资租赁。经营租赁是指出租人向承租企业提供租赁设备,并提供设备维修保养和人员培训等服务。它是为满足企业对资产的短期需要的短期租赁。融资租赁是指由租赁企业按照承租企业的要求购买设备,并在合同中规定的较长时间内提供给承租企业使用的信用性业务。出租人收取租金但不提供维修保养等服务,承租人在租赁期间对资产拥有实际的控制权,在租赁期满后可优先购买该项资产。它集融资和融物于一身,具有借贷性质,是承租企业筹集长期资金的一种方式。

融资租赁的主要优点包括以下几点。

① 可以避免借款或债券筹资对生产经营活动的限制，迅速获得所需资产。租赁条款很少对承租人经营活动加以限制。

② 租金分期偿付，可适当减少不能偿付的危险。

③ 租金在税前支付，具有抵税作用。

融资租赁的缺点主要是资金成本高，租金总额比借款购入资产的本利和可能还要高。

（5）银行借款。银行借款有长期借款和短期借款。

银行借款的优点包括以下几点。

① 筹资速度快。手续比发行股票、债券简单，花费时间较短。

② 借款成本低。借款利息在税前支付，借款利率一般低于债券利率、股息率，筹资费用少。

③ 借款弹性较大。因为借款的期限、数量、利息可由借款双方直接商定。

银行借款的缺点主要是：筹资风险较高，限制条件较多（相对长期借款而言）。

（6）商业信用。商业信用是指因延期付款而造成的一种借贷关系，是企业短期资金的一种重要来源，在会计上主要形成应付账款。

（7）企业内部积累。企业通过计提折旧、提取公积金和未分配利润而取得资金积累。

三、资金成本和资本结构

1. 资金成本

（1）资金成本的概念和意义。资金成本是指反映企业为筹措和使用资金而付出的代价。从广义上讲，企业筹集和使用任何资金，不论是短期的还是长期的，都要付出代价。但我们这里讲的资金成本仅指长期资金成本，即资本成本，包括用资费用和筹资费用两部分。用资费用是指占有资金支付的费用，也就是支付给投资者的报酬，如股息、利息等。筹资费用是指筹资过程中所发生的各种费用，如借款手续费、股票、债券发行费用等。相比之下，用资费用是筹资企业经常发生的，而筹资费用通常在筹措资金时一次性支付，在用资过程中不再发生，因此筹资费用可视作筹资金融的一项扣除。为了便于分析比较，资金成本通常不用绝对数表示，而用资金成本率这样的相对数表示。用计算公式表示为

$$资金成本率 = \frac{资金使用费用}{筹资金额 - 筹资费用}$$

资金成本是一个重要概念，国际上将其列为一项"财务标准"。对企业筹资来讲，资金成本是选择资金来源、确定筹资方案的重要依据，企业应选择资金成本最低的筹资方式。对于企业投资而言，资金成本是评价投资项目、决定投资取舍的重要标准。一个投资项目只有其投资收益高于资金成本时才是可接受的。资金成本还可作为衡量企业经营成果的尺度，即经营利润率应高于资金成本，否则表明企业经营不利，业绩较差。

（2）资金成本的种类。

① 个别资金成本。个别资金成本是指使用各种长期资金的成本，包括长期借款资金成本、债券资金成本、普通股资金成本、优先股资金成本和保留盈余资金成本。前两种为债务资金成本，后三种为权益资金成本。一般来说，权益资金成本高于债务资金成本，表现为投资者分得的利润或股利高于债券利息收入。就债务资金而言，普通股的资金成本高于

优先股的资金成本。至于保留盈余,从实际支付情况来看,是不花费企业任何成本的;但对投资者而言,企业的这部分保留盈余若作为报酬分给投资者,投资者可再用其投资以获取新的利润,而这部分利润就是企业保留盈余而投资者失去的机会成本。因此,企业保留盈余的资金成本可看作与普通股的资金成本相同,只是不需要支付筹资费用。

② 综合资金成本。当比较各种筹资方式时,使用个别资金成本。但由于受多种因素的制约,企业不只使用某种单一的筹资方式,往往需要通过多种方式筹资,这就需要计算、确定企业全部长期资金的总成本,即综合资金成本。综合资金成本一般是以各种资金占全部资金的比重为权数,对个别资金成本进行加权平均确定的,故又称作加权资金成本。其计算公式为

$$K=\sum W_i K_i$$

式中:K 为综合资金成本;

W_i 为第 i 种资金占全部资金的比重;

K_i 为第 i 种个别资金成本。

(3)边际资金成本。边际资金成本是指资金每增加一个单位而增加的成本,是企业追加筹资的成本。前面介绍的个别资金成本和综合资金成本是企业过去筹集的或目前使用的资金的成本。然而,随着时间的推移或筹资条件的变化,个别资金成本和综合资金成本也会随之变化。所以,在未来追加筹资时,不能仅仅考虑目前所用的资金成本,还要考虑新筹资金的成本,即边际资金成本。

2. 资本结构

(1)资本结构的概念。资本结构是指企业各种资本的构成及其比例关系。如某企业的资本总额为 1000 万元,其中银行长期借款 200 万元,债券 200 万元,普通股 400 万元,保留盈余 200 万元,其比例分别是 0.2、0.2、0.4 和 0.2。

企业的资本结构是由于企业采用各种筹资方式筹资而形成的。通常情况下,企业都采用债务资本和权益资本筹资的组合。所以资本结构问题基本上就是债务资本比例问题。所谓最佳资本结构,就是企业在一定时期使其综合资本成本最低,同时企业价值最大的资本结构。

(2)资本结构中债务资本的作用。

① 负债可以降低企业的资本成本。如前所述,债务利息率通常低于股票的股利率,且债务利息在税前支付,可以抵税,所以债务资本的成本明显低于权益资本的成本。这样,在一定限度内提高债务资本的比率,可以降低企业的综合资本成本。

② 使用债务资本可以获取财务杠杆利益。不论企业利润多大,债务的利息通常都是固定的。当息税前利润增大时,每一单位利润所负担的利息就会相应减少,从而可分配给企业所有者的税后利润也会相应增加,即能给每一普通股带来较多的收益。债务对所有者收益的这种影响称为财务杠杆。

③ 负债会加大企业的财务风险。企业为了取得财务杠杆利益而增加债务,必然增加利息等固定费用的负担。另外,由于财务杠杆的作用,在息税前盈余下降时,普通股每股盈余下降得更快,由借债而引起的这两种风险就是财务风险。

财务杠杆作用的大小、财务风险的大小通常用财务杠杆系数表示。其计算公式为

$$财务杠杆系数 = \frac{息税前利润}{息税前利润 - 利息费用}$$

在资本总额、息税前利润相同的情况下，负债比率越高，财务杠杆系数越大，相应地，财务杠杆作用也就越大。

（3）影响资本结构的主要因素。根据现代资本结构理论分析，企业最佳资本结构是存在的，但在实际工作中要解决这一问题却十分困难。下面就影响资本结构的主要因素做一简要的定性分析。

① 企业的风险程度。风险对筹资方式有很大影响。企业风险越大，举债融资方式相对来说就不如发行股票来得理想，因为发行股票不需要定期支付利息，按时偿还本金。

② 企业的财务状况和经营状况。一般而言，获利越大、财务状况越好、变现能力越强的企业，就越有能力担负财务风险。因而，举债筹资就越有吸引力。

③ 销售的稳定性。如果企业的销售和盈余很稳定，则可以较多地负担固定的债务费用。例如，公用事业的销售较为稳定，故可使用较多的债务融资。

④ 股东和管理人员的态度。如果股东不愿意失去企业的控制权，则可能不愿意增发新股票，而尽量采用债务融资。如果管理人员讨厌风险，那么，可能较少利用财务杠杆，尽量减少债务资本的比例。

⑤ 贷款银行的态度。大部分贷款银行都不希望企业负债比例过大，如果企业坚持使用过多债务，贷款人可能会拒绝贷款。

⑥ 企业所处行业。不同行业的资本结构有很大区别。在进行资本结构决策时，应掌握所处行业资本结构的一般水准，作为确定本企业资本结构的参照。

筹资管理主要是根据企业经营的实际需要，针对现有的筹资渠道，统筹考虑筹资数额、期限、利率、风险等方面，来选择资金成本最低的方案，即最优方案。

四、筹资结构定量分析

企业在实施大型投资项目时，往往需要多渠道、多形式地筹集资金，为降低投资风险，在此之前企业必须对企业的筹资结构进行分析。筹资结构分析的重点是分析企业自有资金与贷款构成的比例对企业自有资金收益率和企业风险大小的影响。企业自有资金一般可以发行股票或使用留存收益，而企业贷款则可以通过发行债券或向金融机构借款。

假定某项投资在几种不同状况下取得的投资收益率是可测的，各种状态出现的概率也是可知的，那么期望的投资收益率及期限离差的计算公式为

$$期望投资收益率 = \sum (投资收益率 \times 概率)$$

$$\sigma^2 = \sum (投资收益率 - 期望投资收益率)^2 \times 概率$$

一般而言，投资项目风险的大小完全可以由离差来反映，离差越大，风险越大；反之亦然。企业可以根据投资项目预计收益能力、风险大小和企业承担风险的能力，选择合适的筹资战略，进行必要的风险筹资结构组合，以追求较高的投资报酬和较小的企业风险；另外，在筹资手段上，选择股票筹资或是债券、贷款筹资以建立适当的负债比例，同时根据资金市场状况，选择适当的筹资企业，以求资金成本最低。

五、筹资方法选择

企业选择筹资方案必须有两个前提条件：一是假设所有企业都是有效经营的；二是要有比较完善的资金市场。一般来说，筹资方法的选择大致有以下几种。

1. 比较筹资代价

企业在筹资活动中，为获得资金必须付出一定的代价。比较筹资代价法有以下三个方面的内容。

（1）比较各种资金来源的资金成本。
（2）比较各种投资人的各种附加条件。
（3）比较筹资的时间代价。

2. 比较筹资机会

筹资机会的比较包含以下三个方面的内容。

（1）对迅速变化的资金市场上的时机进行选择，包括筹资时间的比较和定价时间的比较，筹资的实施机会选择主要由主管财务人员在投资银行的帮助下，根据当时市场的情况做出决定。

（2）对筹资风险程度的比较，企业筹资面临着两个方面的风险，除了企业自身经营上的风险外，还有资金市场上的风险。进行筹资决策时，必须将不同的筹资方案的综合风险进行比较，以选择最优方案。

（3）筹资代价与收益比较。筹资代价与项目生产的效益进行比较，是筹资决策的主要内容。如果企业筹资项目的预计收益大于筹资的代价，则筹资方案是可行的。

第三节　企业成本、费用和利润管理

一、企业成本和费用管理

成本和费用的管理是企业财务管理的核心内容之一。企业应当做好与成本、费用管理有关的各项基础工作，包括建立健全原始记录、实行定额管理、严格计量验收和物资发领退等制度，加强对成本、费用的管理。在企业财务制度中，成本的管理采用了制造成本法。

1. 制造成本法

在制造成本法下，计算产品成本时，只分配与生产经营最直接和最密切相关的费用，而将与生产经营没有直接关系和关系不密切的费用直接计入当期损益。按照制造成本法的要求，企业管理费用、财务费用、销售费用不需要再按一定标准在各种产品之间、各个成本计算期之间进行分配，避免了重复分配。

2. 成本、费用管理中必须注意的问题

（1）确定成本、费用开支的基本原则。企业应当根据《企业财务通则》、企业财务制度和有关规定,确定成本、费用的开支范围。一切与生产经营有关的支出,都应当按规定计入企业的成本、费用,具体到工业会计来说,就是直接材料、直接工资、其他直接支出、制造费用、本期固定资产折旧费和管理费用、财务费用、销售费用。其中,直接材料、直接工资、其他直接支出和制造费用、本期固定资产折旧费构成产品的制造成本,而管理费用、财务费用和销售费用三项间接费用则不计入产品的制造成本,直接作为当期费用处理。

(2) 确定成本、费用开支范围应划分的界限。具体包括以下几个方面。

① 分清本期成本、费用和下期成本、费用的界限。企业要按照权责发生制的原则确定成本费用开支。企业不能任意预提和摊销费用。凡应由本期负担而尚未支出的费用,应作为预提费用计入本期成本、费用。凡是已经支出但应由本期和以后各期负担的费用,应作为待摊费用,分期摊入成本、费用。企业一次支付的,分摊期限一般不超过一年。

② 分清在产品成本和产成品成本之间的界限。企业应当注意核实期末在产品的数量,按规定的成本计算方法正确计算在产品成本。不得任意压低或提高在产品和产成品的成本。

③ 划清各种产品成本的界限。凡是能直接计入有关产品的各种直接成本,都要直接计入。与几种产品共同有关的成本、费用要先归集,然后根据合理的分配标准,在各种产品之间正确分配。

(3) 明确不得列入成本、费用的开支。企业的下列支出不得列入成本、费用:为购置和建造固定资产、无形资产和其他资产的支出;对外投资的支出;被没收的财物,支付的滞纳金、罚款、违约金、赔偿金,企业捐赠、赞助支出;国家法律、法规规定以外的各种费用;国家规定不得列入成本、费用的其他支出。

3. 目标成本

目标成本是指在一定时期内,为保证实现目标利润而规定的成本控制目标。其计算公式为

$$目标成本=预计销售收入-应纳税金-预计目标利润$$

$$单位目标成本=预测单位售价\times(1-税率)-预计目标利润\div预测产量$$

目标成本是企业为确保实现利润目标而努力降低成本使其必须达到的成本额。目标成本确定后,还必须确定成本降低幅度,即成本降低目标。其计算公式为

$$成本降低目标(率)=\frac{上年平均单位成本-单位目标成本}{上年平均单位成本}$$

$$成本降低目标(额)=上年平均单位成本-单位目标成本$$

为了达到降低成本的目标,保证利润目标的实现,还必须预测各项主要措施对目标成本的保证程度,以便把降低成本的必要性和可能性结合起来。预测的具体方法是通过利用有关成本核算资料,按照影响单位产品成本变动的各个因素,对照计算指标分别计算这些因素对单位产品成本中有关项目的影响程度,然后用比重法进一步计算各因素变动对单位产品成本的影响,其基本计算公式为

$$某项因素变动使成本降低率=预计该项因素变动程度\times变动前该项因素占成本的百分比$$

4. 决策成本

为决策提供的成本数据叫作决策成本。决策成本是一种预测成本,根据决策内容和要求的不同而采用各种特殊的计算方法,是成本资料在管理中的应用。应用决策成本进行事前的预测和决策,首先要了解成本习性。成本习性可将企业的全部成本分为变动成本和固

定成本两大类。凡是在一定时期和一定业务量范围内，成本总额中一部分与业务量总数成正比变动关系的部分叫作变动成本；反之，成本总额中一部分不受业务量增减变动影响的部分叫作固定成本。总成本是一种混合成本，同时兼有变动与固定两种不同的性质。混合成本可以分解成变动成本和固定成本。在按成本习性将企业成本归类的基础上，就可以实际运用决策成本了。

二、利润管理

利润是企业在一定时期内实现盈余的一种表现形式。它集中反映企业生产经营活动各方面的效益，是企业最终的财务成果，也是衡量企业生产经营管理效果的重要综合指标。利润总额若为正数，则表示该企业为盈利企业；利润总额若为负数，则表示该企业为亏损企业。企业利润总额包括营业利润、投资净收益（减投资损失）以及营业外收支净额。其计算公式为

$$利润总额 = 营业利润 + 投资净收益 + 营业外收入 - 营业外支出$$

其中：

$$营业利润 = 产品销售利润 + 其他业务利润 - 管理费用 - 财务费用$$

$$产品销售利润 = 产品销售净收入 - 产品销售成本 - 产品销售费用 - 产品销售税金及附加$$

$$其他业务利润 = 其他业务收入 - 其他业务成本 - 其他业务税金及附加$$

1. 企业获利能力的评价

企业获利能力的高低可根据销售收益比率、成本费用收益比率、资产收益比率以及权益收益率等指标来衡量。

（1）反映销售与收益的比率的指标。

① 销售利润率，是指企业在一定时期内的产品销售利润与产品销售收入的比率，用于衡量企业销售收入的收益水平。其计算公式为

$$销售利润率 = \frac{产品销售利润}{产品销售额} \times 100\%$$

② 销售利税率，是指企业在一定时期内的利税总额与销售净额的比率。其计算公式为

$$销售利税率 = \frac{利税总额}{销售净额} \times 100\%$$

$$= \frac{利润总额 + 营业税金}{销售净额} \times 100\%$$

（2）反映成本费用与收益的比率的指标。

① 成本利润率，是指企业在一定时期内的产品销售利润与产品销售成本的比率。其计算公式为

$$成本利润率 = \frac{产品销售利润}{产品销售成本} \times 100\%$$

② 成本费用利润率，是指企业在一定时期内的利润总额与成本费用总额的比率。其计算公式为

$$成本费用利润率 = \frac{利润总额}{成本费用总额} \times 100\%$$

（3）反映资产与收益的比率的指标。包括以下几方面。

① 总资产报酬率，是指企业在一定时期内的税后利润和利息费用与总资产平均余额的比率。其计算公式为

$$总资产报酬率 = \frac{税后利润 + 利息费用}{总资产平均余额} \times 100\%$$

② 净资产报酬率，是指企业在一定时期内的税后利润与净资产平均余额的比率。其计算公式为

$$净资产报酬率 = \frac{税后利润}{净资产平均余额} \times 100\%$$

（4）反映权益与收益的比率的指标。反映权益与收益的比率主要有资本金利润率指标。资本金利润率是指企业利润总额与资本平均余额的比率。其计算公式为

$$资本金利润率 = \frac{利润总额}{资本金平均余额} \times 100\%$$

2. 利润目标的确定

利润目标的确定是一个复杂的问题，一般采用量—本—利分析法确定，首先对决定利润目标的几个主要的直接因素进行相对静态分析，然后再将诸因素综合起来进行分析，选优判断，即可决定企业的利润目标，并据此编制企业的利润计划。

量—本—利分析是专门研究成本、业务量、利润三者之间的依存关系的分析方法。利用它可以分析盈亏平衡点（即保本点）以及获得目标利润要达到的业务量、价格、成本水平等，从而为企业生产经营的预测和决策提供有关数据，它是确定利润的目标的一种有效方法。

在量—本—利分析中，按照成本与业务量的关系，可将成本划分为变动成本和固定成本。业务量一般是指工业企业的产销量（假定产销一致）或商业企业的销售量。利润可以是税前净利，也可以是税后净利，为了简化分析计划，一般指税前净利。在量—本—利分析中，假定销量单位、单位变动成本、固定成本总额在一定的业务量范围内和一定的时期内稳定不变。因此，实际情况如果与这些假定有出入，那么分析结构必须做相应的调整。其基本计算公式为

利润目标=销售收入-变动成本总额-固定成本总额
=单价×销售量-单位变动成本×销售量-固定成本总额

设利润目标为 M，销售量为 Q，单价为 P，单位变动成本为 V，固定成本总额为 F，则

$$PQ = F + VQ + M$$
$$M = Q(P-V) - F$$

从上式不难看出，企业利润的大小主要受销售量、销售单价、单位变动成本和固定成本总额等因素的影响。在已知这些因素的情况下，就可以根据这个基本公式计算目标利润。或者，在确定了利润目标的情况下，就可以确定上述因素如何变动才能保证利润目标的实现。

第四节 企业投资管理

投资是将资金物化为资产的一种活动,它是为了获取资金增值或避免风险而运用资金的一种活动,包括决定企业基本结构的固定资产投资和维持生产经营活动所必需的流动资产投资。

一、流动资产投资管理

流动资产是生产经营活动的必要条件,投资的核心不在于流动资产本身的多寡,而在于流动资产能否在生产经营中发挥作用。流动资产投资管理主要涉及以下两个方面的内容,其管理目标是节约企业流动资金的使用和占用,以更好地实现企业利润。

1. 存货投资管理

存货在采购、生产、销售之间起着缓冲的作用,但存货过多或过少都会造成不同程度的问题。存货太多,容易造成产品或原料的积压和大量资金的闲置,从而影响企业的经济效益;而存货太少则会影响企业生产经营活动的连续性。

2. 应收账款投资策略

应收账款是一种商业信贷,必然要占用一定的资金。应收账款投资较多,增加了资金占用和坏账风险,但同时却可以刺激销售,增加利润;反之,虽然减少了资金占用及其机会成本和坏账风险,但也会降低销售额。因此,合理的应收账款投资必须在利润与风险之间取得平衡。

二、固定资产投资策略

企业的固定资产投资主要有两种主要策略:一种是市场导向投资策略,它要求固定资产投资随着市场的变化而适时地变化。但事实上,固定资产投资策略却不可能随之不停地变化。因为固定资产投资的量一般很大,它决定了企业的规模,并着眼于一定的时期。所以,在不断变化的市场环境中,适时地抓住固定资产投资的时机,使之既不会使原有的投资浪费,又尽可能地发挥新投资的效益,是这一策略的关键所在。

另一种是最低标准收益率策略,指在企业决定某种固定资产投资之前,首先要制订出最低标准的投资回收率,只有高于这一收益率的项目才有可能被采纳。从理论上讲,可行的最低限度收益率应该是企业的资金成本率,但在实践中,企业往往不会满足资金成本,从企业的发展愿望出发,企业对风险的估计和对利润的追求都要求项目的投资收益率高于资金成本率。

三、投资决策的一般方法

投资是企业财务活动的重要内容之一,按不同标准它可分为多种,如短期投资和长期投资、直接投资和间接投资、对内投资和对外投资等。这里讲的投资决策方法主要针对直接投资中的长期投资，如固定资产投资。

评价投资方案使用的经济效果指标分两类：一类是非贴现指标，即不考虑时间价值因素的指标，主要包括投资回收期、投资收益率、计算费用等；另一类是贴现指标，即考虑了时间价值因素的指标，主要包括净现值、现值指数、内部报酬等。根据分析评价指标的类别，投资方案（或项目）分析的方法也被分为非贴现的评价方法和贴现的评价方法两种。

1. 非贴现的评价方法

非贴现的评价方法也称作静态评价方法，它不考虑时间价值，但把不同时间的现金收支看作等效的。这些方法在评价和选择方案时起辅助作用。常用的非贴现的评价方法主要有以下几种。

（1）回收期法。回收期是指通过投资项目营运后所获得的收益抵偿该项投资所需的时间。根据投资回收期的长短来评价方案的优劣的方法称为回收期法。回收期的计算公式为

$$T = \frac{K}{\text{NCF}}$$

式中：T 为投资回收期；

K 为原始投资额；

NCF 为每年净现金流入量，也称作年收益。

在每年的收益额不等额的情况下，必须采用财务报表法，把投资引起的现金流入累计到与投资额相等的时间，即回收期。

用投资回收期评价方案，先要把计算的回收期 T 同基准回收期 T_0（或行业的平均水平）做比较，其评价规则为：① 当 $T=T_0$ 时，方案可行；② 当 $T>T_0$ 时，方案不可取；③ 当 $T<T_0$ 时，方案可取；④ 在 $T<T_0$ 条件下，进行多方案比较，T 越小则方案越优。

回收期法的优点：计算简便，并且容易被决策者所正确理解。回收期法的缺点是：不仅忽视时间价值，而且没有考虑回收期以后的收益。事实上，战略性的长期投资往往是早期收益较低，中后期收益较高。因此，回收期法有急功近利、忽视长远收益之虞。

（2）投资收益率法。投资收益率也称作投资报酬率，是平均每年的净现金流量与原始投资额的比率。采用投资收益率指标来评价投资方案的优劣，就是投资收益率法。投资收益率的计算公式为

$$E = \frac{\text{NCF}}{K} \times 100\%$$

式中：E 为投资收益率；

K 为原始投资额；

NCF 为年平均净现金流入量。

（3）计算费用法。计算费用是把原始投资按基准回收期转化为年投资占用费用，再与年付现成本（经营费用）合计起来的费用。其计算公式为

$$C_C = \frac{K}{T_0} + C$$

式中：C_C 为计算费用；

K 为原始投资额；

T_0 为基准回收期；

C 为年付现成本。

2. 贴现的评价方法

贴现的评价方法也称作动态评价方法，就是把投资方案历年的投入与产出，在考虑资金的时间价值的情况下计算和评价方案的经济效果。资金的价值对投资方案的经济效果指标影响甚大。所以，在计算和评价投资项目的经济效果时，时间价值是个不可忽略的因素。贴现的分析评价方法是经济评价的主要方法。常用的贴现分析评价方法有以下几种。

（1）净现值法（简称 NPV 法）。净现值（NPV）是投资项目在寿命周期内各年净现金流入量的现值之和与原始投资的差额。净现值法就是将基准投资收益率作为贴现率，通过计算出投资寿命周期内各年的现金流入（产出，为正数）和现金流出（投入，为负数）量的现值代数和的大小，来评价方案优劣的方法。在一次投资、无建设期的情况下，其计算公式为

$$NPV = \sum \frac{NCF_t}{(1+i)^t} - K$$

式中：K 为原始投资额；

NCF_t 为第 t 年的净现金流量；

i 为方案评价所选择的基准贴现率；

n 为方案的寿命周期。

（2）现值指数法（简称 PVI 法）。它是在净现值法的基础上派生出来的一种补充方法。NPV 是一种绝对经济效果指标。当对比方案的投资额和寿命周期相差甚大时，用 NPV 的大小来决定方案的取舍，则有以偏概全之虞，可能导致失误。方案评价必须用绝对和相对经济效果指标从不同的角度、侧面进行全面的评价。现值指数法就是采用方案的相对经济效果指标——现值指数来评价，可以消除某些不可比因素，以起到同质化处理的作用。所谓现值指数，是指投资方案未来收益的总现值与原始投资现值之比。其计算公式为

$$现值指数 = \frac{N 期净现金流量的总现值}{投资额现值}$$

（3）内部报酬率法（简称 IRR 法）。内部报酬率也称作内含报酬率，就是使投资项目的净现值等于零的贴现率。

思 考 题

1. 如何理解企业财务管理与企业财务活动的含义？
2. 如何理解企业筹资的含义、筹资渠道以及筹资方式？
3. 如何理解资金成本以及资本结构的内涵？
4. 如何理解筹资管理、筹资方法、筹资成本、费用管理的内容？
5. 如何理解目标成本、决策成本的内涵？
6. 如何理解利润、企业获利能力与利润目标？
7. 如何理解企业投资与企业投资管理？
8. 如何应用企业投资方案评价方法？

第十五章 企业人力资源管理

学习目标

你学完本章，应该：
1. 了解我国企业人力资源管理的发展历程；
2. 掌握人才招募方法和途径；
3. 熟悉挑选员工环节；
4. 理解人力资源供求平衡分析的主要内容；
5. 熟悉企业的人才开发与培训战略的程序；
6. 了解"四定"基础工作的内容；
7. 熟悉企业员工劳动收入构成。

我国企业人力资源管理的发展经历了以下三个阶段：档案管理阶段、人力资源管理阶段、人力资源管理的新阶段。企业人力资源管理的特点可分为自然特点和社会特点两个方面。所谓自然特点就是把人力单纯作为劳动力的存在来看待。社会特点就是人的社会特征，是在一定生产关系中进行的活动。如何做到人尽其才、才尽其用、用当其时，是一个值得研究的问题。为此本章先介绍企业人力资源的组织，再讨论企业人力资源的开发、企业的"四定"管理、绩效考核、劳动收入的管理。

第一节 企业人力资源的组织

一、企业人力资源开发与管理部门的作用

现代企业越来越重视人力资源。成功的企业已认识到它们的员工比机器设备更重要。因此，现在大多数企业都设有企业人力资源开发与管理部门，以帮助企业做好挑选员工和培训工作。人力资源开发与管理部门在制订工薪计划以及其他有关保健、安全和福利等计划方面也起着积极的作用。对许多企业来说，人力资源开发与管理部门已变得更加重要，它与企业的其他基本经营管理部门，如市场营销、生产和财务等部门比较起来，已具有同等地位。因此，大、中型企业有必要设立专门的企业人力资源开发与管理部门。当然，在较小型的企业中，企业人力资源开发与管理部门的人员可能较少，因此有些职务可能合并。

二、人力资源开发与管理部门的职能

一般来说，企业人力资源开发与管理部门的工作主要是向其他部门提供建议和帮助。例如，企业人力资源开发与管理部门在当地的报纸上刊登招聘员工广告甚至与求职者谈话，企业人力资源开发与管理部门并不做雇用与否的最后决策，这种决策最后要由主管人力资源开发与管理部门的经理来做。

企业人力资源开发与管理部门的另一个重要职能是培训和训练企业的员工。某些人需要在就职前进行培训，其他人则需要在工作岗位上进行培训，以保证他们能够尽快地、完全地胜任这份工作。这种培训工作有的是在岗工长或车间主任这一级进行，有的则是在较高的管理层进行。通常，企业人力资源开发与管理部门是根据别的部门提出的要求来提供这种培训的，只是通过自己的服务来协助其他部门，而不参与决定什么样的人可接受这种培训，在决定采取什么培训方式方面也只起有限的作用。

同样，在工资和薪金管理方面，企业人力资源开发与管理部门也担负许多重要的职能。这些职能包括：进行工作分析、编写工作说明书、了解别的企业为相应工作所付的报酬等。但是，最后决定工资和薪金的不是企业人力资源开发与管理部门，而是企业的最高管理层。

在员工保健、安全和退休工作方面，企业人力资源开发与管理部门也同样只起建议作用。企业人力资源开发与管理部门要考察当前的计划并估计员工的需要。它也要了解同行业其他企业所提供的福利种类，然后根据这些信息向企业提出建议，说明该企业的现行计划是否需要调整。

企业人力资源开发与管理部门在劳工关系方面的作用也基本相同。企业人力资源开发与管理部门要解决企业和雇员之间所产生的许多问题。有时，企业人力资源开发与管理部门可以直接采取措施处理这些问题，但在多数情况下，企业人力资源开发与管理部门的工作只是帮助有关方面解决问题。

三、招募和挑选员工

企业人力资源开发与管理部门最重要的任务之一是帮助企业补充所需要的人才。有些员工要离职，有些员工要退休，因此这些职位需要补充人员。另外，如果企业需要扩充业务，就需要有更多的工作人员来担任新开发的工作。这就需要招募新员工，然后在应招的人员中进行挑选，以确定所需要的合格人员。

企业人力资源开发与管理部门在招募员工之前，必须先进行工作分析。工作分析是要确定为了实现企业的战略目标，有哪些工作要做，每件工作的范围多大，什么样的人有资格做好这种工作。工作分析的结果是编制工作说明书。在工作说明书中要规定工作的名称、内容、责任以及需要具备何种知识、经验和条件的人才能胜任这项工作。分析和编写工作说明书能使企业对人力资源的需要更加具体、明确，从而为招募和选择合格的员工提供依据。

四、招募员工的方法和途径

招募就是设法获得足够数量的求职者,一般通过以下几种方法和途径来进行。

(1)登广告。即在报纸、广播、电视和各种专业杂志上刊登招聘广告。

(2)政府就业中心。政府就业中心能够帮助安置熟练的、半熟练的、不熟练的、专业的技术人员的工作。这种服务一般对业主和雇员都不收费。

(3)私人职业介绍所。私人职业介绍所在介绍工作时,要向求职者或雇主收费。这种费用一般按工作后第一个月薪金或第一年薪金的一定百分比计算。

(4)大专院校。大专院校是企业高质量工作人员的一个重要来源。企业经常派代表去一些高等院校与求职者见面,初步的合格者被邀去企业再做进一步的面试。

(5)高等职业学校。这些学校培养了许多具有各种技艺的学生,这也是新员工的重要来源。

(6)员工的推荐。许多企业鼓励员工推荐亲戚和朋友作为企业未来的员工。如果某种工种极缺,员工推荐的这种工人一旦录用,企业还可能会给推荐者一定的报酬。

(7)军人。在军队中服役的人大多具备专门的技能,他们退役后就能在民用企业工作。

五、挑选员工的环节

企业有了足够的求职申请后,下一步就要从中选用最合适的人。这个挑选过程一般包括以下几个环节。

1. 求职申请表

企业通过求职者填写的申请表来掌握有关求职者情况的初步信息,包括求职者的姓名、地址、电话号码、希望选择的工作、工作经历、文化教育程度、身体健康状况等。这些信息能够帮助企业确定求职者的各项条件是否符合工作的要求。企业主管找求职者面试时,这些信息对于指导怎样进行谈话是很有帮助的。

2. 面试

面试使企业代表有机会在面对面的基础上对求职者做出评价。这个人的说话表达能力如何?是否有一个讨人喜欢的外貌?他对这种工作是否感兴趣?求职者对薪金和工作有什么要求?这个人是否是企业所需要的人?这些是企业代表在面试时应考虑的问题。

面试时,在面试者和被面试者之间应力求营造一种亲切的氛围,以便被面试者在谈话中感到毫无拘束,因为只有这样双向沟通才能坦率地、顺利地进行。

面试又可分为初步筛选性面试、深入的面试和顶头上司的面试三种。在初步筛选性面试中,面试者要对求职者做初步的估计,其目的是决定哪些候选人可以进一步考虑。然后,被选出的候选人要参加深入的面试,这种面试由企业人力资源开发与管理部门的专家来主持,尽量取得求职者相关深入真实的信息,如求职者激励程度、个人的目标和抱负以及在工作中能否与他人合作等。这时,面试者可能要核对求职者个人的和其原单位的证明材料。最后,求职者与未来的顶头上司还要进行一次面试,最后由他来决定是否录用这名求职者。

3. 就业测验

就业测验的目的是帮助企业更好地挑选新员工,也就是使这种挑选更加正确和有效。就业测验的主要形式有以下几种。

(1) 智力测验,也称作智商测验。智力测验主要用来测定求职者学习和分析、解决问题的能力,包括表达、计算、推算、记忆和理解能力等。

(2) 才能测验。才能测验是专门用来测验某一项具体工作所需要的特殊才能或技能,如测定求职者手的灵活程度、手和眼睛的协调程度等。

(3) 熟练度测验。熟练度测验主要测验求职者从事某项具体工作的熟练程度,办法是让求职者表演所做的工作,如打字、速记、操作计算机等,然后测定他的熟练程度。

(4) 个性测验。对某些工作来说,例如对经理或推销员来说,能否搞好人际关系,可能比他的业务知识更为重要。在挑选这类工作人员时就常常使用个性测验,以测定诸如他的事业心、自信心、耐心和是否果断等,但这种测验结果只能作为参考。

4. 体格测试与检查

许多企业在挑选员工时,要求对求职者进行体格测试和体格检查,其目的首先是确定求职者的健康状况是否符合工作说明书中对健康的要求;其次,由于他的身体状况在进企业前已经检查过,企业就能对他的要求是否合理尽快做出评价。

第二节 企业人力资源的开发

一、企业资源的供求平衡分析

人力资源战略总是随着企业总体战略和经营战略变化而变化的。企业战略的变化,一方面带来了工作和任务的变化,产生了新的工作和业务,需要增加新的人员;另一方面,因企业战略类型或阶段的变化,产生了对不同类型人员需求的变化,这就要求对人才资源的供求平衡进行分析。人力资源供求平衡分析主要包括如下四项内容。

1. 企业分析

这是由企业战略所规定的工作分析。企业各层次战略所提出的各项活动必须落实到具体要做的工作,才能对工作人员提出具体的要求。这就需要从企业的角度进行工作分析。分析的内容包括该项工作的内容、程序、方法、责任以及对人员的特殊要求、报酬制度的设计等。分析的结果要形成工作说明书和工作规定,前者说明与工作有关的事项,后者对承担工作的人应具有的条件进行规定。

2. 企业人力资源需求预测

企业工作分析将企业各类战略活动变成具体的工作,从而对人员的需求做出估计。

3. 人力资源供应预测

企业的人力资源来自内外两个方面。外部来源的途径很多,但稳定的长期来源则往往需要契约来保证;内部来源主要通过对员工的培训和晋升计划来保证。但无论哪种来源,人力资源的供应预测主要针对企业战略目标所需的各类人员数量进行预测,具有明确的针对性。

4. 人力资源供需平衡分析

根据上述分析结果,可以明确企业长期人力资源供需平衡的结果。这一结果提出企业的何种战略活动在什么时间需要哪些人员,这些人员来自企业内部还是企业外部,是否存在缺口,并可进一步据此分别针对如何安排企业富余人员、补充不足人员和稳定人员供需平衡等方面,提出企业人力资源战略的政策和目标。

二、人才开发与培训战略的制订程序

人才开发与培训战略的制定应建立在科学、实际、统一的基础上,而且必须按照一定的程序有目的、有计划地实施,并定期加以检查,以保证一切培训战略的科学和有效。一般来说,企业的人才开发与培训战略应包含以下程序:了解人才现有状况→明确开发培训目标→确定开发培训方式→实施计划→检查评价效果。

企业的人才培训计划应首先了解企业当前人员的状况,状况调查的内容主要涉及人员的年龄、教育程度、知识背景、工作经历、性格特征、工作态度等,明确开发培训目标是指企业的人才培训计划应符合企业战略的总体要求,并据此制订出相应的培训计划,以便能培养出企业未来发展所需的各种类型的人才。目标确定之后,便要探寻达到目标的途径;不同的方式有着不同的适宜条件和不同的效果,因此企业应在综合内外部条件之后,规划具体的开发培训方式。在达到目标和方式的统一之后,便要制订详细的培训开发计划并由企业人力资源开发与管理部门实施;计划可以由企业的战略规划部门协同人力资源开发与管理部门一起制订,还可以邀请企业外的咨询机构承担综合方案的拟订任务,并由企业自行选择决定,或者由企业和外部的咨询机构共同协商制订。但无论采取什么方式,企业都必须有专门的职能机构负责企业实施。最后,为了保证培训的质量和效果,企业应定期或不定期地对接受培训的员工进行考核评价。

第三节 企业的"四定"管理

企业的"四定"通常指企业的劳动定额、定岗、定责、定员工作,这是人力资源开发与利用的基础工作,搞好企业"四定"管理工作,可为企业管理工作奠定良好的基础。

一、劳动定额管理

1. 劳动定额的概念

劳动定额是指在一定的生产技术和组织技术条件下,为生产一定数量的合格产品或完成一定质量的工作所规定的劳动消耗量的标准。劳动定额有两种基本形式:工作定额和产量定额。前者指单位时间内必须完成的工作量,后者指生产单位产量必须花的时间,两种定额在数值上互为倒数关系,可以相互换算。

企业在生产实际工作中选择哪种定额形式,要根据生产企业的需要确定。一般来说,工作定额适用于成批或小批生产的企业;产量定额适用于大量生产的企业。

2. 劳动定额制定的方法

劳动定额制定的方法主要有以下几种。

(1) 经验估计法。是指由定额员和老工人、老推销员、老营业员及其他有关人员相结合,根据过去的实际工作经验,参考有关技术资料,考虑设备、工具和其他工作条件,对完成商品销售量所需劳动量进行估计的一种方法。这种方法是按照普遍达到的水平估算的,简便易行,所需时间少、工作量小。但是,定额的技术依据不足,准确性差,水平不易平衡。经验估计法一般适用于单位小批生产、新产品试制或一次性生产任务。

(2) 统计分析法。是指根据过去生产或经营的统计资料,经过整理和分析,考虑今后企业生产或经营条件的变化制订或修订定额的方法。这种方法同样简便易行、工作量小,由于充分利用了已有工作消耗统计资料,因而比经验估计法更能反映实际情况。但是统计资料只能反映过去达到的水平,而且可能包括不合理和虚假因素,往往影响了定额制定的准确性。统计分析法一般适用于生产条件正常,成批生产,原始记录和统计资料比较齐全的企业。

(3) 比较类推法。是指通过与同类的产品、工序或相似的零件定额标准进行分析比较制定劳动定额的方法。用来类比的两种产品必须具有可比性。这种方法简单易行,便于保持定额水平的平衡,但标准性受典型定额标准质量的影响,工作量极大,适用于同类型产品较多的单件小批生产的企业。

(4) 技术测定法。是指通过对组织技术条件的分析,在挖掘生产潜力和操作方法合理的基础上,采取分析计算或现场测定制定劳动定额的方法。通常按照单件工时定额的各个组成部分,分别确定它们的定额时间,然后加以汇总。用这种方法制定定额的技术依据充分,定额准确度较高,但工作量大,难度也大,主要适用于大量大批生产的企业。定额的制定仅仅是定额工作的开始,更重要的是保证定额的贯彻执行,加强对劳动定额的日常管理。同时,为了保证劳动定额先进合理,随着生产技术和企业条件的改变,定额经过一定时间的使用后,就必须及时修改。

企业应根据自身的实际情况采用适合自身的劳动定额方法,制定先进的劳动定额,做好劳动定额计划、组织、实施、控制工作。

二、定岗管理

1. 定岗的定义及种类

定岗是指在岗位分析、研究的基础上采用科学方法,按岗位的工作性质、特征、繁简难易程度、工作责任大小和人员必须具备的资格条件对企业全部岗位所进行的多层次划分。

(1) 基本生产岗位,是指在企业直接从事产品制造的岗位。

(2) 辅助生产岗位,是指为基本生产提供装备、动力及其他产品的岗位,它们产出的产品不是为了在市场上出售。

（3）服务岗位，是指服务于员工生活或间接服务于生产经营的岗位。如从事食堂、幼儿园、托儿所、图书馆、保安消联、住宅管理和维修（也称辅助岗位）等工作的岗位。服务岗位分服务性工人岗位、服务性干部岗位。

（4）社会服务岗位，是指由企业承办的社会性服务岗位。如企业办的大学、中学、小学、技校、派出所、医院的工作岗位等。社会服务岗位也分社会服务性工人岗位、社会服务性干部岗位。

（5）管理岗位，是指在企业职能机构或基本生产和辅助生产单位从事各种专业管理的岗位。如生产管理、销售管理、人力资源的开发与管理、财务管理、技术开发管理、行政管理、思想政治及党团工作等岗位。

（6）工程技术岗位，是指承担工程技术工作的岗位。如直接从事工程技术设计、工艺、检测、试制、计量及安全技术管理、设备管理、生产计划调度、环境保护等岗位。

2. 岗位评价体系

岗位评价体系是指特定的彼此相互联系并与劳动岗位发生一定关系的各影响要素的集合。它包括工人岗位测评体系和干部岗位测评体系两个方面，它是制定岗位工薪制度的依据。

（1）工人岗位测评体系。

① 劳动技能：技术知识；操作技能。

② 劳动责任：生产责任感；设备责任；安全责任。

③ 劳动强度：用力程度；工时利用作业率；劳动姿态；精神疲劳程度；基本班次。

④ 劳动条件：工作地；接触粉尘；接触噪声；接触辐射热及高温；其他有害因素。

（2）干部岗位劳动评价指标体系。

① 劳动技能：文化程度要求；专业技术要求；知识经验要求；工作能力。

② 劳动责任：技术经济责任；管理责任；精神文明责任；承担考核责任。

③ 劳动强度：工作负荷量；精神负荷量；体力疲劳。

④ 劳动条件：工作地；工作环境。

（3）岗位综合评价。岗位综合评价是在岗位调查的基础上，对岗位信息进行综合、处理，从而确定岗位相对价值并实现岗位分级、进档的过程。

① 专家评估法。专家评估法是指由掌握被评价岗位全面情况的"专家"或"权威人士"，通过分析岗位的性质、内容、任务所需人员的素质以及担当的责任和在生产过程中所起的作用，收集评价所需的信息，并根据评级标准评定等级的方法。

对劳动强度、劳动条件等因素可以进行现场技术测定，而对于劳动责任、劳动技能的各因素难以进行定量评价，只能采取"专家评定"的方法进行定性评价。

② 实施步骤。企业评定小组应由如下几个方面人员组成。

- 劳动人事管理人员。
- 安全、质量、生产、计划、财务等管理人员。
- 从事设备、工艺、动力等技术工作人员。
- 生产领导管理人员，包括基层领导、调度员。

每个评定小组的人数不得少于10人，由于评定内容涉及面广，而且本身还具有"模糊"的性质，评价过程主要是人的主观意识在起作用，因而评价人员除了需要全面了解被评价岗位劳动状况外，对自身素质也有较高的要求。

③ 掌握评价标准。评价人员要认真阅读和理解标准的定义和内涵，掌握评分原则，弄清不同指标之间、同一指标不同级别之间的联系和区别。

④ 收集信息，掌握被评价岗位的基本情况。

⑤ 进行评定。评定方式可以是集体讨论，也可以是个人评定，可以先以个人为主初评，再由集体讨论综合评定。

⑥ 数据审查和处理。评定表填好后，应有专门人员统一进行审查，对不合规范的或者与事实有明显出入的应予以修正或报废重评。

企业的定岗工作非常复杂，它包括两个方面的工作：一是划分各岗位；二是确定各岗位价值的大小。只有这两个方面的工作深入细致地做好了，才能搞好企业的定岗管理工作。

三、定责管理

企业岗位定责具体表现为全员劳动合同制，包括一般条款责任和岗位条款责任。

1. 一般条款责任

法人是具有民事权利能力和民事行为能力、依法独立享有民事权利和承担民事义务的企业。法人是由数量很多的最小基本单位组合而成的。企业法人的最小组合单位称为"法人单元"。"法人单元"不同于法人本身。因此一般条款包括普通合同条款。

2. 岗位条款责任

"法人单元"是由人及其所在的岗位职责、岗位权力和岗位成本组合而成的。"人+岗位职责+岗位权力+岗位成本"合称"法人单元"四要素。"法人单元"的代表人是各个在岗员工的岗位职责，如岗位工艺标准、操作标准、管理标准和安全标准。

四、定员管理

企业定员就是根据企业已定的产品方向、经营目标以及生产或经营规模，在一定的时期内和一定的技术条件下，规定企业各类人员的数量界限。定员是企业组织劳动、编制计划、确定人员编制和工资基金的依据。定员管理是企业人力资源管理的一项重要内容，合理定员能促进企业改善劳动企业，挖掘劳动潜力，节约使用劳动力，提高劳动生产率。

定员方法是确定各类人员的数量、计算工作量和各类人员的劳动效益或工作效益的基本手段，由于各类人员的工作性质不同、工作效率表现形式不同，因此计算定员的具体方法也不同。主要定员方法有以下几种。

（1）按劳动效率定员。根据生产任务量和工人的劳动效率计算所需人员数量。这种方法适用于劳动定额的工种，特别是以手工操作的工程。

（2）按设备定员。根据设备数量、工人的看管定额和设备开动班次来计算所需人员数量。这种方法适用于以机器操作为主，并实行多种设备看管的工种。

（3）按岗位定员。根据工作岗位数的多少、各岗位的工作量、工人的劳动效率、开动班次、出勤率等因素，计算所需人员数量。这种方法主要适用于看管大型设备和联动装置的工种，也适用于某些无法按劳动定额计算定员的辅助工种和服务工种。

(4) 按比例定员。按员工总数或某类人员总数的比例来计算某种人员的数量。这种方法通常适用于计算服务人员的数量，也适用于某些辅助生产人员的定员。

(5) 按企业机构职责范围和业务分工定员。这种方法主要适用于确定管理人员和工程技术人员的定员人数。

第四节 绩效考核

一、绩效考核的定义

绩效（performance），其含义是"表现"，是个体或群体的工作表现、直接成绩和最终效益的统一体。"考核"一词，其含义是评价、评估，是一定的主持人对被考核对象的评价和打分。

绩效考核，则是指对员工在工作过程中表现出来的工作业绩（工作的数量、质量和社会效益等）、工作能力、工作态度以及个人品德等进行评价，并用之判断员工与岗位的要求是否相称。绩效考核是人力资源开发与管理中非常重要的范畴，是管理工作中大量应用的手段，也是构成人力资源开发与管理操作系统五大体系之中的一个部分。绩效考核的目的是，确认员工的工作成就，改进员工的工作方式，提高工作效率和经营效益。

1. 绩效公式

绩效受多种因素的影响，是员工个人素质和工作环境共同作用的结果。了解绩效的相关因素，对正确设计和实施绩效考评有着重要作用，绩效与这些影响因素的关系可以用以下计算公式来反映：

$$P=f(S,M,O,E)$$

在这一函数式中，P（performance）为绩效；S（skill）为技能，实际上是指员工本身的工作能力，是员工的基本素质；M（motivation）为激励，是指员工的工作态度，包括工作积极性和价值观等各种因素；O（opportunity）为机会，是指可能性或机遇；E（environment）为环境，是指员工工作的客观条件，包括劳动的物质设施条件、制度条件、人际关系条件等。

2. 绩效考核分类

(1) 按考核性质划分，绩效考核可以分为定性考核和定量考核两大类。定性考核是由评估人在充分观察和征询意见的基础上对员工绩效所做的较为笼统的评价。其优点是简单易行，缺点是主观性较强，容易受心理因素的影响。定量考核是指按照标准化、系统化的指标体系来进行考评。其优点是比较客观、随意性较小，缺点是由于"工作"包含众多方面，难以把所有方面都给予量化，因而影响了定量考核的使用范围。

(2) 按考核主体划分，绩效考核可以分为上级考核（直接领导者对自己下属员工的考核）、专业机构人员考核（人力资源部门对员工的考核）、下级考核（员工对自己的直接上级的考核）、自我评价（被评估人对照有关的标准对自己的工作做出评价）、相互评估（被考核的员工们相互评价)、外部评价(由组织外部的有关人员或工作对象所做的评价)、专门小组考核(由各方面结合组成小组来实施考核)等。

(3) 按考核形式划分,绩效考核可以分为口头考核与书面考核、直接考核和间接考核、个别考核与集体考核。

(4) 按考核时间划分,绩效考核可以分为日常考核、定期考核、长期考核、不定期考核。

(5) 按考核方法划分,绩效考核可以分为排序法、配对比较法、要素评定法、目标管理法等。

二、绩效考核的内容

为了使绩效考核具有操作性,还必须对考核的内容做进一步的细化,形成考核项目指标体系。在工作分析的基础上,根据考核和整个人力资源开发与管理工作的需要,把要考核的各方面分解为体现工作性质及相关方面具体内容的项目,规定出真正用于考核的各项详细指标,进而形成考核的指标体系。绩效评价指标的构成如下所述。

(1) 指标名称。指标名称是对评价指标的内容做出的总体概括。

(2) 指标定义。指标定义是指标内容的操作性定义,用于揭示评价指标的关键可变特征。

(3) 标志。标志是评价指标中用于区分各个级别的特征规定。

(4) 标度。标度用于对标志所规定的各个级别包含的范围做出规定,是揭示各级别之间差异的规定。

标志和标度是一一对应的,因此常常把二者统称为绩效评价中的评价尺度。

三、绩效考核的流程

绩效考核的流程通常按照制订考核计划、进行技术准备、选拔考核人员、收集资料信息、做出分析评价五个环节进行,此后,还要将考核结果进行运用。

1. 制订考核计划

为了保证绩效考核顺利进行,人力资源部门应当事先制订考核工作计划。首先,明确考核的目的和对象。不同的考核目的有不同的考核对象。例如,为评职称而进行考核,对象是专业技术人员;而评选先进、决定提薪奖励的考核,则往往在全体员工的范围中进行。其次,选择考核内容和方法。根据不同的考核目的和对象,重点考核的内容也不同。例如,为发放奖金,应以考核绩效为主,着眼点是当前行为;而为提升职务,则既要考核成绩,又要注意品德及能力,重点是发展潜力。考核的方法与考核的内容是相互关联的。根据不同的考核内容确定有效的考核方法。最后,要根据不同的考核目的、对象和内容确定考核时间。例如,思想品德及工作能力是不会迅速改变的,因此,考核间隔期可长一些,一般是一年一次;工作态度及工作业绩则变化较快,间隔期应短些,生产、销售人员的出勤、业绩可每月考核,而专业技术人员、管理人员一年一次考核为好。

2. 进行技术准备

绩效考核是一项技术性很强的工作。其技术准备主要包括确定考核标准、选择或设计考核方法等。

（1）确定考核标准。考核标准包括绩效标准、行为标准及任职资格标准。任职资格标准也称作职务规范或岗位规范。确定考核标准与前述考核体系设置是类似的或者是具体化的。

（2）选择或设计考核方法。在选择、设计考核方法环节要解决的问题包括：考核目的确定需要哪些信息，从何处获取这些信息，采用何种方法收集这些信息。常用的收集、记录考核信息的方法有考核记录、工作日志、生产报表、备忘录、现场视察记录、事故报告、交接班记录等，以及搜集各种统计账目和有关的会计核算资料。

3. 选拔考核人员

挑选考核人员，通过培训使考核人员掌握考核原则，熟悉考核标准，掌握考核方法，克服常见偏差。

4. 收集资料信息

作为考核基础的信息，必须做到真实、可靠、有效。收集资料信息要建立一套与考核指标体系有关的制度，并采取各种有效的方法来达到。以生产企业为例，成套的收集资料信息的方法有以下几种。

（1）生产记录法。对生产、加工、销售、运输、服务的数量、质量、成本等数据填写原始记录和统计。

（2）定期抽查法。定期抽查生产、服务、管理工作的数量、质量，以代表整个期间的情况。

（3）考勤记录法。对出勤、缺勤及原因进行记录。

（4）项目评定法。采用问卷调查形式对员工进行逐项评定。

（5）减分抽查法。按职务（岗位）要求规定应遵守的项目，制定出违反规定扣分的办法并进行登记。

（6）限度事例法。抽查在通常线以上的优秀行动或在通常线以下的不良行动，对特别好或特别不好的事例进行记录。

（7）指导记录法。不仅记录员工的所有行动，而且将主管的意见及员工反映的问题也记录下来。

5. 做出分析评价

这一阶段的任务是对员工个人的各方面做出综合性的评价。分析评价是由定性到定量再到定性的过程。其过程具体分为以下几个方面。

（1）确定单项的等级和分值。确定等级，是对单一考核项目的量化。一般来说，对员工某一个评价项目评定等级划分，常用的有 10 等级、9 等级、7 等级、5 等级四种。例如，5 等级法可以分为优、良、中、及格和不及格。在划分等级后，还要赋予不同等级以不同的数值，作为考核评价的数量依据。

为了能把不同性质的项目综合在一起，就必须对每个考核项目进行量化，即赋予不同考核等级以不同数值，用以反映实际特征。

赋值方法有不同种类，以最常见的 5 等级为例，可以把优定为 10 分，良好定为 8 分，合格定为 6 分，稍差定为 4 分，不合格定为 2 分。

（2）对同一项目各考核来源的结果综合。通常同一项目由若干人对某一员工进行考核，所得出的结果是不相同的。为综合这些考核意见，可采用算术平均法或加权平均法。如假定上级评定为 5 分，下级评定为 2 分，相关的两个部门分别评定为 2 分与 3 分，按算术平均综合，其工作能力得分为(5+2+2+3)÷4 = 3 分。

若考虑到上级意见更为重要，权数为 2，相关部门权数为 1.5，下级权数为 1，则加权平均综合为(5×2+2×1+2×1.5+3×1.5)÷6 = 3.25 分，结论就与前述有所不同。

（3）对不同项目考核结果的综合。评价一个人的能力时，要将其知识、学历、判断能力、人际交往能力等综合起来考虑。这时需要根据考核的主要目的确定各考核项目的权数值。

6. 考核结果反馈

绩效反馈是指在绩效周期结束时，在管理者和员工之间进行绩效评价面谈，使员工充分了解和接受绩效评价的结果，并由管理者指导员工如何改进绩效的过程。通过反馈，员工知道主管的评价和期望，从而根据要求不断提高；通过反馈，使主管了解员工的业绩和要求，有的放矢地进行指导和激励。

对绩效考核的结果，应当通过谈话的方式向每一个被考核的员工进行反馈。在考核面谈过程中，要解决好"关系建立"和"提供和接受反馈"两个方面的问题，而这取决于参与面谈的双方。对于管理者来说，作为反馈面谈的组织者，首先必须选择适当的时间和地点，面谈地点要选择比较安静、不受外界打扰的地方，场所的布置要使员工感到舒适；其次要熟悉被面谈者的评估资料，并计划好面谈的程序和进度。对于员工而言，在面谈前，首先应该回顾自己在本绩效周期内的行为态度与业绩，准备相关业绩证明材料，同时明确自己的职业发展规划，正视自己的优缺点和有待提高的能力，必要时准备好向管理者提问，以解决自己在工作过程中的疑惑和障碍。

7. 考核结果运用

考核结果可以为组织管理提供大量有用的信息，主要的应用范围包括：向员工反馈考核结果，帮助员工改进绩效；为任用、晋级、提薪、奖励等人力资源管理措施提供依据；检查企业管理的各项政策，如检查企业在人员配置、员工培训等方面是否有成效等。

四、常用的绩效考核方法

1. 简单排序法

简单排序法也称作序列法或序列评定法，即对一批考核对象按照一定标准排出"1，2，3，4……"的顺序。例如，把销售部门所有业务员按销售数量或金额进行排队，最高的为第一位，最差的排在最后。该方法的优点是简便易行，具有一定的可信性，可以完全避免趋中倾向或宽严误差。该方法的缺点是考核的人数不能过多，以 5~15 人为宜，而且只适用于考核同类职务的人员，应用范围受限，不适合在跨部门人事调整方面应用。

2. 强制分配法

强制分配法也称作硬性分布法，是根据统计学的正态分布原理，按预先规定的比例将被评价者分配到各个绩效类别上的方法。评价者按预先确定的概率把考核对象分为五个类型，如优秀占 5%，良好占 15%，合格占 60%，较差占 15%，不合格占 5%。采用强制分配法可以防止滥评优秀人数或被评价者得分十分接近的结果，有效地减少了趋中倾向和宽严误差，它可以用于确定员工奖金发放等级上。该方法的问题是，它基于"各部门中都有相同的绩效类别分布"的假设，因而难以区分各部门的好坏差异，也很难把小样本单位（例如一个只有 5 个人的研发小组）强制分配到五个绩效类别中。

严格地说，强制分配法并不是一种评价方法，而是一种划分比例和限制考核分数的方法。该种方法通常需要和其他方法结合，而不是单独使用。

3. 要素评定法

要素评定法也称作功能测评法或测评量表法，它是把定性考核和定量考核结合起来的方法。该方法的优点：一是内容全面；二是定性考核和定量考核相结合；三是能体现多角度、立体考核的原则；四是使用计算机处理测评结果，手段先进。通过定量考核和对定性考核结果的数量化的处理，可以形成绩效量化结构，从而对每个员工的绩效状况进行定位，而且可以在员工之间将不同时期的绩效状况进行比较。该方法的缺点：一是烦琐复杂；二是考核标准说明是定性语言，高度概括，较难掌握，因而在实践中可能出现打分中间化倾向或其他考核误差。

4. 工作记录法

工作记录法也称作生产记录法或劳动定额法，一般用于对企业生产工人操作性工作进行考核。该方法是先设置考核指标，指标通常为产品数量、质量、时间进度、原材料消耗和工时利用状况等，然后制订生产记录考核表，由班组长每天在班后按工人的实际情况填写，经当事人核对无误后签字，交基层统计人员按月统计，作为每月考核的主要依据。该方法的优点在于参照标准较为明确，评价结果易于做出。该方法的缺点在于标准制定，特别是针对管理层的工作标准制定难度较大，缺乏可量化衡量的指标。此外，工作标准法只考虑工作结果，对那些影响工作结果的其他客观因素不加反映，其结果有时较为片面。目前，在绩效评价中工作标准法常常与其他方法一起使用。

5. 关键事件法与行为锚定法

（1）关键事件法。关键事件法是指对那些能够对组织效益产生重大影响（包括积极影响和消极影响）的行为进行记载考核的方法。例如，营销经理在商务谈判中的举措、售货员对顾客退货或重大产品质量问题的处理、保安人员面对罪犯时的行为等。在关键事件法中，应当对员工进行一段时间的观察，把在考察期间内的关键事件次数都真实地记录下来，得出结论，并把这些资料提供给考核者用于对员工业绩考核。

（2）行为锚定法。行为锚定法（behaviourally anchored rating scale，BARS），其实质是关键事件的量化。具体来说，该方法是将某一工作可能发生的各种典型行为进行评分度量，建立一个锚定评分表，表中有一些典型的行为描述性说明词与量表上的一定刻度（即评分标准）相对应和联系（这就是"锚定"的含义），以此为依据，对员工工作中的重要实际行为进行测评打分。

在行为锚定评分表中，有代表着从最劣到最佳典型绩效的、具体行为描述的说明词，不但可以使被考核者能较深刻而信服地了解自身的现状，还可以找到具体的改进目标。由于锚定评分表中典型行为的说明词数量有限（一般不多于 10 条），不可能涵盖员工行为千变万化的实际，被考核者的实际表现很少恰好与给定的描述性说明词完全吻合。但有了量表上的这些典型行为锚定点，考核者在打分时便有了一定的分寸感，使打分的大致水平定位不会出错。

使用行为锚定法，需要花费较多时间进行评分表的设计，其使用也比较复杂。但是，该方法具有以下突出的优点：由于表中给定的关键事件可以为考核者提供判断的直接依据，考核结果比较明确、客观；由关键事件构成的"行为锚"是由工作者与上级共同制订的，因而在评价时容易取得共识，从而取得合理的结果；该方法具有良好的沟通效果，减少了考核打分理由不明确而引起的纠纷，减少了员工对考核结果的异议；员工可以对照"行为锚"上的关键事件评价自己的行为，有利于考核反馈和改进工作，从而提高绩效。

6. 360 度考核法

（1）360 度考核法的含义。360 度考核法是一种从多角度进行的比较全面的绩效考核方法，也称作全方位考核法或全面评价法。这种方法选取与被考核者联系紧密的人来做考核工作，包括上级、同事（以及外部客户）、下级和被考核者本人，用量化考核表对被考核者进行考核，采用五分制将考核结果进行记录，最后用坐标图来表示，以供分析。

（2）360 度考核法的优缺点。360 度考核法的优点在于，能够使上级更好地了解下级，鼓励员工参与管理和管理自己的职业生涯，同时也促使上级帮助下属发展、培养责任心和改善团队合作状态。360 度考核法的缺点是花费时间太多，只适用于管理者。此外，这种方法在我国受组织文化的影响非常大，可能会遇到保密性、同事之间的竞争、人际关系的影响、缺少发展机会等方面的困难。

7. 目标管理法

（1）目标管理的含义。目标管理法（management by objectives，MBO）是一种综合性的绩效管理方法，而不仅仅是单纯的绩效考核技术手段。目标管理法是由美国管理学大师彼得·德鲁克提出的，他认为，每一项工作都必须为达到总目标而展开。

目标管理是一种领导者与下属之间的双向互动过程。在进行目标制订时，上级和下属依据自己的经验和手中的材料，各自确定一个目标，双方沟通协商，找出两者之间的差距以及差距产生的原因；然后重新确定目标，再次进行沟通协商，直至取得一致意见，即形成了目标管理的期望值。

（2）目标管理法的优点。目标管理法的优点较多，主要有：① 考核职能由主管人员转移到直接的工作者，因而能保证员工的完全参与；② 员工的目标由本人参与设定，在实现业绩目标后，员工会有一种成就感；③ 改善授权方式有利于促进员工的自我发展；④ 促进良性沟通，加强上下级之间的联系。总之，目标管理法是一种适用面较广、有利于整体绩效管理的考核方法。

（3）目标管理法的缺点。目标管理法也有一定的局限性：① 某些工作难于设定短期目标，因而难于实行；② 有时员工们在设定目标时偏宽松；③ 一些管理者也对"放权"存在抵触情绪。

8. 关键绩效指标法

（1）关键绩效指标的基本含义。关键绩效指标（key performance indicators，KPI），其

"关键"一词的含义是组织在某一阶段战略上要解决的最主要问题，绩效管理体系则相应地针对这些问题的解决设计指标，这就是关键绩效指标。关键绩效指标是用来衡量某一职位工作人员工作绩效表现的具体量化指标，是对工作完成效果的最直接衡量方式。关键绩效指标来自于对企业总体战略目标的分解，反映最能有效影响企业价值创造的关键驱动因素。关键绩效指标法符合一个重要的管理原理——"二八原理"。在一个企业的价值创造过程中，存在着"20/80"的规律，即20%的骨干人员创造企业80%的价值。抓住20%的关键行为进行分析和衡量，就能抓住业绩评价的重心。因此设立关键绩效指标的价值在于使经营管理者将精力集中在对绩效有最大驱动力的经营行动上，及时诊断生产经营活动中的问题并采取提高绩效水平的改进措施。

（2）关键绩效指标的特点。

① 来自于对公司战略目标的分解。关键绩效指标所体现的衡量内容最终取决于公司的战略目标，关键绩效指标是对公司战略目标的进一步细化和发展，是对真正驱动公司战略目标实现的具体因素的发掘，是公司战略对每个职位工作绩效要求的具体体现。因此，关键绩效指标随公司战略目标的发展演变而调整。

② 是对绩效构成中可控部分的衡量。企业经营活动的效果是内因、外因综合作用的结果，其中内因是各职位员工可控制和影响的部分，也是关键绩效指标所衡量的部分。关键绩效指标应尽量反映员工工作的直接可控效果，剔除他人或环境造成的其他方面的影响。

③ 是对重点经营活动的衡量。每个职位的工作内容都涉及不同的方面，但关键绩效指标只对公司整体战略目标影响较大，对战略目标实现起到不可或缺作用的工作进行衡量，而不是对所有操作过程的反映。

④ 是得到组织上下认同的。关键绩效指标不是由上级强行确定下发的，也不是由本职位员工自行制定的，它的制定过程由上级与员工共同参与完成，是双方所达成的一致意见的体现，是组织中相关人员对职位工作绩效要求的共同认识。

9. 平衡计分卡

（1）平衡计分卡的含义。所谓平衡计分卡（balanced score card，BSC），是通过财务、客户、内部流程及学习与发展四个方面的指标之间的相互驱动的因果关系，展现组织的战略轨迹，从而实现绩效考核（绩效改进）与战略实施的综合管理方法。平衡计分卡是1990年美国诺兰诺顿学院项目研究开发的绩效测评模式，1996年在一些在中国有业务的跨国公司得到运用，2004年以来，平衡计分卡作为战略管理工具的理念和方法开始在中国受到重视和运用。

传统的绩效测评往往仅限于测评财务指标。然而，财务指标是一些滞后的指标，只能说明过去的行动取得了哪些结果，至于驱动业务的一些关键因素有没有改善，或是朝着战略目标迈进了多少步，仍然无从知晓。平衡计分卡的出现，完全改变了财务指标一统天下、绩效测评指标极端失衡的状况。平衡计分卡在传统财务指标的基础上又引入了客户、内部运作流程和学习与成长这三个方面的指标，这些新指标衡量的正是企业良好业绩的驱动力。这四个指标合起来构成了内部与外部、结果与驱动因素、长期与短期、定性与定量等多种平衡，从而为企业的绩效测评管理提供了立体、前瞻的测评依据。

（2）平衡计分卡考核的四个视角。平衡计分卡从以下四个不同的视角提供了一种考察价值创造的战略方法。

① 财务视角。财务视角的目标是解决"股东如何看待我们？"这类问题。企业经营的直接目的和结果是为股东创造价值，因此从长远角度来看，利润始终是企业所追求的最终目标，财务方面是其他三个方面的出发点和归宿。财务指标包括销售额、利润额、资产利用率等。

② 客户视角。客户视角的目标是解决"顾客如何看待我们？"这类问题。客户方面体现了企业对外界变化的反应。客户角度是从质量、性能、服务等方面考验企业的表现。主要包括两个层次的绩效考核指标：一是企业在客户服务方面期望达到绩效而必须完成的各项指标，包括市场份额、客户保有率、客户获得率、客户满意等；二是针对第一层次的各项目标进行细分，形成具体的绩效考核指标，如送货准时率、客户满意度、产品退货率、合同取消数等。

③ 内部运作流程视角。内部运作流程视角的目标是解决"我们擅长什么？"这类问题。这是平衡计分卡与传统绩效考核方法最大的区别。企业是否建立起合适的组织、流程、管理机制，在这些方面存在哪些优势和不足？内部运作流程角度从以上方面着手，制定考核指标，关注公司内部效率，如生产率、生产周期、成本、合格品率、新产品开发速度、出勤率等。内部运作流程是公司改善经营业绩的重点。

④ 学习和成长视角。学习和成长视角的目标是解决"我们是在进步吗？"这类问题。企业的成长与员工能力素质的提高息息相关，企业唯有不断学习与创新，才能实现长远的发展。与学习和成长相关的指标有员工士气、员工满意度、平均培训时间、再培训投资和关键员工流失率等。

第五节　劳动收入的管理

正确处理员工物质利益，是企业管理中一项重要的专业管理工作。企业员工劳动收入主要包括工资、奖金和集体福利等内容。其中工资是基本的，随着市场经济的发展，奖金和浮动工资所占的比重将越来越大，所以工资和奖励是企业人力资源管理的一项主要内容。如何保障员工的物质利益，建立一套完整的工资和奖励制度，使员工个人利益同国家利益、企业利益尽可能紧密地结合起来，是人力资源管理的十分重要的问题。

一、劳动工资

一般来讲，从事劳动的人，在其履行工作任务时总是要求取得与岗位相应的报酬，人们领取工资就是这一要求的表现形式。工资是企业成本的一个重要组成部分，因此，人力资源管理部门应认真地考虑员工人数、工资总额和工资结构等因素。同时，员工的工资对员工的招聘、发展和其他待遇都有很大影响。高薪招聘就可以吸收优秀人才进入企业。

确定劳动工资时必须遵循以下原则。

（1）必须坚持"各尽所能，按劳分配"原则。按劳要素分配是社会主义特有的经济规律，也是社会主义企业劳动工资分配的根本原则。它要求等量劳动领取等量报酬，把员工提供的劳动数量和质量作为支付工资多少的客观标准，实行多劳多得、少劳少得，反对那些不劳而获或少劳多得的现象。

（2）坚持工资应与企业经济效益紧密挂钩，具有与企业经济效益同步升降的约束原则。工资必须能灵敏地反映企业经济效益，使企业员工的个人收入同本人的劳动量挂钩，使企业经济效益的好坏能够及时地通过工资向每个员工进行反馈。同时，每个员工都在承受因企业经济效益不好而导致收入下降的结果。这有助于强化员工关心企业经济效益的意识。

（3）工资应充分体现效率优先、兼顾公平的原则。工资作为企业内部最有效的经济杠杆，应重点投向产品开发、产品销售过程中最关键的部门、岗位和员工。这样能更好地调动这些部门、员工的积极性，促进企业经济效益的提高。现在企业工资应逐步向国际惯例靠拢，除了继续向生产一线苦、脏、累、险岗位倾斜外，还要逐步向科技、管理、营销部门倾斜。

（4）兼顾各方面经济利益原则。主要处理好四个关系：一是国家、企业和员工个人三者的利益关系；二是企业和消费者之间的利益关系；三是企业长远利益和目前利益关系；四是企业内部员工个人之间的利益关系。

（5）坚持物资鼓励与精神鼓励、按劳分配与思想政治工作相结合原则。

二、工资制度

工资制度主要包括以下几个。

（1）等级工资制。等级工资制主要有两类：职务等级工资制和技术等级工资制。

职务等级工资制是根据员工所从事的各种职务重要性、责任大小、技术复杂程度等因素，并参照现实工资状况，按照职务的高低规定统一的工资标准。在同一职务内又划分若干个档次，对每个人根据所担负的职务，按照本人的德才条件，适当照顾资历，评定工资等级。

技术等级工资制是根据不同工业部门在国民经济中的作用，不同工种的劳动条件、技术复杂程度、技术理论知识和劳动繁重程度，分别规定技术等级。根据技术等级确定员工工资。其中，技术等级工资制是由技术等级标准、工资等级和工资标准三个部分组成的。

（2）浮动工资制。浮动工资指工资多少以企业经营好坏和员工劳动成果的大小为依据，包括把全部和部分奖励基金和基本工资捆在一起实行全浮动和部分浮动的多种情况。它打破了不管干好干坏都按固定等级支付工资的办法，更好地体现按劳分配原则。

（3）结构工资制。结构工资是按工资的不同职能将工资分成几部分的分配形式，包括基础工资、岗位（职务）工资、年度工资和效益工资四个部分；基础工资是指员工进入企业组织，在特定的岗位上担当角色，企业以现金的形式发给员工的正常履行职责的劳动报酬；岗位（职务）工资的职能是鼓励员工学习和提高业务技术水平；年度工资表明员工年年有贡献、年年增加工资，从而鼓励员工安心和热爱本职工作；效益工资也称作活工资，是同企业经济效益挂钩的工资，其目的在于鼓励员工为企业多做贡献。

工资制度内容还有很多，如效益工资制、工龄序列工资制、弹性工资制等。不同企业可依据本行业生产经营特点、经济效益及竞争需要选择不同的工资制度。

三、工资形式

企业工资的基本形式分为计时工资和计件工资两种。

1. 计时工资

计时工资是根据员工的技术熟练程度、劳动繁重程度和工作时间长短来支付工资的一种形式。它是根据员工在一定时间内付出劳动量的平均水平来确定员工的劳动报酬的一种工资形式。计时工资由于计算劳动时间的单位不同，可分为小时工资、日工资和月工资。计时工资适用范围广，简单易行，是我国现行的一种主要工资形式。

2. 计件工资

计件工资是以员工完成合格的产品数量或商品销售量为依据，按照一定的计件单位而支付劳动报酬的一种工资形式。其主要形式有：① 无限制的计件工资。对超额工资无限制。② 有限计件工资制。对超额工资有适当限制。③ 累计计件工资制。就是按工人超额完成劳动定额的不同程度累计计件工资。超额越多，单价越高，员工所得到的计件工资额也就越多。④ 超额计件工资制。就是员工完成劳动定额，其超额部分按计件单价支付计件工资。⑤ 半计件工资制。是指把工资分成两部分：一部分用计时办法计算工资；另一部分用计件工资制办法来计算工资。

此外，计件工资形式还有计件奖励工资制、包工计件工资制和集体计件工资制等多种形式。实行计件工资制，按员工在一定时间内的劳动成果来计算劳动报酬，能够比较准确地反映出员工在生产或经营服务中实际付出的劳动量，可以把员工的工资收入与他们的劳动数量和质量更直接和紧密地联系起来，使员工加强劳动纪律，充分利用劳动时间，最大限度地提高劳动效率。企业选择哪一种工资形式，应根据不同行业和企业的劳动特点及生产和经营的具体情况来决定。

管理者薪金的确定方法则与员工的不同。因为管理者的工作成绩往往是无形的，很难衡量，也很难比较，而且管理者的一项决策到底会对企业产生多大影响，在短时间内难以确定。通常，在为管理者确定薪金时，对不同层次的管理者有不同的考虑。对于基层管理者来说，考虑外部市场的竞争关系很重要。为了吸引年轻的管理者，企业在确定薪金时，必须考虑其他企业为同类工作付的薪金是多少。如果说企业付给刚毕业的大学生的薪金数目发生变化，那正是市场竞争关系发生变化的反映。但对中层管理者来说，市场因素就不那么重要了。中层管理者的薪金要比基层管理者高，具体高多少应根据他的资历、经验和过去工作成绩的好坏确定。至于最高层的管理者，他们的薪金主要由三个因素决定，即企业的规模、行业的性质和管理者对企业做出的贡献。

对管理者也可以实行奖励制，但形式不同。主要形式有以下几种。

（1）分红。即每年把利润的一定百分比给管理者，这种分红有时是给现金，有时是给股票，其目的是鼓励管理者为企业做出更大的贡献，来增加企业未来的利润。

（2）发奖金。即对有特殊工作成绩的管理者发奖金。

（3）给予股票购买权。即给予管理者在一定时期内以优惠价格购买股票的权利。企业在对管理者实行奖励制时，不仅要引导管理者注意企业眼前的经济利益，还要引导管理者注意企业的长远目标和长远利益。

思 考 题

1. 我国企业人力资源管理的发展经历了哪几个阶段?
2. 如何理解人才招募方法和途径?
3. 挑选员工需要经历哪几个环节?
4. 如何理解人力资源供求平衡分析的主要内容?
5. 如何理解企业的人才开发与培训战略的程序?
6. 如何理解"四定"基础工作的内容?
7. 如何理解企业员工劳动收入构成?

第十六章　企业技术开发管理

学习目标

你学完本章，应该：
1. 掌握企业技术开发管理的内容；
2. 掌握信息资源管理过程；
3. 了解技术研究方式；
4. 掌握新产品的开发方式；
5. 掌握新产品的开发策略；
6. 掌握技术保护的形式；
7. 了解技术转移的含义、分类及其内容。

企业技术开发管理包括企业技术开发信息资源管理、技术研究管理、产品开发管理和技术转移与保护。本章先介绍信息资源管理，再讨论技术研究管理、产品开发管理、技术转移与保护。

第一节　信息资源管理

因企业的类型、产品的复杂程度、技术熟练程度以及科研设备水平等方面的差别，开发新产品的程序也有所不同。一般来说，在企业技术开发过程中，独立开发方式较为复杂，现以此为例介绍企业信息资源管理的过程。

一、创意形式阶段的信息收集

新产品始于创意，创意就是设想，设想在于创新。创意必须以市场需求为出发点，并结合企业自身的条件。新产品的创意要在调查研究的基础上进行，调查研究包括技术调查和市场调查。技术调查就是调查有关产品的技术现状与发展趋势，预测未来可能出现的新技术，为制订新产品的技术方案提供依据。市场调查就是了解国内外市场对产品品种、规格、数量、质量、价格和成套性等方面的需求，以选定开发品种目标。

1. 创意的来源

新产品开发创意信息主要来源于企业内部与外部，包括以下几个方面。

（1）用户。开发新产品的目的是为了满足用户的需要，因此，用户的需要是寻求产品构想创意的重要来源。据 2020 年的资料统计，美国近 10 年出现的新产品中，有 80%是由用户提供意见改进后研制生产的。

（2）本企业员工。企业员工熟悉企业的生产技术条件，也不同程度地了解市场和用户的需求，特别是销售人员、技术服务人员，因为他们经常接触用户。

（3）专业科研人员。除了本企业的科技人员提供的新产品设想外，可以通过聘请专家当顾问、应用科研部门的科研成果和发明专利、科技开发咨询等方法获得新产品的开发设想。

（4）竞争对手。从竞争对手的产品中可以看出什么产品受顾客欢迎或技术发展的趋势，从而得到启发。因此，对企业新产品开发的信息资源收集、整理的管理非常重要。

2. 寻求创意的方法

国外一些企业经过多年实践，摸索出了一些寻求新产品创意的方法，根据这些方法收集有用信息，其中主要有以下几种。

（1）用产品属性列举法收集信息。即将同类产品属性一一列出，然后寻求改进产品属性的方法，从而改良这种产品。一般来说，企业可以按下面的途径寻求产品属性的改进方法，启发创意。

① 能否找到其他用途？包括在别的领域使用和修改后做别的用途。

② 能否引申出其他的创意？包括类似的事物、平行联想、仿制等。

③ 能否对现有产品做某些改变？如换个角度来开发，或改变一下产品的颜色、形状、气味、声音等。

④ 能否扩大现有产品中的某些特征？附加一些别的功能，再加入一些别的成分，使之多功能化，等等。

⑤ 能否缩小、减少一些什么？能否更小、更紧凑、更低、更短、更轻一些？省略一些不必要的属性，进行分解等。

⑥ 能否替代？以别的成分、别的原料来代替，改用别的程序、工艺、动力、地点、方法等。

⑦ 能否重新组合？零件互换、改变结合方式、改变配料和序列等。

⑧ 能否倒置？互反互换，前后反转、上下颠倒、角色互换、改换底座，其他形式的倒置。

⑨ 能否组合？把不同的属性结合在一起，或同类的属性结合在一起。

（2）利用强引关系法收集信息。即列举不同的物体，然后考虑每一物体与其他物体之间的关系，从中引发更多的新创意。例如，通过把台灯和风扇联系在一起，设计出带微型电扇的台灯。系统地考虑上面所列产品的属性，在它们之间建立起联系，可以引申出更多的创意。

（3）利用顾客意见分析法收集信息。即从顾客所提出的意见开始分析，第一步是调查顾客使用某种产品时所发现的问题或感觉值得改进的地方。第二步是对所收集的意见进行综合分析整理，转化为创意。例如，某工艺品企业通过调查发现，消费者普遍反映该企业的工艺品包装过于陈旧、简单，该企业就可以根据这种意见改进工艺产品的包装。

（4）利用主意会收集信息。即企业管理人员汇集若干有关方面的人员和专家（一般以 6～10 人为宜）一起开座谈会，寻求创意。企业主管人员在会前提出一些问题，让参加座谈会的人员事先考虑、准备，然后在座谈会中交流各自的想法。开座谈会时要畅所欲言，争取得到尽可能多的创意。

总之，这个阶段的目的是寻找尽可能多的新产品的创意和设想。

二、筛选阶段的信息管理

在搜集到大量的创意方案以后，要进行筛选，就是把那些没有必要或没有可能的创意剔除，从而留下适合本企业发展的新产品方案。

创意方案的筛选非常重要，搞不好会把不该舍的舍掉了，不该留的却留下了，最后造成产品开发的失败。要搞好筛选工作，就必须让各部门的人员都参加，因为各部门对自己负责的部门比较了解，这样，大家互相取长补短，有利于保证筛选的合理性。

筛选的过程一般分为两个阶段：第一阶段是整体筛选；第二阶段是事项筛选。整体筛选就是从整体上对每一个设想进行筛选，即将内部因素和外部因素结合起来考察，决定对创意方案的取舍。整体筛选又分为两个步骤：第一步是筛选那些同本企业的技术条件、资金条件和资源条件等明显不适合的方案，这一步主要是通过判断来实现的。第二步是把经过第一步筛选后剩余的方案再进行筛选，第二步筛选一般采用评分法，然后根据各种构思得分的多少决定取舍。

三、研制阶段的信息管理

新产品的研制是产品从概念新产品到新产品样品的阶段，包括研究和试制两个步骤。研究就是把经过筛选的开发方案进一步具体化，设计成切实可行的具体实施方案，不仅包括产品性能的设计，还包括拟定试验规范、提出测试方法和应达到的指标，以及产品的规格等。试制就是根据研究所决定的方案制造出现实的产品。

在新产品试制中，首先根据选定的产品开发方案编制产品设计任务书，试制出合格的产品。同时，要提供全套技术，并完成主要工序的生产技术准备工作。

产品设计任务书是指导产品设计的基础文件，比产品开发方案更为具体，一般包括产品的基本特征、主要用途、使用范围、技术规格、结构形式、主要参数、费用预算、目标成本与国内外同类产品的比较分析，以及开发这一产品的理由和意义。

产品设计是产品开发的关键，一般分为初步设计、技术设计和工作图设计三个阶段。在工作图设计阶段要平行交叉进行关键工艺的研究试验工作，试制出来的产品若符合下列要求，就可以认为是成功的产品。

（1）在消费者看来，产品具备了产品概念中所列举的各项主要指标。

（2）在正常条件下，可以安全发挥功能。

（3）能在已定的生产成本预算范围内生产出新产品。

四、市场试销阶段的信息管理

新产品的样品经过部分顾客试用基本满意后，企业可根据改进后的设计进行小批量生产，在有选择的目标市场上做检验性试销。试销不仅能增进企业对新产品的销售潜力的了解，而且有助于企业挑选与改进市场营销方法，能够启发或指明改进市场策略的方向。

进行新产品的试销必须注意以下几点。

（1）并不是所有新产品都需要经过试销，一般来说，选择性大的新产品需要经过试销，而选择性小的新产品不一定需要经过试销。

（2）试销的地区、范围要根据产品的不同特征和地区的差异性而定，一般以保证搜集资料的准确性和具有代表性为原则。试销时间主要由平均再购进时间的长短和试验费用高低而定。

（3）要注意信息的回收。在新产品试销以后，要注意把用户的意见及时搜集起来，以便对新产品进行改进。回收的信息包括三个方面的内容：一是新产品本身的信息；二是消费者对企业经营策略的意见；三是消费者对新产品重复购买量的估计资料。这样，企业不仅可以使新产品从性能、式样、规格等方面做出改进，也可以对组合经营策略做出最佳决策，同时，还可以对新产品的成功与失败做出正确的评价。

五、正式投产阶段的信息管理

新产品经过试销后，就要根据消费者的意见修改定型，正式投入大批量生产。新产品正式投产后，必须在经营策略上做出正确的决策，并拟订新产品发展计划书，确定新产品的商标、包装策略，核实产品的出厂成本，制定正确的价格策略，并拟订正确的渠道策略和促销策略，等等，形成企业的相关资料，规范生产经营的信息管理。

第二节　技术研究管理

由于新产品的外延较为广泛，而且企业的条件也各自不同，因此技术研究管理的方式也有所不同。较常用的技术研究管理方式有以下几种，企业可根据社会需要与本身的资源和技术能力进行选择。

一、引进技术

这是指通过引进专利或设备，或与其他企业进行技术合作、来料加工和补偿贸易等，引进比较先进和成熟的技术。这种方式的优点是时间短、投资较少、风险性小，因此是我国企业最常用的一种方式。但必须注意，这种方式如果运用不当，就会造成盲目引进、重复引进，浪费国家外汇，缺乏偿付能力以及限制独创精神，一切依赖外援的后果。所以企业必须事先考虑社会对该种产品的需求、产品未来的发展趋势、政府的规划与要求、本企业的消化能力等因素，并进行可行性论证，才能最后确定。一般来说，引进技术最适用于国家经济建设急需的和对国计民生有重大影响的产品。

二、自行研究与技术引进相结合

这是企业既引进先进技术，又结合本身专长进行新产品开发的一种形式。它比上述单纯引进技术的方式较为优越，因为它不仅同样具备时间短、投资少、风险小的优点，而且可使产品更具特色和吸引力。这种方式强调了发挥本企业的技术专长，从而促进了本企业技术水平的提高和开发新产品的积极性。

三、独立研制

这是指企业依靠本身力量开发在性能结构和工艺等方面较原有产品有显著特色和提高的产品，或市场上从未出现的新产品。这种方式的优点是避免外部的牵制，同时可最大限度地发挥本企业的科技能力，促进科技的进步。而且一旦成功，就可以有效地占领市场，建立信誉。但另一方面，这种方法耗资较多、费时较长，而且风险性也较大。在实际工作中，第一种做法企业承担从基础研究、应用研究到新产品开发的全部工作，这只有少数技术力量很强、投资来源可靠的大企业才能做到；第二种做法企业只进行技术研究和开发工作，这也只适合大中型企业；第三种做法企业利用其他单位的科研成果，本身只进行新产品商品化的工作，一般的中小型企业多采用这种方式。

四、协议开发

这是企业与科研机构、大专院校、社会上有关专家或者其他企业协作进行开发的一种方式。这种做法可以使科研人员迅速将其研究成果运用到实际中，而企业也可以从原理、技术和设计等方面得到指导与帮助，因此充分发挥了多方面的特长，克服了企业力量不足的困难，而且收效也快。近年来，美国和英国的许多大学都设立了科技园地，为企业提供咨询服务或共同进行产品开发，就是个典型的例子，我国也有这种发展趋势。

第三节 产品开发管理

新产品开发是企业进行研究开发工作的主要落脚点。随着市场需求及偏好的改变、新科技的发展，产品生命周期逐渐缩短，如果企业不能及时推出市场需要的新产品，不从事新产品的开发，那么遇到的风险将越来越大。

对于新产品的获得，企业可以根据实际情况做出不同的选择，一种是通过购买的方式，既可以通过购买小企业获得有市场吸引力的产品线，又可以向其他企业或个人购买专利权，还可以用许可证协议来购买新产品的制造权。另一种是通过开发的方式来获得新产品，具体的途径主要有两条：企业通过自己的研究开发部门开展工作，在企业内实行新产品开发；企业雇用社会上独立的研究人员或新产品开发机构为本企业开发新产品。

一、新产品的开发方式

新产品的开发方式大致可以分为以下几种。

（1）独制方式。即企业通过自己的开发部门，对社会潜在的消费需求或现有产品存在的问题进行分析研究,从而设计出具有突破性的新产品或更新换代的新产品。这对企业资金和技术方面的要求较高。

(2) 契约方式。即企业委托社会独立的研究机构或人员进行开发,并附以一定的研究开发费用。这可充分利用社会上的理论和应用科技力量,减少企业的基础投资。

(3) 企业研制与技术引进相结合的方式。即企业制订的新产品研制计划是利用现有的技术,并通过购买专利或专有技术等形式,引进关键的技术或设备,使之与现有技术相结合。这种方式既使新产品在市场上具有竞争力,又能使引进的技术发挥较大的经济效果。这是目前国际上较为流行的一种方式。

(4) 直接引进技术。这种方式可以减少本企业的科研经费和力量,加速企业的技术发展,短期内收效较大,但一般成本较高。这种方式在发展中国家的企业中较为常用。

二、新产品开发策略的选择

从市场竞争和产品系列的角度来考虑,企业的新产品开发策略主要可以分为以下四种。

(1) 抢先策略。即某企业抢先开发、抢先投入市场,以求能够使企业的产品在市场上获得领先地位。这种策略一般要求企业具有较强的研究开发能力,并且还要有足够的人力、物力和资金的支持。

(2) 紧跟策略。即企业在市场上一旦发现有竞争力强的产品就立即进行仿制并投入市场。这一般要求企业具有较高的市场信息网络和较强的快速市场应变能力,并有一定的研制能力。

(3) 产品线广度策略。产品线系列是指与生产技术密切相关的一组产品。将一个企业拥有的产品系列的数目称为产品系列广度。产品线广度策略选择的宽窄程度可以分为两类:① 宽产品系列策略是指企业生产多个产品系列,每个产品系列又有多种产品。这是一种多样化经营,不仅分散了市场营销过程中的种种风险,而且也避免了单一产品生产的单一化风险。② 窄产品系列策略是指企业只生产一两个产品系列,每个产品系列也只有一两种产品,它往往被小企业采用。

(4) 产品线深度策略。每个产品系列内品种规格的多少称为产品线深度。由于新产品的开发策略是在产品生命周期内进行的,因此处在生命周期的不同阶段,这一策略表现出不同的特色。在产品的投入期,应尽量收集市场信息以便能够进一步改良产品;在产品的成长期,企业可以根据自身条件,以该产品为基准,及时推出其系列产品以便占领多个细分市场;在产品的成熟期,企业一般采取产品改良的方法,一改前期的市场开拓策略为市场渗透策略。

第四节 技术转移与保护

一、技术保护的主要形式

技术保护的形式有很多种,主要的有专利申请。申请专利保护的实质是专利申请人将其发明向公众进行充分的公开以换取对发明拥有一定期限的垄断权,超过其规定的期限,便不受法律的保护,专利技术进入公共领域;工商秘密形式是一种民间保密形式,通过在技术发明企业内部保密的办法垄断新技术;申请商标可以长期维护商标使用者的产品信誉和影响力。

二、技术转移的主要形式

所谓技术转移是指技术作为一种生产要素,可以通过有偿或无偿的方式从一个企业流向其他企业,包括技术的传递、消化和吸收。技术转移从不同角度可以有不同的分类方法。如果按照可转移的技术成果内容进行分类,可分为产品实物形式的技术(如设备)、劳动过程形式的技术(工艺)以及信息形式的技术(配方);按照技术转移成果的渠道来区分,可分为市场渠道和非市场渠道,后者是指非营利性的技术交流和援助;按照技术转移的企业对象分,可分为内部市场转移和外部市场转移。

思 考 题

1. 如何理解企业技术开发管理的内容?
2. 如何理解信息资源管理过程?
3. 如何理解技术研究方式?
4. 如何理解新产品的开发方式?
5. 如何理解新产品的开发策略?
6. 如何理解技术保护的形式?
7. 如何理解技术转移的含义、分类及其内容?

【综合案例三】 制造型企业成本控制案例分析

导读： 当前对于制造业而言，由于资源优势，原材料价格日趋上涨，而销售价格却由于各方面的原因，难于无限上涨。就在这"一涨一滞"之间，企业承受着巨大的成本压力和生存挑战——要么持续降低内部运作成本，要么降低自己的盈利能力。所以要想有更大的发展潜力，成本控制和产品质量是关键。

案例：

本次以一个产销一体化的制造型企业为例，对于企业成本控制做一个简单的分析。该企业的工艺流程具有较大的可控性，其简单的流程大致如下：① 企业进行原材料的购进。② 在生产车间加工并安装成成品。③ 直接销售并做售后服务。

一、采购环节

从世界范围来说，一般采购成本要占 60%，而我国的企业采购成本要占企业总成本的 70%。从这两个数字可以清楚地看出，采购成本是企业总成本的主体。因此，降低采购成本是降低企业总成本的关键。

该企业采购的原材料主要是铜线，只要能以低价高质买进铜线，就能降低采购成本，降低产品成本。倘若铜的价格是 70 元/千克，当预测行情能以最低价购进大批量，如用 60 元就能买进，这样 1 千克就少 10 元，1000 千克就能少 10 000 元，这无疑是给企业降低了原材料的成本。若企业每年需要铜线 1200 千克，每次的订货费用是 400 元，存货的年储存成本为 6 元/千克。则

$$Q^* = \sqrt{\frac{2DC_1}{C_2}}$$

式中：Q^*：经济订货批量；

　　　D：商品年需求量；

　　　C_1：每次订货成本；

　　　C_2：单位商品年保管费用。

代入数值，得

$$Q^* = \sqrt{\frac{2DC_1}{C_2}} = \sqrt{\frac{2 \times 1200 \times 400}{6}} = 400（千克）$$

（1）按经济批量采购，不享受价格折扣，则

　　　总成本=储存成本+订货成本+采购成本

　　　　　　=400/2×6+1200/400×400+1200×60=74 400（元）

承前例，若每次订货量为 600 千克，可给予 3%的价格折扣，应以多大指订货。

（2）不按经济批量采购，享受价格折扣，则

总成本=储存成本+订货成本+采购成本

=600/2×6+1200/600×400+1200×60×(1-3%)=72 440（元）

通过以上比较可知，订货量为 600 千克时，总成本最低，所以，有数量折扣的经济批量为 600 千克。通过科学的测算来设定一个合理的批量采购量，是降低采购成本的重中之重。

二、生产环节

该企业有两个生产型成本中心，分别是嵌线车间和安装车间。

（一）嵌线车间

（1）嵌线车间是该企业生产电机线圈的主要生产车间。该车间有一台高压测试仪，此设备从 2009 年 12 月坏掉后未曾修理，其间从检验员手中流入下道工序的线圈都没有经过高压检测，如果在经过浸漆、安装后再发现高压通不过，不仅增加产品损耗，而且还浪费大量的人工和维修物料。

生产设备是生产车间的重要部件，破损的生产设备是不可能生产出合格的产品的，这是一种非常大的浪费。因此对于这种现象，要求企业建立机器设备维修流程，加强设备资产的日常管理和检修。建议流程如下：

① 制订设备维修流程，最低范围内减少非正常生产的损耗。建议流程如下：首先，由该设备使用人开具维修单，说明故障原因；其次，交给车间主任，经车间主任确认、签字后送交设备部维修人员；再次，维修人员在接单后应优先前去查明原因，排除故障，如果暂时不能排除故障，要说明原因；最后，由该设备使用人在维修单上签字确认机器已修好。其中的每一步流程都需注明日期，以此来保证相关人员责任明确，避免发生多次反映无果、相互推诿的现象。

② 做好设备资产的日常检修和维护工作，减少在生产过程中出现故障以致影响生产正常运行的情况。只有合格的生产设备才能保证产品的质量，大大节约时间，降低成本，创造出高效率。

（2）车间生产线圈的最后一道手续是浸漆。自动沉浸机提高了浸漆效率，同样也存在因滴漆时间不足而产生的浪费绝缘漆等的弊端；浸漆工实行计时工资，按每天上班 8.5 小时计算，机器预热（120℃以上）需 0.5 小时，线圈全部上架两个需 2 小时，下午也需提前 2 小时停止上架，以便能赶在 5 点下班，一天内机器保证全效率运作的时间只有 4 小时，还不计浸漆工午间休息的 0.5 小时，这样无形中浪费了很多能源，也降低了机器效率。改善方式如下：① 从生产工艺上改进，通过减少生产损耗达到降低成本的效果。将浸漆环节剥离，套用老办法，用人工沉浸，自动沉浸机仅做烘干之用，既有效率又省了原料。② 改变工资计提办法，提高人工效率。目前车间使用的计时工资实际生产时间只有 4 个小时，只有 50%的生产效率，将计时工资改为计件工资，既可以增加员工的工作积极性，也可以提高机器效率，大大降低了人工成本，提高了人事效率。

（二）安装车间

安装车间存在以下问题：① 原材料的进库都没经过检验员的检验。在生产中会发现零部件不对称，尺寸、型号不对等的情况，导致无法完成安装或者安装出不合格半成品。② 车间安装，企业没有建立相关的质量检测标准和制度，全凭安装工人的经验值来估算，导致在后续环节出现很多次成品和不合格成品。

以上这些情况大大增加了产品的生产性损耗，导致生产成本的增加。这里反映出一个质检环节的缺失所带来的成本流失问题。因此企业要设立专门的质检人员（部门），实行质检主管负责制和质检主管对质检员的垂直管理体制，颁布质检部门的业绩考核标准，并贯穿从原料、零部件、半成品到成品的全部过程。

通过调整生产工艺、完善生产管理流程和设置岗位等一些内控手段减少生产损耗，降低生产成本和人工费用，是生产环节降低成本比较有效的措施。

三、销售环节

销售环节是企业的最终环节。其从以下两方面降低成本：一是存货到销售有效转化，缩短存货周转周期，减少存货的管理和存储成本；二是应收账款尽快变现。减少这两个方面对资金的占用，能够有效提高资金的使用效率，降低资金的机会成本。

在销售环节可以采用一定的销售商业折扣、信用条件、收款政策等措施减少成本。当企业的存货积压比较多时，应采用较为优惠的商业折扣或者信用条件，如"数量与折扣相结合"的捆绑条件，购货方为了拿到这个折扣而多买货，尽快地实现存货向销售收入的转化，变持有存货为持有现金或应收账款，以减少各项存货管理支出，降低成本。

同时要加强对应收账款的催收。企业可以采用积极的收款政策，这可能会使企业的坏账损失减少，收账成本增加。一般而言，收账成本越高，坏账损失越少，但两者并不一定存在线性关系。收账成本达到某一限度以后，应收账款和坏账损失的减少就不再明显了，这一限度就称为饱和点。如何正确评估这两者的最佳结合点，是非常重要的。某企业现在收账政策和建议收账政策的资料对比分析如表 1 和表 2 所示。

表 1　某企业现在收账政策和建议收账政策的资料对比分析 1

项　目	现行收账政策	建议收账政策
年收账费用/元	10 000	15 000
应收账款平均收现期/天	60	30
坏账损失率	4%	2%

表 2　某企业现在收账政策和建议收账政策的资料对比分析 2

项　目	现行收账政策	建议收账政策
（1）年销售收入	1 200 000	1 200 000
（2）应收账款周转次数	6 次	12 次
（3）应收账款平均占用额	200 000	100 000
（4）建议收账政策节约的机会成本	48 000	10 000
（5）坏账损失		24 000

续表

项　目	现行收账政策	建议收账政策
（6）建议计划减少坏账成本		24 000
（7）两项节约合计（4）+（6）		34 000
（8）按建议政策增加收账费用		5000
（9）建议政策可获收益（7）-（8）		29 000

由表2计算结果可知，按建议政策可获收益29 000元，所以应采用建议收账政策。

对于销售部门而言，成本已不是一个狭隘的生产成本，它包括企业各个环节的成本，也包括销售环节的。销售部门的职责是不仅要给企业创造销量，也要给企业降低销售成本和资金成本。

以上是以一个产销一体化的企业作为案例，就降低成本所提出的一些环节上的改善方式，都是一些比较具体的，但却可以融会贯通的方法。

要成为一个高经济效益的企业，关键就在于加强企业的成本管理，不断降低产品成本。要把从产品的研究设计开始，到原材料采购、生产制造、销售等各个环节的耗费都计算在内。在当今的市场，从某种意义上讲，成本决定了一个企业的竞争力。在确保产品质量的前提下，降低成本是企业逐步扩大市场份额的重要途径，是企业提高经济效益的基础。现代企业管理者要转变传统狭隘的成本观念，结合企业的实际情况，充分运用现代的先进成本控制方法以加强企业的竞争力，迎接各方的挑战。

资料来源：王浙涛. 浅谈加强企业成本控制的方法与途径[J]. 中小企业管理与科技，2010（9）：204-205.

企业现场管理篇

　　现场管理是一项基础管理工作，企业高层、中层的许多管理工作必须落实到基层，必须落实到现场。因此，现场管理工作的好坏体现了企业内部的管理水平高低，现场管理是企业保证产品质量的关键。

　　现场管理是指用科学的管理制度、标准和方法对生产现场各生产要素，包括人（工人和管理人员）、机（设备、工具、工位、器具）、料（原材料）、法（加工、检测方法）、环（环境）、信（信息）等进行合理有效的计划、组织、协调、控制和检测，消除"跑、冒、漏、滴"和"脏、乱、差"状况，提高产品质量和员工素质，使生产现场处于良好的结合状态，达到优质、高效、低耗、均衡、安全、文明生产的目的。

第十七章 生产现场的作业管理

学习目标

你学完本章，应该：
1. 理解作业管理的含义；
2. 掌握作业研究的含义、特点及其程序；
3. 理解动作分析；
4. 理解时间分析；
5. 掌握时间观测步骤；
6. 掌握工作抽样及其步骤；
7. 掌握模特法及其特点。

生产现场的作业管理就是运用科学的方法和手段，对现场的各种作业进行分析研究，消除作业中不合理的因素，寻求最经济、最有效的作业程序和作业方法，以提高生产的效率和效益。它是工业工程（IE）的具体应用。本章先介绍作业研究，再讨论动作分析、时间分析、模特法。

第一节 作业研究

一、作业研究的内容

作业研究是研究、改进、设计生产系统，提高生产效率最基本的管理技术。其内容随着管理实践的发展不断扩大，最基本的是方法研究和作业测定。方法研究是对现有的工作方法进行系统的记录、分析、考核与检验，使之成为更有效、更简易的工作方法。作业测定用来研究如何正确地确定标准时间。这两者是紧密联系的。

二、作业研究的特点

作业研究的目的在于，力求改善现有的作业程序、作业方法，充分挖掘现场的生产潜力。为此，需要借助一些分析手段和思考方法。这些手段和方法是从生产实践经验中积累、归纳和总结出来的,很容易掌握,用于现场管理能收到立竿见影的效果。

作业研究有如下特点。

1. 求新的指导思想

作业研究不以现行的作业方法为满足,总是力求改进、创造一种更经济、更合理的作业方法。这种求新精神不是脱离实际的空想,而是以实事求是的科学态度去研究问题和改进工作。

2. 具有系统性

作业研究不是孤立地研究问题,而是从生产的全过程出发来分析问题,着眼于改善整个生产系统。生产过程中的所有作业或操作都可以作为分析研究的对象,但每个问题的研究都要从系统的要求出发。

3. 着眼于挖掘企业内部潜力

作业研究要求在不增加人员、设备和投资的情况下,以生产作业分析为手段,致力于改善现行作业方法和作业流程,从而提高生产的效率和效益。

4. 工作方法力求标准化

通过分析研究,把实践中证明是成功的工作方法固定下来,形成标准,再用它来作为培训和考核员工的依据。

5. 适用性广

作业研究适用于各种企业的生产现场,不仅生产工序可以应用,各种管理业务也可以应用。

为了做好作业研究工作,有条件的企业可配备专职人员,并加强对他们的培训,使他们具有独立工作的能力;或设立作业研究室,吸收有关科室人员参加,有计划、有步骤地开展这项工作。

三、作业研究的程序

作业研究有一套科学分析和研究问题的方法,需要按一定的程序进行。其具体步骤如下。

1. 选择研究项目

在一定时期内,生产现场存在的问题很多,不可能对所有问题都进行研究,需要进行选择。可供作业研究的项目主要有以下几个方面:改进生产过程的企业及工序划分;改进工厂、车间及工作地的布置;合理利用机器设备、工具和原材料;缩短产品生产周期,节约生产时间;简化操作动作,减轻工人劳动强度;建立良好的工作环境,实现安全生产;等等。

选择研究项目应把生产中急需解决的问题作为重点。主要考虑以下三个因素。

(1) 全局性。选择对全局影响较大的项目,如生产过程中出现的卡脖子工序,即薄弱环节;废品率高或产品质量不稳定;工艺路线过长,搬运效率低;浪费大,成本高;环境污染、事故严重等方面的项目。

(2) 有效性。选择经过作业研究以后能够马上见到效果的项目。这样不仅在经济上能见效,还能起到鼓舞士气、调动员工积极性的作用。

(3) 可能性。选择的项目要具有可能实现的条件,如有足够的技术力量,等等。

经过以上考虑和权衡,就可以确定作业研究的具体对象了。

2. 调查了解,详细记录现行方法

研究项目确定后,要通过查阅资料、现场观察对该项目现行的作业方法和作业内容进行详细记录。这是为作业研究提供基础资料,要求详尽准确。由于生产现场工序多,作业程序复杂,如采用文字记录势必冗长烦琐,所以作业研究习惯采用一些符号和图表来记录,使人一目了然。符号有生产过程分析符号、动作基本要素符号等。图表有生产过程分析表、平面流程分析图、人—机联合作业分析图等。

3. 采用"5W2H 法"对记录的事实进行分析

事实记录下来后,就要逐项考察,从中找出问题和产生问题的原因,寻求改善的方法。通常采用"5W2H 法"对记录的内容进行分析研究,如表 17-1 所示。

表 17-1　"5W2H 法"

5W2H	现　状	为 什 么	改　善
目的(why)	干的目的	有无必要性	理由是否充分
对象(what)	干什么	为什么要做这个	能否干别的
地点(where)	在何处干	为什么在此处干	能否换个更好的地点干
时间(when)	在何时干	为什么在这时干	能否换个更好的时间干
人员(who)	由谁干	为什么由他干	能否由别人干
方法(how to do)	用什么方法干	为什么这样干	是否有更好的方法
费用(how much)	成本是多少	为什么成本是这样的	成本能否降低

"5W2H 法"对每一项作业都从目的(why)、对象(what)、地点(where)、时间(when)、人员(who)、方法(how to do)、费用(how much)七个方面提出问题并进行考察。在实际运用时,可按"5W2H 法"分析表来进行。第一次分析,从七个方面分析现实的状况;第二次分析,从七个方面进一步问为什么;第三次分析,从七个方面考虑能否有更好的方案,能否有替代的办法。通过这样的分析,就可以找出改进的方向。

4. 运用 ECRS 四原则构思新方法

在进行"5W2H 法"分析的基础上,可以构思新的工作方法,以取代现行的工作方法。运用 ECRS 四原则(取消、合并、重组、简化的原则)可以帮助人们找到更好的方法。

(1) 取消(eliminate)。首先考虑该项工作有无取消的可能性,如果所研究的工作、工序、操作可以取消,这便是最有效果的改善。例如,不必要的工序、搬运和检验等应予以取消,因此特别要注意那些工作量大的作业。如果所研究的工作、工序、操作不能全部取消,可考虑部分取消。例如,变本厂自行制造为外购或外协,这也是一种取消、一种改善。

(2) 合并(combine)。合并就是把两个或两个以上的对象变成一个。如工序或工作的合并、工具的合并等。合并后可以消除重复现象,取得较大的效果。当工序之间生产能力不平衡,出现人浮于事和忙闲不均时,就需要对这些工序进行调整和合并。有些相同的工作分散在不同的部门进行,也可以考虑能否合并。

(3) 重组(rearrange),或称替换。重组就是通过改变工作程序,使工作的先后顺序重新调整，以达到改善工作的目的。例如，前后工序的对换、手的动作改换为脚的动作、机器位置的调整等。

（4）简化（simplify）。经过取消、合并、重组之后，再对该项工作做深入的分析研究，使现行方法尽量简化，以缩短作业时间，提高工作效率。简化就是改善，也是部分的省略。

任何作业或工序都可以运用 ECRS 改善四原则来进行分析，并通过分析找出更好的作业方法和作业流程。

5. 拟订改进方案

找到新的工作方法以后，作业研究人员还要对新的工作方法做具体的技术经济分析，并与旧的工作方法进行对比。在确认是理想的、可行的工作方法后，正式绘制出工作方法改进图表，拟订实施新工作方法的方案，报经企业高层管理者批准后，付诸实施。

6. 贯彻实行新的工作方法

实施新方案，一般会遇到来自两方面的阻力：一是由于员工对新方法还不了解，因而一时难以适应；二是由于习惯的影响，人们习惯于用旧的方法。这就需要广泛宣传新方法的内容、意义、优点，并进行试点；对员工进行新方法的技术培训；加强现场指导；使员工逐步适应和熟悉新的工作方法。

第二节 动 作 分 析

一、动作分析目的

动作分析就是把完成某项作业的动作分解为最小的分析单位（动素），对作业进行定性分析，从而找出最合理的动作，缩短作业时间，使作业达到标准化的一种方法。

动作分析是由美国人吉尔布雷斯（F. B. Gilbreth）首创的。这种方法对于各种操作，特别是手工操作是很适用的。任何一种作业都有操作快慢之分，有的操作方法先进，有的操作方法落后，通过分析可以总结和推广先进的操作方法，以提高生产效率。

动作分析的主要目的有以下几个。

（1）根据人的基本动作，通过详细研究和分析，剔除不合理和多余的动作，使作业减少疲劳而又安全。

（2）分解和简化作业动作，使作业简便、易行、有效。

（3）使人的操作同机器设备的运转相适应，两者能协调配合。

（4）为制定作业标准、动作时间标准取得基础资料。

二、动作分析符号

动作分析一般使用 Therblig 符号记录。Therblig 是吉尔布雷斯的名字反顺序排列的读音，它把人的动作分成若干个动作要素（动素），这些动作要素称为萨布里克符号。人体动作的基本动作要素有 17 种，可归纳为以下三类。

第一类：是完成工作所必要的动作要素。通过对其顺序及组合的改变，能够改进工作。

第二类：是辅助性的动作要素。这些要素会减慢第一类动作的速度，应设法消除或减少。在多数场合，通过定置管理，这类要素是能够消除的。

第三类：是对工作无益的动作要素。

三、动作经济原则

为了提高工作效率，人们都在寻求"经济有效"的操作，即寻求一种用力最小、疲劳最少、能达到最佳效率的途径和方法。为此，就需要遵循动作经济原则。动作经济原则，也可以说是省时、省力、迅速、合理的动作法则。应用动作经济原则的目的不是改变作业程序和机器设备、生产企业等作业条件，而是在上述条件不变的情况下，提高工作效率，减轻疲劳，缩短操作时间。动作经济原则包括关于身体使用的原则、作业场地的布置原则、关于工具和设备的设计原则三个方面。

1. 关于身体使用的原则

（1）只要能达到作业的目的，手的动作应尽量使用等级低的动作。手的动作可分为 5 级，如表 17-2 所示。

表 17-2　手的动作分类表

等　　级	手 的 动 作
1	手指的动作
2	包括手指及手腕的动作
3	包括手指、手腕及前臂的动作
4	包括手指、手腕、前臂、上臂的动作
5	包括手指、手腕、前臂、上臂、肩的动作

（2）两手的动作应同时开始，同时结束。

（3）两手的动作应相反地、对称地进行。

（4）避免不安定的作业姿势和上下移动，动作应在正常作业范围内进行。

（5）排除不必要的动作，动作距离要最短。

2. 作业场地的布置原则

（1）加工件和工具要放在固定位置，通常应放在眼可见、手可及的地方，并按使用顺序放置。

（2）工具、材料和控制装置应靠近作业位置，放置在操作者两臂正常工作范围之内。

（3）零件、物料供应应尽量利用其本身坠力，能自动降落到工人手边。

（4）组合件或成品亦应利用其本身坠力，使之能自动落于容器内。

（5）应有适当的照明设备，使亮度、颜色适宜，光线方向合适。

（6）给操作者配备高度适宜的座椅和工作台，使工作者感到舒适、方便。

3. 关于工具和设备的设计原则

（1）多利用脚动装置（如脚踏板等），以脚代手。

（2）经常反复变换使用的两种工具，应设法使其合而为一，如两用扳手、组合式工具等。

（3）设法使工具用毕后能自动返回原处，如利用弹簧、滑轮等装置。

（4）工具或机器的手柄设计应尽量加大与手的接触面，便于着力。

（5）须保持正确形状的作业，尽量采用模具和导向器。

四、动作分析方法

动作分析的方法有以下几种，如图 17-1 所示。

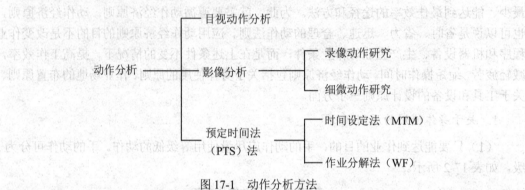

图 17-1　动作分析方法

1. 目视动作分析

目视动作分析是以动作基本要素为单位，把连续的动作详细记录在动作要素（动素）程序图上，根据记录的资料对动作进行分析研究的一种方法。这种方法与影像分析比较，成本较低，但精确度较差。动素程序图是将某一生产过程中人体的动作用动素符号详细记录在程序图上，分左右手两边对称地分别列出动作要素。经过分析研究，设计出更省力、省时的动作。表 17-3 是一种常见的动作分析表（亦称动素程序表）格式。

表 17-3　动作分析表

		作业配置图				调查单位名称		
						作业名称		
						调查时间		
						分　析　者		
改进要点	左手		动素符号			右手		改进要点
	要素作业	动素符号	左	眼	右	要素作业	动素符号	
动素符号个数								
动素符号累计	类别						注	
	符号							
	左手							
	右手							

2. 影像分析

影像分析是以摄影机或录像机对操作者的动作进行拍摄或录像，然后通过放映对动作进行分析研究的一种方法。这种方法对所研究的细微动作不会遗漏，取得的资料比较全面、准确。影像分析又分为录像动作研究和细微动作研究。

3. 预定时间法（predetermined time standards，PTS）

预定时间法是根据作业方法确定作业标准时间的一种方法。首先，把人所从事的各种作业都分解成基本动作；其次，根据预先确定的最小动作单位的时间表，求得每个最小动作单位的时间值，再把组成该项作业的所有动作时间值累加起来，即可求得该项作业的正常时间；最后，加上适当的宽裕时间，即该项作业的标准时间。

第三节　时 间 分 析

时间分析是对特定作业所必需的要素作业和时间值进行分析研究的一种方法。通过时间分析，可以消除或减少无效因素，比较作业方法，并进行改进，确定完成作业所必需的时间标准（劳动定额）。

时间分析适用于全部生产系统。其主要作用有：① 消除或减少无效时间，提高整个生产作业系统的效率；② 制定各种作业的标准时间；③ 为改进或设计生产系统提供时间方面的基础资料。

一、停表时间分析

停表时间分析是以停表为主要工具，将特定的作业按照动素出现的顺序分成较细的要素作业，测定、记录其时间值，据以进行分析研究的一种方法。

1. 时间分析用具

（1）停表。停表时间分析法观测时间所用的计时工具为 1/100 分钟停表或秒表。停表的刻度与普通秒表不同，长针转一周为 1 分钟，但一周的刻度为 100 等分，1 刻度为 0.01 分钟。1/100 分钟停表与秒表相比，读值、记录更为容易，整理、计算也更为方便。

（2）观测板。观测时使用观测板，用以安放停表和观测表格。观测板的尺寸和形状设计应考虑观测者使用方便顺手，停表应放在易读的位置。

（3）时间观测表格。表格可根据各企业不同作业内容进行设计。标准时间的观测表中，有作业评定、正常时间、宽裕时间、标准时间等栏，观测次数一般在 15～20 次；为改进操作的观测表，有最小时间值、改进途径等栏，观测次数为 10 次。

（4）其他用具。主要有计算工具、铅笔、卷尺，以及转速表和环境测定仪器等。

2. 时间观测方法

（1）连续法。它是从第一操作单元（要素作业）开始时，立即启动停表，在整个观测过程中一直不停表归零。时间从头到尾都是连续的。各操作单元结束时，迅速读出时刻，做好记录，此时刻即下一操作单元开始的时刻。这样记录的时间是累计值。相邻两单元结束时间相减即可得到每一单元经历的时间。

连续法的优点是将整个操作过程都做了详细记录，没有遗漏，增加了资料的真实性，有助于分析和采用。连续法的缺点是观测记录难度较大，观测前需进行一定的训练。

（2）归零法。这是对每个操作单元单独进行处理的方法。动作开始时启动停表，一个单元结束时按表使表针停止，做记录，然后使表针归零，从而进行下一步观测。此法的优点是所记录的时间为各单元的经过时间，简化了计算工作；而且只需用眼注视操作动作即可。但此法的缺点是，由于不是连续观测，停表归零要消耗时间；尤其是短操作单元，误差更大；迟延及异常动作等容易漏掉，降低了资料的真实性。

3. 时间观测步骤

（1）决定观测对象。被观测者的作业方法应已实现标准化，其所进行的操作也处于正常状态。如果所观测的作业没有实现标准化，观测就失去了意义。决定被观测的操作者应选择一般熟练人员，因为非熟练人员不能很好地完成标准作业，而特别熟练的人员的动作又过于灵巧，动作之间的过渡非常迅速，不易区分。如果以超过正常作业速度的资料为依据，制定的时间定额也很难被多数人所接受。被选定的操作者还应与观测者协作，在心理上、操作上尽量不受观测因素的影响。

（2）划分作业操作单元。划分作业操作单元时应考虑如下原则：划分重复性作业（有一定操作顺序的作业，也叫作周期作业）和非重复性作业（没有固定操作顺序的作业，也叫作非周期作业）；划分主体作业和辅助作业；划分机器工作时间和手工操作时间；搬运时间应与其他单元分开；每个单元的起、终点应易于辨别；根据停表能测得的最小时间值和观测者的技术水平来划分操作单元。

操作单元主要依据操作内容来划分。操作者将目标物从一处移到另一处，这一过程就是一个操作单元。操作单元还可细分为"伸手""抓取""移物""放手"等动作单元（即动作要素，用停表观测过于短促，适宜用影像分析）。

（3）确定观测次数。时间观测是一个"抽样"的过程，观测次数足够多，才能获得较理想的结果。但观测次数多，又会增加观测工作量和费用。通常以改进操作方法为目的的观测，次数不宜太多，一般的作业 5～10 次为佳，非常短的重复作业 10～15 次即可。但如果是为了制定标准时间，其观测次数应比前者多，一般应在 15 次以上。

（4）观测记录。将划分的操作单元（即要素作业）记入准备好的时间观测表中；观测者在表上记录各操作单元结束时读取的停表时间；通过计算，记录操作单元的经过时间；一个观测周期完毕，接着第二个观测周期开始，直到最后一个观测周期的最后一个单元终止，记下表的读值后，停表归零。如有问题发生，应将情况和原因记录在有关栏内。

（5）消除异常值。在计算操作单元的时间平均值之前，必须检查并消除观测数值的异常值。所谓异常值，是指观测某一操作单元，由于例外的因素影响而使其读数超出正常范围，或是太大，或是太小。通常可用经验法来判断异常值，即把操作单元的各时间值按大小顺序排列，如果时间值小于邻近数值的25%以上，或大于30%以上，可视为异常值。但在小批生产时，也有例外。

（6）计算观测时间平均值。去除异常值后，便可以计算操作单元的观测时间平均值和作业周期的观测时间平均值。观测的时间值是改进作业的依据，也是制定标准时间，即劳动定额的基础资料。

二、标准时间

1. 标准时间的含义

标准时间是指采用一定的方法和设备，在一定的作业条件下，由适应作业的熟练操作者完成质量合格的单位产品所需要的时间。标准时间的确定，以科学的时间分析为基础，把作业评定作为控制其合理性的手段，把作业条件、宽裕状态作为影响标准时间的重要因素。

制定标准时间的方法主要有停表时间分析法、预定动作时间标准法（PTS法）、工作抽样法、标准时间资料法、经验估计法等。

标准时间常用的表达式为

$$标准时间 = 正常时间 + 宽裕时间$$
$$正常时间 = 观测时间 \times 评定系数$$

用宽裕率表示的标准时间计算公式为

$$宽裕率 = \frac{宽裕时间}{正常时间} \times 100\%$$

$$标准时间 = 正常时间 \times (1+宽裕率)$$

2. 作业评定

操作员工完成特定作业的速度往往是随时变化的。因此，用停表法对作业进行时间测定后，还要对作业速度进行评价。经过适当处理，把具体的时间观测值调整为按普通操作员工速度进行作业的时间值（即正常时间），就可以作为合理的标准时间的基础。

所谓标准作业速度，是指中等水平的熟练程度，具有适应性且工作热情的操作员工，按标准作业方法，以一定的努力程度进行作业时的速度。所以，观测者要经过训练，并掌握了企业的标准作业速度之后才能进行速度评定。

作业评定的方法有很多种，其中平准化法较易掌握。它是通过对影响作业速度的熟练程度、努力程度、工作环境和稳定性四个方面因素的评定进行，且每个评定因素又分为劣、可、普通、良、优、最优六个等级，每个等级由低到高确定相应的平准化系数，根据评定结果将观测时间值进行调整。

此外，还有速度评定法，是观测者对所感受的作业速度直接进行评定的一种方法。设标准速度为100%，如评定系统为110%，则表示实际速度比标准速度快10%；如评定系统为90%，则表示比标准速度慢10%。此法较为简单，但以主观评定为主。因此，必须对观测人员进行训练，使其详尽了解有关操作，并掌握有关正常速度的正确标准。

3. 宽裕时间

标准时间的制定，除评定正常时间外，还应考虑宽裕时间和宽裕率。宽裕时间是在生产操作中非主体所消耗的附加时间以及补偿某些因素影响生产的时间，而不是指浪费的时间。因此，宽裕时间不能任意削减，但由于管理不善，宽裕时间常会增加，所以也应加强管理。

不同企业、不同作业的宽裕时间是不同的。为计算宽裕时间，首先必须制定宽裕率标准。研究制定宽裕标准的方法主要有连续时间观测法和工作抽样法。宽裕时间一般可分为以下四种。

（1）作业宽裕。在作业过程中发生的，例如研究操作、清除切屑、注油、看图纸等发生的延误。

（2）车间管理宽裕。主要指车间的例行活动或管理因素造成的延误，如上下班清扫、交接班、开会、待料、停水、停电等。

（3）生理宽裕。在作业过程中出现的生理行为，例如饮水、擦汗、洗手、上厕所等。

（4）疲劳宽裕。为缓解疲劳而出现的休息和补偿活动等延误。

宽裕时间应力求减少，通过改进管理和作业方法、改善环境条件和采取减轻疲劳等措施是可以实现的。

常用的宽裕率计算公式为

$$宽裕率 = \frac{宽裕时间}{正常时间} \times 100\%$$

制定标准时间所用的部分宽裕率资料如表17-4所示。

表 17-4　一般机械工厂宽裕率资料

宽裕率类型		宽 裕 率
作业宽裕率		3%～5%
车间管理宽裕率		3%～5%
生理宽裕率		2%～5%
疲劳宽裕率	极轻劳动	0%～5%
	轻劳动	5%～10%
	中等劳动	10%～20%
	重劳动	20%～30%
	极重劳动	30%以上

三、工作抽样

工作抽样又叫作瞬间观测法，是利用统计抽样理论调查操作员工各类活动时间占总时间比率的一种方法。工作抽样的原理是统计学中的抽样检验理论，即从总体上随机抽取样本，则样本同总体的性质相近似。

1. 工作抽样的目的

（1）调查操作员工各类活动时间构成的比率，并予以分析评价，加以改进。

（2）调查机器设备的运转效率，发现非工作因素并加以改进。

（3）用于制定标准时间内的宽裕时间标准。

（4）用于研究标准时间的合理性，制定不循环作业的标准时间。

（5）用于发现作业管理系统中需要改进的问题。

2. 工作抽样的步骤

（1）确定调查目的。目的不同，调查项目分类也不同。

（2）确定调查项目。根据调查目的，设计调查项目，明确项目的内容，进行定义和分类。

（3）确定观测方法。观测前，要确定巡回观测路线和观测位置。观测者要按巡回观测路线，在到达观测位置时的短暂瞬间，决定观测对象此刻的工作状态，并进行记录。

（4）确定观测天数和一天的观测次数。观测时间长短由必要的观测次数决定。一名观测者一次巡回观测对象数以 20～30 个为宜，一天的巡回次数以 20～40 次为限。一般规定每天观测次数相同。

（5）确定观测时刻。观测时刻的选择应尽可能保持随机性。观测时刻可分为不等间隔和等间隔两种。不等间隔观测时刻是由随机方法确定的，等间隔观测时刻仅开始时刻是随机确定的。周期性作业最好采用不等间隔。利用随机数表、随机时刻表、计算器的随机数等，可以选择随机观测时刻。

（6）计算观测次数。观测次数愈多，则愈可能得到精确的结果。但观测增多，使调查费用增大。反之，观测次数愈少，准确度就愈差。工作抽样的观测一般取可靠度为 95%，则观测次数的计算公式为

$$N = \frac{4(1-P)}{S^2 P}$$

式中：N 为观测次数；

P 为观测事项发生率；

S 为相对误差。

（7）观测记录的整理和计算。每天都要对观测记录的数据进行整理，计算出当日的发生率，以计算累计观测次数和累计发生率。

$$观测事项发生率（P）= \frac{该事项发生次数（X）}{观测总次数（N）} \times 100\%$$

（8）舍去异常值。抽样观测常与控制图并用。如果某天的 P 值落在 $P \pm 3\sigma$ 之外，可认为是异常值，应予舍去。控制图的控制界限应为

$$P \pm 3\sigma = P \pm 3\sqrt{\frac{P(1-P)}{n}}$$

式中：n 为每天平均观测次数。

（9）检验准确度。将 P 和 N 值代入下式，计算相对误差 S 为

$$S = 2\sqrt{\frac{1-P}{PN}}$$

如果观测结果的 S 值小于规定的相对误差，则说明能满足准确度要求；否则，应补充观测次数。

（10）观测结果分析。汇总结果，加以分析。根据需要提出改进方案或制定标准。

第四节 模 特 法

一、模特法的基本原理

模特法是 20 世纪 20 年代逐步发展起来的一种新的动作时间分析方法。1926 年，美国人西格（A. B. Segar）出版了《动作时间分析》（*Motion Time Analysis*）一书，简称 MTA，

引起了产业界的重视,许多学者、研究人员开始研究各种预定动作时间标准方法(PTS 法)。PTS 法的优点是不必用停表进行时间研究就能求得时间值。1945 年,美国无线电企业工业工程师奎克(J. H. Quick)等人提出"工作因素法"(WF),它是将操作分解为移动、抓取、放下、定向、装配、使用、拆卸和精神作用等八种动作要素,并相应制定出各要素的时间标准。在进行操作分析时,应对每个动作要素考虑动作部位、移动距离、负荷大小等变动因素。1948 年,梅纳特等人发表了"方法时间衡量法"(MTM)。其方法是把作业分解为伸向、移动、抓取、定位、放下、拆卸、行走等动作要素,并且预先排列成表,确定完成每种动作要素所需要的时间。

模特法是澳大利亚的海德(G. C. Heyde)博士在长期研究各种预定动作时间标准法的基础上,结合人类工效学的研究成果,于 1966 年创立的。模特法的基本原理是:以员工最简单的手指动作所消耗的时间为基准,计算人体所有有形动作所需时间,进而计算一个工序、一条作业线乃至一种产品生产所需的时间消耗,形成标准,以达到消除和减少无效劳动、提高劳动效率的目的。

二、模特法的特点和优点

1. 模特法的特点

(1) 以手指的动作作为动作时间单位,其他部位动作时间是手指动作时间的整数倍。
(2) 把身体各部位的动作分为 21 种,分别用动作标号表示。
(3) 时间单位用 MOD(手指动作单位时间)表示,1MOD=0.129 秒。
(4) 动作标号的数值也就是动作的时间值,动作标号也可用独特的图形表示。
(5) 测定时不需要用仪器。

2. 应用模特法的优点

(1) 不论是技术人员、管理人员,还是生产工人,都可以利用模特法算出动作时间,精度较高,而且分析简单,使用方便,容易掌握,不需要很高的技术门槛。
(2) 应用范围广。不论是基本生产部门还是辅助生产部门的作业,包括业务部门的各项工作都可以应用。
(3) 可以用于进行作业改进、评价方案,也可以用于推动改革和促进合理化建议活动的开展。
(4) 教育投资小、效果大。因方法简单,培训时间短,有利于企业进行培训工作。
(5) 可以大幅度减少分析工时的工作量,使作业成本大大下降。模特法可用于制定标准时间、作业系统设计、作业分析、估算成本、平衡作业线、培训工人、动作分析以及效果评价等。模特法诞生以后,受到许多国家的重视,并迅速在企业中得到推广应用。近几年来,我国一批企业开始积极应用模特法,收到了明显效果,成为改进企业现场管理的重要方法之一。

三、模特法的动作分类

模特法将动作分为 21 种,各种动作的符号标记由拉丁字母和数字组合而成,拉丁字母表示动作种类，数字表示动作时间及身体动作部位，如表 17-5 所示。如 M2 表示手的动作，时间值为 2MOD。1 秒≈7.75MOD，1 分≈465MOD。

表 17-5 动作符号和时间值

动作	符号	MOD	动作说明	动作	符号	MOD	动作说明
移动动作	M1	1	手指动作	身体动作	F3	3	踏板动作
	M2	2	手的动作		W5	5	步行动作
	M3	3	前臂动作		B17	17	向前探身动作
	M4	4	上臂动作		S30	30	坐和站起动作
	M5	5	肩动作				
终止动作	G0	0	触碰动作	其他动作	R2	2	校正动作
	G1	1	简单抓握		A4	4	施压动作
	G3	3	复杂抓握		C4	4	曲柄动作
	P0	0	简单放下		E2	2	眼睛动作
	P2	2	注意放下		D3	3	判断动作
	P5	5	特别注意放下		L1	1	重量动作

分析动作和赋予时间值举例如下。

（1）眼睛从说明书移到仪表，判断是否符合要求。

$$E2+D3+E2=2MOD+3MOD+2MOD$$

（2）握车床摇柄转到停止位置。

$$M4+G1+M4+P0=4MOD+1MOD+4MOD+0MOD$$

以上赋予的时间值相当于正常作业时间。确定标准时间时，还应包括必要的宽裕时间。

思 考 题

1. 如何理解作业管理的含义？
2. 如何理解作业研究的含义、特点及其程序？
3. 如何理解动作分析？
4. 如何理解时间分析？
5. 如何理解时间观测步骤？
6. 如何理解工作抽样及其步骤？
7. 如何理解模特法及其特点？

第十八章 物流管理

学习目标

你学完本章，应该：
1. 掌握生产现场物流的含义；
2. 理解生产现场物流管理的含义及其原则；
3. 理解在制品、在制品定额、在制品分类以及在制品管理的内涵；
4. 理解生产现场物料搬运的含义；
5. 掌握生产现场搬运分析的方法；
6. 理解库存管理的含义及其控制方法；
7. 熟悉仓库管理的业务管理内容；
8. 理解物料消耗定额的内涵。

物流是指物料的流动在空间上的转移和时间上的占用。从活动范围划分，物流由两部分组成：一是企业内部物流，即生产领域的物流；二是企业外部物流，即流通领域的物流。这两部分合起来就构成社会物流，又称作大物流。它们之间的关系如图 18-1 所示。

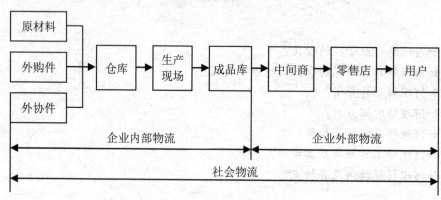

图 18-1　物流系统图

从图 18-1 可看出，企业内部物流和企业外部物流是社会物流系统中两个相互联系、不可分割的组成部分。本章主要论述企业内部的物流及管理问题，先介绍物流管理的概念及内容，再讨论在制品管理、搬运管理、库存管理。

第一节　物流管理的概念及内容

　　企业内部的物流主要是指生产现场的物流，即企业把原材料、外购件、外协件通过采购、运输、验收入库；仓库管理人员按照生产作业计划、物资消耗定额以及领料单向生产现场发料；物料一旦进入生产过程即成为在制品，它按照产品生产工艺的要求，经过各个生产环节、各道工序的加工及按顺序搬运，由半成品变为制成品，再经过包装进入成品库。由此可见，物流过程是伴随着生产过程进行的。生产过程的活动有加工、检验、搬运、储存保管、装卸、包装。后四项为物流活动，是物流的基本功能。

　　物流管理是对生产现场的物流活动进行计划、组织、协调和控制的活动。其任务是要较好地发挥物流的功能，使物流活动在生产过程中处于最佳状态。物料在生产过程中一般有两种状态：一是流动状态，即处于不停的运动状态，这是物在生产过程中的基本状态；二是静止状态，即物在生产过程中处于相对静止的状态。例如，原材料、半成品的定额库存，在制品在工序间的必要停放等。为使这两种状态在生产过程中均属最佳状态，需要解决好以下四个问题。

一、原材料、在制品的占用量要少

　　现在有些企业提出原材料向"零库存"挑战、在制品向"零库存"挑战的口号，这当然不是说不要原材料和在制品储备，而是说要将储备减至最少程度。为保证生产的顺利进行，防止工序之间的脱节，需要有一定原材料储备并占有一定的在制品。但是库存量过大、在制品过多会导致现场拥挤、员工活动不便、在制品容易磕碰划伤、库存保管费用增大、物资积压变质、资金占用过多且周转慢等不良后果。

二、物流路线要短

　　物流路线短了，生产周期才会缩短，在制品占用量才会减少，资金占用量也才会减少。物料占用量的多少和物流路线的长短对搬运量的影响很大。因为搬运量等于运输量乘以距离。如果运输量大、距离长，则搬运量大，需要消耗很多的人力、物力和财力；反之则消耗少，经济效益高。所以，加强物流管理，减少辅助时间消耗，对缩短生产周期，提高生产效率有很大作用。

三、减少物料消耗

　　企业的生产过程既是产品的形成过程，也是人、财、物的消耗过程。物料消耗在产品成本中所占的比重很大，一般约占70%，最高约达90%。所以，加强物流管理、减少物料消耗，对降低产品制造成本有很大意义。

四、提高搬运效率

在物流管理中,要用最少的时间和最快的速度完成必要的搬运量。这对加速物流、避免物料积压、加速资金周转有很大作用。

由上可知,提高生产现场的经济效益必须加强物流管理。物流管理的内容与现场生产管理的各项工作有关。例如与生产企业形式有关:按产品专业化设置生产单位,或企业流水生产线,则物流路线短,管理简便;按工艺专业化设置生产单位,或按批量企业生产,则物流路线长,管理复杂。物流管理与现场的设备布置也有关系,设备布置合理,则物流路线短;反之则物流路线长。本章仅从物流管理的角度重点论述在制品管理、搬运管理和库存管理等内容。

第二节 在制品管理

在制品是指生产过程中正在制造、尚未完工的制品。从投入原材料、毛坯开始到成品入库为止整个生产过程的各环节、各工序存放的都是在制品,包括车间内部各工序正在加工、检验、运输、停放的在制品,也包括车间之间以及车间内部所设中间库停放的半成品。严格控制在制品的占用量是物流管理的一项重要内容。

一、在制品定额

控制在制品数量,首先要制订在制品定额,这是控制在制品的标准。在制品定额是指在一定的生产技术和组织技术条件下,为保证生产衔接,各生产环节必须储备的最低限度的在制品数量。不同的生产类型有不同的在制品定额的制定方法。

1. 大量流水生产条件下在制品定额的制定

在流水线内部有四种在制品:工艺在制品、运输在制品、周转在制品和保险在制品。工艺在制品就是正在加工或检验的在制品;运输在制品就是在流水线内运输过程中的在制品;周转在制品是指由于相邻两道工序之间生产率不平衡而形成的在制品;保险在制品是为防止事故,保证流水线能正常工作而设置的在制品。计算流水线内部在制品定额,首先要分别计算、确定上述四种在制品的数量,把连续或间断流水线所需的在制品数量相加就是流水线内部的在制品定额。

在流水线之间有三种在制品,即运输在制品、周转在制品、保险在制品。如果前后流水线之间的节拍相等,则

流水线之间的在制品定额=运输在制品+保险在制品

如果前后流水线之间的节拍不相等,则

流水线之间的在制品定额=周转在制品+保险在制品

2. 成批生产条件下在制品定额的制定

在成批投入、成批产出的情况下，在制品的多少与批量有关，所以首先要确定批量。确定批量通常有以下两种方法。

（1）经济批量法，又称最小费用法，是根据费用来确定批量的方法。批量大小对费用的影响主要在两方面：设备调整费用和库存保管费用。批量大，设备调整次数少，分摊到每个产品（零件）的调整费用就少，但保管费用会增加；反之，批量小，设备调整次数多，调整费用增加，但保管费用减少。经济批量就是用数学方法使这两项费用之和最小时的批量。

经济批量的计算公式为

$$经济批量 = \sqrt{\frac{2 \times 年产量 \times 每次设备调整费用}{每件产品（零件）的年平均保管费用}}$$

（2）期定量法，即先定生产间隔期，然后定批量。生产间隔期就是前后两批产品（或零件）投入或产出的时间间隔。平均日产量是个常数。

$$批量 = 生产间隔期 \times 平均日产量$$

例如，某车间生产某种产品的月计划产量为 120 件，每月工作 24 天，平均日产量=120÷24=5（件）。通常，企业根据历年的统计资料制定一张标准生产间隔期表，然后根据计划月产量和生产情况选择合适的生产间隔期。如果批量大，选择的间隔期可以长；如果批量小，选择的间隔期则可以短。一般价值高、体积大、生产周期长的产品（零件），生产间隔期应短些，批量小些；价值低、体积小、生产周期短的产品（零件）生产间隔期应长些，批量大些。

采用以上方法求出的批量只是初步批量，还需要从简化管理、适应生产条件的角度做必要的调整。应尽量使重要工序上每批加工时间不少于一个或半个轮班的产量，使同一批在制品在各车间的批量相同或成简单的倍数关系，还应考虑生产面积与批量相适应。

成批生产条件下，车间内部在制品定额是根据生产周期、生产间隔期和批量等资料确定的。其计算公式为

$$周转在制品定额 = \frac{生产周期 \times 批量}{生产间隔期或周转在制品定额} = 生产周期 \times 平均日产量$$

车间之间的库存半成品储备量，即中间库的半成品定额，由周转半成品定额和保险半成品定额组成。周转半成品处于经常变动之中，其定额可根据前车间半成品入库和后车间半成品领用的不同方式分别加以确定，一般根据月末实际库存量确定。保险半成品定额是根据前车间可能误期交库日数乘以后车间平均每日领用量确定。

二、在制品管理

加强在制品管理要求对在制品的投入、产出、领用、入库、发放、保管、周转做到手续制度完备，计划数据正确，质量完好无损，流动秩序井然。具体工作有以下几项内容。

1. 建立健全原始凭证、台账和收发领用制度

生产现场与在制品、半成品管理有关的原始凭证很多，如领料单、入库单、交转单、出库单、废品通知单、报废单、返修申请单等。各车间、库房要建立在制品台账，逐一记录在制品的收、发、存，严格执行收发领用制度。

2. 明确在制品的交转路线和交转办法

车间完工的在制品有两个去向：一是交中间库；二是直接交转下工序车间。由车间直接交转的在制品一般是不需要有储备量的零部件和搬运困难的大型零部件，或者是转出后还需要转回本车间继续加工的零部件。除此以外，车间完工的在制品一般都入中间库。为了控制在制品，必须有专人办理出、入库和交转手续，其他人不要代交代转；要做到票随物转，票物同时交清，不能先转物后补票，或先转票后补物；凡入库、交转的在制品都应该是合格品，经质检员签字才能放行。

3. 在制品的记账

在制品、半成品流动要及时、正确地进行记账、核对，做到账实相符、账账相符。

4. 加强中间库和存放现场的管理

控制在制品的关键是要控制容易造成在制品混乱的一些环节，如入库或交转后发现漏检的废品、搬运过程中由于磕碰划伤造成的不良品、由于库房保管不善形成的废品等。所有这些都必须经质检员确认后，才可正式办理申请报废或申请回用的手续，任何人都无权随意冲减在制品数量。生产现场存放的在制品要实行定置管理，防止废品和合格品混杂存放和以现场代库房。

5. 认真做好在制品的盘点工作

生产现场一般按月盘点，中间库按季盘点，也有按月和按年盘点的。盘点后要将实物数与账卡结存数核对，如有盘亏则视同流失，按规定的流失率指标考核，发生较大数量的盘亏或盘盈时，要进一步写出分析报告。本期盘盈（或盘亏）数的公计算式为

本期盘盈（或盘亏）数=上期结存数+本期投入数-本期入库和直接交转数-有据废品数-本期结存数

第三节　搬　运　管　理

厂内物料搬运是指物料在生产工序、工段、车间（分厂）、仓库之间进行运送转移，以保证连续生产的搬运作业。按其工作的地点分，有从厂外运达以后的搬运作业、车间之间和车间内部的搬运作业；按其所搬运的物料分，有原材料、毛坯、半成品、外购件、成品等。搬运作业是生产现场的一项重要活动，是连接各项生产活动的纽带，为了有效地管理好物料搬运，必须遵循搬运的原则，采用科学合理的搬运方式和方法，不断进行搬运分析，改善搬运作业。

一、搬运原则

1. 便利搬运方面

（1）便于物料搬运的原则。停放的物料要便于搬运、省时、省事。

（2）物料集中堆放的原则。同一品种不可分散多处；相近品种要适当靠近。

(3) 物料体积大小适中的原则。

(4) 最大搬运单位的原则。这样可以减少搬运次数。

(5) 排除二次搬运的原则。要尽量避免二次搬运。

(6) 托盘式搬运方式。

(7) 拖运方式。用拖车运输，可以提高卡车的利用率。

2. 搬运自动化方面

(1) 重力化原则。利用物体本身的重力运输，如滑道。

(2) 机械化原则。尽可能利用机械设备运输。

(3) 省力的原则。在一个搬运终点和下一个搬运起点之间，尽量避免再次装卸，减少中转环节。

3. 减少等待和空载方面

(1) 协同工作的原则。

(2) 均衡搬运的原则。

(3) 钟摆方式搬运。将物料装在拖车上，用牵引车拖走，在卸车时，摘下拖车，迅速把另外的空拖车拉回原地，如同钟摆一样，牵引车在两点间不停地工作，以提高操作员工和牵引车的利用率。

(4) 定时搬运。通过定时搬运，集散所运物料，尽量消除空载，增加实际运载量，以消除各搬运点的等待时间。

(5) 提高运转率的原则。

4. 提高作业效率方面

(1) 排除潜在搬运的原则。排除由基本工人从事的搬运。

(2) 减轻疲劳的原则。

5. 搬运路线方面

(1) 合理配置的原则。防止交叉、混杂、不必要的搬运路线。

(2) 直线的原则。物料要向一个方向流动，不要有往返运输现象。

(3) 连续流动原则。物料要连续运输，不受阻。

6. 其他方面

(1) 速度原则。尽可能加快搬运速度，缩短搬运作业时间。

(2) 保护工件原则。搬运中工件不受损。

(3) 安全原则。

(4) 减轻自重原则。要减轻搬运工具的自重。

(5) 设备更新报废原则。

(6) 标准化原则。要使搬运方法、机械、仓库等标准化，以提高搬运效率。

二、搬运方式

1. 按技术发展分

按技术发展分，主要有四种搬运方式，即人力搬运、简单工具搬运、机械化搬运、自动化搬运。这是搬运技术发展的四个阶段。

（1）人力搬运。即靠工人用体力手搬肩扛。这种方式比较简单，但效率低，人工费用高，工人容易疲劳，一般只适用于物件小、数量少、重量轻、搬运距离短的情况。

（2）简单工具搬运。即利用手推车、工位器具搬运。这种方式简便，搬运效率较人力搬运高，工人不易疲劳，一般适用于件小量大、搬运距离短的情况。

（3）机械化搬运。即利用火车、轮船、汽车、叉车、电瓶车、起重机、吊车等设备进行搬运。这种搬运方式灵活，效率高，运量大，节省人力，费用低，适用范围广，既可以运大件，也可以运小件；既可以长距离运输，也可以短距离搬运。

（4）自动化搬运。即利用机械手、传送带、悬挂链、滑道等进行搬运。一般不使用人力。这种搬运方式效率更高，费用更少，一般也只适用于物件小、数量大、重量轻、距离短的情况。

2. 按提高工时和设备利用率分

按提高工时和设备利用率分，主要有以下五种搬运方式。

（1）单向往返式。一名司机配一辆车运行，适用于搬运距离远、时间间隔较长的运输。司机在装卸货物时有空闲。

（2）单向连续式。一名司机配两辆车运行，汽车分别在两个车间停放，装卸货物，司机轮流开两辆车，往返于两个车间。司机只有在装货时有空闲。

（3）双向连续式。一名司机开三辆汽车，或一辆牵引车分别拖三个拖斗。在两个车间各有一辆汽车，另一辆汽车在路上，司机分别轮换开三辆汽车，司机无空闲时间。

（4）双向双车连续式。两名司机开四辆车，往返于两个车间，装卸车配合恰当，司机轮换开两辆车，司机无空闲时间。

（5）环形运输方式。一辆牵引车拖多个拖斗，或一辆汽车装多个货运点的产品，按规定的时间、品种、数量循环地发运。

3. 按对在制品进行管理分

按对在制品进行管理分，主要有以下两种搬运方式。

（1）送货方式。按工艺顺序，上道工序加工完后，要把在制品按时、按质、按量送往下道工序。这种方式，在制品顺流而下，容易了解加工进度，但占用在制品量多。

（2）取货方式。这是后道工序向前道工序提取必要的物料。这种方式可以严格控制在制品的数量，一般适用于产品质量比较稳定的大量大批生产类型。

4. 按发运时间和发运量分

按发运时间和发运量分，主要有以下三种搬运方式。

（1）定量定时搬运方式。

（2）定时搬运方式。

（3）定量搬运方式。

企业应根据实际需要，选用合适的搬运方式。

三、搬运分析

搬运分析是以加工对象的搬运距离、搬运数量及搬运方法为对象，分析加工对象在空间放置的合理性,其目的在于改进搬运工作,降低工人劳动强度,提高作业效率。搬运分析的方法除流程分析外,还有搬运方便系数分析、无效搬运分析等。

1. 搬运方便系数分析

搬运方便系数分析亦称作搬运活性系数分析,是以搬运工序为对象,对各道工序之间搬运方式的分析。物件在搬运前一般应集中存放,装入容器或车内,使之处于随时即可运走状态。搬运前后要有一段处理时间,处理时间的长短是由物件的放置状态决定的。

搬运方便系数是表示物品搬运的难易程度,用数字 0~4 表示。系数大,表示物品需要处理的时间短,搬运方便;系数小,表示物品需要处理的时间长,搬运不方便。用搬运方便系数来分析物品的放置状态,以便从中发现问题,求得改善,这对提高搬运效率、减少搬运时间、节省人力、保证物品质量都很有好处。

2. 无效搬运分析

这是为了减少无效搬运,即空运所进行的一种分析。它利用无效搬运系数来表示,其计算公式为

$$无效搬运系数 = \frac{总搬运距离 - 有效搬运距离}{有效搬运距离}$$

无效搬运系数越小越好,一般应为 1 或 1 以下。

无效搬运系数分析如图 18-2 所示。

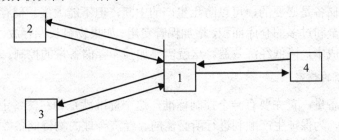

1—出发地;2—包装箱库;3—车库;4—目的地。

1~2 为 15m;1~3 为 10m;1~4 为 60m。

图 18-2 无效搬运系数分析图

表 18-1 中所列为无效搬运分析示例。

表 18-1 无效搬运分析示例表

人和车的移动	说　明	移动距离/m		
		无　效	有　效	合　计
①—③—①	司机到车库取车,空车回到出发地	10×2=20		20
①—②—①	司机开车到仓库取包装箱,回到出发地装货	15×2=30		30
①—④	司机开车送货到目的地		60×1=60	60
④—①	司机开车回到出发地(空车)	60×1=60		60
①—③—①	司机开车入车库,人回到出发地	10×2=20		20
合　计		130	60	190

$$\text{无效搬运系数} = \frac{190-60}{60} = 2.17$$

这个案例表明,无效搬运系数太大,需要改善。若把车库和包装箱库移到出发地,则无效搬运系数就合格了。

第四节 库 存 管 理

库存管理是指仓库储存物料的管理。这里的物料主要是指原材料、外购件和外协件等。这些物料从厂外运到厂内,进入仓库储存,然后根据计划和凭证按时、按质、按量进入生产过程,就是靠库存管理来实现的。所以,库存管理在企业内部物流管理中是一项重要的内容,它对保证物料供应、满足生产需要、合理储备、加速物料周转、节约物资使用、降低成本起着重要作用。库存管理的内容主要包括库存控制和仓库管理两个方面。

一、库存控制

库存控制就是要控制物资的储备数量,使储备量经常保持在一个经济合理的水平上。一定数量的物料储备是必要的,可以防止生产的中断,但不能太多。储存量过大,就会占用大量的流动资金和过多的仓库面积,增加保管费用。如果物料长期存放,还会损坏变质,造成浪费,增加成本,降低经济效益。这就需要加强库存储备量的控制。

1. 储备定额的制定

控制物料储备量,首先要有一个控制标准,这个标准就是物料储备定额。它是指在一定的管理条件下,为保证生产顺利进行所必需的、经济合理的物资储备数量。

物料储备定额是一项基础资料,有多方面的作用:是监督库存量的依据;是编制物资供应计划的依据;是核定企业流动资金的依据;是确定仓库面积和储存设施数量的依据。

企业物料储备一般包括经常储备和保险储备两部分。经常储备是在企业前后两批物料运达的间隔期中,为满足日常生产领用的需要而建立的储备。这种储备是不断变动的。物料到厂时,达到最高储备,随着每日消耗,储量逐渐减少到最低储备,下次物料进厂又达到最高储备,就这样周而复始地循环往复,所以又称作周转储备。保险储备是为防止物料运送误期,或来料品种不符合需要等因素而建立的物资储备。在正常情况下,这种储备一般是不动用的。某些企业由于生产受季节性影响较大(如制糖需要的甜菜),或运输受淡季、旺季影响,或冬季河道封冻停航等,都需要建立季节性储备。

(1)经常储备定额的制定有两种方法,即以期定量法和经济订购批量法。

以期定量法是首先确定物料供应间隔天数(物资储备天数),然后据此确定经常储备量。其计算公式为

经常储备量定额=(供应间隔天数+物料使用前准备天数)×平均每日需用量

式中:供应间隔天数是物料前后相邻的两批供应间隔天数,一般用统计资料来确定;物料使用前准备天数,可根据技术分析和实际经验确定;平均每日需用量,等于年度的物资计

划需用量除以全年日历天数。

这种制定经常储备定额的方法主要根据外部条件,即供应单位的供应条件、运输条件等因素,保证企业不致因缺料停工而确定的物资储备量。

经济订购批量法是根据企业本身的经济效益确定物料储备的一种方法。物料储备的费用有两部分:一是订购费用;二是保管费用。这两种费用与订购批量的关系同生产过程中确定经济批量的计算公式是相似的,不过两种费用的内涵不同。经济订购批量的计算公式为

$$经济订购批量 = \sqrt{\frac{2 \times 每次的订购费用 \times 物资年需用量}{单位物资的年保管费用}}$$

(2) 保险储备定额的制定,其计算公式为

$$保险储备定额 = 平均每日需用量 \times 保险储备天数$$

保险储备天数可根据过去误期天数的统计资料确定。

2. 库存控制方式

库存控制就是把实际的库存量控制在最高储备与最低储备的定额范围内。如果超过最高储备,表示物料有积压;如果低于最低储备,说明有停工待料的危险。库存控制有定期订购和定量订购两种方式。

(1) 定期订购。订购的时间是预先固定的,每次订购的数量却不固定,而是根据库存的实际情况而定。订购量的计算公式为

$$订购量 = 平均每日需用量 \times (订购时间 + 订购间隔) + 保险储备定额 - 实际库存量 - 订购余额$$

式中:订购时间是指从订购到物料抵厂所需的时间。订购间隔是指相邻两次订购日之间的时间间隔。实际库存量为订购日的实际库存数。订购余额为过去已经订购但尚未到货的数量。

(2) 定量订购。即每次订购的数量固定,而订购的时间不固定。具体办法是确定一个订货点,当实际库存量降到订货点的数量时,就按固定的订购数量(经济订购批量)提出订货或采购。这种方法又称作订货点法。订货点的库存量计算公式为

$$订货点量 = 平均每日需用量 \times 订购时间 + 保险储备量$$

订货点法又称作双堆法,就是把物料放成甲、乙两堆,甲堆为订货点。先用乙堆物料,当需用甲堆物料时就提出订货。

定期订购方式是对物资的库存量实行比较严格的控制的方式,在每次订购时都要检查实际库存,并对每次的订购量做出调整。这种控制方式管理要求高,一般适用于比较贵重的、占用资金和占用面积比较多的物料。定量订购方式是一种相对简便的控制方式,一般适用于占用资金少、件小、量大的物料。

3. 重点管理法

重点管理法又称作 ABC 管理法。其原理就是把物料按重要程度、消耗数量、价值大小、资金占用等情况分类排队,然后分别采用不同的管理方法,达到抓住重点、照顾一般的目的。例如,某企业使用物料的品种很多,按其所占用资金的多少顺序排队,在此基础上归并为 A、B、C 三类,如图 18-3 所示。

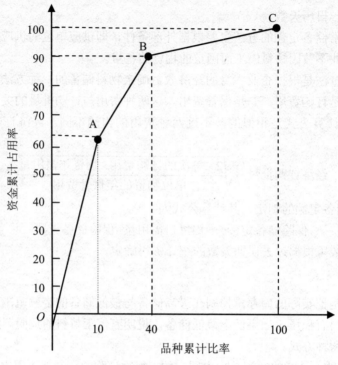

图 18-3　ABC 分析图

A 类物资，品种约占 10%，而资金占用约 65%。

B 类物资，品种约占 30%，而资金占用约 25%。

C 类物资，品种约占 60%，而资金占用约 10%。

区分出三类物资后，就可以采用不同的管理方法。A 类物资为重点管理对象，实行定期订购方式；C 类物资采用定量订购方式，适当加大保险储备量；B 类物资可以按照自身的管理能力和水平，选用定期订购方式或定量订购方式。

二、仓库管理

仓库管理的业务工作主要有以下四项。

1. 物料的验收入库

具体工作有两类：一是检查采购入厂的物料在品种、数量上是否与运单、发票及合同规定相符，应认真过秤点数；二是质量验收，经有关部门（如技术质检部门）检验，有合格证明后，才能收点入库。物料验收入库后要登账立卡，并将入库通知单连同发票、运单送交财会部门。如发现有问题，应及时报告有关部门处理。

2. 物料的保管

物料入库后，在发出使用前，有一段时间需要在仓库内保管。物料保管的要求是摆放科学、数量准确、质量不变、消灭差错。摆放要整齐，标志要鲜明，充分利用空间，可以采用"四号定位"（即按库号、架号、层号、位号对物料实行统一编号）、"五五摆放"（即根据各种物料的特性和形状，做到五五成行、五五成方、五五成串、五五成堆等）以及物料储运"托盘化"。这样物料的发放盘点容易,搬运方便。在保管中要采取各种措施,做好防锈、防尘、防潮、防震、防腐、防水等工作,保证物料不变质;及时提供物料的变动情况,库存量高于或低于储备定额,都要及时报告有关部门处理。

3. 物料的发放

仓库要严格实行限额发料制度。供应员应根据生产作业计划和物料消耗定额签发领料单。仓库要按照领料单所规定的材质、规格、数量供料。无计划者不发料,有计划无定额者也不发料,更不能无故超额多发料。此外,还要实行工废、料废、超定额等要求补料的审核制度,退库和核销制度,以及节约奖励制度,等等。

4. 清仓盘点

仓库物料的流动性很大,为及时掌握物料的变动情况,就必须做好清仓盘点工作。清仓盘点的内容是:检查物料的账面数与实存数是否相符;检查物料收发有无错误;检查各种物料有无超储积压、损坏、变质;检查安全设施和库房设备有无损坏;等等。盘点有两种:经常盘点和定期盘点。在盘点中如发现严重短缺和损坏,应查明原因,追究责任;对超储、呆滞物资要及时处理。

三、物料消耗定额

物料消耗定额是指在一定的生产技术企业条件下,制造单位产品或完成单位劳务所必须消耗的物料数量的标准。它的作用不仅是物料供应部门发放物料的依据和编制物料供应计划的依据,而且是控制生产现场工人合理使用和节约物料的有力工具。它对企业物料的申请量、订购量、采购量、运输量、库存量、产品成本等有着直接的影响。所以,它是企业物流管理中的一项重要的基础资料。

制定物料消耗定额有三种基本方法,即技术计算法、统计分析法和经验估计法。其中技术计算法比较精确,但工作量大,其余两种方法比较简单,但不够精确。在实际工作中可以根据需要结合使用。

物料消耗定额是按主要原材料、辅助材料、燃料等分别制定的。制定主要原材料消耗定额,首先要分析原材料消耗的构成,即从原材料投入到成品产出,原材料有哪些方面的消耗。如机器制造企业,主要原材料消耗构成一般包括以下三个部分。

(1) 构成产品或零件净重所消耗的原材料,是原材料消耗的有效部分。

(2) 工艺性损耗,是指在加工过程中或准备加工过程中,由于工艺技术上的原因而产生的原材料损耗。例如,机加工过程中的切屑、锻造过程中产生的氧化铁皮、材料加工过程中的料头与边角余料等。

(3) 非工艺性损耗,是指由于运输保管不善、供应材料不合规格以及其他非工艺技术上的原因所造成的损耗。

以上三个部分可以组合为两种物料消耗定额:产品净重和工艺性损耗组成工艺消耗定额;工艺消耗定额和非工艺性损耗组成材料供应定额。这两种定额用途不同,前者是向车间、班组发料和考核的依据,后者是用于核算物资需要量和采购量的依据。

思 考 题

1. 如何理解生产现场物流的含义?
2. 如何理解生产现场物流管理的含义及其原则?
3. 如何理解在制品、在制品定额、在制品分类以及在制品管理的内涵?
4. 如何理解生产现场物料搬运的含义?
5. 如何理解生产现场搬运分析的方法?
6. 如何理解库存管理的含义及其控制方法?
7. 如何理解仓库管理的业务管理内容?
8. 如何理解物料消耗定额的内涵?

第十九章　现场环境管理

学习目标

你学完本章，应该：
1. 掌握"5S"活动的含义及其具体要求；
2. 掌握现场设备管理方法；
3. 理解目视管理方法；
4. 理解工作场地文明建设的含义及其内容。

现场环境管理是生产现场管理的一项重要的基础工作。在日本，相应的工作称作"5S"活动。本章首先对"5S"活动做一总体介绍，然后进一步对它的某些主要内容——现场设备管理、现场目视管理、工作场地文明建设等问题分别加以论述。

第一节　"5S"活动

一、"5S"活动的含义

"5S"活动是指对生产现场各生产要素（主要是物的要素）所处状态不断进行整理、整顿、清扫、清洁和提高素养的活动。由于整理、整顿、清扫、清洁和素养这五个词在日语中罗马拼音的第一个字母都是"S"，所以简称为"5S"。"5S"活动在日本的企业中广泛实行。

"5S"活动在西方和日本企业中的推行有个逐步发展、总结提高的过程。开始的提法是开展"3S"活动，以后内容逐步得到充实，便改为"4S"活动，最后增加为"5S"活动。不但内容增加和丰富了，而且按照文明生产各项活动的内在联系和逐步由浅入深的要求，把各项活动系统化和程序化了。"5S"活动总结出在各项活动中，提高队伍素养这项活动是全部活动的核心和精髓。"5S"活动重视人的因素，没有员工队伍素养的相应提高，"5S"活动是难以开展和坚持下去的。日本企业在如何推行和坚持"5S"活动方面也总结出了一套方法，不少先进的经验都是值得我们学习的。从一定意义上说，日本企业中实行"5S"活动，也是文明生产活动的发展和提高。因此，近年来我国许多企业为了提高企业中文明生产活动的水平，学习和推行了"5S"活动。

二、"5S"活动的内容和具体要求

1. 整理（seiri）——把需要与不需要的人、事、物分开，再将不需要的人、事、物加以处理

这是开始改善生产现场的第一步。其要点首先是对生产现场现实摆放和停滞的各种物品进行分类，区分什么是现场需要的，什么是现场不需要的；其次，对于现场不需要的物品，如用剩的材料、多余的半成品、切下的料头、切屑、垃圾、废品、多余的工具、报废的设备、工人个人生活用品（下班后穿戴的衣帽鞋袜、化妆用品）等，要坚决清理出现场。这样做的目的包括以下几个。

（1）改善和增大作业面积。
（2）现场无杂物，行道通畅，提高工作效率。
（3）减少磕碰的机会，保障安全，提高质量。
（4）消除管理上的混放、混料等差错事故。
（5）有利于减少库存量，节约资金。
（6）改变作风，提高工作情绪。

这项工作的重点在于坚决把现场不需要的东西清理掉。对于车间里各个岗位或设备的前后、通道左右、厂房上下、工具箱内外等，包括车间的各个死角，都要彻底搜寻和清理，以使现场无不用之物。坚决做好这一步，是树立好作风的开始。日本有的企业提出口号：效率和安全始于管理！有的企业为了保证做到这一条，且又能照顾到工人摆放个人生活用品的实际需要，因地制宜，采取了相应措施。如在车间外专门为工人设置休息室和存放衣帽的专用橱柜；有的利用两个车间跨柱之间的空间，专门设置工人存放个人用品的地方；等等。

2. 整顿（seiton）——把需要的人、事、物加以定量、定位

通过整理，对生产现场需要留下的物品进行科学合理的布置和摆放，以便在最快速的情况下取得所要之物，在最简便和最有效的规章、制度、流程下完成事务。

整顿活动的要点包括以下几个。

（1）物品摆放要有固定的地点和区域，以便于寻找和消除因混放而造成的差错。
（2）物品摆放地点要科学合理。例如，根据物品使用的频率，经常使用的东西放得近些（如放在作业区内），偶尔使用或不常用的东西则应放得远些（如集中放在车间某处）。
（3）物品摆放目视化，使定量装载的物品做到过目即知，不同物品摆放区域采用不同的色彩和标记。

生产现场物品的合理摆放有利于提高工作效率，提高产品质量，保障生产安全。对这项工作的研究，我国叫作工作地合理布置，现在有所发展，称作"定置管理"，其内容将在第三节中进一步介绍。

3. 清扫（seiso）——把工作场所打扫干净，设备异常时马上修理，使之恢复正常

现场在生产过程中会产生灰尘、油污、铁屑、垃圾等，从而使现场变脏。脏的现场会使设备丧失精度，故障多发，便会影响产品质量，使安全事故防不胜防；零乱的现场更会影响人们的工作情绪，使人不愿久留。因此，必须通过清扫活动来清除那些脏物，以创建

一个明快、令人舒畅的工作环境，保证员工能安全、优质、高效率地工作。清扫活动的要点包括以下几个。

（1）自己使用的物品，如设备、工具等，要自己清扫，而不是依赖他人，不增加专门的清扫工。

（2）对设备的清扫着眼于对设备的维护保养。清扫设备同设备的点检结合起来，清扫即点检；清扫设备时要做设备的润滑工作，清扫也是保养。

（3）清扫也是为了改善。所以当清扫地面发现有飞屑和油水泄露时，要查明原因并采取措施加以改进。

4. 清洁（seikeetsu）——整理、整顿、清扫之后要认真维护，保持完美和最佳状态

清洁，不是单纯从字面上来理解，而是对前三项活动的坚持与深入，从而消除发生安全事故的根源，创造一个良好的工作环境，使员工能愉快地工作。清洁活动的要点包括以下几个。

（1）车间环境不仅要整齐，而且要做到清洁卫生，保证工人身体健康，增加工人劳动热情。

（2）不仅物品要清洁，整个工作环境也要清洁，进一步消除混浊的空气、粉尘、噪声和污染源。

（3）不仅物品、环境要清洁，工人本身也要做清洁，如工作服要清洁，仪表要整洁，要及时理发、刮须、修指甲、洗澡等。

（4）工人不仅要做到形体上的清洁，还要做到精神上的"清洁"，待人要讲礼貌，要尊重别人。

5. 素养（shitsuke）——养成良好的工作习惯，遵守纪律

素养即教养，努力提高人员的素质，养成严格遵守规章制度的习惯和作风，这是"5S"活动的核心。没有人员素质的提高，各项活动就不能顺利开展。所以，抓"5S"活动，要始终着眼于提高人的素质。"5S"活动始于素质，也终于素质。

在开展"5S"活动中，要贯彻自我管理的原则。创造良好的工作环境，不能单靠添置设备来改善，也不能指望别人来代为办理，而让现场人员坐享其成，应当充分依靠现场人员，由现场的当事人员自己动手为自己创建一个整齐、清洁、方便、安全的工作环境。使他们在改造客观世界的同时，也改造自己的主观世界，产生"美"的意识，养成现代化大生产所要求的遵章守纪、严格要求的风气和习惯。因为是自己动手创造的成果，也就容易保持和坚持下去。

由上可见，"5S"活动是把工厂里的文明生产各项活动系统化了，进入了一个更高的阶段。

第二节　现场设备管理

在一定时期内，一个企业（或分厂、车间）的现场设备维修资源是有限的。维修资源包括用于维修的人力、物力、财力等。而企业现场需要维修的设备是很多的，有的多达成百上千台设备。为了使有限的维修资源集中使用在生产经营以及提高经济效益中占重要地位并起重要作用的设备上，就要抓住主要矛盾，实行"突出重点，照顾一般"的方针，区

别设备的不同重要程度，分别采用不同的管理与维修的对策和措施。这种管理方法称作设备的分类管理法。下面介绍两种具体的管理方法：一种是重点设备管理法；另一种是效益系数管理法。

一、重点设备管理法

重点设备管理法是现代管理方法——ABC 管理法在设备管理中的应用。它按照设备在生产经营中地位的不同，把设备分为重点设备（一般是 A 类设备）与非重点设备（一般是 B 类与 C 类设备），然后加以分类管理。

一般来说，在冶炼性质的企业生产过程中，重点设备比较明确、固定。例如，在钢铁生产企业中，炼铁生产的重点设备是高炉；炼钢生产的重点设备是转炉或平炉。在冶炼生产中，产品品种、型号的变化，主要是原材料、辅助材料配比的变化以及冶炼过程中各种金属元素与成分的变化，不涉及设备的变更。例如，沸腾钢、镇静钢、合金钢的冶炼，都是在同一座炉子中进行的。因此，不存在由于产品品种的变化引起冶炼设备的变更问题。而在加工装配性质的企业中，生产的产品品种、规格较多，而且生产不同产品品种、型号所使用的加工设备也不同。因此，生产中占重要地位的重点设备，经常随着产品品种的变化而不断变化。重点设备同我国机械工业企业传统设备管理中的精、大、稀设备相比较，主要区别在于以下几点。

第一，作用不同。精、大、稀设备，是作为上级主管部门对企业的规模、生产能力进行衡量、统计考核的资料，要报上级主管部门备案的设备。而重点设备是企业为了保证生产，采用重点管理、监测、维护、修理等对策和措施的设备，重点设备不必上报主管部门。

第二，划分的标准不同。精、大、稀设备依据设备的复杂程度，加工精度，设备的几何精度、几何尺寸甚至重量等进行划分，以设备本身具有的技术特征，即单一的价值标准作为划分根据。而重点设备一般要求从产量、质量、成本、交货期、安全、环境保护以及维修性等（即设备综合效率：$P、Q、C、D、S、M$ 等）多方面进行划分，即以多个价值标准作为划分根据。

实践证明，单纯从一个价值标准——设备本身具有的技术特征出发，把设备划分为精、大、稀设备与一般设备两大类的分类方法，既不能满足企业对设备的生产技术要求，也不能有效地对设备进行科学管理。因为一台设备在企业生产经营活动中的功能和作用，绝不仅仅是设备本身原有技术功能属性这一方面，还应该有其他许多方面。例如，依据精、大、稀标准来划分，普通的冲天炉属于一般设备。但是，如果冲天炉出了故障，其影响面远远不仅是冲天炉本身的生产现场或一个车间，甚至波及全厂以至于厂外协作。可见，单一价值标准的划分方法具有很大的局限性。

第三，适用的期限不同。精、大、稀设备被确定以后，是长期不变的，人们将其称为"终身户口"。而重点设备被确定后，不是长期不变的，而需随着产品结构、生产计划和工艺要求的改变而定期进行调整。因此，人们将其叫作"临时户口"，后者是符合动态管理原则的。

1. 重点设备的评定方法

对重点设备的评定，一般采用综合评价法。这是一种在定量分析基础上，从系统的整体观点出发,综合各种因素的评定方法。它由以下几个部分组成。

(1) 评价因素(标准)。综合评价法采用多种评价因素。确定重点设备的基本因素是:设备综合效率(P:产量;Q:质量;C:成本;D:交货期;S:安全;M:劳动情绪)方面影响的程度大小。我国机械工业系统企业提出了一个选定重点设备的参考依据,如表 19-1 所示。

表 19-1 选定重点设备的依据

影响因素	选定依据
生产方面	1. 单一设备,关键工序的关键设备(包括加工时间较长的设备) 2. 多品种生产的专用设备 3. 最后精加工工序无代用设备 4. 经常发生故障且对产量有明显影响的设备 5. 产量高,生产不均衡的设备
质量方面	1. 对质量影响很大的设备 2. 质量变动大,工艺上粗精不易分开的设备 3. 发生故障即影响产品质量的设备
成本方面	1. 加工贵重材料的设备 2. 多人操作的设备 3. 消耗能源大的设备(包括电能、热能) 4. 发生故障造成损失大的设备
安全方面	1. 严重影响人身安全的设备 2. 空调设备 3. 发生故障对周围环境保护及作业有影响的设备
维修性方面	1. 技术复杂程度大的设备 2. 备件供应困难的设备 3. 易出故障,且不好修理的设备

由于设备的类型、工艺特点、使用要求不同,应该对不同类型、工艺特点、使用要求的设备选择自身的评价因素,并各有侧重。例如,对于金属切削机床来说,安全问题影响不太大,就可以不列入评价标准;而对于起重设备,安全问题较突出,因而必须列入评价标准。

(2) 评分标准。在同一评价因素内部,由于重要程度和影响程度不同,应分别给予相应的分数。由于每一个因素情况不同,可以分别规定几个档次及其相应的分数。例如,情况比较简单的,一般分三个档次:最重要或影响最大的,规定为 5 分;中间状态的,规定为 3 分;最小的,规定为 1 分,如表 19-2 所示。

表 19-2 设备评分表

序号	项目	评分标准	评价标准
1	发生故障时对其他设备的影响程度	5/3/1	5 分:影响全厂的 3 分:影响局部的 1 分:只影响设备本身的
2	发生故障时有无代用设备	5/3/1	5 分:无代用,或虽有代用,但仍直接影响全厂生产计划的 3 分:有代用,但代用后影响车间生产计划的 1 分:有代用且代用后对生产基本无影响的

续表

序号	项目	评分标准	评价标准
3	开动形态	3/2/1	3分：三个班次开动的 2分：两个班次开动的 1分：单班开动的
4	加工对象的工艺阶段	5/3/1	5分：产品部件或关键零件的最后加工工序 3分：一般精加工或半精加工 1分：粗加工
5	加工对象的质量要求	3/1	3分：对加工零件精度有决定性影响 1分：对加工零件精度无决定性影响
6	故障修理的难易程度	5/3/1	5分：$30F$[①]以上或备件需向国外订货的 3分：$15F \sim 20F$ 1分：$14F$以下
7	发生故障时对人和环境的影响	5/3/1	5分：发生故障时易爆炸或易发生火灾的 3分：发生故障抢修时需停止周围设备运转的 1分：无特殊影响的设备
8	设备原值	5/3/1	5分：原值20万元以上 3分：原值3万～20万元 1分：原值3万元以下

（3）设备分类。依据上述评价因素和评分标准对每台设备进行评定。在设备得分总和的基础上进行设备分类，有的企业把设备分为三大类：A 类为重点设备；B 类为主要设备；C 类为一般设备。也有的企业把设备分为四大类：A 类为重点设备；B 类为主要设备；C 类为一般设备；D 类为次要设备。以四类划分，档次比较少的（5、3、1）为例，规定得分总和 20 分以上为 A 类重点设备；12～19 分为 B 类主要设备；6～11 分为 C 类一般设备；5 分或 5 分以下为 D 类次要设备。

2. 不同设备的管理方法

针对不同类型的设备，应采用不同的管理方法，包括不同的完好标准要求，以及不同的日常管理标准、维修对策和备件管理、资料档案、设备润滑等。下面以四类设备为例加以说明。

（1）四类设备的不同完好标准。

A 类设备：① 每年进行 1～2 次精度调整，主要项目的精度不可超差；② 每月抽查 5%～10%台份；③ 抽查合格率达 90%以上。

B 类设备：① 按规定完好标准每月抽查 5～10 台份；② 抽查合格率达 87%以上。

C 类设备：① 做到整齐、清洁、润滑、安全、满足生产与工艺要求；② 每月抽查 5%台份；③ 抽查合格率达 87%。

D 类设备：与 C 类设备要求相同。

（2）四类设备的日常管理标准如表 19-3 所示。

[①] F 为设备的复杂系数。

表 19-3　四类设备的日常管理标准

设备类别	日常点检	定期检	日常保养	一级保养	凭证操作	操作规程	故障率/%	故障分析	账卡物/%
A	√	按高标准	检查合格率100%	检查合格率95%	严格定人定机检查合格率100%	专用	≤1	分析摸索维修规律	100
B	×	按一般要求	检查合格率95%	检查合格率90%	定人定机检查合格率95%	通用	≤1.5	一般分析	100
C	×	×	检查合格率90%	检查合格率85%	定人定机检查合格率90%	通用	≤2.5	×	100
D	×	×	定人清扫保养	定期保养	×	通用	≤3	×	100

（3）四类设备的维修对策如表 19-4 所示。

表 19-4　四类设备的维修对策

设备类别	方针	大修	预修	精度调整	改善性维修	返修率/%	维修记录	维修力量的配备
A	重点预防维修	√	√	所有精密大型设备	重点实施	2	100%	1. 应投入维修力量的40% 2. 技术熟练水平高的维修人员
B	预防维修	√	√	×	实施	2.5	98%	1. 应投入维修力量的55% 2. 技术熟练水平较高的维修人员
C	事后维修	×	×	×	×	×	填写"病历"	1. 应投入维修力量的5% 2. 一般技术的维修人员
D	事后维修	×	×	×	×	×	×	同C类设备

（4）四类设备的备件管理、资料档案、设备润滑要求如表 19-5 所示。

表 19-5　四类设备的备件管理、资料档案、设备润滑要求

设备类别	备件管理		资料档案			设备润滑				治漏率/%
	管理要求	储备方式	说明书/%	备件图册/%	技术档案/%	润滑五定①		计划换油		
						图表/%	卡片/%	完成率/%	对号率/%	
A	1. 建卡、确定最高、最低储备量 2. 供应率100%	零件部件	95	90	98	90	100	95	95	95
B	1. 同A类 2. 供应率0	零件	90	85	90	85	100	90	90	90
C	1. 建卡 2. 供应率50%	零件	50	50	50	70	100	80	80	80
D	同C类	零件	50	50	50	70	100	80	80	80

---

① 润滑五定：定点、定质、定量、定期、定人。

二、效益系数管理法

由于多种原因,各种类型的不同设备对提高经济效益的作用也是不同的。例如,有的设备投入少,但产出多;而有的设备投入多,却产出少;或者投入与产出相等。这就形成了不同的效益系数。应针对不同的设备效益系数分别加以管理,如采用不同的维修与改造对策,这就是效益系数管理法。

采用计算单台设备经济效益系数的方法,对不同设备加以分类管理。单台设备经济效益系数的计算公式为

$$单台设备经济效益系数 = \frac{设备年产值}{年平均折旧额 + 年平均使用费用}$$

第三节 现场目视管理

目视管理既是现场管理的内容之一,也是一种有效的管理方式。它对于改善生产环境,建立正常的生产秩序,调动并保护员工的积极性,促进文明生产和安全生产,具有其他方式不可替代的作用。

一、目视管理的含义及优越性

目视管理是一种利用形象直观、色彩适宜的各种视觉感知信息来管理企业现场的生产活动,以达到提高劳动生产率目的的管理工作。

同其他管理工作相比,目视管理具有独特之处:① 它以视觉信号显示为基本手段,大家都能看得见;② 它以公开化为基本原则,尽可能地将管理者的要求和意图让大家都看见,借以推动自主管理、自我控制。因此,目视管理是一种以公开化和视觉显示为特征的管理方式,亦可称之为"看得见的管理"。这种管理方式可以贯穿于现场管理的各个领域。

带有目视管理特点的某些活动在我国企业中早已存在。例如,在安全生产管理制度中一般都规定:停机检修机器设备时,应在电源开关处挂上"正在检修"的标示牌;凡危险处所,均应挂警告牌。这就是目视管理的具体应用。然而,我国明确提出并且系统实施目视管理的时间还不长,它是改革开放以来引进国外企业管理经验并加以消化吸收后出现的新事物。因此,很多企业对它还不太熟悉。从一些企业实行目视管理的经验来看,这种管理方式充分发挥了视觉信号显示的特长,具有诸多优越性,是一种符合大机器生产要求和人们生理及心理需要的科学管理方式,值得提倡和推广。其优越性主要表现在以下几个方面。

1. 形象直观、简单方便、工作效率高

现场管理人员指挥企业生产,实质就是在发布各种信息。操作工人有秩序地进行生产作业,就是接收信息后采取行动的过程。在机器生产条件下,生产系统高速运转,要求信息传递和处理又快又准。如果与每个操作工人有关的信息都要由管理人员直接传达,那么

不难想象，拥有成百上千工人的生产现场，需要配备多少管理人员。目视管理为解决这个问题找到了简捷之路。它告诉我们，迄今为止，操作工人接收信息最常用的感觉器官是眼、耳和感觉神经末梢，其中又以利用视觉最为普遍。可以发出视觉信号的手段有仪表、电视、信号灯、标示牌、图表等。其特点是形象直观、容易认读和识别、简单方便。在有条件的岗位充分利用视觉信号显示手段，可以迅速而准确地传递信息，无须管理人员现场指挥，即可有效地组织生产。

2. 透明度高，便于现场人员互相配合、监督和促进，发挥激励与协调作用

实行目视管理，对生产作业的各种要求可以做到公开化。干什么、怎样干、干多少、什么时间干、在何处干等问题一目了然，这就有利于人们配合默契，互相提醒，互相监督，使违反劳动纪律的现象不容易隐藏。例如，根据不同车间和工种的特点，规定穿戴不同的工作服和工作帽，很容易使那些擅离职守、串岗聊天的人陷于众目睽睽之下，促其自我约束，逐渐养成良好习惯。又如，有的企业实行了挂牌制度，单位经过考核，按优秀、良好、合格、较差、劣等五个等级，挂上不同颜色的标志牌；个人经过考核，优秀至合格者配戴不同颜色的臂章，不合格者无标志。这样，目视管理就能起到鼓励先进、鞭策后进的激励作用。总之，大机器生产既需要严格的管理，又需要培养人们自主管理、自我控制的习惯与能力，目视管理为此提供了有效的具体方式。

3. 能够科学地改善生产条件和环境，产生良好的生理和心理效应

对于改善生产条件和环境，人们往往比较注意从物质技术方面着手，而忽视现场人员因生理、心理和社会因素产生的需要。例如，控制机器设备和生产流程的仪器、仪表必须配齐，要按照规定进行检修，这是加强现场管理不可缺少的物质技术条件。但进一步说，哪种形状的刻度表容易认读？数字和字母的线条粗细、高低与宽窄的比例怎样才最好？白底黑字是否优于黑底白字？人们对此一般考虑得并不多。然而这些却是降低误读率、减少事故所必须认真考虑的生理和心理需要。又如，谁都承认车间环境必须干净整洁。但是，不同车间（如机加工车间和热处理车间），其墙壁是否均应"四白落地"，还是采用不同颜色？什么颜色最适宜？诸如此类的色彩问题也与人们的生理、心理和社会特征有关。目视管理的长处就在于它十分重视综合运用管理学、生理学、心理学和社会学等多学科的研究成果，能够比较科学、完善地改善与现场人员视觉感知有关的各种环境因素，使之既符合现代技术要求，又适应人们的生理和心理特点，产生良好的生理和心理效应，调动并保护工人的生产积极性。

二、目视管理的内容与形式

目视管理以生产现场的"人—机系统"及其环境为对象，应贯穿于这一系统的输入、作业和输出三个环节，同时也要覆盖操作员工、作业环境和作业手段。这样，目视管理的内容才是完整的。具体来说，其内容和主要形式如下所述。

1. 生产任务和完成情况要公开化、图表化

现场是协作劳动的场所。因此，凡是需要大家共同完成的任务都应公布，计划指标要定期层层分解，落实到车间、班组和个人，并列表张贴在墙上；实际完成情况也要相应地

按期公布，并用作图法使大家看出各项计划指标完成中的问题和发展趋势，以促使整个集体和个人都能按质、按量、按期地完成各自的任务。

2. 与现场密切相关的规章制度和工作标准要公布于众，展示清楚

为了保持大工业生产所要求的连续性、比例性和节奏性，提高劳动生产率，实现安全生产和文明生产，凡是与现场工人密切相关的规章制度、标准、定额等，都需要公诸于众；与岗位工人直接有关的部分，应分别展示在岗位上，如岗位责任制、操作程序图、工艺卡片等，并要始终保持完整、齐全、正确和洁净。

3. 与定置管理相结合，以清晰的、标准化的视觉显示信息落实定置设计

为了消除物品的混放和误置，必须有完善而准确的信息显示，包括标志线、标志牌和标志色。因此，目视管理应按定置设计的要求，采用清晰的、标准化的信息显示符号，将各种区域、通道、各种物品的摆放位置鲜明地标示出来；机器设备和各种辅助器具（如料架、工具箱、工位器具、生活柜等）均应运用标准颜色，不得任意涂抹。

4. 生产作业控制手段要形象直观、使用方便

为了有效地进行生产作业控制，使每个生产环节、每道工序都能严格按照期量标准进行生产，杜绝过量生产、过量储备，要采用与现场工作状况相适应的、简便实用的信息传导信号，以便在后道工序发生故障或由于其他原因停止生产，不需要前道工序供应在制品时，操作人员看到信号，就能及时停止投入。例如，"看板"就是一种能起到这种作用的信息传导手段。

各生产环节和工种之间的联络，也要设立方便实用的信息传导信号，以尽量减少工时损失，提高生产的连续性。例如，在机械设备上安装红灯，在流水线上配置工位故障显示屏，一旦发生停机，即可发出信号，巡回检修工看到后就能及时前来修理。

生产作业控制除了期量控制外，还有质量和成本控制，也要贯彻目视管理的要求。例如质量控制，在各质量管理点，要有质量控制图，以便清楚地显示质量波动状况，及时发现异常，及时处理。车间要利用板报形式将"不良品统计日报"公布于众，当天出现的废品要陈列在展示台上，由有关人员会诊分析，确定改进措施，防止再度发生。

5. 现场各种物品的码放和运送要标准化，以便过目知数

物品码放和运送实行标准化，可以充分发挥目视管理的长处。例如，各种物品实行"五五码放"，各类工位器具，包括箱、盒、盘、小车等，均应按规定的标准数量盛装，这样，操作人员、搬运人员和检验人员点数时，既方便又准确。

6. 统一规定现场人员的着装，实行挂牌制度

现场人员的着装不仅起劳动保护的作用，同时在机器生产条件下，也是正规化、标准化的内容之一。它可以体现员工队伍的优良素养，显示企业内部不同单位、工种和职务之间的区别，因而还具有一定的心理作用，使人产生归属感、荣誉感、责任心等，对于企业指挥生产也可创造一定的方便条件。

挂牌制度包括单位挂牌和个人佩戴标志。按照企业内部各种检查评比制度，将那些与实现企业战略任务和目标有重要关系的考评项目的结果，以形象化、直观的方式给单位挂牌，以激励先进单位更上一层楼，鞭策后进单位奋起直追。个人佩戴标志，如胸章、胸标、臂章等，其作用同着装类似。另外，还可同考评相结合，给人以压力和动力，达到催人进取、推动工作的目的。

7. 现场的各种色彩运用要实行标准化，以利于生产和工人的身心健康

色彩是现场管理中常用的一种视觉信号，目视管理要求科学、合理、巧妙地运用色彩，并实行统一的标准化管理，不允许随意涂抹。这是因为色彩的运用受多种因素制约，具体如下。

（1）技术因素。不同色彩有不同的物理指标，如波长、反射系数等。强光照射的设备，多涂成蓝灰色，是因其反射系数适度，不会过分刺激眼睛。危险信号多用红色，这既是传统的习惯，也是因其穿透力强，信号鲜明的缘故。

（2）生理和心理因素。不同色彩会给人以不同的重量感、空间感、冷暖感、软硬感、清洁感等情感效应。例如，高温车间的涂色应以浅蓝、蓝绿、白色等冷色为基调，可给人清爽舒心之感；低温车间则相反，适宜用红、橙、黄等暖色，使人感觉温暖。热处理设备多用铅灰色，属冷色，能起到降低"心理温度"的作用。而家具厂整天看到的是木质颜色，属暖色，木料加工设备则宜涂浅绿色，可缓解操作者被暖色引发的烦燥之感。从生理上看，长时间受一种或几种杂乱的颜色刺激，会产生视觉疲劳，因此，就要讲究工人休息室的色彩了。例如，纺织工人的休息室宜用暖色；冶炼工人的休息室宜用冷色。这样有利于消除职业疲劳。

（3）社会因素。不同的国家、地区和民族都有不同的色彩偏好。例如，我国人民普遍喜欢绿色，因为这是生命、青春的象征；而日本人则认为绿色是不吉祥的。

总之，色彩包含着丰富的内涵。现场中凡是需要用到色彩的地方，都应有标准化的要求。

三、目视管理的基本要求

推行目视管理，要防止搞形式主义，一定要从企业实际出发，有重点、有计划地逐步展开。在这个过程中，应做到的基本要求是：统一、简约、鲜明、实用、严格。

统一，即目视管理要实行标准化，消除五花八门的杂乱现象。

简约，即各种视觉显示信号应易看易懂，一目了然。

鲜明，即各种视觉显示信号要清晰，位置适宜，现场人员都能看得见、看得清。

实用，即不摆花架子，少花钱、多办事，讲究实效。

严格，即现场所有人员都必须严格遵守和执行有关规定，有错必纠，赏罚分明。

第四节 工作场地文明建设

一、工作场地文明建设的含义

文明生产有广义和狭义两种理解。广义的文明生产，就是生产文明化，或称科学化，就是根据现代化大生产的客观规律来进行企业生产。所以，广义的文明生产，简单地说，

就是科学的企业生产。其对立面是手工业生产方式，不讲科学，单凭经验和手艺来进行企业生产。

在企业实际工作中，通常讲的文明生产是从狭义上理解的。工作场地文明建设是指在生产现场管理中，要按照现代工业生产的客观要求，为生产现场保持良好的生产环境和生产秩序所需做的工作。例如，有的企业为了保证产品质量，进车间必须换上洁白的工作服和拖鞋；为了保证产品质量和提高效率，半成品、零部件的盛放必须使用专门的工位器具，如此种种，不一而足。其对立面就是不文明生产，车间生产现场"脏、乱、差"，管道到处"跑、冒、滴、漏"，甚至"野蛮生产"，违反安全规程和操作规程，使人身安全得不到保障；设备使用过度磨损；产品质量低劣；等等。

二、工作场地文明建设的意义

坚持工作场地文明建设，是企业中一项基础性的管理工作，对加强文明生产有着重要的意义。

首先，这是现代工业生产本身的客观要求。创造良好的生产环境和生产秩序，是企业实现优质高产、安全运行、按期交货、降低成本的重要保证。现代工业生产大量采用机器设备和先进的科学技术，设备运转高速、高温、高压，产品加工精度高，操作方法严格，再加上生产过程中有着精细分工，要求有严密的配合和协调。这些大生产特点对生产环境和生产秩序提出了严格的要求，遵照这种要求去做，就能获得大生产的高产、优质、低成本的良好经济效益；如果违背了它，将会受到客观规律的惩罚，轻则影响劳动效率，降低产品质量，增加设备故障，增大物资消耗；重则可能污染周围环境，损害工人健康，甚至造成重大安全事故，机毁人亡。

其次，这也是培养员工大生产的意识和习惯，加强精神文明建设的需要。我国现代工业企业的员工，一部分是从手工业生产转移过来的，还有一大批没有经过大工业严格训练的农民、青年学生也相继加入现代工业生产的员工队伍中来。在他们身上，还不同程度地残存着小生产的意识和习惯，如单凭经验干活，不守纪律，不按操作规程办事，不要规章制度，不注意整洁卫生，等等。为了提高员工队伍的素质，不仅要提高他们的文化、技术素质，还必须提高他们的思想素质，培养尊重科学、遵守纪律、服从集体的大生产意识。通过加强文明生产的实践，不仅可以改善生产环境和生产秩序，而且在改造客观世界的同时，也可以改造主观世界，逐步克服小生产习气，强化大生产的意识和习惯。

三、工作场地文明建设的内容

工作场地文明建设主要包括以下内容建设。
（1）严格劳动纪律，遵守操作规程和安全规程。
（2）保持厂区和车间内的清洁和卫生。
（3）厂区绿化，消除三废（废水、废气、废渣）污染。
（4）工作地布置合理，物料堆放整齐，便于生产操作。
（5）配备必要的工位器具。

（6）坚持安全生产，消除各种事故隐患。

由于企业的生产技术条件和具体情况不同，因此不同企业抓文明生产建设的侧重点也有所不同。例如，钢铁冶金企业和化工企业的安全生产和环境绿化就比一般企业显得更为突出；而加工装配企业的工作地的合理布置及工位器具的管理就具有重要的地位。

思 考 题

1. 如何理解"5S"活动的含义及其具体要求？
2. 如何应用现场设备管理方法？
3. 如何应用目视管理方法？
4. 如何理解工作场地文明建设的含义及其内容？

第二十章　生产现场质量与成本控制

学习目标

你学完本章，应该：
1. 理解标准化作业法的含义；
2. 理解"三检制"的内容；
3. 理解现场质量保证体系建设的内容；
4. 掌握现场成本控制的含义、分类及其方法；
5. 掌握现场成本控制的系统建设的内容。

生产现场管理是质量与成本控制的核心，也是质量与成本控制的基础环节，做好生产现场的质量与成本控制是每个生产型企业的重要工作。本章先介绍现场质量控制方法、现场质量保证体系建设，再讨论现场成本控制方法、现场成本控制的系统建设。

第一节　现场质量控制方法

一、推行标准化作业法

标准化作业法主要是操作员工作方法的标准化和质量检测人员工作方法的标准化。推行标准化作业法花钱少、收效大，可以减少因个人情绪波动对质量的影响，有利于保证和提高产品质量。标准化作业的内容与工种有关，例如，机械加工车间的标准化作业包括：工人作业时的操作程序与要领；机床的切削用量；设备定期、定点润滑；刀具定时更换；刀具更换时的作业要领；量具、检具使用的程序与要领；等等。

二、推行"三检制"

"三检制"是操作者"自检""互检"和专职检验员"专检"相结合的检验制度。
（1）"自检"就是"自我把关"。操作者对自己加工的产品或完成的工作进行自我检验，起到自我监督的作用。自检又进一步发展成"三自检验制"，即操作者"自检、自分、自记"的检验制度,如图 20-1 所示。

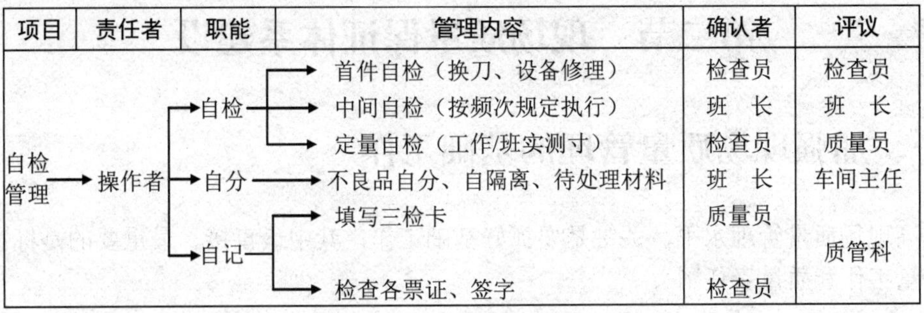

项目	责任者	职能	管理内容	确认者	评议
自检管理	操作者	自检	首件自检(换刀、设备修理)	检查员	检查员
			中间自检(按频次规定执行)	班长	班长
			定量自检(工作/班实测寸)	检查员	质量员
		自分	不良品自分、自隔离、待处理材料	班长	车间主任
		自记	填写三检卡	质量员	质管科
			检查各票证、签字	检查员	

图 20-1　自检管理流程图

"三自检验制"是操作者参与检验工作、确保产品质量的一种有效方法。产品加工完毕后,操作者必须首先进行自检,判断是否合格。对不合格的制品要随即做好标记,分别堆放,按规定处理。一时确定不了的制品,可请检验员检验后判断是否合格。这样做可以防止不合格品流入下道工序,及时消除异常因素,防止产生大批不合格品。有时操作者还要给自己加工的每件产品打上工号或其他标记。这样,产品无论流转到哪道工序,只要发现问题便可以找到责任者,操作者对产品质量必须负责到底。

(2)"互检"就是操作者之间对加工的产品、零部件和完成的工作进行相互检验,并起到相互监督的作用。互检的形式很多,有班组质量检验员对本班组工人的抽检、下工序对上工序的交接检验、本班组工人之间的相互检验等。

(3)"专检"是指专职检验员对产品质量进行的检验。在专检管理中,还可以进一步细分为专检、巡检和终检,如图 20-2 所示。

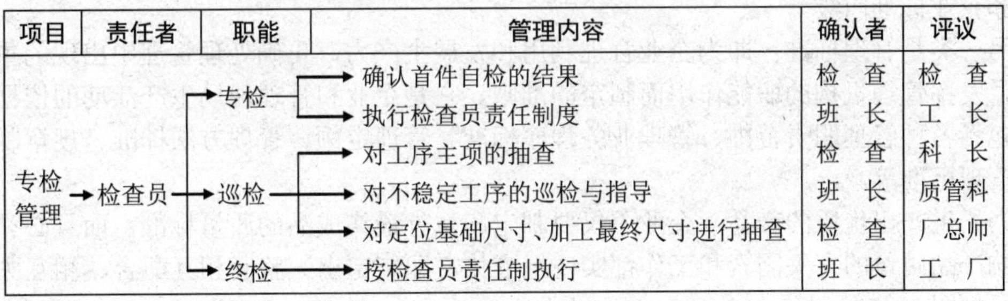

项目	责任者	职能	管理内容	确认者	评议
专检管理	检查员	专检	确认首件自检的结果	检查班长	检查工长
			执行检查员责任制度		
		巡检	对工序主项的抽查	检查	科长
			对不稳定工序的巡检与指导	班长	质管科
			对定位基础尺寸、加工最终尺寸进行抽查	检查	厂总师
		终检	按检查员责任制执行	班长	工厂

图 20-2　专检管理流程图

在生产现场,有设备业务水平较高的专业检验员是十分必要的。随着科学技术的进步,检验技术、测试手段和装备不断发展,并逐步专门化。许多检验工作需要使用专门的检测装备,要求检验人员掌握专门的检验技术和操作技能。同时,生产工人由于分工专业,主要从事具体的生产活动,对上下各道工序以及整个产品的质量要求了解较少,专职检验人员就没有这种局限,可以站在较高的层次上看待质量问题。

总之,实行"三检制"要合理地确定自检、互检、专检的范围。通常原材料、半成品、成品的检验以专职人员检验为主;生产过程各工序的检验则以现场工人自检、互检为主,专职人员巡回抽检为辅。

第二节　现场质量保证体系建设

一、加强现场质量管理的基础工作

提高现场质量管理水平，关键是要抓好基础工作，其中最直接、最重要的是标准化工作、计量工作和质量责任制。

1. 标准化工作

标准是衡量产品质量和各项工作质量的尺度，是现场进行生产技术管理活动的依据。有了高水平的标准，才能有高质量的产品。落后的标准，实际上是保护了落后的工艺和落后的产品。就这个意义而言，产品质量的竞争也就是标准水平的竞争。在生产现场，产品的生产是由不同的原材料、工序和机器设备分工协作完成的，这就需要制定各种标准，以保证产品的最终质量。因此，生产现场各个环节都要制定相应的标准，作为质量保证体系运行的基础。

现场质量管理执行标准一般有两类：一类是技术标准，即对技术活动中的生产对象、生产条件、生产方法及包装、储运等需要统一协调，并共同遵守的重复性事物制定的有关技术准则。它是根据不同时期科学技术水平和实践经验，针对具有普遍性和重复出现的技术问题所做出的最佳解决方案，是企业的技术法规。这类标准是企业进行生产技术活动的基本依据，是产品质量特性的定量表现。技术标准除国际标准和国外先进标准（如 ISO、IEC、ASA、JIS 等）外，在我国一般又分为国家标准（GB）、部颁标准（专业标准）、地方标准和企业标准四级。

另一类是管理标准，即为企业合理利用和发展生产力，正确处理管理中出现的重复性事物，发挥管理机构的职能作用而制定的准则。它是企业和管理现场生产活动的依据和手段，包括各种管理职责范围、管理业务程序标准、管理定额、管理方法标准、规章制度和班组管理标准等。

为了生产出优质的产品，企业不仅要制定和执行最终成品的质量标准，而且必须使那些影响产品质量的有关因素和工作都实现标准化，即制定出一整套相互配合、相互关联的标准，如图 20-3 所示。

2. 计量工作

计量工作（包括测试、化验、分析等）是保证化验分析、测试计量的量值准确和统一，确保技术标准的贯彻执行，保证零部件互换和产品质量的重要手段。加强计量工作，必须抓好下列工作。

（1）保证计量器具的正确使用，保证量值的准确和统一。

① 要经常对员工进行爱护计量器具的教育，使他们了解计量器具对保证质量的重要性，做到精心维护和正确使用。

② 要提高员工的工作技术水平，帮助他们熟悉和掌握计量器具的性能、结构、维护保养技术和使用方法。

③ 要正确制定并严格贯彻执行有关量具使用和维护的规章制度。

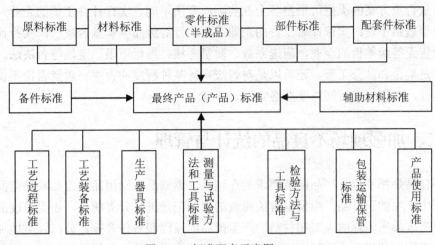

图 20-3　标准配套示意图

（2）执行计量器具的严格检定制度。为了确保量具的质量，企业所有的计量器具都必须按照国家检定规程规定的检定项目和方式进行检定。经检定合格后，具有合格证或标志，才准许投入使用。

（3）计量器具应及时修理和报废。

（4）工具库（室）储藏的计量器具要妥善保管。

（5）改革落后的计量工具和计量测试技术，逐步实现检测手段、计量技术的现代化，以促进产品质量的提高。

3. 质量责任制

质量责任制要求明确规定现场人员在质量管理工作中的具体任务、责任和权力，把与质量有关的各项工作与员工的积极性结合起来，使现场质量保证体系充分发挥作用。

（1）各司其职，人尽其责。生产车间和班组对所加工制造的产品质量负有直接责任。操作工人要做到严格按照工艺操作，按图纸加工，按制度办事，保证不合格产品不送验，对自己加工的产品质量负责到底。

（2）搞好生产的原始记录。根据操作人员的岗位不同，分别做好原材料、外购件、外协件入厂检验的验收记录，使用前检查记录，生产过程的工艺操作记录，在制品在工序间流转和质量检查记录，半成品出入库记录，以及设备、刀具、工装等使用验证和磨损测定记录。

（3）制订与执行质量否决方案。产品质量对生产者的工资、奖金收入应有否决权，产品质量如果不合格，责任者应被扣除一定比例的工资和奖金。有些企业已深刻认识到没有质量就等于没有效益这一真理，坚决实行质量否决型效益工资，把质量与员工的切身利益紧密挂钩，以保证产品质量的提高。例如，鞍山针织总厂 1987 年对挡车工作进行了调查，最好的挡车工月产坯布 1700 千克，一等品率为 85%；最差的挡车工月产坯布 800 千克，一等品率为 57%。两者创造的效益相差上千元，但在工资收入上却只差 9 元。这件事使该厂认识到，抓质量但不抓分配制度的改革不行。于是，该厂实行质量否决效益工资，即工资、奖金与产量、质量挂钩。以纬编分厂为例，每生产一千克一等品布可挣 0.53 元，二等品布没有报酬，三等品布罚 1.29 元，等外品布罚 2.58 元。这一制度实行一个月后，入库一等品率增长 23%，产量增长 30%，平均奖从 9 元增至 37 元，最高与最低相差 80 元。

质量否决方案的类型可根据各企业实际而有所不同。实行计件工资的企业，可采取质量否决型效益工资；实行计时工资的企业，可实行等级品率质量否决法；实行计时工资但产品销售无等级差价的企业，应选系数、质量考核、指标下限、定性等否决法。否决的对象不仅是奖金和部分工资，还可以是对晋级实行某种程度的否决。质量否决不仅对工人要严格实行，对管理人员同样要严格实行。

二、加强现场不良品的统计与管理

不良品是指不符合产品图纸要求的在制品、返修品、回用品、废品和赔偿品。生产制造过程中产生的不良品，应根据有关质量的原始记录进行分类统计，还要对废品种类、数量、生产废品所消耗的人工和材料、产生废品的原因和责任者等，分门别类地加以统计，并将各类数据资料汇总编制成表，为进一步单项分析和综合分析提供依据。不良品统计分析后，要查明原因，及时处理，防止再度发生。

质量检验员对现场出现的不良品要进行确认，涂标记，开不良品票证，建台账。车间质量员根据质量检验员开出的票证进行数量统计，并用板报形式将"不良品统计日报"公诸于众。当天出现的废品要陈列在展示台上，由技术员、质量员、检验员、班长及其他有关人员在展示台前会诊分析，判定责任，限期改进，防止事故重演。返修品管理流程图如图20-4所示。

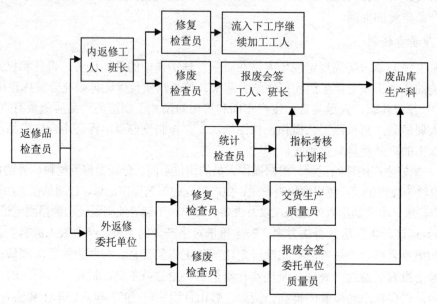

图20-4　返修品管理流程图

三、建立质量管理点

质量管理点是指制造现场在一定时期和一定条件下，将需要特别加强监督和控制的关键工序、关键部位，作为质量管理的重点，集中解决问题，使工序处于良好控制状态，保证达到规定的质量要求。

1. 设置质量管理点

设置质量管理点,一般要考虑下列因素。
(1) 对产品的适用性有严重影响的关键质量特性和关键部位。
(2) 在工艺上有严格要求,对下工序的工作有严重影响的关键质量特性和部位。
(3) 质量不稳定,出现不良品多的工序。
(4) 用户经常反馈的不良项目。

一种产品在制造过程中,需设立多少质量管理点,要根据产品的复杂程度以及技术文件上标记的特性分类、缺陷分级的要求而定。产品在设计、工艺方面有特殊要求的加工工序,一般要进行长期控制;工序质量不稳定和不良品多的加工点以及用户经常反馈的项目,在一定时期内需要设置短期质量管理点。待问题解决后,该质量管理点便可撤销,进入一般的质量管理。

2. 设置质量管理点的具体步骤

(1) 确定工序管理点,编制工序管理点明细表。
(2) 由工艺、技术部门负责设计绘制"工序管理点流程图",标出建立管理点的工序、质量特性、质量要求、检查方式、测量工具、管理方式以及采用的管理方法等。
(3) 由工艺、技术部门企业有关车间的工艺人员进行工序分析,找出影响管理点质量特性的主要因素。
(4) 根据工序分析的结果,工艺、技术部门编制"工序质量表",对各个影响质量特性的主导因素规定出明确的控制范围和有关管理要求。
(5) 由工艺部门负责编制管理点的作业指导书和自检表。

四、开展车间"五项管理"的日检查制度

"五项管理"是指工艺纪律、计量使用、三检制、主项检查和管理点。这些都是为保证日常生产正常进行所不可缺少的现场质量管理活动,分属于技术、计量、检查等部门,但执行单位是车间。对五项管理的执行情况,车间主任或授权质量员应按管理标准逐日进行检查(如白班检查两次、夜班检查一次),并将检查结果填入车间五项管理日检查表。检查表一式两份,由质管科负责汇总,并交厂总工程师审阅,重要情况要反馈到厂质量例会上;同时作为月底考核车间质量管理工作的依据。

在现场质量管理中要充分体现"四个不放松"的精神:"不放松每一个班",使每个生产班次都处于质量管理的受控状态;"不放松每个小时",坚持每小时进行一次产量、质量和工艺数据记录,并检测制品的质量特性;"不放松每一道工序",对影响工序质量的因素进行预防性管理和控制,设置质量管理点;"不放松每一个故障或质量问题",通过质量例会、用户访问和厂内质量信息反馈系统,及时纠正故障或质量问题,保证产品质量。

第三节 现场成本控制方法

现场成本控制是指通过对比生产过程实际发生的成本和目标成本,发现差异,分析原

因，采取纠正措施。这也就是对现场成本进行具体控制。

一、现场总体控制

现场成本控制首先要建立车间费用台账。凡是能按单台设备计算成本的，可按单台设备设立费用台账；不能按单台设备计算成本的集体操作，可按工段或班组设立费用台账。

车间范围内发生的所有费用，车间主任必须控制，由会计员记账结账。车间会计员应按期（按日或五日、旬、月）反映班组或设备生产费用的发生情况，计算出产品完工量的费用定额消耗量以及实际超支或节约额，写出差异分析报告，便于车间、班组、机台采取纠正措施。车间每月应对实际发生的成本差异进行分析，或在召开车间成本分析会的基础上完成以下工作。

（1）将车间发生的总成本减去本月固定费用发生额，计算出本月实际成本变动费用额，并与定额成本中的变动费用额进行比较，找出差额，分析发生差异的原因，制订下月的实施计划。

（2）车间变动费用节约额按一定的比例确定厂部与车间所得（有的企业按厂部得60％、车间得40％）和超支由车间工资总额抵补的原则，计算车间工资总额的增减，报厂劳资部门。

（3）计算出工序或班组变动费用差异额，并落实奖罚。

（4）车间会计员写出月终成本分析报告，连同车间成本报表一起上报。

二、分项控制

除从现场总体进行控制外，还应进行分项控制。

1. 材料消耗控制

这是现场成本控制的重要项目，其工作内容包括以下几个方面。

（1）限额领发料。根据生产计划和原材料消耗定额计算原材料消耗总量，按总量领发材料。

（2）考核差异。车间和车间内有关的成本控制责任单位（责任点），凡是能考核其投入与产出之比的，都应定期考核实际投料量与应投料量的差异，发现问题，采取纠正措施。

（3）废料回收。有些企业为了严格控制材料消耗，采用完工产品和废品料头同时入库的办法，根据以下计算公式进行严格核算。

$$领料总量 = 工件消耗量 + 下料消耗量 + 料头量$$

2. 产品质量控制

产品质量的好坏直接影响着成本的高低。在推行全面质量管理过程中，许多企业采取一系列具体措施，对现场产品质量实行控制。如设置工艺卡、检验卡、质量分析卡、质量保证卡等文件；实行工艺文件、刀具、夹具、量具四同步到工位的制度；实行"三检制"，即生产工人自检、自分（级）、自记责任制，上下工序互检，检验员检验，以及三方共同填写"工序转递报告单"，三方签字后才能进入下工序的制度；废品就地隔离并立即入库制度等,严格进行控制。

3. 在制品控制

在制品转入、转出量的差异,直接反映现场成本控制的效果。在制品控制主要有以下三个方面内容。

(1) 工位间转移过程的控制。这是在制品控制的基本环节。从投料开始,车间应建立在制品台账。当在制品在工位间转移时,必须清点数量,检验质量,填写原始记录。有的企业采用"工位三联单",如表20-1所示。

表20-1 工位三联单

车间:　　　　　　　　　　　　　　　　　　　　　　　　　　　年　月　日

产品名称	工　序			操作者		检验号	
	等级						
	1	2	3	等外	废品	合　计	
数量							
首检							
巡检							

接受人:

第一联由车间统计员登记入账,定期上报。

第二联由操作者保存,凭此填写个人生产原始记录,车间会计员按原始记录核算工序成本。

第三联交车间在制品库,记入仓库台账。

(2) 车间之间交接的控制。车间之间在制品交接一般采用批量交接方式。为了进行控制,有的企业采用"五联劳务转账通知单"的方式,如图20-5所示,把转出在制品的数量、质量、工时、车间工序成本等指标都记载于其上。

五联劳务转账通知单

交库(收款)单位:　　　　　　　　收货(付款)单位:

编号:　　　　　　　　　　　　　　　　　　　年　月　日

产品名称	图号	等级	数量	原材料(半成品)定额			加工定额				合计金额
				件重	单价	金额	截止工序	件时	总时	单价	金额

发货签章:　　　收货签章:　　　检验员章:　　　制单:

图20-5 五联劳务转账通知单

第一联留给已完工车间,作为该车间成本核算的依据。

第二联交厂部财务部门,用于全厂成本核算。

第三联交厂中间库,记入台账。

第四联交厂部生产管理部门，用来校对"在制品盘点计算表"。

第五联交厂部检验部门，记入质量台账，并制表转厂部质量管理部门。

（3）在制品盘点。为了控制在制品，弄清生产现场存在制品的数量及其在各工序的分布情况，必须对在制品进行定期盘点。有的企业实行"日统计、五日报、旬小盘、月大盘"的制度。盘点时，按规定的统一时间由参加盘点的人员同时进行盘点。要求数字与实物相符，做到账实相符、账账相符。如发现丢失、损坏等，要追究责任，并及时调整账面数字。

4. 费用控制

费用发生时，由车间主任逐笔审批，车间会计员逐日核算，并把发生的费用记入各工段、班组或机台的费用台账，每旬结账一次。同时，将实际发生费用与按工序计算的定额费用进行比较。若发现超支，要及时分析原因，通知有关方面，采取措施进行纠正。

三、生产操作者的控制

生产现场各工序的操作者，是实施现场成本控制的重要力量。他们在产品加工过程中，要随时控制成本的发生。例如，严格按产品质量标准进行加工，防止造成废品损失；注意设备的运行情况，使设备保持良好的运行状态，防止设备损坏和造成停工损失；注意工、卡、量具的保管使用，减少损坏，防止丢失；完善操作方法，努力提高生产效率；注意在制品、原材料的保管和管理，防止浪费、损坏、丢失等。下班时，或按规定时间（五日、旬、月等），或生产告一段落时，清点在制品和完工产品数量，填写原始记录，并与按规定定额应当完工的产品数量进行比较，发现未完成定额的原因和超定额用料的原因，并采取纠正措施。

四、现场成本控制目标的确定和分解方法

现场成本控制目标的确定和分解，可按成本控制责任单位的不同类型，采用不同的方法。

1. 按不同产品或零部件确定和分解

凡是生产不同产品或零部件的产品专业化车间，为了给下属按产品类别（零部件类别）成本控制责任单位确定控制目标，可以把车间控制目标分解为不同产品或零部件控制目标，包括各种产品的单位产品成本和某特定时间内的产品计划产量（如日产量、旬产量、月产量等）的总成本。

单位产品成本控制目标可根据车间成本计划的单位产品成本确定。某特定时间内产品计划产量的总成本可按下式计算。

$$计划产量总成本=单位产品成本×计划产量$$

2. 按工艺阶段确定和分解

如果生产现场是工艺专业化的生产过程，为了给按工艺阶段划分的成本控制责任单位确定控制目标，可以把车间某种产品成本目标分解为不同工艺阶段的控制目标，包括各工艺阶段的单位产品成本目标和总成本目标。具体方法如下。

（1）确定某工艺阶段的开始工序和终了工序。

（2）按终了工序的工序成本来确定该工艺阶段的单位产品成本有以下两种方式。

① 成本在工序间实行逐步结转的情况下，终了工序的工序成本控制目标就是该工艺阶段的单位产品成本控制目标。

② 成本在工序间实行平行结转的情况下，虽然上一个工艺阶段的单位产品成本可以计入，但是必须根据本工艺阶段各道工序的各种投入来计算单位产品成本。因此，必须在本工艺阶段内采取逐步结转法来计算终了工序的成本，以此作为工艺阶段的单位产品成本目标。

3. 按成本项目确定和分解

车间及其所属成本控制责任单位的单位产品成本控制目标和总成本控制目标，都可以分解为成本项目目标。车间的成本项目包括原材料、辅助材料、燃料、动力、工资及附加费用、废品损失、车间经费。具体计算方法如下。

（1）原材料及主要材料、辅助材料、燃料和动力等消耗的控制目标计算公式为

　　某种消耗的控制目标=某种消耗的先进消耗定额×某种消耗的计划单价

（2）工资及附加费控制目标计算公式为

　　工资及附加费控制目标=先进水平的工时定额×计划单位工时工资单

（3）废品损失控制目标计算公式为

　　废品损失控制目标=先进水平的单位产品废品损失×计划单位产品废品成本

（4）车间经费控制目标计算公式为

　　车间经费控制目标=先进水平的工时定额×计划单位工时费用率

4. 按成本影响因素确定和分解

现场成本控制责任单位的成本控制目标常常受多种不同因素的影响，因此，可以把成本控制目标按其影响因素分解为不同的控制目标，落实到相应责任单位进行控制。这种分解方法实际上就是根据成本指标计算公式逐层次地展开，把综合性成本指标分解为含有最简单因素的指标。例如，生产车间的车间经费控制目标可分解为以下步骤。

（1）根据上述计算公式，可以把车间经费分解为先进水平的工时定额和计划单位工时费用率两项作为控制目标。

（2）根据计算公式

$$计划单位工时费用率 = \frac{车间经费计划总额}{生产工人有效生产工时总数}$$

又可分解为车间经费计划总额和生产工人有效生产工时总数两项，前者是会计组（员）的控制目标，后者是劳资组（员）的控制目标。

（3）根据计算公式

　　车间经费计划总额=由车间控制的费用额+由工段或班组控制的费用额

又可分解为由车间控制的费用额和由工段或班组控制的费用额，前者是车间的控制目标，后者是工段或班组的控制目标。

（4）根据由工段或班组控制的费用额中的计算公式

设备润滑用油每台班费用额=先进水平的单机单班润滑用油定额×润滑油供应计划价格

又可分解出先进水平的单机单班润滑用油定额，作为设备操作人员的控制目标。如此种种，其他成本控制目标也可以做类似的分解。这样，就可使车间、工段或班组、工序等各级成本控制责任单位（责任点）都有各自的成本控制目标。

五、工序成本控制目标的确定

控制工序成本是对成本形成过程最直接、最具体的控制,还可借以发动生产工人直接参与成本控制工作。因此,它虽然是最低层次的成本控制目标,但却是最重要的成本控制目标。

1. 确定工序成本控制目标的原则

(1) 要根据企业的特点、工艺流程和员工素质的实际情况合理地确定。

(2) 要掌握同行业同类型产品成本的先进水平,尽量向先进水平看齐。

(3) 对不可控因素,如有可能应尽量采取措施创造条件,使其进入可控范围。凡进入可控范围的因素,在确定工序控制目标时,都应予以考虑。

(4) 如果由于员工进行改革,使生产效益提高,生产消耗减少,那么不应据此马上修改工序控制目标,以便调动员工开展技术革新的积极性,挖掘员工更大更多的潜力。

2. 工序成本控制目标的确定方法

从理论上讲,某一工序的成本控制目标,就是按照科学方法确定的该工序生产一件产品所必需的、各种消耗的价值总额,也就是各种投入的价值总额。在实际工作中,工序成本控制目标是按照成本项目,依据降低成本和提高效率的要求所修订的各种消耗定额、费用标准以及计划价格(或相当于计划价格的当量),计算的该工序生产一件产品的生产费用总和。在投入中,上道工序转来的半成品的成本,要按逐步结转法计入该工序的生产费用内。因为对多数工序来说,上道工序转来的半成品或零部件的数量,与本工序完成的产品数量之比,是重要的控制目标。工序成本计算表如表 20-2 所示。

表 20-2 工序成本计算表[①] 单位:元

工序成本项目	计算公式	结 果
上道工序转来的半成品或零部件的定额成本	照转	2.0193
本工序投入的原材料、辅助材料	单位产品消耗定额×厂内计划价格	0.62
燃料与动力	单位产品消耗定额×厂内计划价格	0.0493
工资及附加费	工资及附加费的工时率×单件工时定额	0.0576
废品损失	废品成本×废品率	
制造费用	车间经费工时率×单件工时定额	0.0602
工序生产费用总额		2.8064

第四节 现场成本控制的系统建设

一、现场成本控制责任单位的划分

确定和分解现场成本控制目标,是为了明确生产现场各成本控制责任单位(或责任点)

---

① 该工序工时定额为 2 分/件,没有废品损失。

的成本控制目标。为此，首先要划分出成本控制责任单位。

1. 划分成本控制责任单位的原则

（1）是生产过程中的一个独立的投入、产出单元。
（2）可以单独计算投入量和产出量。
（3）可以通过自身的控制来影响投入量和产出量的比例。

2. 成本控制责任单位的类型

成本控制责任单位从性质看，有以下五种类型。
（1）不同产品的成本控制责任单位。
（2）不同工艺阶段的成本控制责任单位。
（3）不同成本项目的成本控制责任单位。
（4）不同成本影响因素的成本控制责任单位。
（5）工序——生产过程中最基本的成本控制单位和责任点。

3. 成本控制责任单位的层次

生产现场的成本控制责任单位可分为以下三个层次。
（1）以车间主任和车间职能企业（或人员）为主体的车间级成本控制责任单位。
（2）按工艺原则或对象原则划分的、由多工种或多工序组成的工段或班组成本控制责任单位。
（3）以每道工序为主体的最基层的成本控制责任单位（或责任点）。

二、现场成本控制目标的确定和分解原则

现场成本控制目标的确定和分解，通常是将综合目标分解为单项目标，把大目标分解为小目标。它以各种消耗定额、标准、计划价格等为基础，把上一级的成本目标分解成生产现场及其内部各成本控制责任单位的具体目标。确定和分解成本控制目标应遵守以下原则。

1. 限定原则

根据目标管理的原则，上下层目标的关系是目的与手段的关系。被分解目标（上层目标）是分解后目标（下层目标）的目的，而分解后目标是被分解目标的手段。分解后目标必须保证被分解目标的实现。按照这一原理，成本控制目标分解时，必须使某项成本控制目标的各种分解后目标的结合总数，限定在被分解目标的额度之内。只有这样，才能保证产品成本不致失控。

2. 科学分解原则

产品成本有各种构成因素，其形成过程包括不同层次、不同阶段的各种不同生产活动。因此，在产品成本与其构成因素之间、各构成因素之间、总形成过程与各个形成阶段之间都有内在的逻辑关系。这一切也就决定了现场成本控制的总目标与分目标之间、各分目标之间也存在着严格的客观逻辑性。为此，必须按照它们之间内在的逻辑关系和生产现场的

具体情况科学地进行分解,切忌主观臆断或简单从事。

3. 落实原则

为了充分发挥现场成本控制的作用,切实地对现场成本进行控制,在分解成本目标时,必须按照各个成本控制责任单位确实需要,而又有可能控制的项目来分解,把分解后目标的控制责任真正落实到相应的责任单位和个人。

三、现场成本控制的基本程序

1. 确定成本控制目标和标准

现场成本控制的目标是根据企业成本控制目标分解而定的,包括每种产品和组成产品的各种零部件及每道工序的成本控制目标,以及各种资源消耗的定额、费用支出标准等成本控制标准。

2. 监督成本形成过程

根据成本控制的要求和规定,按时把实际成本与目标成本进行比较,及时发现偏差。

3. 纠正偏差

发现偏差后,要分析确定偏差的性质、程度,查明产生偏差的原因,并采取措施纠正偏差,使消耗和费用控制在计划标准范围内,保证目标成本的实现。

四、现场成本控制的内容

1. 控制生产过程中人力资源的消耗

对人力资源消耗,要控制定员、劳动定额、出勤率、加班加点等,要及时发现和解决人员安排不合理、派工不恰当、生产时紧时松、窝工、停工等问题。

2. 控制生产过程中各种物质资源的消耗

物质资源的消耗包括各种原材料、辅料和机具的消耗。控制材料消耗,应在领取、入库出库、投料用料、补料退料和废料回收等环节上严格管理,坚持按定额用料,加强计量检测,及时发现和解决用料不节约、出入库不计量、生产中超定额用料和废品率高等问题。大力推广先进用料和代用、综合利用等方法。机具的使用应遵循选择恰当、运行合理、提高利用率、坚持按操作规程使用、定期维护保养、以旧换新等制度。

3. 控制生产经营活动中的各种费用开支

要从数量、开支的用途、时间、作用上进行控制,使各种费用在最有利的时机开支,并符合规定,取得最大效果。同时,要建立费用开支的审批制度。

五、现场成本控制的工作体系

现场成本控制是一种全方位、多层次、多环节的控制工作。建立现场成本控制工作体系，要根据现场核算单位的划分及其内部的分工情况而定。生产现场的核算单位，可能是单一的车间，也可能是跨车间的联合作业区，还可能是车间内的一个工段、班组，甚至是一道工序。例如，机械加工企业的基本生产车间，对生产耗费和生产成本都能进行"独立核算"，因而可分别成为核算单位。而化工行业常常要经过几个车间的生产，才能计量半成品或成品，因此，其核算单位往往要跨几个车间。塑料制品企业的生产现场，往往是一个车间内有多条生产线，同时生产多种产品，这就可以按工段、班组、生产线或联动机台为核算单位。不管怎样划分核算单位，每个核算单位都是一个成本控制的责任单位。

六、现场成本控制对信息的要求

信息是实现现场成本控制必不可少的手段，必须及时地加以收集、加工和处理。要保证以下四点要求。

（1）目的性：要根据现场成本控制的要求收集、加工、处理、传递和反馈信息，不能盲目从事。生产现场发生的大量信息要经过筛选，科学地规定所需信息的内容，压缩并剔除多余的信息；明确信息处理的程序和传递路线，按照成本控制的要求把有用的信息传递给利用者，并把相应的信息反馈给有关部门和人员。

（2）真实性：各种信息要如实反映生产现场的真实情况，经过去伪存真、剔除水分，要由表及里地处理。为此，要做好原始记录和统计、核算工作，并认真进行现场调查。

（3）时效性：要及时反映生产现场的真实情况，不拖延、不滞后，使现场成本控制者在有关情况发生变化时，能及时得到信息，根据变化的性质和程度采取有效的措施。

（4）有效性：用最经济的办法传送尽可能多的信息。选择最有价值的信息和最适合的传递工具和路线，做到花费少、快而准、效果好。

七、现场成本控制的信息反馈

生产现场成本控制需要的主要信息有：生产费用预算和产品成本计划资料、分解后的现场成本控制目标、产品物资消耗和能源消耗定额资料、产品劳动消耗定额资料、生产作业计划、材料的领料凭证、劳动工时记录、产品交换单、废品单、内部结算凭证，以及对脱离成本控制目标进行处理的记录等。信息反馈就是把成本控制目标、标准作用于被控制对象后，再把与成本控制目标相对应的实际情况（信息）反馈回控制者，以便控制者采取措施进行调整。成本控制中反馈的形式多种多样，有报表、图表、书面报告、口头报告等。下面是几种具体形式。

1. 投入产出日报表

此表适用于生产现场"独立核算"单位，主要用来反映在制品资金占用和成本的变动情况以及实际成本与目标成本的差异，如表20-3所示。

2. 限额领料卡

此卡主要反映原材料领用和超计划领料情况，如表20-4所示。

表 20-3　投入产出日报表

核算单位：　　　　　　　　　　　年　月　日　　　　　　　　　　　　　　　单位：元

项目		当日投入	在制品		当日产量		差异比较
			期初	期末	实际成本	成本控制目标值	
产量							
成本	变动成本						
	固定成本						
	合计						
说明							

表 20-4　限额领料卡

领料部门：　　　　　　　品名：　　　　　　年　月　日　　　　　　　　计量单位：

日期	摘要	领料限额		实际领料		限额结余	追加或超额	
		计划内数量	追加数量	数量	领料人签章		原因	批准人签章

3. 人工费用卡

此卡主要反映人工费用开支情况，如表 20-5 所示。

表 20-5　人工费用卡

核算单位：　　　　　　　　　　　年　月　日　　　　　　　　　　　　　　　单位：元

日期	摘要	预算定额	实际发生	差异	原因分析

4. 费用限额卡

此卡主要反映限额的执行情况。必要时，可按费用项目分设，以便实行专项控制，如表 20-6 所示。

表 20-6　费用限额卡

核算单位：　　　　　　　　　　　年　月　日　　　　　　　　　　　　　　　单位：元

日期	摘要	限额	实际发生	结余	超支原因分析

5. 废品率变动分析表

此表主要反映废品的变动情况。可按品种设置，亦可按类别设置，如表 20-7 所示。

表 20-7　废品率变动分析表

核算单位：　　　　　　　　　　　产品名称：　　　　　　　　　　　年　月　日

日期	加工量	废品量	废品率	定额	差异	差异原因分析

工段、班组负责人或调度员是企业整个调度系统的一个分支，从属于全厂的调度系统。

八、调度值班制度与现场调度制度

这是保证及时发现问题，及时采取措施的制度。值班调度跟随生产轮班，及时检查、监督生产进度，处理生产过程中出现的各种问题，即使一时不能马上解决问题，也要尽快通知有关单位，及时采取措施。现场调度制度要求调度人员深入现场，了解现场，采取切实可行的对策，及时发现和处理各种生产技术问题与故障苗头。

九、调度会议制度和调度报告制度

现场发现的问题并不都是现场调度人员能够解决的，大生产是通过复杂的分工协作来完成的，每个车间的生产现场都与其他车间、辅助生产部门、后勤部门以及其他协作企业有着密切、复杂的联系。定期召开调度会议能协调解决那些车间生产现场一时无法解决的问题。定时上报的调度报告可以使上级生产主管人员和有关科室、车间及时了解本车间现场的情况，大家共同协调解决可能发生的和已经发生的问题。

思　考　题

1. 如何理解标准化作业法的含义？
2. 如何理解"三检制"的内容？
3. 如何理解现场质量保证体系建设的内容？
4. 如何理解现场成本控制的含义、分类及其方法？
5. 如何理解现场成本控制的系统建设的内容？

第二十一章 班组建设

学习目标

你学完本章,应该:
1. 理解生产现场劳动组织优化的含义、标志及其原则;
2. 理解班组建设的含义、方式及其活动内容;
3. 掌握班组岗位责任制建设的内容;
4. 掌握班组经济核算的要求及其形式;
5. 掌握班组岗位责任制建设的内容。

现场管理的核心是人的管理。员工是生产诸要素中最活跃的因素,员工的素质和劳动群体组合的状况,决定着投入生产要素后发挥作用的程度和现场管理的水平。加强生产现场以人为中心的管理,涉及多方面的内容。本章先介绍优化劳动组织结构、班组建设的内容、班组建设的形式,再讨论班组岗位责任制的建设。

第一节 优化劳动组织结构

一、劳动组织优化的含义和标志

1. 劳动组织优化的含义

生产现场劳动组织优化,就是在考虑相关因素变化的基础上,合理配置劳动力资源,使员工之间、员工与生产资料和生产环境之间达到最佳的组合,使人尽其才、物尽其用、时尽其效,不断提高劳动生产率。上述含义包括以下三个要点。

(1)优化的依据要考虑相关因素的变化,即要考虑生产力的发展、市场需求、技术进步、市场竞争、员工年龄结构、智能结构、等级结构等因素的变化。

(2)优化的内容主要包括员工之间、员工与生产资料之间、员工与生产环境之间的最佳组合。

(3)优化要达到的目标是提高劳动生产率。

2. 劳动组织优化的标志

劳动组织优化的标志如下所述。

（1）数量合适。根据企业的生产任务和先进合理的定额定员，配备的生产人员和管理人员数量要适当，每个员工在工作时间内都能满负荷地工作，消除"三个人的活，五个人干""临时工干，固定工看"等不合理现象。

（2）结构合理。劳动群体中，员工之间的知识结构、技能结构、年龄结构、体能结构、工种结构等与所承担生产经营任务的需要相适应，能满足生产和管理的要求。劳动过程中有粗活和细活、高等级技术活和低等级技术活、重活和轻活之分。因此，作业班组成员不一定都需要配备"精兵强将"，而可以强弱搭配、高低组合，即适合干轻活与适合干重活的合理搭配、干高技能活与干低技能活的合理搭配。消除"重活脏活无人干，轻活细活抢着干""高技能活干不了，低技能活不愿干""高级工干低级活"等不合理现象。

（3）素质匹配。主要是指员工的素质结构与物质形态的技术结构相匹配，生产岗位员工的技能素质与所操作的设备、工艺技术的要求相适应。员工的文化程度、业务知识、劳动技能、熟练程度和身体素质等应能胜任所担负的生产和管理工作。

（4）协调一致。通过优化劳动组合，新的劳动群体应出现团结合作、协调一致的局面。管理者与被管理者之间、员工之间相互支持、相互协作、相互尊重、相互学习，心往一处想，劲儿往一处使，成为具有很强凝聚力的劳动群体。

（5）效益提高。一个优化的劳动群体归根到底要表现在效率和效益上。要能够实现高效率、满负荷，提高经济效益的目标。

二、劳动组织优化的原则

生产现场劳动组织优化必须遵循以下原则。

1. 精干效能的原则

生产现场的劳动企业要求人员精干，即按照合理定员和岗位责任的要求，配备与之相适应的管理人员、操作工人和辅助工人，使员工的技能、技术等级与岗位责任、生产设备相匹配，使员工与劳动资料得到最佳的结合，使生产现场每个员工都有充分的工作负荷，以保证工作效率的提高。

2. 竞争择优的原则

在合理定岗之后，具体配备什么样的人员，应引进竞争机制，通过公开竞争进行选择。首先是条件公开，即将岗位职责、工作标准、应具备的条件等公诸于众，供员工了解和比较，判断哪些人具备上述条件；其次是机会均等，公开竞争，凡具备条件者都可参与竞争；最后是择优上岗，通过公开答辩、考试和实际操作，选择其优胜者加以组合，通过平等竞争择优组合，使人心服口服。

3. 双向选择的原则

即在车间主任和班组长、班组长和工人之间，可以双向选择；在工人与工人之间，也可以互相选择，自愿组合。这样进行的优化组合有利于员工之间实现最佳的合作，形成有凝聚力的劳动集体。

4. 治懒汰劣的原则

优化劳动组合不仅要使优者组合上岗，还要把"懒、滑、劣"者淘汰下岗。不治"懒"，就会挫伤"勤"者的劳动积极性，使劳动纪律涣散，降低劳动生产效率。对于少数文化业务素质较差，不能胜任岗位工作要求的员工，应替换下来进行岗位培训，待合格后再组合上岗。治懒不治"病"，治"滑"不治"老"。由于自然规律的作用，随着员工年龄的增长，部分在岗员工积劳成疾，体弱多病，或年老体衰，不能继续适应高空、井下、高温、严寒等环境条件下的工作，应将他们分配到力所能及的岗位上，发挥他们的专长。

5. 动态组合的原则

优化组合完成之后，在一定时期内企业应保持相对稳定。

三、制定有关的配套政策

优化劳动组织要打破干部和工人的界限，根据生产任务需要安排员工，人人能上能下；根据岗位责任大小、劳动量轻重、劳动复杂程度高低，制定相应的岗位工资和奖励标准，对于较脏、较累的工种和岗位，应制定出高于其他一般工种和岗位的工资、福利和奖金待遇；制定有关厂内劳务市场、厂内待业时的工资和福利标准；制定有关从事第三产业的工资和福利待遇标准，使下岗的员工能够愉快地参加发展第三产业的优化劳动组合。总之，企业应在劳动、人事、工资和福利制度等方面进行配套改革，增加政策的透明度，让员工放心。

四、先考评后组合

拟订改革方案、制定配套改革的有关政策后，即可付诸实施。首先，按照岗位标准的要求，对每个员工进行考核评议，对每个员工的劳动技能、劳动态度、业务水平做出全面评价。其次，按照机会均等、政策透明、平等竞争、自由组合、双向选择的原则，进行优化劳动组合。优化的步骤一般是先上后下，先二线，后一线。因为目前的情况是"一线紧，二线松，三线臃"。应先优化职能部门和干部，然后再进行工人中的优化组合，这样一来，优化工作便容易开展，且思想阻力较小。优化组合完成后，通过签订干部聘任书和全员劳动合同，把优化劳动组合纳入全员劳动合同制管理的轨道。

五、妥善安置下岗人员

优化劳动组合后，有一部分富余人员需退出生产现场，被列为编外。富余人员一般有三种情况：一是有劳动能力和较好的素质，只是由于企业人员供大于求，超过了优化后的岗位需要，而被"优化"下岗的；二是有劳动能力，但素质较差或劳动态度不好而未被组合进去的；三是老弱病残，不能胜任原岗位工作的。对于富余人员，应本着企业自行消化为主的原则，区别不同情况进行安置。属于第一类情况的人员，可通过发展多种经营、广开就业门路、兴办为企业、社会生产和生活服务的第二产业、第三产业予以安置。属于第二类情况的人员，则可安排岗位培训或转岗训练，提高他们的思想、技术、业务素质，为重新上岗创造条件。属于第三类情况的人员，可提前离岗休息，待其到法定退休年龄后再补办退休手续。根据有些企业的经验，相当一部分编外人员可实行厂内待业，建立厂内劳务市场，根据需要在厂内各部门间进行调剂；也可以进行劳务输出，企业编外人员成建制地到社会上去承包有关劳务或工程建设等生产活动；还可以允许编外人员自谋职业。采取以上各种办法，可以使相当一部分生产现场劳动组合后的富余人员得到合理妥善的安置。

第二节　班组建设的内容

班组是企业的细胞，是员工进行生产劳动和开展日常活动的主要场所，也是生产现场的主体。加强班组建设是优化现场生产要素组合的需要，也是企业物质文明建设和精神文明建设的需要。它对于实现企业生产经营目标和提高企业管理水平有着重要的意义。

班组建设是通过一定的企业方式和活动形式，依靠班组自身的努力，全面提高其政治、文化、业务、技术素质，以增强企业活力的一项基础性建设。班组建设包括思想建设、组织建设、业务建设等主要内容。

一、班组思想建设

班组思想建设是企业思想建设的一部分。企业思想建设的许多内容，例如对员工进行有中国特色社会主义理论和爱国主义教育，党的路线、方针、政策以及形势与任务教育，社会主义民主与法制教育，革命传统和艰苦奋斗、勤俭建国教育，先进模范人物事迹教育，等等，都要落实到班组。此外，应根据班组的特点，着重抓好以下几个方面的思想教育。

1. 集体主义教育

对班组员工进行集体主义思想教育，就是要正确处理国家、集体和个人的利益关系，当三者发生矛盾时，要以国家和集体的利益为重，个人利益应服从集体利益；要热爱集体、关心集体，搞好班组内的团结，创造和维护集体的荣誉；要使每个员工具有群体意识，依靠班组集体的努力完成企业或车间下达的各项任务。

2. 培养职业道德

职业道德是指从事一定职业的人在劳动中应遵循的行为规范，它是社会对各种从业人员规定的、起自我约束和团结作用的行为准则。根据职业道德的准则和规范，有计划地对员工进行职业道德教育，培养良好的职业道德，是班组思想建设的一项重要任务。要通过多种形式和途径的教育方式影响员工的心理和意识，形成正确的是非观念，划清善良与邪恶、公正与偏私、诚实与虚伪的界限；逐步养成员工在本行业和本岗位上的职业信誉；发扬公正、诚实、善良的优良传统，纠正带有行业特点的不正之风；通过制定各类守则、公约、规章，使全体成员做到忠于职守、爱护财产；对用户和消费者负责，保证产品质量，不以次充好，不弄虚作假，不偷工减料，切实保护用户和消费者利益。

3. 形成好的班风

班风即班组作风。好的班风是一种富有生气、团结向上、勇于攀登、争做贡献、助人为乐、互帮互学的集体风尚。班风是班组员工在正确的思想指导下，在长期实践中共同创建的，反映了班组的精神风貌。搞好班风建设，有助于培养班组员工的集体荣誉感和奋发向上的精神，促进班组管理水平的提高。

二、班组组织建设

班组组织建设是指调整班组建制、完善班组体制、理顺班组建设运行机制的一系列工作的总称。

1. 调整班组建制

随着技术进步和生产企业的变化，工作班、作业班也需要相应地进行调整，有些较大的作业组，成员有 7~8 人或十几人，可组建为一个工作班；有些较小的作业组，只有 3~4 人，可以由两个以上的作业组并成一个工作班，使之规模适当，便于管理。例如，鞍钢在加强班组建设方面，抓了班组的企业整顿，科学地划分班组。他们根据有效管理幅度的原则，防止分工过细、过小，规定主要生产班组一般不得少于 6 人，一般性生产和辅助生产班组一般不少于 10 人，服务性班组可再大一些。调整和改变班组，应做到"四忌"，即忌繁杂、忌重叠、忌多层次、忌职能不清。

2. 完善班组体制

完善班组体制的关键是要选配好班组长，此外，还要建立工会小组、团小组，有条件的还应在建立党小组后，选出工会小组长，同时选出若干名工人管理员，形成班组"两长几员"的核心。例如，鞍钢重视生产第一线的党员开展工作，大多数班组都建有党小组，提出以班组长、工会小组长、党小组长、工人管理员为核心的班组管理体制。

3. 理顺班组建设运行机制

这就是要以社会主义的精神文明、班组群体意识为指导，以生产民主、技术民主、经济民主为核心，以政治民主、生活民主为保证，以班组长为领导，以党团小组长、工会小组长和工人管理员为骨干，以各种兴趣小组活动为形式，调动班组全体人员的积极性进行自主管理。

三、班组业务建设

班组业务建设是指健全班组制度、加强班组管理基础工作、优化班组各项专业管理工作、加强岗位培训等工作。

1. 班组制度建设

班组制度建设是以全厂和车间的各种管理制度为依据，结合班组实际，制定、执行和不断完善各种规章制度。它是班组全体成员在生产技术活动中，共同遵守的规范和准则。如岗位责任制、交接班制、经济核算制以及质量、设备、工具、劳动、安全、思想政治工作、文化学习等方面的制度。这些制度原则上由全厂统一制定，班组照章执行，少数制度也可以由班组自行制定并执行。

2. 加强班组管理基础工作

班组要贯彻执行企业管理基础工作的各项规定与要求，结合班组生产管理的需要，认真做好各项管理基础工作,主要包括以下几个方面。

(1) 建立健全以岗位责任制为核心的各项管理制度。

(2) 严格执行工艺纪律,推行标准化工作。

(3) 依照定额组织生产。

(4) 做好计量工作,确保量值统一。

(5) 建立各种原始记录和台账,搞好统计分析和报表工作。

(6) 开展岗位练兵活动,努力提高班组成员的技术业务素质。

3. 优化班组各项专业管理工作

以班组生产管理为中心,加强班组工艺管理、设备和工具管理、质量管理、劳动管理、物料管理、安全文明生产、班组经济核算等项工作。

4. 加强岗位培训

岗位培训是提高岗位人员技术业务水平的一种方法,它以训练基本功为主,练习实际操作的基本理论、基本技能,按照干什么、学什么、练什么的原则,把生产、工作项目作为练兵的项目。例如,鞍钢为了加强岗位培训,实行了岗位证书制度,规定1991年后,凡未获得岗位证书者不许上岗操作。岗位证书制度将初级工、中级工、高级工、工人技师、班组长、多技能培训均纳入工人岗位证书内,员工从入厂到退休只需持一个证书,培训经考核及格后,达到哪个层次,就填入相应的栏目。

班组岗位培训采用的形式有以下几种。

(1) 以师带徒。按技能大纲要求签订师徒合同,一师一徒,或一师多徒,包教包学。

(2) 岗位练兵。针对生产中的难点、重点和关键点,开展有目的的专业训练。

(3) 技术竞赛。包括技术表演、对手赛、技术运动会、技术问答等形式。这些都是进行技术培训、技术练兵的有效形式,通过示范操作表演和竞赛,面对面、手把手地传授操作技能,使员工相互学习和借鉴,掌握先进的操作方法,交流经验,达到共同提高的目的。

(4) 一事一训。根据生产需要,针对生产技术活动中出现的问题,组织班组员工进行一事一题的学习培训活动。培训时间可以灵活安排,如利用生产空隙、设备检修、班前、班后时间,长则几天,短则数小时,能者为师,边讲解,边操作示范,既提高了技术素质,又解决了生产中的实际问题。

(5) 反事故演习。把生产中可能发生的重大事故、多发事故列为演习内容,人为设置模拟事故,锻炼工人排除事故、预防事故、处理事故的能力,提高工人对事故的应变能力。

第三节　班组建设的形式

搞好班组建设的重点是要解决好班组建设的组织方式和活动方式问题。

一、班组建设的组织方式

从企业和车间领导的角度抓好班组建设,从组织方式来看,主要从以下几个方面着手。

1. 加强对班组建设的领导，党、政、工、团"齐抓共管"

班组工作的综合性、群众性、经常性，决定了它是企业中党、政、工、团的一项共同任务。行政通过指挥生产经营活动把各项管理及其基础工作落实到班组，起领导作用；党组织通过思想政治工作协调各方面的关系，统一思想认识，起保证作用；工会开展群众工作，关心群众生活，密切联系群众，起纽带作用；团组织团结青年，充分注意青年的特殊性，增强班组活力，起促进作用。因此，应当实行"齐抓共管"，党、政、工、团各级企业参加班组建设工作的领导，逐步形成班组建设的工作体系。例如，上海某工厂班组管理体系分为三级：一是厂部建立由生产副厂长、党委副书记、工会副主席以及厂办和部分科室参加的班组工作领导小组，生产副厂长任组长，具体工作由厂办负责；二是车间建立由运转主任为首，车间党、政、工、团参加的车间班组工作领导小组，车间工艺员、计划员、操作员、安全员对口抓班组各大员；三是由工段长会同轮班党、政、工、团共抓班组管理。

2. 明确目标，制定班组工作条件和管理基础工作实际细则

班组建设必须有明确的方向和目标。目标可根据企业对班组的要求，从班组的实际出发，针对薄弱环节来加以制订。例如，上海某工厂根据本企业实际情况，制定了《班组工作条例》，明确各车间、科室和部门在班组建设中的主要职责和任务；制定了《班组基础工作目标 40 条》《班组管理工作标准化 40 条》，明确班组管理工作的内容、标准和考核的具体要求。

3. 抓好"中途管理"，严格检查考核

"中途管理"是指班组建设过程中的管理，以防止发生开始"轰"、中间"松"、最后"空"的现象。例如，上海某工厂的"中途管理"，应主要抓好六个环节：一抓归口管理；二抓信息反馈；三抓检查验收；四抓交流推广；五抓季度表彰；六抓改进完善。严格检查考核和表彰是抓好"中途管理"的重要环节，是使班组建设工作持之以恒、不断升华的重要保证。

4. 选好班组长，加强对班组长的培训工作

班组长是企业基层行政工作的负责人，是上层领导联系工人群众的桥梁。他们既是基层的领导者，又是直接参加生产劳动、创造财富的生产者，具有领导者和员工的双重身份，在班组建设中处于十分关键的地位。

班组长一般都是由班组员工民主选举产生的，也可以由车间主任招聘或委任。班组长应具备思想好、技术强、作风正、干劲足、会管理等条件。选举或配备好班组长后，上级部门应放权、授权，让班组长自主管理。同时，要加强培训，提高他们的素质和管理才能。例如，南京第二机床厂培训班组长采取三种形式：一是定期召开班组长会议，提高政策和工作的透明度，提高班组长的思想政治水平；二是加强以专业管理为内容的培训，以提高班组长的管理水平；三是通过检查验收和评比诊断，进行现场指导和培养，提高班组长的管理能力。

二、班组建设的活动方式

班组建设不仅要依靠企业各级领导认真抓，还要靠班组自身发挥主观能动性，通过各

种活动方式开展班组建设。

1. 开展班组民主管理

班组民主管理是企业民主管理的基础，也是班组长依靠全体成员搞好班组工作的重要形式。

（1）充实班组民主管理的内容。主要有以下四个方面。

① 发扬政治民主。尊重班组成员的主人翁地位；尊重他们对班组长和工人管理员的选举权和被选举权，以及对企业各级干部的评议权、建议权；尊重他们参加重大政治活动、关心国家大事的权利。

② 发扬经济民主。企业班组员工讨论和制订班组经济责任制方案；参与班组目标和现场生产计划的讨论；人人当家理财，搞好班组经济核算；参与分配方案的讨论，制订班组奖金分配方案，并监督实施过程。

③ 发扬生产技术民主。员工有权参加生产劳动和技术培训；对现场的生产技术问题有发言权和建议权；对生产操作有执行权、维护权和监督权。班组长要和企业班组成员讨论和落实班组内的重大问题，群策群力，开展合理化建议活动和技术革新活动。

④ 发扬生活民主。定期召开班组民主生活会，有事共商，有责共担；经常谈心和家访，帮助员工排忧解难，改善生活条件，使每个成员都感到班组的温暖。

（2）健全班组民主管理企业体系。形成以班组长、工会小组长、党团小组长和工人管理员为核心的班组管理体系。班组内工人管理员设几名，应根据班组规模而定，规模小的班组，可设2～3名；规模大的班组，则可设政治宣传员、经济核算员、技术质量员、设备安全员、材料工具员、生活福利员等多名，分别担负班组内各项管理职责，协助班组长搞好班组管理。

2. 开展班组升级活动

围绕企业升级目标，开展班组升级活动，是加强班组建设的一项重要经验。班组升级一般分为三个等级水平，即合格班组、信得过班组、先进班组，也有的企业称合格班组、二级班组、一级班组，或合格班组、优秀班组、模范班组。

班组升级是以达标的形式进行的。凡在一定期限内，经考核达到等级标准的班组，可按等级标准升级。

（1）第一个台阶，即达到合格班组的考核标准为：① 全面完成各项技术经济指标；② 没发生人身、设备、质量等责任事故；③ 班组基础管理能达到企业的基本要求；④ 精神文明建设具有一定的基础，没出现违纪违法的人和事。

（2）第二个台阶，即信得过班组（或优秀班组）的考核标准为：① 必须全面达到合格班组的标准；② 产品（工作）质量、物质消耗、经济效益等指标必须达到企业所要求的先进水平；③ 班组管理，尤其是全面质量管理取得明显的效果；④ 精神文明建设有一定的特点。

（3）第三个台阶，即达到先进班组（或模范班组）的考核标准为：① 产品（工作）质量、物质消耗、经济效益等主要经济技术指标居本企业同工种先进水平或创本班组历史最高水平；② 在推行管理现代化和加强民主管理方面有较大的进展，采用了方针目标管理、全面质量管理、全员设备管理等方法和手段；③ 精神文明建设形成了经得起考验的各具特色的班组风格；④ 创造了班组建设的新鲜经验。

3. 开展班组竞赛

围绕完成生产任务开展班组劳动竞赛和围绕推行现代化管理方法、管理技术开展班组管理竞赛，是许多先进企业的经验。

（1）班组劳动竞赛。班组劳动竞赛有两种形式：一种是企业为实现某一目标而开展的较大范围内的竞赛，班组要动员其成员积极参加。它是集体性质的竞赛，反映班组的整体水平。另一种是班组自己根据生产和工作任务的要求，结合本班组的特点自己组织的竞赛。它是班组内工人与工人之间的竞赛，其目的是促进工人生产操作水平的提高，促进班组集体目标和任务的完成。

（2）班组管理竞赛。针对班组管理中的薄弱环节，或以推行现代化管理方法和手段作为目标内容而进行的竞赛。通过竞赛消除管理中的薄弱环节，提高班组管理水平。

班组还可以组织其成员参加厂内和厂外各种形式的竞赛。如小指标百分赛、综合指标竞赛、单项立功竞赛、工序协作竞赛、技术协作竞赛、"一条龙"竞赛、同工种竞赛、同业务竞赛、创全优工程竞赛、攻关赛、对抗赛、效益杯竞赛、优质服务赛、好班组长竞赛、好工管员竞赛、岗位练兵赛、技术表演赛等。通过参加多种形式的竞赛，使班组建设达到新的水平。

4. 举行班组成果发表会和经验交流会

班组在开展各项活动的过程中会取得这样或那样的成绩、经验。如能加以总结和提高，使之系统化，并举行班组建设成果发表会或经验交流会，则可以起到互相学习、成果共享、相互促进、共同提高的作用，也有利于把班组建设继续推进到一个新的阶段。

第四节 班组岗位责任制的建设

一、班组经济核算的建设

1. 班组经济核算的性质和要求

班组经济核算是在轮班、生产小组或流水线范围内，利用价值或实物指标，将其劳动耗费和劳动占用与劳动成果进行比较，以取得良好经济效果的一种管理方法。它是整个生产现场管理的基础，又是企业广大群众当家理财的好形式，也是现场成本控制不可缺少的重要环节。

班组经济核算应符合以下要求。

（1）建立适应班组生产和经营特点的核算企业。

（2）确定适合班组生产特点的经济核算指标，并使班组和个人有明确的经济责任。

（3）做好定额管理、原始记录、计量验收等各项基础工作，做到事事有记录，考核有依据，计量有标准。

（4）建立严格的考核、检查评比和奖惩制度。

（5）做到以较少的劳动耗费取得较大的劳动成果，保证厂级和车间各项指标的完成。

2. 班组经济核算单位的确定

班组经济核算单位，应根据班组生产和劳动企业的特点以及岗位责任制的要求来确定，一般有以下几种。

（1）以整个班组为经济核算单位。它适用于没有轮班或各轮班经济责任不易划分或难以考核的单位。

（2）以轮班为经济核算单位。它适用于生产周期短，能按轮班分清经济责任和计算生产成果的单位。

（3）以机台为经济核算单位。它适用于能按单机进行核算的单位。

（4）以生产线为经济核算单位。它适用于连续式生产而又无法按轮班划清经济责任并计算生产成果的单位。

3. 班组经济核算的形式

（1）指标核算、计分计奖形式。车间将经济指标分解落实到班组，班组按规定核算完成情况。考核方式是按核算指标的重要程度和计分标准，逐项打分，分数的多少反映指标完成情况，并确定相应的奖惩。

（2）限额卡核算形式。这种方式是根据生产任务和材料消耗定额核定的定额材料费用制定限额卡，班组依卡领用材料。到月末，车间按完成任务和领用材料的情况进行考核，按材料的节约或超支情况决定奖惩。

（3）其他方式。例如厂币核算形式，账、卡、表核算等形式，也可以将几种核算形式结合起来使用。

4. 班组经济核算的指标

（1）确定班组经济核算指标应注意的问题：① 应根据"干什么，管什么，算什么"和以生产为中心的原则来确定，那些与班组和员工主观因素无关和不能控制的指标不应列入班组的考核指标；② 既要照顾不同班组的生产特点，又要与专业核算指标一致和衔接；③ 既要包括与班组相关的全部主要经济指标，又要反对事无巨细，过分强调全面，影响主要经济指标考核的倾向；④ 要通俗易懂，简便易行，如果指标规定得太烦琐，计算过于复杂，工人难以胜任，将会影响班组经济核算工作的开展与坚持；⑤ 既要便于经济指标的核算和分析，又要便于经济责任的划分，使各班组及员工责任清楚、目的明确、物质利益分配合理，认真地实施控制与核算。

（2）班组经济核算的指标。① 产量指标。可以采用实物、劳动工时、计划价格和产量计划完成率等指标计算。② 质量指标。可以采用等级品率、合格率、废品率、返修品率等指标形式反映。③ 材料消耗指标。可以用材料耗用数量、耗用金额表示，也可以用材料利用率等相对数表示。④ 工时指标。包括工时利用率和出勤率等指标。⑤ 设备完好率和利用率指标。这是用相对数表示的指标。⑥ 成本降低指标。这是综合性指标，一般只包括班组直接消耗的各种材料和支出的费用，不包括固定资产折旧及大修理费用。

5. 班组经济核算的组织

班组经济核算一般是在车间主任领导下，由经济核算员具体承担。班组核算员在业务上要接受车间和有关科室核算人员的指导。

班组经济核算一般设专职核算员，由现场生产工人兼任。核算工作一般都在业余时间进行。为了不影响工人的生产和休息，有的企业在班组内建立核算机构，设立几大员：材料核算员、考勤员、设备管理员、质量检查员等，各项指标分别由几大员进行核算。这样做有利于把班组所有成员动员起来，对本班组的生产活动进行记录、计算、分析和考核，做到事事有人管、人人有专责，形成一个人人参加核算、参与控制的网络。

搞好班组核算，必须建立相应的规章制度。包括：材料、工具的领、退、保管制度；考勤和劳动企业制度；设备管理和维修制度；质量检验制度；成本控制制度；评比奖励制度；等等。为了便于执行上述各项制度，各班组可根据具体情况制定各种实施细则和有关补充规定。

二、班组岗位责任制的全面建设

1. 抓政治思想

（1）生产班组、工会组长处处以身作则，起表率作用。

（2）班组长、党团员经常开展政治思想工作。

（3）学习有制度、有记录、有效果，参加在职培训活动每季有心得，巩固率达 70%以上。

（4）班组之间、同志之间能搞好团结协作，共同前进。

（5）扶持正气，抵制歪风邪气，不断表扬好人好事。

2. 出色完成任务

（1）出色完成班组生产各项任务，不断提高工时利用率。

（2）人人做到上岗合格，人人达到"标准岗"作业标准。

（3）坚持安全活动并有记录，全组无工伤事故，无设备事故，事故预想活动开展有成效。

（4）熟悉设备性能与操作规程，设备维修保养得好。

（5）经常开展技术练兵和技术交流活动。

3. 管理民主

（1）班组长（副组长）七大员（安全员、设备员、质量员、工会小组长、经济核算员、卫生员、考勤员）健全，并有活动制度。

（2）岗位责任制明确，并能严格执行。

（3）有民主生活会议制度，经常开展批评与自我批评。

（4）严格执行考勤制度。

（5）经常开展献计献策等合理化建议和民主管理活动。

4. 遵纪守法

（1）严格遵守厂纪厂规，全组无违法、违纪、违章行为。

（2）维护社会公德和家庭道德。

（3）严格遵守总厂规定的"十个不准"（不按规定佩戴劳动保护用品，不准进入生产岗位；班前班上不准喝酒，喝酒不准进入车间；高空作业人员不系安全带，不准从事高空作业；上班期间不准睡觉、玩手机、离岗干与生产无关的事；非电工，不准擅自接线用电；检修设备时安全措施不落实，不准开始检修；停机检修后的设备未经彻底检查，不准启用；新工人未经安全教育，不准进入生产岗位工作；装置不齐全的设备，不准使用；未取得安全作业证的职工，不准独立作业），加强班组的组织性、纪律性。

(4) 对班组存在的问题和不足之处不护短，有改进措施。

(5) 人人做到计划生育的各项要求。

5. 抓环境卫生

(1) 班组有卫生制度，并有成效。

(2) 办公室、更衣室、操作场地环境清洁，窗明几净，物品堆放整齐。

(3) 搞好卫生包干区，卫生评比成绩优良。

(4) 爱护花木，人人参加绿化工作。

(5) 仪表整洁，讲究卫生，养成良好的卫生习惯。

思 考 题

1. 如何理解生产现场劳动组织优化的含义、标志及其原则？
2. 如何理解班组建设的含义、方式及其活动内容？
3. 如何理解班组岗位责任制建设的内容？
4. 如何理解班组经济核算的要求及其形式？
5. 如何理解班组岗位责任制建设的内容？

〖综合案例四〗 企业现场管理改善的实施原则及步骤

导读：现场管理是企业管理的核心组成部分，是企业发展的坚实基础，然而企业在现场管理中普遍存在的现象是，对一些工具方法的应用不足，包括对基本原理的掌握不够、缺少在整体策划上对工具方法的整合运用、各种工具方法的选择和应用的顺序不对等问题。因此，需要对各种工具方法在整体上进行统筹策划，并分步骤、有针对性地运用相关工具方法适时开展相关的现场管理活动，对作业现场各要素进行合理有效的计划、组织、协调和控制，以实现优质、高效、安全、文明的现场作业。

案例：

在所有的企业管理的问题里面，现场管理的问题应该是一个最基础的问题了，不管是过去传统的生产制造型企业、服务型企业，还是现在的互联网企业，只要是企业，都面临着提高效率、降低成本、保证质量的问题，其实也就是面临着一个现场管理的问题。现场是一切企业管理的根本，和战略管理、营销管理同等重要。因此，管理者必须对于现场管理有所作为，才能真正提高企业基本的管理水平，提高企业的竞争力。那么，究竟什么是现场？如何理解和定义现场的范畴呢？

一、什么是现场

现场是指提供生产和服务的场所。因此组织现场涵盖组织所有的活动场所，包括生产现场、服务现场、销售现场、办公室现场、仓储现场。现场为组织创造附加价值，是组织活动最活跃的地方，是产品、服务成本的形成所在，更是组织效率的体现场所。人员、设备、物料、信息等多种资源要素在现场中的投入及相互之间错综复杂的联系，使得现场时刻面临来自各种变异源的交互影响，以及由此导致的效率缺失、成本上升、质量波动等问题的发生。

二、什么是现场管理

（1）现场管理的定义。现场管理是指为了实现组织的目标，通过完善的组织和机制，用科学的管理制度、标准和方法对生产现场各生产要素，包括人（工人和管理人员）、机（设备、工具、工位器具）、料（原材料）、法（加工、检测方法）、环（环境）、信（信息）等进行合理有效的计划、组织、协调、控制和检测，使其处于良好的融合状态，以达到优质、高效、安全、规范的现场系统管理的目的。

（2）现场管理的意义和目标。现场管理的目的及其所涵盖的范围，决定它对企业的整体管理水平和竞争力具有至关重要的意义。

现场管理的目的是要不断提升组织为顾客和相关方创造价值的能力，这主要通过现场管理过程的效率、灵活性和稳定性等方面的能力来实现。通过有效的现场管理工作，可以不断消除工作过程中的各种浪费，不断提升资源的使用效率。此外，现场管理过程也是现场改善的过程，通过各种方式不断激发员工的创造力和参与热情，在实现现场改善效率的同时，也在不断提高员工的技能和素质。因此，减少浪费和持续改善也是现场管理工作可实现的基础性的成果，这也是价值创造力提升的基础。

现场管理的目标来源于企业的战略规划和经营方针目标。现场管理的核心是用全面质量管理的思想和工具方法提升现场管理活动要素的整体运行质量和效率，实现"一心、二效、三节"。"一心"——以顾客为中心，强调顾客导向。"二效"——提升效率和效能。在保证安全、环保的前提下，通过降低成本、提高效率、提高产品质量，在适当的时间内生产出符合客户需求的产品。"三节"——节省时间、优化节拍和节约资源。

三、企业现场管理存在的问题

企业在现场管理水平上参差不齐。优秀企业会对现场管理有一个整体策划，从完善基础管理开始，一步步地改进和创新，形成自己的管理特色，如三一集团的三一生产模式（SPS）、海尔的现场"倒三角组织模式"等。而有的企业生产现场机器轰鸣、人声鼎沸，地上满是灰尘、油污和垃圾，零件散落各地，各类人员和各种运输设备在这种杂乱的环境中低效地作业；很多企业拥有世界上最先进、最精密的机器设备，却得不到最基本的维护，而且利用率低下，工艺控制和质量控制水平不足，用一流的设备加工出三流的产品；多数企业没有完全强调现场意识和作业标准，导致浪费严重、不良品增加、效率低下的恶性循环；由于历史原因，中国企业的质量过程控制阶段薄弱，很多工具方法都应用得不到位。鉴于目前现场管理的现实问题，应在整体上建立组织的现场管理体系，并分阶段、分步骤地导入和实施现场管理的理念和方法，做到统筹规划、分步实施，逐步改善现场的环境和效率。

四、如何推进现场管理

既然如前所述，现场管理在企业管理和企业发展中占有如此重要的地位，那么，现场管理到底要做到何种程度才能够达到一个管理卓越的现场的目标呢？回答这个问题实际上很难，因为每个现场都是不同的，企业具有各种不同的组织形式，因此很难给出一个非常详细的、统一的评价标准。例如，生产工程机械的企业和生产冰箱的企业，其客户、产品、交货期、销售渠道都有着很大的区别，因此，很难用一个非常详细的标准把不同的企业放在一起比较。但是，管理卓越的现场是有些共同的特征的，例如，交货期短，生产成本能够较好控制，安全管理系统有效，现场能够实现柔性生产，而要实现这些总是有共同的基本规律，因此管理高效的现场总是有一些共同特性能够给其他各种现场做借鉴的。这些共同特性体现在如下几个部分，或者说致力于打造高效现场管理的企业可以从以下几大步骤去着手。

（1）意识变革。这一阶段是导入和实施现场管理的基础，需要企业高层领导的推动，首先要转变观念，理解现场管理的意义，从高层到中层再到基层作业人员都应摒弃以往孤立的思维，认识到企业从设计到生产再到交付的全部过程都是满足客户的过程，生产现场是公司重要的利润源泉，应将现场多余的非增值消耗最大限度地消除，在满足顾客需求和期望的同时，降低自身的成本。高层领导应该创造一个全员参与现场管理的氛围，在全公司范围内宣贯现场管理的理念，提供各种培训支持，并制定现场管理的制度和责任目标，最后制定奖惩制度，鼓励现场改善，促使员工实现从"要我做"到"我要做"的转变。只有系统地进行全员意识变革，才能成功导入现场管理。

（2）加强现场基础管理。意识变革后，就要对现场实施最基础的改善，这些改善都可以被一种称为"人机工程"的学科囊括，通过对现场中人、机器及环境三者的有效的协调设计，通过对心理学、生理学等多个学科领域的交叉运用，实现现场效率、安全、员工舒适度、健康等特性的提升。如企业一般首先推行5S管理活动，5S通过整理、整顿、清扫、清洁、素养五个步骤，旨在"快速找东西"和"问题显性化"，并使员工养成良好的素养，更重要的是能充分调动每一名现场员工参与到活动中来。这样充分调动了员工的积极性，减少了推行现场管理的思想阻力。现场的基础管理还包括定置管理、目视管理、库房管理等，其中定置管理是对5S管理活动的延伸，使人、机器、环境之间达到一种最佳结合状态。目视管理是尽可能地将管理者的要求和意图让大家一目了然，借以推动自主控制，并促进相互交流。目视化类别包括红牌、看板、操作流程图、区域线、告示板等。库房管理包括库房的定置化、原材料的成套化配送等。另外，还有诸如怎样最优化地实施工厂布局、怎样进行生产线的设计编程等，只有这些基础管理落实了，才有可能使用一些工具方法进行更高层次的改善。

（3）生产自働化。所谓自働化，在日语中"动"与"働"是两个不同的汉字，发音和意义都不相同。"动"是直接从中文引进的，"働"则是日本造的字。自働化的概念最早来自于丰田公司制造的起家产品——丰田纺织机器。丰田刚开始制造的纺织机器很容易脱丝，但是脱丝后机器依旧运转，如果不及时发现，机器就会一直运转下去，而一直生产下去最恶劣的后果就是生产大量的废品或者次品。因此，这种纺织机器一直需要人来看守。丰田公司的创始人丰田左吉发明了自动纺织机，其实就是加一个防差错装置，如果机器出现脱丝，机器会自动停止。这样每个工人能够操作的机器数量就大为增加，大大降低了劳动力成本。另外，浪费的动作不是働：在现场中，有的员工十分繁忙，不停工作，这种工作不一定产生价值，因此，这样的动不是働。在现场，把人的"动"区分成两种，不产生任何附加价值的工作就叫作"动"，产生附加价值的工作才叫作"働"。如何把"动"转变成"働"是推进现场管理必不可少的重要方面。因此，在现场的自働化管理中，可以用机器来提高效率，尽量减少纯手工作业，尽量采取机器作业或者能够采用工装夹具来改善手工作业。

企业的现场存在大量的手工作业，手工作业的判定凭的都是经验，而这些累积的经验却不足以保证产品的精度和质量，不同行业的现场都会存在这样的问题。如在组装线上经常可见工人一手拿着在制品，一手拿着工具进行悬空的打螺丝和焊接操作，这样的操作既影响了劳动生产率的提高，也使产品质量得不到保障。产品质量靠手工作业是保证不了的，因为人的不确定因素和影响因素太多了。这里引入自働化的概念，它不是简单的机械化或复杂的高科技自动化，而是要赋予机器人智慧，使其不仅能代替手工保证产品性能参数，而且能自己发现故障，杜绝大批量废品的产出。先不说降低成本、提高效率，手工作业保证不了最基本的产品质量,所以应在现场实施生产的自働化。在一些现场已经有很多"设备工程化"应用的案例,可以进行一些简单自働化改造,在一些手工作业的地方开发有合适的工装、夹具来保证产品生产的精度。如有的行业对产品精度要求非常高,要达到千分之一毫米精度,用手工来保证千分之一毫米精度要求,可行吗?可以利用一些专用的工具、夹具来保证产品生产质量。在一些现场的自动生产线上已经开发出了带自动停止的装置(如质量保险装置),当出现任何故障时,生产线会自动停止,并在相应的问题点发出警报,这样,当机器正常运转时用不到人,人只出现在机器发生异常情况、停止运转时。因此,只有一个人管理多台机器,生产效率才会有飞跃式的提高。

(4) 标准化。标准是科学、技术和实践经验的总结。为在一定的范围内获得最佳秩序,对实际的或潜在的问题制定订共同的和重复使用的规则的活动,称为标准化。它包括制定、发布及实施标准的过程。而对于现场的基础管理就是要解决现场管理的标准化问题。不论什么样的现场,其最基本的管理就是现场的标准化问题。标准化是现场管理的基础,也是区别工业化生产和手工作坊的重要标志之一。很多现场存在这样的现象:有的工人技能好,加工的产品比别人加工的质量好,可他自己也说不清楚原因,只是习惯性地凭经验,找不到实际的"固化点",别人需要几天才能完成的作业,他只需要一天的时间。如一家修理厂的一位师父,经验很丰富,他自己也说不清楚为什么只有自己修的机器不漏油,后来工厂质量部把他的操作过程拍成视频,发现他装配时做了很细的准备工作,选配零件一拿一个准。为什么徒弟就做不到精细化以致重复做很多工作呢?原来同一种螺钉有加工误差,孔也有加工误差——偏大或偏小,把螺钉细分分类存放,大螺钉配大孔,小螺钉配小孔,就不会漏油了。现场很多这种师父的经验没有和大家共享,甚至师父都不认为这些小的细节是最值得推广的方法,所以"消灭师父"就是将隐性经验显性化、标准化。第一,可以制定激励制度激励那些有经验的师父将自己的经验总结提炼,尽可能地形成操作标准,做到可量化、能指导作业。第二,重新审查作业指导书(或工艺规程),更新是不是及时、内容是不是细致、能否指导实际作业都是需要考虑的。很多工厂的员工都花费很多时间去学习理解作业指导书,这样的作业指导书是失败的,因为作业指导书是用来执行的,而不是用来理解的,因此制作详细、可操作的"傻瓜式"工艺规程是工厂应追求的目标。

(5) 节拍控制。现场管理中,非常关注现场管理的效率,因为质量、成本、效率这三者构成了现场管理三个最重要的指标,效率的提高也是现场管理的重要内容,其实,自働化主要也是为了提高效率。但是真正的效率的提高,要关注交货周期的缩短,也就是从接到订单到产品交到客户这段时间的缩短,这段时间也叫作生产的前置期(leadtime)。要缩短交货周期,就要提高生产效率,就要从生产节拍的控制开始。

现场各个环节节拍一致,则物料和物流的流转就是畅通的,现场就能各就各位、按部就班地工作;节拍不一致,就会产生瓶颈环节,有的工序忙得不亦乐乎,有的工序却闲着没事干。因此需要对生产现场各个环节的节拍进行测量,运用相关的管理方法和工具消除制约流程的瓶颈因素,通过对一些工序或流程的调整和合并,有效地缩短制造的前置期,提高生产效率。

(6) 流程设计和优化。在面对多品种、小批量的市场需求下,如何强化内部生产体系对市场的快速反应,已经成为各个企业都不能回避的问题。顾客需求多样化,产品质量要求日益严格,交货期却不断缩短,类似于这样的矛盾越来越多,通过局部的、点上的改善已经不能解决问题,而需要从整个流程的角度来审视现场管理存在的问题,进行流程的设计和优化。每一个组织都应在理解现场管理的理念、掌握一些新技术和新方法的基础上，设计一个适合自己的流程系统架构，对相关的现场管理方法进行选择、设计、组合，以便整合资源、分步实施、统一协调，并根据顾客需求的变化不断优化，甚至重新设计。一般会运用价值流图分析来对现有流程进行分析，把一些不满足顾客需求的非增值环节识别出来，并整体策划改进方案，进行整体改进架构的设计和资源的整合配置。在具体的流程优化实施中，从"硬"流程和"软"流程两方面来考虑，诸如工厂布局、生产线设计调整属于"硬"流程关注的范畴，而诸如组织结构调整、生产计划模式、物流供应模式等则属于"软"流程考虑的范畴。

（7）防差错控制。保证质量也是现场管理最重要的使命。日本的新乡重夫提出了零缺陷质量控制，通过建立防差错系统建立根源检验系统，实现生产过程的零缺陷。因此，零缺陷的质量管理方法是在现场管理中需要花大力气建立的，而这个花大力气建立的方法最重要的就是要建立体系化的防差错系统。

（8）数据说话，科学决策。前面几个部分针对的主要是现场的作业人员，而此阶段的改善则主要依靠管理人员和技术人员来实施。现场管理人员应基于方针目标建立一套测量分析系统，定期搜集各项数据，如质量数据、成本数据、故障数据等。这些数据不应作为出现问题后的责任区分依据，而应成为经过统计分析后进行进一步改进的工具。如应对各关键工序进行识别，开展 SPC（统计过程控制）分析，利用统计技术来监控过程的状态，及时发现异常，对于工序能力稳定的过程进行实时跟踪与控制，减少波动，而对于工序能力弱的过程则要组织专业小组（如六西格玛小组）进行攻关。在一家企业的现场，工人利用历史的故障经验进行排故，每次都没有较好的效果，依然有大量的质量问题导致返工，而在对历史数据进行统计分析（回归分析）后，发现排故经验与以往的故障原因并没有相关性，根本的问题依然没有找到，以往的经验被证明都是错的。在组织了六西格玛项目进行攻关后，原因分析才最终完善。因此，现场大量的数据不应"沉睡"，应加以利用，支持决策。

（9）全员全过程，各种工具方法的持续改善。实施现场管理是永无止境的，目标就是通过持续优化的价值创造过程为内部顾客和外部顾客提供持续优化的价值。这就要求成熟地运用各种工具方法，并且做到全员全过程的改善。如单元生产只适合多品种、小批量的生产线，而不能运用在大批单件的生产线；TPM（全员生产保全）是长期的全员维护，预防维护，而不应作为一次定期的活动开展；JIT（及时生产）的实现要以实现一个流生产和快速切换为前提。

现场人员被充分授权后应自主参与到现场每个过程的改善上来，从简单的 5S、动作分析，到价值流分析、工装夹具改造、统计过程控制，再到各种工具方法的整合运用，真正打造一个优质、高效、低耗、均衡、安全、文明的现场。

由以上论述可以看出，不管是什么样的现场，如前面提到的工程机械的生产现场和冰箱的生产现场，其实都会涉及以上管理的问题，所以，本质上现场管理在这些部分的要求是一致的。这就为各类不同的现场进行互相比较和学习奠定了基础。也就是说，冰箱生产企业是可以和工程机械制造企业来学习的，只要掌握了以上的主要精神，就可以建立一个基于现场管理的对比平台，不断提升现场的管理效率。

资料来源：郭慧，李涛. 企业现场管理改善的实施原则及步骤[J]. 中国商贸，2014（23）：64-66.

〖综合案例五〗 山东博山水泥厂规范化工作法

这一管理方法从强化人的管理入手,建立规范化的生产管理运行机制,充分挖掘企业人、机、物诸方面的潜能,全面提高企业素质,从而达到发展生产力、提高经济效益的目的。

一、规范化工作法的内容与特点

规范化工作法的基本内容是"三定""五按""五干",简称"355"工作法。

"三定"是定岗、定责、定薪。定岗以劳动定额和安全操作规程为依据,详细测定操作工人的操作范围、操作内容、操作程序、工作量大小,通过对生产工艺路线的整体分配,对岗位操作时间进行分解,反复平衡调整,以达到比较合理的岗位定员。定责是以目标管理为主线,以经济承包指标为基数,将生产工艺的职能和职责要求分解到各个岗位。定薪是按岗位责任大小、重要程度、劳动强度、生产工艺地位、操作水平和技术高低的要求,确定岗位工资标准。

"五按"是按程序、按路线、按时间、按标准、按指令操作。

"五干"是将每天8小时工作时间,以每15分钟为一时间单位分成32个时间单元,规定每个员工干什么、怎么干、什么时间干、按什么路线干、干到什么程度,从而使生产管理工作实现规范化。

规范化工作法的"三定"实行择优上岗的原则,它规定在厂员工一律引入竞争机制,实行考核上岗。上岗员工必须根据厂、车间、部门的方针目标,熟知本岗位的工作规范和技术规程,严格按照岗位规范和各项规章制度进行工作,在工作时间内完成所担负的各项职责。三个月达不到要求,素质比较低的员工,实行岗位淘汰,转为厂内待业人员,按厂内待业制度办理。同时,在定岗、定责的基础上,按照"同工、同责、同酬"的原则对每个岗位定薪。按照这一原则,全厂核定了316个工作岗位,制定了319个工作标准和73项、1395条规章制度,执行了316类岗位工资。

"三定"以后,为了使员工能按"五按"工作,解决好"五干"的问题,具体到每个岗位,又按照"五按""五干"的内容编制了操作规范,以展示板的形式挂在每个岗位上。

规范化工作法要求岗位工人必须按展示板的规定进行工作。操作路线与操作程序不可变更。操作时间、操作内容、操作方法与操作标准必须一致。严格按展示板的要求操作,就使岗位工作实现了规范化。

规范化工作法的基本原理和方法同时适用于管理科室。山东博山水泥厂主要从抓好定岗、定责、定薪三个环节对科室进行规范化管理。定岗是采取系统分析的方法,在大量测算和论证的基础上，决定岗位设置，因事设人。厂的管理机构设置先后采取了直线职能制、事业部制和矩阵式三种形式，逐步适应发挥管理效能的需要。定岗实行岗位竞争，领导干部广泛招标选聘，一般管理干部层层实行优化组合。定责是对全体管理人员实行方针目标管理，工作按职责，职责按标准，标准按规范，基本上都由过去的定性管理变为定量管理。定薪是根据科室干部承担的责任大小，与经济效益直接挂钩，以责任大小看系数、贡献大小看分数来设立岗位工资。每月对科室干部（包括正、副厂长）定期进行民主评议，根据责任和贡献确定工资收入。按照这个原则，该厂在对 180 个生产岗位实行"三定"的基础上，对 136 个管理岗位也同时做了定岗、定责、定薪。这个"三定"完全打破了"干部终身制""工资等级制"的旧体制，在因事设岗的基础上，实行广泛的岗位竞争，干部可以当工人，工人也可以当干部，干什么工作拿什么报酬。这样就把竞争机制引入干部管理制度，解决了管理干部长期以来缺乏激励机制的问题。

管理科室的规范化，较之生产车间复杂。本着"讲求实际，因事制宜，简练实用，注重功效"的原则，该厂全面细致地设计了管理系统的规范化工作方法，如图 1 所示。

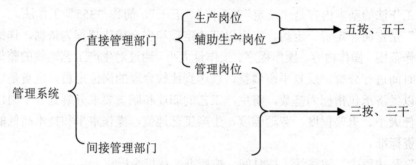

图 1　管理系统规范化分类图

根据是否下设班组（工段），该厂把全厂 26 个科、室、办划分为两大类：一类设班组（工段）的为直接管理类；另一类不设班组（工段）的为间接管理类。对直接管理部门中的生产岗位和辅助生产岗位，和生产车间一样实行"五按""五干"的规范化工作方法。直接管理部门中的管理岗位与其他间接管理部门的工作性质、业务范围、企业机制、岗位设置等，都与生产车间有很大不同，不能照搬生产车间的岗位规范。根据它们的特点，该厂对这些管理部门和岗位实行了"三按""三干"的规范化管理。

"三按"是按目标、按规程、按标准从事管理工作。"三干"是以"三按"为基础，解决全厂管理部门和管理人员干什么、怎么干、干到什么程度的问题。"三按""三干"的基础是工厂方针目标管理、标准化和管理部门与个人的经济责任制。每年年初，根据上级的指令性计划和要求，在搜集市场信息、搞好市场调查和市场预测的基础上，由厂长召开工厂管理委员会等会议，找出上年度执行工厂方针目标的问题点，确定本年度的工厂方针目标，并把工厂方针目标层层分解到部门和个人，以此作为企业动态管理的依据。同时，该厂把全厂管理部门和个人所从事的日常的、经常重复的、有规律的工作和业务制度化，形成了标准化管理体系，以此作为企业静态管理的依据。工厂方针目标管理与标准化管理相结合，都与管理部门和个人经济责任制密切挂钩，依照《科室部门经济责任制考核条例》的规定，定期考核，决定奖惩。

二、岗位规范的制定与实施

岗位规范是规范化工作法的核心内容和基本形式。认真搞好岗位规范的制定和实施，是规范化工作法的基本工作。

岗位规范的制定，是规范化工作法的首要工作。该厂制定岗位规范的指导思想，是按照目标管理"将企业整体目标与个人目的相结合，使完成目标成为个人的兴趣与需要"的原理，把岗位规范的制定和实施作为提高劳动效率、调动员工积极性的有效措施。所以，在岗位规范的制定、实施过程中，该厂始终坚持"从群众中来，到群众中去"的路线和"领导与群众相结合"的工作方法，实行民主决策与管理。为了设计出高效可行的工作目标、合理的工作方法和工作标准，就必须满足以下几个方面。

（1）由员工就本岗位的工作进行自我测定与估价。

（2）由专家组和员工代表就岗位设计，岗位定员，岗位的主要生产、技术、经济指标，岗位基本职责，岗位工资与奖金数额等，测算并统计出大量数据，掌握第一手材料。

（3）由领导、专家与员工"三结合"，运用正交试验、统筹法、优选法等方法，优选出完成岗位经济承包分解指标和工作职责的最佳工作程序、时间、路线和标准，完成规范化工作法的设计。

（4）一方面自上而下层层进行培训讲课，讲清工作法的实施意义和实施办法；另一方面自下而上逐级讨论、论证，对工作法进行修改、充实，使之日臻完善。

（5）最后经过职工代表大会、工厂管理委员会、厂长办公会加以论证、通过，从而使制定和实施规范化工作法这样一项全局性工作，不是仓促上阵，而是经过周密细致的设计、部署和落实，并使员工始终成为实施规范化工作法的主体，使他们感到推行规范化工作法不是一件强制性的工作，而是"工人的兴趣和需要"。

为了保证岗位规范的实施，该厂在制定操作规范的同时，又制定了详细的执行细则，并编印成册发至每个员工手中，照章执行。执行细则包括"通用"和"岗位用"两部分。通用细则要求全厂每个岗位都要执行，岗位用细则要求所在岗位执行。通用细则主要要求岗位规范应与经济责任制、方针目标管理、全员设备管理、全面质量管理、环保安全管理等各种现行的规章制定标准密切配合，一并执行。既强调了严格考核的重要性和方法，又考虑到实际情况，规定了岗位规范的适度弹性以及它的完善、发展方向。通用细则主要从宏观上提出岗位规范的执行方法。岗位用细则却根据每个岗位的具体情况，依据岗位规范的目标要求，不仅对每个岗位的具体生产、技术、经济指标、检查考核制度等一般要求做了规定，还就交接班、综合抽查、巡回抽查、重点抽查、主机监护、设备保养、故障排除、与周围岗位的联系以及安全卫生等操作内容、方式和标准的具体要求做了明确的规定。岗位用细则从微观上规定了执行岗位规范的具体办法。

岗位规范和执行细则确定了规范化工作法的主要方法。按照这个方法，每个员工都必须按规范化的操作程序工作。

资料来源：傅庆馥. 规范化工作法[J]. 企业管理，1988（12）：20-22.

参 考 文 献

[1] 周三多，陈传明，刘子馨. 管理学：原理与方法[M]. 7版. 上海：复旦大学出版社，2018.

[2] 周惠兴，杨荫环. 企业生产现场管理[M]. 北京：中国人民大学出版社，1991.

[3] 吴健安. 市场营销学[M]. 北京：高等教育出版社，2000.

[4] 国务院学位委员会办公室. 同等学力人员申请硕士学位管理科学与工程学科综合水平全国统一考试大纲及指南[M]. 北京：高等教育出版社，2003.

[5] 张鸿庆，卫民堂，樊耘. 现代企业管理[M]. 西安：西安交通大学出版社，1996.

[6] 刘冀生. 企业经营战略[M]. 北京：清华大学出版社，1995.

[7] 顾永才，舒达. MBA精要全书[M]. 北京：中国物价出版社，1998.

[8] 许绍李，张庚淼，邓胜梁. 市场营销学[M]. 西安：西安交通大学出版社，1994.

[9] 波特. 竞争战略：分析行业和竞争者的艺术[M]. 姚宗明，译. 北京：生活·读书·新知三联书店，1988.

[10] 董大海. 现代企业竞争方略[M]. 北京：中国商业出版社，1994.

[11] 王德民. 企业战略计划[M]. 大连：大连理工大学出版社，1992.

[12] 项保华. 企业战略管理：概念、技能和案例[M]. 北京：科学出版社，1994.

[13] 胡建绩，陆雄文，姚继麟. 企业经营战略管理[M]. 上海：复旦大学出版社，1995.

[14] 解培才，徐二明. 西方企业战略[M]. 北京：中国人民大学出版社，1992.

[15] 滕维藻，黄耀明，张岩贵. 跨国公司战略管理[M]. 上海：上海人民出版社，1992.

[16] MBA必修核心课编译组. 经营战略[M]. 北京：中国国际广播出版社，1997.

[17] 周三多. 管理学：原理与方法[M]. 2版. 上海：复旦大学出版社，1997.

[18] 周健临. 管理学[M]. 上海：上海财经大学出版社，1996.

[19] 徐国华，赵平. 管理学[M]. 北京：清华大学出版社，1989.

[20] 孔茨，韦里克. 管理学（第9版）[M]. 郝国华，等，译. 北京：经济科学出版社，1993.

[21] 罗宾斯. 管理学（第4版）[M]. 黄卫伟，孙健敏，闻洁，等，译. 北京：中国人民大学出版社，1997.

[22] 席西民. 经济管理基础[M]. 北京：高等教育出版社，1998.

[23] 张春霖. 企业组织与市场体制[M]. 上海：上海三联书店，1996.

[24] 张维迎. 企业的企业家：契约理论[M]. 上海：上海人民出版社，2015.

[25] 盛洪. 分工与交易[M]. 上海：上海三联书店，2004.

[26] 徐二明，王智慧. 企业战略管理教程及学习指导[M]. 北京：高等教育出版社，1999.

[27] KOTLER P, GARY. Armstrong of marketing[M]. London: Prentice-Hall International, Inc, 1991.

[28] DAVID F R. Strategic management[M]. 4th ed. New York: Macmillan Publishing Company, 1993.